宋玉赋地理、宋玉遗迹传说田野调查与研究

刘刚　李鹜　著

图书在版编目（CIP）数据

宋玉赋地理、宋玉遗迹传说田野调查与研究 / 刘刚，李寰著． — 北京：商务印书馆，2023
ISBN 978-7-100-22218-1

Ⅰ.①宋… Ⅱ.①刘… ②李… Ⅲ.①宋玉（约前298—约前222）－人物研究 ②宋玉（约前298—约前222）－文学研究 Ⅳ.①K825.6 ②I206.2

中国国家版本馆CIP数据核字（2023）第053136号

湖北文理学院省级优势特色学科群
"中国语言文学与文化传承创新"学科群资助

权利保留，侵权必究。

宋玉赋地理、宋玉遗迹传说田野调查与研究
刘刚 李寰 著

商 务 印 书 馆 出 版
（北京王府井大街36号　邮政编码 100710）
商 务 印 书 馆 发 行
北京兰星球彩色印刷有限公司印刷
ISBN 978-7-100-22218-1

2023年6月第1版	开本 710×1000　1/16
2023年6月第1次印刷	印张 29 3/4

定价：188.00元

自　　序

　　宋玉，战国晚期楚国人，先秦著名的辞赋家。西汉司马迁《史记·屈原贾生列传》说："屈原既死之后，楚有宋玉、唐勒、景差之徒者，皆好辞而以赋见称，然皆祖屈原之从容辞令，终莫敢直谏。其后楚日以削，数十年竟为秦所灭。"东汉班固《汉书·艺文志》载："宋玉赋十六篇。楚人，与唐勒并时，在屈原后也。"北魏郦道元《水经注》卷二十八言："（宜城）城南有宋玉宅。玉，邑人，隽才辩给，善属文而识音也。"南朝梁刘勰《文心雕龙·辨骚》称："屈宋逸步，莫之能追。"宋玉的辞赋作品原本有集，班固《汉书》所载"宋玉赋十六篇"，很可能就是根据汉代流传的宋玉作品集做出的概括说明；唐魏徵《隋书·经籍志》著录"楚大夫《宋玉集》三卷"，后晋刘昫《旧唐书》、宋欧阳修《新唐书》亦著录有"楚《宋玉集》二卷"，证明唐宋时期《宋玉集》仍流传于世。据考，《宋玉集》的亡佚大略在南宋之际。当代所见的宋玉作品均见于传世的文学作品选本，汉王逸《楚辞章句》录有《九辩》《招魂》，梁萧统《文选》录有《风赋》《高唐赋》《神女赋》《登徒子好色赋》《对楚王问》，宋章樵注《古文苑》录有《笛赋》《大言赋》《小言赋》《讽赋》《钓赋》《舞赋》，元陈仁子《文选补遗》录有《微咏赋》，凡14篇。此外，1972年山东临沂银雀山西汉早期墓葬出土有题名《唐勒》的赋体作品一篇，有部分研究者认为当是宋玉的作品，若此，则今天可见之宋玉作品有15篇。宋玉的辞赋创作，在古代辞赋史乃至文学史上有着卓越的成就：（1）宋玉的辞赋创作取得了踵武屈原甚或与屈原并称的历史评价；（2）宋玉的散体赋创作开创了汉代代表性文体散体大赋的先河；（3）宋玉赋的问对体架构、韵散相间的语言、铺排夸张的描写、卒章见意的寓意成为赋体文学创作的基本要素，影响极其深远；（4）宋玉赋的创作主题开辟了后世文学题材的新领域，如悲秋、女性、山水、咏物等文学主题引领着历代文学的创作导向。关于宋玉及其作品的批评与研究，早在汉代就开始了，尽管随着历代文学思潮、学术倾向、研究视角、思维方式的不同，或褒奖其博辩瑰丽，或批评其微言淫浮，或评价其有屈原之遗风，或指斥其莫敢直谏，甚或说宋玉为礼法之罪人，但是批评的主流还是正面的，研究的大势还是实事求是的，可以说基本肯定了宋玉的文学建树与文学史地位。然而，现代的宋玉研究却一度将宋代以来的疑古思潮无限止地扩大化，不仅怀疑宋玉作品为伪托之作，甚至怀疑宋玉其人也是历史上的子虚乌有，致使宋玉及其作品的批评与研究不得不在疑古的思维定式与人造迷阵中艰难前行。尽管如此，由于当时的研究者找不出宋玉《九辩》和《招魂》为伪托之作的些许证据，并且又不能违背学术良知无视《九辩》和《招魂》的文学成就，因而只好承认这两篇作品的历史存在，承认宋玉在文学史上的地位。20世纪80年代随着出土文献《唐勒》赋的整理文本的问世，宋玉研究才走出了疑古时代，面对着赋体作品在先秦客观存在的事实，绝大多数宋玉作品得到了学术界的普遍认可，于是宋玉研究呈现出研究课题不断拓展、研究成果不断涌现、研究内容不断深入的可喜局面。我的宋玉研究就是在这样的学术背景与学术环境中开始的。

　　我的宋玉研究道路，回顾起来，大致在20多年中爬过了五级阶梯。一是宋玉及其作品研究，二是宋玉批评史研究，三是宋玉研究资料的收集与整理，四是宋玉赋地理与宋玉遗迹传说的田野调查与研究，五是利用出土文献、参考传世文献进行的更为贴近历史的宋玉赋研究。《宋玉辞赋考论》（辽海出版社2006年版）代表着我的第一阶段成果，《宋玉批评史论稿》（辽海出版社2016年版）代表着我的第二阶段成果，《宋玉研究资料类编》（商务印书馆2015年版）代表着我的第三阶段成果，现在为之作序的《宋玉赋地理、宋玉遗迹传说田野调查与研究》代表着我的第四阶段成果，第五阶段的成果《出土文献与宋玉赋研究》，目前也基本完成，正在进一步修改完善之中。

　　关于《宋玉赋地理、宋玉遗迹传说田野调查与研究》课题设置的缘起，是因为我在前三个阶段的研究中发现：关于宋玉赋中所提到的先秦地理名称，古注注释语焉不详，古今学者的研究又颇多分歧，然而这些地名对于解读宋玉及其作品则非常重要；关于地志文献中记述的宋玉遗迹传说，往往各自为说，特别是古今县志往往表现出借历史名人以彰显本土文化的撰著陋习,导致异说纷呈,鱼目混珠,真假不辨,然而这些遗迹传说对于考辨宋玉其人其行迹又有着不可或缺的参考价值。所以我在宋玉研究中,对此一直耿耿于怀,总想能够尽可能地解决这些问题,为宋玉研究贡献自己的绵薄之力。历经多年的思考,我觉得解决上述问题的有效方法在于:(1)依据传世文献中的地志资料检索调查线索,厘清地名沿革,制定调查方案;(2)通过田野调查获取调查对象的地理方位、地名迁徙、地形地貌等直观印象与相关信息;(3)结合宋玉赋文本特定的描写语境、行经地标与地理参照,比对地名所具有的信息是否符合文本特定的各种条件,以决定该地是否即为宋玉赋地名之所指;(4)同时还要举出出土文献和传世文献中相应的佐证,来支持自己的考辨与抉择。解决问题的思路虽然有了,积累的地志资料也基本完备,但还需要解决问题即实施田野调查与研究的客观条件。俗语说"万事俱备,只欠东风",当初的我暗暗地祈祷"东风"的降临。

心怀这种宋玉研究的情结,2012年初,我受聘于湖北文理学院宋玉研究中心,来到了下辖宋玉故里宜城的湖北省襄阳市。"天时"眷顾我,"地利"青睐我,"人和"帮助我,我所期盼的"东风"终于吹来了!在学校特别是学科的大力支持下,经过一年的精心准备,2013年初,我带领着调查小组正式开始了宋玉赋地理、宋玉遗迹传说的田野调查与研究工作。在田野调查过程中,我们将宋玉赋中提及的每个地名、地志文献中提及的每个宋玉遗迹和宋玉传说的分布区域作为调查研究的切入点,并根据文献记载中一个宋玉赋地名往往有多个不同承载地、一个宋玉遗迹往往存在着多个不同指认地的复杂情况,分设了15个调查研究专题。由于每个专题中大多包含着多个考察地点,例如宋玉赋中的"巫山"就存在地志记载与研究者指认的重庆巫山县巫山、湖北汉川县仙女山、湖北随州市大洪山三个考察点;宋玉遗迹中的宋玉墓就存在古地志资料记载的湖北宜城市、湖南临澧县、河南唐河县、安徽萧县四个考察点;因此我们的田野调查与研究必须按照专题计划有序地进行,逐步地展开。历经了整整五年,我们调查小组的足迹遍及湖北、湖南、河南、安徽、重庆五省市50多个考察地点;走访了所有考察地的相关专家学者、考古部门、文化部门和当地群众;参观了考察地所在的省、市、县各级博物馆、遗址园区、遗迹现场;即便无遗迹可寻的考察地点,我们也要根据文献记载的地理方位、距离里程等一切可能的线索,去寻访遗址的蛛丝马迹与有价值的信息；在调查中拍摄了大量的影像资料，录制了大量的采访录音；在每个专题调查完成后，都要结合文献资料和前人的研究成果及时地写出相应的调查研究报告。五年来累计写出了 15 篇专题调查研究报告，最后形成了 30 余万字、200 多帧照片的学术专著。五年的春去秋来，五年的四方奔波，五年的笔耕不辍，终于了却了一个钟情于宋玉研究的学者心中的一桩学术心愿，辛苦与付出在最后一个字落笔的那一刻早已被忘在了脑后，心中只有收获的欣慰，以及我对所有支持我、帮助我、关心我的人和我们调查小组中配合我完成田野调查的同事、同学的诚挚谢意。

关于 15 个专题的田野调查与具体研究，我为自己确定了五个必须恪守的学术原则。

第一，调查印象书写的真实原则。我们的田野调查有些像考古工作者的考古调查，但又有所不同。我们只能去调查地表上的遗存，调查民间保留的相关信息，不能使用洛阳铲去勘探地表以下的文化秘密；只能凭借两只眼睛去观察，一个脑袋去做全景成像，不能使用遥感技术科学地整合整体的调查印象。正因为如此，调查印象的书写就几乎成了唯一的对于调查对象的实地报告手段，因而其书写是否真实就显得至关重要，如果出现哪怕是一点点主观色彩，那么就会影响调查对象描写的客观真实，就会导致最终判断偏离客观甚或背离真实，就会造成与某些地志资料相同的以主观意识的有色眼镜去观察客观现实的不可原谅的失误。如清《光绪华容县志》卷二《古迹》载："章华台：县东赵家湖上南安县故址。宋知县胡绾筑台建亭。"又卷十四上《文》记有宋胡绾《章华台记》，文中有曰："按《史记》楚灵王七年章华台成，杜预注云，南郡华容县，台在城内。盖古建县水北，自隋徙于水南，以此观之，所谓章华台于斯，焉是杜公之言欺我哉！而荆州监利县亦有是名，无所依据，当以史为证也。予到官之明年，因与二三士考古访迹，得故基于篁竹丛棘之间，而垣堑犹在，际天胜地为一邑之望。士请筑为壮观以增河山之色，予辞县帑空虚、丁力不可役也，士则又曰愿无烦于公家，我辈各以耘耕余力而治之。"请注意，据县志所载，今湖南华容章华台就是宋代一位县官凭主观意识借一方台地附庸风雅所认定的。其"考古访迹"，见台有"垣堑"之迹，便以为是章华"故基"，如此单凭后世迁徙来的华容地名称谓"举一反三"地想象，何其轻率，何其不负责任，以至于贻误千载。"殷鉴不远"，吾辈自当引以为戒。

第二，地志资料辑录的全息原则。地志等文献资料，是我们田野调查的线索，更是我们判断宋玉赋地名与宋玉遗迹的重要依据之一。然而地志类文献资料特别是地方编撰的县志，有些对于某一地名或遗址的指认与记述并不一致，甚或观点针锋相对，前志说是，后志说非，古志说伪，今志说真；有些则是引述某一前说，人云亦云，转引而已，只记其然，不记其所以然；有些貌似几说并存，略加评点，以示兼容，而不做深考；还有些刻意巧辩，牵强为说，全然不顾学术规范，只为地方之私猎奇争胜。面对这些学术态度诚信有别、学术水平参差不齐、存在着这样或那样问题的地志类资料，我们的做法是，先不计其是非正误，有说必录，以求辑录资料的客观全备，以避免因主观遴选而有所遗漏、因不能全息辑录而出现以偏概全之嫌，然后在考辨中以科学的思维论其是非，去伪存真，以可信的资料为依托，得出自己的学术判断。如《民国钟祥县志》卷四《古迹上·宋玉宅》说："……王象之《舆地纪胜》于《长寿县·人物》内称：宋玉，鄢人。……据是，则玉所居之地，在宋时为长寿，而后魏时之宜城县南，宋时之长寿在今则钟祥也。……《水经注》谓，宜城县南有宋玉宅，既称'县南'，故决其在今钟祥也。……前《志》谓，郡学宫即玉故宅，盖沿唐宋以来之旧说，其由来固已久矣。"其说文字冗长，故摘其要而引之。其说为证明其言之有据，举《水经注》为证，说"《水经注》谓，宜城县南有宋玉宅，既称'县南'，故决其在今钟祥也"，考《水经注》原文曰："城南有宋玉宅。"县志作者将"城南"故意改为"县南"，虽只一字之差，却改变了郦道元的本意，"城南"是说宜城之旧县治楚皇城南，"县南"是说宜城县县境之南，如此篡改虽使宋玉宅在钟祥具有了立论"根据"，但却使其结论错上加错，其用心可谓"良苦"，其手段"自以为得计"，然而终究改变不了事实。面对这类的地志资料，若不辑录，则会背负辑录不全之名，对于考证宋玉赋地名与宋玉遗迹传说也会造成不能在驳论中立论的缺失。因而我为自己确立了"地志资料辑录的全息原则"，其出发点就是在"全息"的语境下，考辨是非正误，努力做出贴近历史真实的正确判断。

第三，调查印象、地志资料与宋玉赋文本比对的客观原则。有了调查印象的真实书写，有了地志资料的全息辑录，就有了考证宋玉赋地理、宋玉遗迹传说的可靠前提。关于考证的方法，我以为，最为关键的是将某地的调查印象和地志资料与宋玉赋文本相关的记述和描写做客观的比对，因为我们所要考证的不仅仅是某个地名或某个遗迹遗址是否在历史中曾经存在及其地望，而更重要的是它是否是宋玉赋的所指与宋玉遗迹的所在，以往研究者多以历史存在的地名或遗迹作对接式简单处理，而无视宋玉赋文本相关的记述与描写，这种释说往往存在着犹如"拉郎配"的尴尬。然而比对，必须客观，来不得半点主观地介入，否则比对就会失去应有的说服力与公信力。如宋玉《笛赋》中提到的衡山，古今注释者皆以为是今湖南之衡山。据《隋书·地理志》记载，历史上称衡山者有四处：南阳郡武川有雉衡山，在今河南南阳市北；庐江郡开化有衡山，在今安徽安庆市北，即今潜山县之天柱山；吴郡吴县有横山，一称衡山，在今江苏苏州市西南；衡山郡衡阳有衡山，在今湖南衡阳市北。为什么古今注释者皆以为是今湖南之衡山呢？究其原因，一是湖南衡山从古至今名称未变，且被指为南岳，名声最显；二是因为其他三座衡山，有的多出一"雉"字，有的属于别称，有的后来改变了称谓，叫天柱山了。似乎湖南衡山是唯一可能的选择，然而这类注释仅仅做的是在已知地名为备选答案情况下的主观选择，而没有对各个选项作深入考辨的客观求证，因而具有"拉郎配"的嫌疑。这样做出的答案是否正确，当然要打一个大大的问号。宋玉《笛赋》中关于衡山有详细的描写，"余尝观于衡山之阳，见奇筱异干，罕节、间枝之丛生也。其处磅礴千仞，绝溪凌阜，隆崛万丈，磐石双起；丹水涌其左，醴泉流其右。其阴则积雪凝霜，雾露生焉；其东则朱天皓日，素朝明焉；其南则盛夏清微，春阳荣焉；其西则凉风游旋，吸逮存焉。干枝洞长，桀出有良"。如果拿宋玉赋文本的描写与湖南衡山进行客观的比对，问题就显而易见了，无论是湖南衡山的祝融峰、天柱峰，还是岣嵝峰，都不能与宋玉赋文本的记述、描写相吻合，仅仅是名称相同而已，因此可以说将湖南衡山与宋玉赋衡山的对接，在很大程度上表现出注释者出于主观意识的直言判断，而没有对判断的理据做客观的逻辑梳理。从客观比对的角度说，安徽衡山今称天柱山者，方能与宋玉赋文本的记述与描写相契合，当是宋玉赋之所指。事实上，根据我们的进一步考辨也证明了安徽衡山即今之天柱山在汉代乃至先秦的确被称之为衡山。足见，客观比对在宋玉赋地名考据求证过程中是一个不可或缺的环节，而比对的客观与否则关系着判断结果是否正确。

　　第四，传世文献与出土文献相结合的论证原则。对于宋玉赋地理、宋玉遗迹传说的考辨，客观比对获得的结果，还不能认为是最终的结论，还必须接受地志类文献与宋玉生平事迹等相关历史例证的检验。就地志类文献而言，研究者不仅要关注传世文献，还要关注出土文献中的相关资料，在可能的情况下，最好是将二者结合起来，这样才会使考辨的论据与论证更具实证性，更有说服力。因为出土文献可以称之为书写时代远远早于传世文献的更为可靠的文献资料，广义的出土文献除甲骨、金文、简帛等文字资料外，还包括出土器物内涵的历史文化信息，这一切均可以作为论证的依据。出土文献比之传世文献，没有在传世过程中由于传抄、刊刻甚至删改而造成衍、脱、讹、倒等文字的误差与信息的丢失，而保有着相对原始的书写状态与文化状态。如宋玉《招魂》提到的庐江，古人的释说分歧非常大：有据《汉书·地理志》为说者，洪亮吉指认庐江为今长江南岸安徽省芜湖市辖区内的小淮水；王夫之指认庐江为襄汉之间古卢戎国境内的古之维水，后世之潼水，今之渭水。有据《山海经》为说者，郭璞以为庐江即今江西之鄱江；郦道元以为庐江即明清之际所谓之天门水；朱琦以为庐江即今芜湖境内之青弋江。如此种种，都是在传世文献中寻找相应的地名而简单地对接为说。1957年和1960年，安徽寿县先后出土了战国楚怀王六年（前323）所制的"鄂君启节"，共五件，其中"舟节"铭文记有"泸江"，这便为《招魂》庐江之研究提供了史失其载的古楚地名的新线索。谭其骧认为舟节"泸江当即庐江"，"即今安徽庐江、桐城、枞阳三县境内的白兔河"。黄盛璋认为庐江指芜湖境内于入江处与青弋江合流的小淮水。按：鄂君启舟节所记，庐江漕运与长江相通，可资参照的地名有枞阳与爰陵，二者均在今安徽境内长江两岸。据此，不在此范围内的庐江说，就必然被否定；若再以宋玉赋所言庐江在长江以北来判断，长江南岸的小淮水、青弋江也可排除。谭其骧所说的白兔河虽在江北，但其水名实难与作为河流名称的庐江发生联系，就连读音的通假也说不上。因此必须重新考证，如果依据出土文献鄂君启节所交代的庐江地望，结合安徽境内长江以北地区的地志资料，那么《光绪续修庐州府志》卷七《山川下》记述的古之龙舒水即今之杭埠河便引起了我们的注意，《府志》载："龙舒水，《左传》杜预注曰，庐江西有龙舒，即此水也（《舆地纪胜》)。"以此知，此水在古庐江国或庐江郡境内，其水名"龙舒"急言之便可读成"庐"字，极有可能是庐江国或庐江郡据以得名的地标性水流。因此，龙舒水最有可能即是宋玉赋所说的庐江所指。这便是我们运用传世文献与出土文献相结合的论证原则，提出的宋玉赋庐江的新说（详见本书《上编》第二章）。这一例证无疑有力地证明了这一论证原则的可行性、实用性与有效性，它能够保证我们的研究既缜密且深入，从而得出贴近历史真实的结论。

第五，宋玉赋地理、宋玉遗迹传说考辨力求贴近历史真实的判断原则。上文说过，对于宋玉赋地理、宋玉遗迹传说的考辨，客观比对获得的结果，还不能认为是最终的结论，还必须接受地志类文献与宋玉生平事迹等相关历史证据的验证。就宋玉生平事迹等相关历史证据而言，由于传世文献的记述非常有限，不足以勾画出宋玉一生的创作道路与行径路线，这就必须通过宋玉作品考证其生活经历，以作品中提及的同时代人物、亲历之事件、曾经描写的山水胜迹及台馆所在为线索，做出基本的判断，这是宋玉赋地理、宋玉遗迹遗址考辨必须先期做好的基础工作。当然，这个先期基础，必须扎实、牢靠，贴近历史真实，否则便不能作为验证的根据。有了这个先期基础，才能验证宋玉赋地理、宋玉遗迹遗址在客观比对中获得的初步判断是否合乎情理、事理与学理，是否合乎历史的真实。事实上，宋玉赋地理、宋玉遗迹遗址的客观比对与宋玉生平事迹等相关历史认知又有着相辅相成的关系，可以互证，亦可以互检。然而无论如何，二者有着学术追求的共同目标，即历史的真实。如宋玉《对楚王问》提到的"郢"，即楚国在战国后期的都城。据《史记》记载楚都"郢"凡有三处：（1）今湖北荆州城（一称江陵城）北纪南城之郢都，楚昭王或楚惠王时至楚襄王前期都此；（2）今河南淮阳故陈国都城，史称陈郢，楚襄王后期与楚考烈王前期都此；（3）今安徽寿县古城，史称寿郢，楚考烈王二十二年迁都于此，直至楚王负刍为秦所灭，是楚国的最后一座都城。三座称为"郢"的楚国后期都城，都得到了现代考古的科学确证，可谓历史上的真实存在，这与《史记》的记述完全一致。然而问题是，我们要求证的是宋玉赋所指的都城——郢，这就必须在楚三座都城中做出选择。根据文本的语境，《对楚王问》是宋玉为回答楚襄王的质疑而作，因而文本中的"郢"一定指楚襄王时代的楚都。然而，楚襄王时代前期都于纪南城之郢，后期都于淮阳之陈郢，在二者中又必须再进行一次选择。据《史记》《汉书》记载，宋玉的辞赋创作是在"屈原既死之后"，又据学界认同的屈原之死为公元前277年，这一年楚襄王已迁都至陈郢，故而今河南淮阳古楚都城陈郢就成为唯一的选项。宋玉赋之解读者若以"今湖北省江陵县西北之郢都"作注，就与历史不符，注其为今河南淮阳古之陈郢，才是历史的真实。因此说，贴近历史真实的学术判断原则，既是本课题学术研究的不二思维定式，也是本课题学术规范的刚性操作法则。

恪守上述五项学术原则，历经了五年的田野调查与潜心研究，在调查与研究的最终成果——这本《宋玉赋地理、宋玉遗迹传说田野调查与研究》中，我们提出了一系列自己的新的看法：《上编》第一章认为，宋玉赋阳城所指当在今河南商水县境，宋玉赋下蔡所指当在淮河以南今之安徽寿县境内，宋玉赋所言意在用阳城与下蔡泛指楚都迁至陈郢后的楚国全境。第二章认为，将安徽舒城县龙舒水指认为宋玉赋庐江的说法当胜于以往的释说，不仅符合文本的语境，而且符合文本内在的逻辑。第三章认为，宋玉赋所描写的巫山当是今湖北省汉川市之仙女山，而非重庆之巫山。第四章认为，宋玉赋所描写的衡山，并不是南宋章樵以来注释者所说的湖南衡山，而是坐落于安徽西南的古有衡山、霍山之称的天柱山。第五章认为，宋玉赋章华台所指当是楚襄王仿建的位于河南商水县的章华台，而不是楚灵王所建的两处章华台。第六章认为，宋玉赋"郢中"之"郢"所指可以肯定是战国时期楚国的第二座都城——今河南淮阳县遗迹尚存的陈楚故城——陈郢。《中编》第七章认为，湖北宜城宋玉宅是宋玉之里居，湖南临澧宋玉宅是宋玉晚年居所，而湖北荆州、秭归及钟祥的宋玉宅均存在着附会的嫌疑。第八章认为，所谓的宋玉墓都未得到考古的认证，假如湖北宜城果真有宋玉墓，则很有可能是宋玉故里人们为纪念这位楚国文化名人而修建的衣冠冢；假如湖南临澧楚墓群遗址中果真存有宋玉墓，则很可能是宋玉死后的真身墓葬。第九章认为，今湖北省应城市境内的先秦蒲骚故地可能是楚襄王赐予宋玉的"云梦之田"，即史传"宋玉田"之所在。第十章认为，有理由推测，宋玉赋提及的"云梦台""兰台"等楚襄王行宫建筑在湖北省云梦县楚王城遗址之中。《下编》第十一章认为，综合传世文献与现代考古发现，宋玉故里当在今湖北宜城市，宋玉宅当坐落在宜城东南郑集镇南的春秋时期之楚故都——楚皇城古城遗址内的南部区域，宋玉墓当在楚皇城遗址北，今宜城市区南郊腊树园村。第十二章认为，湖北钟祥市宋玉遗迹不是历史的真实，而是唐代该地被称为郢州后文人墨客借题发挥的产物，其宋玉遗迹类似于"东坡赤壁"当属于文化真实的遗存。第十三章认为，湖南临澧县望城乡流传的宋玉传说，尽管存在着与史实抵牾、怪诞猎奇等这样或那样的不可征信因素，但其中也存有可信的信息，这就是宋玉传说在此地而不是在其他地方流传的地缘事实。因此，我们认为，这些传说可以在一定程度上佐证，宋玉于临终前可能在临澧渡过了他人生的最后一段时光。第十四章认为，重庆市巫山县的高唐观和神女庙，不是宋玉《高唐赋》和《神女赋》中所写的巫山神女故事之源发地，与湖北钟祥一样不是历史的真实，而是文化的真实。第十五章认为，即便《招魂》并非为招屈原之魂而作，宋玉为屈原招魂之事也不可轻易否定，古文献中记载的"宋玉招魂处"与民间的宋玉等为屈原招魂的传说也并非是望风捕影，而有着相对的可信性。在15篇专题调查研究报告全部完成之后，面对着每一篇报告的结论，我曾根据自己作宋玉研究的多年积累做了通盘思考，甚至是反向诘问。关于思考与诘问的结果，本人自以为能够以实证为立论的根据，能够客观地辨析古今曾经的说法，能够实事求是地把握结论的表述尺度，所作的这些结论不仅对于宋玉赋具体的篇章具有训诂词语、解诂寓意的阐释价值，而且对于宋玉生平事迹的深入研究也有着提供佐证的参考价值。这就是我对于这些研究收获感到欣慰的原因所在。当然，上述的新看法、新结论，代表着我与我们调查小组的学术思考、学术研究与学术判断，其正确与否，我们满怀信心地期待未来历史考古新发现的验证，同时也衷心希望相关专家学者的特别关注与批评指正。

时间过得真快，如今距本课题的完成已过去了两年多，在这本《宋玉赋地理、宋玉遗迹传说田野调查与研究》即将付梓之际，我感慨良多，实在还有很多话要说，这大概是年近古稀之老朽的老年"病症"，不过我还是控制住了自己的那些不必要的唠叨。

是为序。

刘刚

2020年4月5日于六情书屋

目　录

上　编

第一章　宋玉赋"阳城"与"下蔡"地望的田野调查与研究……………3
　一、阳城的田野调查与研究………………………………………3
　二、下蔡的田野调查与研究………………………………………15
第二章　宋玉赋"庐江"所指综合田野调查与研究……………………31
　一、古今"庐江"释说综述………………………………………31
　二、相关"庐江"地望的田野调查………………………………34
　三、《鄂君启节》与《招魂》"庐江"的考辨…………………38
第三章　宋玉赋"巫山"所指综合田野调查与研究……………………46
　一、随州大洪山、巫山县阳台、汉川仙女山调查印象…………46
　二、随州大洪山、巫山县阳台、汉川仙女山之文献记载与情景描述…51
　三、随州大洪山、巫山县阳台、汉川仙女山与宋玉赋描写之比较…65
　四、巫山文化对宋玉赋神女的扬弃与重新接受…………………66
　五、汉川文化对宋玉赋神女的承载、接受与渐趋边缘化………73
　六、巫山文化与汉川文化接受宋玉赋神女情况之比较…………78
　七、宋玉赋巫山误为巫峡之巫山说溯源…………………………80
第四章　宋玉赋"衡山"地望田野调查与研究…………………………83
　一、系列调查印象…………………………………………………83
　二、先秦秦汉文献中的衡山与其地望……………………………93
　三、"五岳"说中的衡山与其地望………………………………97
　四、隋唐以来关于"衡山"地望的争讼…………………………101
　五、结束语…………………………………………………………116

第五章 宋玉赋"章华台"所指综合田野调查与研究 ······ 118
    一、湖北潜江市龙湾镇章华台 ······ 118
    二、湖北荆州市沙市区章华台 ······ 124
    三、湖北监利县旧县治章华台 ······ 128
    四、湖北荆门市章华台 ······ 131
    五、湖南华容县章华台 ······ 135
    六、安徽亳州市城父镇章华台 ······ 139
    七、河南商水县章华台 ······ 143
    八、章华台遗址调查与资料分析小结 ······ 146
    九、关于宋玉赋"章华"所指的讨论 ······ 148
    附录　方志载关于章华台的文学作品 ······ 150

第六章 宋玉赋"鄢中"所指综合田野调查与研究 ······ 159
    一、战国晚期楚都考索 ······ 160
    二、战国晚期楚都调查研究 ······ 162
    三、宋玉赋"鄢中"所指考辨 ······ 170

中　编

第七章 五市县宋玉宅遗迹综合田野调查与研究 ······ 175
    一、宜城宋玉宅 ······ 175
    二、荆州宋玉宅 ······ 181
    三、秭归宋玉宅 ······ 188
    四、钟祥宋玉宅 ······ 192
    五、临澧宋玉宅 ······ 197
    六、调查总结 ······ 202
    附录　湖北秭归县屈原故里田野调查与研究 ······ 205

第八章 四市县宋玉墓遗址综合田野调查与研究 ······ 219
    一、湖北宜城市宋玉墓 ······ 219
    二、湖南临澧县宋玉墓 ······ 223
    三、河南唐河县宋玉墓 ······ 226

四、安徽萧县宋玉墓 ……………………………………………… 228
　　五、问题讨论 ……………………………………………………… 232
第九章　湖北应城市宋玉遗迹田野调查与研究 …………………… 236
　　一、宋玉确到过蒲骚 ……………………………………………… 236
　　二、蒲骚遗址调查与考辨 ………………………………………… 238
　　三、宋玉到蒲骚的原因与相关问题 ……………………………… 242
　　附录　关于《登徒子好色赋》"臣里"之所指 ………………… 245
第十章　湖北云梦县宋玉遗迹田野调查与研究 …………………… 248
　　一、古地志记载与现代考古简报中的楚王城 …………………… 248
　　二、楚王城遗址调查印象 ………………………………………… 249
　　三、楚王城遗址现状说明 ………………………………………… 250
　　四、楚王城与楚襄王游云梦 ……………………………………… 251
　　五、楚王城与宋玉行迹及辞赋创作 ……………………………… 255

下　编

第十一章　湖北宜城市宋玉遗迹传说田野调查与研究 …………… 259
　　一、宋玉墓、宋玉宅资料分析 …………………………………… 259
　　二、宋玉墓、宋玉宅调查印象 …………………………………… 265
　　三、宋玉墓、宋玉宅的遗址问题 ………………………………… 278
第十二章　湖北钟祥市宋玉遗迹传说田野调查与研究 …………… 282
　　一、宋玉遗迹传说调查 …………………………………………… 282
　　二、关于"宋玉与钟祥"的讨论 ………………………………… 297
　　三、钟祥宋玉遗迹不是历史真实而是文化真实的古迹 ………… 307
第十三章　湖南临澧县宋玉遗迹传说田野调查与研究 …………… 309
　　一、宋玉遗迹调查 ………………………………………………… 309
　　二、宋玉传说分析 ………………………………………………… 319
　　三、关于宋玉在临澧及相关问题的讨论 ………………………… 326
第十四章　重庆巫山县宋玉遗迹传说田野调查与研究 …………… 340
　　一、高唐观、神女庙调查印象 …………………………………… 340

二、文献中高唐观、神女庙及相关资料分析 …………………… 343
　　三、关于宋玉赋巫山与高唐地望问题的讨论 …………………… 347
第十五章　湖南汨罗市宋玉遗迹传说田野调查与研究 ………………… 352
　　一、招屈亭、招魂台调查印象 …………………………………… 352
　　二、相关文献资料与民间传说分析 ……………………………… 355
　　三、关于宋玉等为屈原招魂问题的讨论 ………………………… 359

图　　版 ………………………………………………………………… 367

后　　记 ………………………………………………………………… 455

图版目录

第一章　附图 …………………………………………………………… 369
第二章　附图 …………………………………………………………… 374
第三章　附图 …………………………………………………………… 379
第四章　附图 …………………………………………………………… 385
第五章　附图 …………………………………………………………… 394
第六章　附图 …………………………………………………………… 406
第七章　附图 …………………………………………………………… 410
第八章　附图 …………………………………………………………… 420
第九章　附图 …………………………………………………………… 426
第十章　附图 …………………………………………………………… 428
第十一章　附图 ………………………………………………………… 432
第十二章　附图 ………………………………………………………… 438
第十三章　附图 ………………………………………………………… 443
第十四章　附图 ………………………………………………………… 450
第十五章　附图 ………………………………………………………… 451

上 编

第一章　宋玉赋"阳城"与"下蔡"地望的田野调查与研究

宋玉《登徒子好色赋》在描写"天下之佳人"即宋玉所居之里的"东家之子"的美貌绝伦时，用夸张的手法写到"嫣然一笑，惑阳城，迷下蔡"。关于句中的阳城与下蔡，唐李善注曰："阳城、下蔡，二县名。盖楚之贵介公子所封，故取以喻焉。"①在注中李善并没有说明阳城、下蔡的地望，致使说者据史索证，各出己见，莫衷一是。虽不难理解句子之大意，但终难解读所喻之深意。为此，我们在传世文献研究的基础上，进行了选择性实地调查，兹将调查与研究的结果报告如下。

一、阳城的田野调查与研究

（一）古代文献中关于先秦与秦汉阳城地望的资料与分析

在中国古代史中，称之为"阳城"的地名很多，有相当一部分是秦汉以后才命名的，所以我们这里仅遴选关于先秦与秦汉阳城地望的资料进行分析。

《史记》卷二《夏本纪》："帝舜崩。三年丧毕，禹辞辟舜之子商均于阳城。"南朝宋裴骃《集解》："刘熙曰：'今颍川阳城是也。'"②

《史记》卷四《周本纪》："秦取韩阳城负黍。"南朝宋裴骃《集解》："徐广曰：'阳城有负黍聚。'"唐张守节《正义》："《括地志》云：'阳城，洛州县也。'"

《史记》卷五《秦本纪》："将军摎攻韩，取阳城、负黍。"唐张守节

---

① 萧统编，李善注：《文选》，上海古籍出版社1986年版，第893页。
② 司马迁：《史记》，中华书局1982年版，第82页。本章下引《史记》，均为此版本，不另出注。

《正义》:"今河南府县也。负黍亭在阳城县西南三十五里,本周邑,亦时属韩也。"

《史记》卷八《高祖本纪》:"沛公……还至阳城。"唐张守节《正义》:"今洛州,夏禹所都。"

《史记》卷四十五《韩世家》:"秦拔我阳城,负黍。"唐张守节《正义》:"《古今地名》云:'负黍在洛州阳城西三十七里也。'"

《史记》卷四十八《陈涉世家》:"陈胜者,阳城人也。"唐司马贞《索隐》:"韦昭云[阳城]属颍川,《地理志》云属汝南。不同者,按郡县之名随代分割。盖阳城旧属汝南,(史迁云)今为汝阴,后又分隶颍川。韦昭据以为说,故其不同。他皆放此。"唐张守节《正义》:"即河南阳城县也。"

《史记》卷四十八《陈涉世家》:"阳城人邓说将兵居郯[郏]。"唐张守节《正义》:"……邓悦是阳城人。阳城河南府县,与郏城县相近。"

《史记》卷五十四《曹相国世家》:"与南阳守齮战阳城郭东。"唐司马贞《索隐》:"徐广云'阳城在南阳',应劭云'今𡉺阳'。𡉺阳是南阳之县。"

《史记》卷九十三《韩王信卢绾列传》:"欲以抚定韩故地……沛公引兵击阳城。"唐张守节《正义》:"河南县也。"

《汉书》卷二十八上《地理志·颍川郡》:"县二十……阳城(注:阳城山,洧水所出,东南至长平入颍,过郡三,行五百里。阳乾山,颍水所出,东至下蔡入淮,过郡三,行千五百里……)……"①

《汉书》卷二十八上《地理志·汝南郡》:"县三十七……阳城(注:侯国。莽曰新安)……"

《汉书》卷二十八上《地理志·南阳郡》:"县三十六……堵阳(注:莽曰阳城)……"

《汉书》卷三十一《陈胜项籍列传》:"陈胜,字涉,阳城人。"唐颜师古曰:"《地理志》属汝南郡。"

《后汉书》卷三十《郡国志·颍川郡》:"十七城……阳城。"注:"《帝王世纪》曰:'阳城有启母冢。'"②

---

① 班固:《汉书》,中华书局 1962 年版,第 1560 页。本节下引《汉书》同此版本,不另出注。
② 范晔:《后汉书》,中华书局 1965 年版,第 3422、3423 页。

《资治通鉴》卷一《周纪·安王》:"韩伐郑,取阳城。"元胡三省注:"汉阳城县属颍川郡,是为地中,成周于此以土圭测日景。"①

《资治通鉴》卷七《秦纪·二世皇帝上》:"秋,七月,阳城人陈胜、阳夏人吴广起兵于蕲。"元胡三省注:"《史记正义》曰即河南阳城县;班《志》,属颍川郡。"

《元和郡县图志》卷六《河南道·告成县》:"本汉阳城县,属颍川郡,因阳城山为名。后魏置阳城郡,属司州。隋开皇三年废郡,以县属洛州,十六年,于此置嵩州,仁寿四年省嵩州,以县属河南郡。万岁登封元年,则天因封中岳,改名告成。"②

宋欧阳忞《舆地广记》卷九《京西北路》:"中商水县本汉汝阳县地,属汝南郡。后汉及晋皆因之。后魏置汝阳郡,北齐郡废,隋开皇十六年置溵水县,大业初省汝阳入焉,属淮阳郡,唐属陈州。皇朝建隆元年改为商水。"③

宋王存等《元丰九域志》卷五《上宿州符离郡保静军节度》:"阳城,汉将岑彭侯邑。""陈胜庙冢。"④

明李贤等《明一统志》卷七《中都·凤阳府·古迹》:"阳城:在宿州南,秦县,陈胜生于此地。汉属汝南郡,后为岑彭封邑。"⑤

明李贤等《明一统志》卷三十《南阳府·古迹》:"堵阳城:在裕州东六里,汉县,属南阳郡,晋因之,后废,俗呼堵阳堆。"《河南通志》卷五十二《古迹下·南阳府》同。

明李贤等《明一统志》卷三十一《汝宁府·古迹》:"阳城故城:在府界,汉置县,属汝南郡,东汉省入汝阳。"《河南通志》卷五十二《古迹下·汝宁府》同。

《江南通志》卷三十五《舆地志·凤阳府》:"阳城,在宿州南,秦置县,陈胜生此。"⑥

分析归纳上述资料,根据史书记载和各家注解,可以清楚地看出,被称

---

① 司马光编著,胡三省音注:《资治通鉴》,中华书局1956年版,第31页。
② 李吉甫撰,贺次君点校:《元和郡县图志》,中华书局1983年版,第139页。
③ 欧阳忞撰:《舆地广记》,文渊阁《四库全书》,台湾商务印书馆1986年版,第471册,306页。
④ 王存等:《元丰九域志》,文渊阁《四库全书》,台湾商务印书馆1986年版,第471册,第107页。
⑤ 李贤等:《明一统志》,文渊阁《四库全书》,台湾商务印书馆1986年版,第472册,第192页。
⑥ 赵弘恩等:《江南通志》,文渊阁《四库全书》,台湾商务印书馆1986年版,第508册,第177页。

作阳城的地名共有四处：（1）"禹辞辟舜之子商均"之阳城、"秦取韩阳城负黍"之阳城、"沛公……还至"之阳城、"阳城人邓说"之阳城、"欲以抚定韩故地……沛公引兵击阳城"之阳城、"韩伐郑，取阳城"之阳城，此阳城各家或注属颍川，或注属洛州，或注属河南府，《汉书·地理志》注明汉属颍川郡，以今地言之属河南登封，故址在登封东南的告成镇。这个阳城的得名似可追溯到夏禹的时代。（2）"陈胜者，阳城人也"之阳城，此阳城或注属颍川，或注属汝南，唐颜师古《汉书注》据《地理志》认为属汝南，今属河南商水，故址在商水县西南扶苏村。陈胜是秦末农民起义领袖，据此可知这个阳城至少在秦代已设为县。（3）"与南阳守齮战阳城郭东"之阳城，注家一致认为属南阳，《汉书·地理志·南阳郡》"堵阳"下注曰："莽曰阳城。"此阳城是新莽时期的称谓，但以史载事件分析，在秦代当有这个"阳城"的聚邑名称。这个阳城今仍属河南南阳，故址在今河南方城县东。（4）"汉将岑彭侯邑"之阳城，此一"阳城"颇有问题，一则其说出自宋代的《元丰九域志》，时代相对太晚；二则据《后汉书·岑彭传》记载，岑彭在蜀中武阳被刺杀后，光武帝封其子岑淮为谷阳侯，其侯邑是谷阳，而非阳城[①]；三则即便退一步说，后汉时谷阳城权且有"阳城"之称谓，也仅能证明它是东汉的地名，而不是西汉、秦或先秦的地名。《明一统志·凤阳府·古迹》"阳城：在宿州南，秦县，陈胜生于此地"的说法，即今安徽宿县说，实是出于附会。

（二）现当代关于阳城地望讨论的述评

1960年前后，围绕着秦末农民起义领袖陈胜的出生地问题，曾经发生过一次关于阳城地望的讨论。诸家所论无外乎以古代文献记载的四处阳城为立论选项选择申说，例如冯道魁、黄丰林的《陈胜究竟是哪里人》[②]主张古宿州今安徽宿县说；杨国宜的《陈胜生地阳城考》[③]主张古颍川今河南登封说；魏嵩山的《陈胜生地阳城考辨》[④]主张古汝南今河南商水县说；谭其骧的《陈胜

---

① 范晔：《后汉书》，中华书局1965年版，第663页。
② 冯道魁、黄丰林：《陈胜究竟是哪里人》，《光明日报》1995年5月21日。
③ 杨国宜：《陈胜生地阳城考》，《光明日报》1959年8月20日。
④ 魏嵩山：《陈胜生地阳城考辨》，《光明日报》1960年3月21日。

乡里阳城考》①主张古南阳今河南南阳说。这四篇文章在古文献四处阳城中各择一说申说立论，并驳议其他三者以自圆己说，如果按时间顺序比较四篇文章，可谓后出转精，后者往往批评前者之所证所论，使其论述更加严谨。从当时所能见到的资料看，谭其骧的说法比较有说服力，影响也比较大。其观点主要是：一、认为今安徽宿县说，所据资料晚出，且为附会不实。二、认为今河南登封说，于先秦其地不属楚国，与陈胜楚人的记载不合。三、河南商水说，其西汉为侯国，居户仅千余，不够设县的规模。四、河南南阳之阳城，汉虽称堵阳，但王莽称阳城，当是沿袭秦县旧名，是为陈胜乡里。

20世纪80年代，随着文物普查工作在全国的展开和古城址考古的发现，有关"阳城"地区的地下出土文献提供了研究阳城地望的新资料，于是又引发了新一轮的讨论。程希才的《陈胜生地究竟是哪个阳城》②主要据商水县对阳城遗址的考古调查，主张河南商水说；马世才的《陈胜乡里阳城地望试探》③主要据登封阳城故址的考古发现，主张河南登封说；苏诚鉴的《陈胜研究管见》④据《史记索隐》引郑玄《目录》和《吕氏春秋·上德》两条有关今商水阳城于春秋为陈国属县的资料，矫正以往认为商水阳城不够设县规模的说法，支持河南商水说，同时据《淮南子》高诱注"陈胜，字涉，汝阴人"的陈胜生地异说，提出当重视对古汝阴今安徽阜阳的研究。新一轮关于阳城地望的讨论，在古代文献记载的四处阳城中力主古颍川今河南登封说和古汝南今河南商水说，而因为古宿州今安徽宿县和古南阳今河南南阳没有关于其阳城遗址的考古发现，所以未被研究者重新关注。这次讨论的突出特点是，在古代传世的文献资料基础上充分利用出土文献资料加以印证，这无疑是对前一轮讨论的发展与深化。

以上两轮关于阳城地望的讨论，虽然讨论的目的是要厘清陈胜故里的问题，但对于宋玉赋阳城地望的研究也有着不可忽视的意义。因为陈胜故里阳城所指是秦代旧属楚地的县级地名，它对于略早于秦代的战国晚期的宋玉赋阳城当有着承接的关系，这意味着如果解决了秦代楚人陈胜故里阳城的问

---

① 谭文写于20世纪60年代初，发表于《社会科学战线》1981年第2期。
② 程希才：《陈胜生地究竟是哪个阳城》，《中州今古》1983年第6期。
③ 马世才：《陈胜乡里阳城地望试探》，《中州今古》1985年第4期。
④ 苏诚鉴：《陈胜研究管见》，《中州今古》1988年第4期。

题，就会有力地佐证对宋玉赋阳城的考辨与认知。

1987年，湖北省荆沙铁路考古队在荆门市十里铺镇王场村包山岗地发掘了一座战国中期晚段的楚国贵族大墓，出土了近280件书有文字的简牍，研究者称之为包山楚简。① 包山楚简［简120］中"阳城"与"下蔡"并提，同时又提到了在下蔡任职的"阳城公"，于是从20世纪末至今又引起了第三轮阳城地望的讨论。何浩《楚国封君封邑地望续考》认为："《汉书·地理志》汝南郡辖县有'阳城'，地在今河南省商水县西南。宋赋、李注的阳城及惠王至悼王时的阳城君封地，看来理应在此。"② 陈伟《楚东国地理研究》认为："宋玉……所说阳城与同名汉县盖即一地。"③ 徐少华《包山楚简释地五则》说："位于宿州南之古阳城，很可能就是包山简文和宋玉《好色赋》所载战国中晚期与下蔡相互关联的楚之阳城，从当时的疆域形势和相互关系来看，唯此阳城更符合实际。"④ 刘信芳《包山楚简解诂》"易成"注："即'阳城'，应与下蔡相邻。……以汝南之阳城为近是，其地在今河南上蔡北（上蔡北，即为今河南商水县）。"⑤ 以上四说，何浩、陈伟、刘信芳三位在四处古阳城说中一致认同古汝南今河南商水说，只有徐少华一人经过自己的思辨认同安徽宿县说。在第三轮讨论中，也有人关注陈胜故里的问题，韩自强等《包山楚简解析陈胜故里阳城》据包山楚简及张家山汉简与出土的"夷里賹玺"等古印玺，则提出了陈胜故里在安徽阜阳的新说。⑥ 这一新说虽然与《淮南子》高诱注"陈胜，字涉，汝阴人"的异说相合，但所举的出土文献证据"夷里賹玺"中，夷里是包山楚简所述的杀人现场，并不能支持他们的说法；而异说之所谓"汝阴"很可能是该书流传中翻刻或传抄时因这个双音词形近而讹，"汝阴"原本或作"汝阳"，遍览历代地志未见汝阴有关于阳城的只言片语以及陈胜事迹的记述。

包山楚简的记事为楚怀王七年（前322）至楚怀王十三年（前316），下

---

① 详见湖北省荆沙铁路考古队：《包山楚简》，文物出版社1991年版，第1—3页。
② 何浩：《楚国封君封邑地望续考》，《江汉考古》1991年第4期。
③ 陈伟：《楚东国地理研究》，武汉大学出版社1992年版，第17页。
④ 徐少华：《包山楚简释地五则》，《考古》1999年第11期。
⑤ 刘信芳：《包山楚简解诂》，台湾艺文印书馆2003年版，简120—123释注，第108页。
⑥ 韩自强等：《包山楚简解析陈胜故里阳城》，《阜阳风物》第3期；该文亦收入韩自强：《韩自强文物考古集》，合肥工业大学出版社2018年版。

距楚襄王后期宋玉生活的时代四十余年，宋玉赋所述楚阳城理应上承包山楚简之阳城，因此可以说，包山楚简的出土为宋玉赋阳城的研究提供了新的资料与新的线索，有了这种联系，宋玉赋阳城也就成为上承春秋战国楚阳城、下启秦汉楚旧地阳城的，可以作为考辨古文献所见四处阳城的重要环节，这是宋玉研究者和楚文化研究者与陈胜故里研究者应当特别注意的。

（三）古楚阳城当在今河南商水县境

上面我们客观地概述了从古至今关于楚阳城的讨论，可见至今为止尚未有得出学术界一致认同的意见；下面我们综合现今已见的资料，重新整理一下论证思路，来研究古楚阳城的地望问题。

首先，我们将已知的春秋末楚惠王时期的阳城君（见于曾侯乙墓出土的简文）、战国前期楚悼王时期的阳城君（见于《吕氏春秋·上德》篇）、战国后期楚怀王时期的阳城公（见于包山楚简简文）、战国晚期楚顷襄王东迁陈郢后的宋玉赋阳城四者联系起来，综合释考，完全有理由认为：（1）这四个时期的楚国阳城之间当有着一脉相承的"地名沿革"的关系，以此可知，从春秋末期至战国末期楚国确有称作"阳城"的地名，而且其地当在同一地理位置之上。何浩认为，宋玉赋李注的阳城及惠王至悼王时的阳城君封地理应在同一个地方，是有理据的。（2）楚国阳城之地方统治者称"君"或"公"与《文选》李善注阳城"盖贵介公子所封"正相吻合，依照楚国爵称或官职称的县级长官称"公"称"尹"的规制，可以推知，楚国阳城至少是县名。清钱坫《新斠注地理志集释》："汝南郡阳城，在今陈州府商水县西。"徐松按："陈胜阳城人，是秦有此县。"①亦可佐证。谭其骧据汉阳城侯国居民仅千余户，推测汉代汝南阳城在先秦不能称之为县，是不能成立的。（3）楚国阳城若与古代文献记载的四处阳城对接，即可排除古颍川今河南登封之阳城，因为诸多先秦与秦汉的文献资料证明，此处阳城先属郑，后属韩，最后属秦，从未隶属于楚；而属于楚或曾属于楚的是隶属今河南南阳、河南商水与安徽宿县的阳城。

---

① 钱坫撰，徐松集释：《新斠注地理志集释》卷五，同治间会稽章氏用咫进斋藏本校刊本，第2页。

其次，宋玉《登徒子好色赋》作于楚国迁都于陈郢之后①，楚国西部大片国土已被秦所占，加之宋玉赋说阳城、下蔡意在夸说楚国之美女，阳城理应在当时的楚国疆域之内，不可能以别国的城邑设喻。在河南南阳之阳城、河南商水之阳城和安徽宿县之阳城三者中，又可以排除河南南阳之阳城，因为此一阳城虽在战国中期为楚地，但于公元前301年齐、韩、魏联合伐楚的垂沙之战后归属于韩，在公元前292年又为秦所兼并，《史记·穰侯列传》载："又取楚之宛（今河南南阳）、叶（今河南叶县）。"故址在今河南方城县东、叶县西的南阳之阳城早在楚国东迁前就已经不属于楚国了。

再次，在楚国东迁陈郢后，故址在今河南商水与今安徽宿县的阳城仍属楚国，然而二者之中当时称作阳城的只有河南商水之阳城，而今安徽宿县之阳城在汉代并不叫阳城（关于这一点上文已有所辨析，下面予以重申）。虽然《元丰九域志》卷五《上宿州符离郡保静军节度》记载"阳城，汉将岑彭侯邑"，明李贤等《明一统志》卷七《中都·凤阳府·古迹》记载："阳城：在宿州南，秦县，陈胜生于此地。汉属汝南郡，后为岑彭封邑。"但考《后汉书·岑彭传》，岑彭西征蜀中武阳，被刺杀而亡。帝念其功，以其子遵嗣其侯爵，徙封细阳（今安徽太和县）侯，十三年复封遵弟淮为谷阳（今安徽宿县南）侯。②以此知，岑彭子岑淮所封之地，后汉时称为谷阳，《元丰九域志》《明一统志》所述之"阳城"实乃"谷阳城"之讹误，或民间之省称，而非秦汉县名之阳城。考辨故址在今安徽宿县南的阳城，其讹误的始作俑者，即是宋代成书的《元丰九域志》，由于该书将岑彭之子岑淮所封的谷阳城不负责任地写作"阳城"，才导致《明一统志》及其后一系列相关志书的误记。因此今安徽宿县之阳城更应当排除。徐少华据包山楚简［简120］至［简123］之简文阳城与下蔡并提，以为二者邻近，是对包山楚简的误读，贩马或窃马销赃的起点与目的地之间的距离，可远可近，岂能只取"邻近"为说，更何况杀人现场在所谓贩马或窃马销赃的中途"蓳里"，距下蔡已有近百里距离；至于因此推测地志误传的宿县南之阳城（实为谷阳）或所谓异说中有讹误嫌疑的汝阴（今安徽阜阳）为楚阳城故址，因所据不可信，故结论

---

① 刘刚：《宋玉年世行迹考》，《宋玉辞赋考论》，辽海出版社2006年版，第215—217页。
② 参见范晔：《后汉书》，中华书局1965年版，第662—663页。

亦不可信，既不能被研究者认同，也无理据成为可以存疑的一家之言。

复次，在上连楚惠王时阳城君、楚悼王时阳城君、楚怀王时阳城公与楚襄王时宋玉赋阳城，厘清先秦时楚国阳城的沿革后，我们还可以下连《史记》中"陈胜，阳城人也"下的各家注说和《汉书·地理志》中汝南郡的属县"阳城"，连接后不难发现，这是一个比较完整的上挂下联的古汝南今河南商水之阳城的沿革线索，这是古代文献记述的古颍川今河南登封、古南阳今河南南阳、古宿州今安徽宿县三处阳城所不具备甚或不可能具备的。因此在古代文献记述的四处阳城中，古汝南今河南商水之阳城是我们唯一的选择。

最后，西汉汝南郡下属的阳城侯国，东汉不再复立而省入汝阳县，此后其沿革也是基本清楚的，宋欧阳忞《舆地广记》卷九《京西北路》："中商水县本汉汝阳县地，属汝南郡。后汉及晋皆因之。后魏置汝阳郡，北齐郡废，隋开皇十六年置溵水县，大业初省汝阳入焉，属淮阳郡，唐属陈州。皇朝建隆元年改为商水。"《明一统志》卷三十一《汝宁府·古迹》："阳城故城：在府界，汉置县，属汝南郡，东汉省入汝阳。"清《河南通志》卷五十二《古迹下·汝宁府》所记与《明一统志》同。今河南商水有关于陈胜的遗迹亦屡见于历代文献。《史记》卷六《秦本纪》载："戍卒陈胜等反故荆地，为'张楚'。胜自立为楚王，居陈。"卷八《高祖本纪》载："秋，陈胜等起蕲，至陈而王，号为'张楚'。"陈即春秋陈国故都，楚东迁于此地称陈郢，故址在今河南淮阳县，西与商水县比邻，二县同属河南周口市。宋乐史《太平寰宇记》卷十《陈州·商水县》："扶苏城，在县西南三十五里。《史记》云：'陈涉起兵，自称公子扶苏，从人望也。'盖涉筑此城。隋越王侗皇泰元年又于此置扶苏县，唐武德五年废。"①宋王象之《舆地纪胜》及《清一统志》《河南通志》均有扶苏城的记载。《清一统志》卷一百七十《陈州府·陵墓》又有"秦扶苏塚""蒙恬墓"的记载，《河南通志》《商水县志》记载略同。今河南商水县尚有曾被称为"扶苏城"的秦县阳城遗址与"扶苏墓"的遗存，扶苏墓于1978年公布为县重点文物保护单位，阳城遗址于1983年公布为县重点文物保护单位。这些都是佐证楚国阳城包括宋玉赋阳城在河南商水县境的有力证据。

---

① 乐史撰，王文楚等点校：《太平寰宇记》，中华书局2007年版，第190页。

（四）关于河南商水县楚阳城遗址的调查

现存的阳城遗址和传说的扶苏墓，在商水县城西南 18 千米处舒庄乡的扶苏村。2016 年 7 月 25 日我们对扶苏村的墓址与城址一并进行了考察。扶苏墓，地处扶苏村东南约 150 米，胡庄的东北村头。如今的墓地掩映在一片玉米地中，沿着水泥路南行百米左右，路的尽头树立有一方"商水县重点文物保护单位——扶苏墓"的水泥标志牌，下款为"商水县革命委员会，一九七八年□月□日"两行文字，表示月与日的文字已无法辨认。（图 1-1）顺着由北向南翠柏夹护的颇为宽敞的墓道走向墓地，墓道中央矗立有高大的公子扶苏塑像，墓冢前树有高大的墓碑，上面镌刻着"扶苏墓"三个大字，墓冢高约 4 米，直径约 10 米，冢基有 1 米多高的石砌护墙，墓左有碑，仍是重点文物保护标志，而下款改为"商水县人民政府，一九七八年公布"，墓右有碑镌刻着介绍公子扶苏事迹的文字，字迹已显斑驳，有些字无法辨认。（图 1-2）从四方碑牌与石像的新旧及剥蚀程度看，墓道起始处的水泥标牌是 1978 年此墓公布为保护单位不久树立的，墓冢左、右的石碑应是"文革"结束后，当地革委会改称为人民政府之后树立的，而塑像、墓碑、墓道、护墙都是近几年新立或重修的。据记载，公子扶苏被秦二世逼死于秦上郡（今陕西榆林），不可能葬于商水。这个墓很可能是秦末农民起义军为号召民众所修，仅仅是一个宣示反秦起义的象征，然而对于我们考证宋玉赋阳城来说有着地标性的佐证作用。

考察了扶苏墓后，我们来到了墓地西北的扶苏村阳城遗址。城垣遗址的东南角树立着醒目的路标，左边指向阳城遗址，右边指向陈胜故里（当地人称后陈庄）。（图 1-3）眺望阳城遗址，很明显其所在的台地要高出四边田野和乡路 1 米多。沿城址墙垣遗存外侧，现已开挖出护城的沟渠，上宽约 7—8 米，底宽约 4—5 米，深约 5 米，当地村民在沟渠中种植了荷花，在我们来考察的 7 月下旬，正值荷花盛开的季节，遗址四围沟渠中荷叶田田，荷花斗艳，荷香扑鼻，让人格外赏心悦目。然而如今的景色美了，古迹的旧貌却丢失了。询问舒庄乡的书记，他说遗址四周的沟渠原本就有，只不过较浅，近两年为保护遗址才挖深了。护城沟渠的内缘应是古城垣遗址，我们沿东城垣遗址一边观察一边步行测量，城垣遗迹极不明显，仅见东北一段长约 200 米、宽约 10 米的土坎高于地面,最大高度约有 2 米,其处当为阳城城址遗迹。(图 1-4)扶苏村就在遗址城垣之中,居民住房集中在遗址中部与东南部,此外除西北角有一座学校外,都是耕地,有农田,也有菜圃。岁月荏苒,历经沧桑,古城的地表遗迹几乎再无处寻觅。

据陪同我们调查的商水县政协崔中玉同志介绍,1980 年春周口地区文化局和商水县文化馆对遗址曾进行了为期四个月的调查,有调查报告发表。于是我们找到了《考古》1983 年第 9 期发表的《河南商水县战国城址调查记》(以下简称《调查记》),据报告:"扶苏城由内外两城组成,城墙夯土筑建。外城东北部夯土墙高出地面,共长 200 多米,其它仅间断残存。我们把间断的残存加以连接,测得外城城垣东西 800 米,南北 500 米,北城垣走向为一直线。东西垣北半段与北垣垂直,但南半段系依汝水流向而曲折。城垣基部宽 20 米,外壁基本垂直,内壁呈台阶状,为踏登墙上的蹬道。内城(官署)座落在外城内中部北边,平面呈方形。内城东西墙分别距外城东西城垣各 270 米,北垣利用外城的北垣,每边长约 250 米。东墙内壁也呈台阶状,墙的外壁风雨剥蚀明显,有部分剥落。内外城墙的土色一致,夯土层厚度及夯窝特点相同,应是同时所筑。城内地面散布战国秦汉时期的砖瓦很多。内城正中,至今仍称'金銮殿'。在内城东南角表层,采集印有'扶苏司工'陶器残底四件。城内发现陶水管道多处,顺城垣走向,在不同的距离上,有通向地面的水道口。铺砌于地下的水道管,有的在城角等处通过城垣流入城外河道中。……城内西北部有战国铸铁遗址一处,西汉砖瓦窑六个,以及汉至宋墓多座。地面散布铁渣、铁器、砖瓦、灰坑等遗物很多。""汝水故道从西北向东南流经西城垣外,现已干涸。外城南垣即依河道流向修建。""根据城垣构筑特点以及出土砖瓦、陶器、陶文等分析,可以初步断定此城垣筑于战国晚期。"这是 33 年前的报道,从中我们似乎想见到了 36 年前当地文化部门调查遗址时阳城遗址的旧貌。

虽然现场实地考察有些令人失望,但认真研读商水县文物管理委员会的《调查记》后,则颇感兴奋。《调查记》给我们的启示是:(1)扶苏城遗址与印有"扶苏司工"文字的陶器残片及其他文物(参见图 1-5、图 1-6),切实地证明了秦末农民起义时,即陈胜所建"张楚国"存在期间,扶苏城的设置与存在。这些考古发现,更印证了《史记·陈涉世家》关于陈涉在起义之初谋曰"今诚以吾众诈自称公子扶苏、项燕，为天下唱"的历史真实。(2)《史记》三家注、《汉书》颜师古注及宋以来的地志，一直有陈胜故里阳城在古汝南今河南商水的记述，而当代扶苏城遗址的发掘与相关文物的出土，将陈胜故里阳城与地处河南商水的扶苏城遗址自然地联系起来，证明了二者同在古汝南今河南商水，完全有理由说，陈胜故里阳城即是今之扶苏城遗址，今之扶苏城遗址即是秦之陈胜故里阳城。陈胜故里阳城当是秦县的称谓，而扶苏城则是秦末农民起义后的名称。至于地志中说扶苏城，有"盖陈涉筑此城"的记述，恐怕有悖于史实。《调查记》认为"此城垣筑于战国晚期"，"内外城墙的土色一致，夯土厚度及夯窝特点相同，应是同时所筑"。这个推断说明陈胜很可能只是借用原城址而诏令此城改称为扶苏城。印有"扶苏司工"的陶器残片出土于时为官署的内城东南角表层，"扶苏司工"这个管理者的称谓，就证明此城在"张楚"之际即秦末已更名为扶苏城了。(3)《调查记》认为："根据城垣构筑特点以及出土砖瓦、陶器、陶文等分析，可以初步断定此城垣筑于战国晚期。"这说明扶苏城抑或陈胜故里阳城并不是始建于此地的城郭，这便自然让人联想到在楚东迁陈郢后宋玉赋中提到的阳城。前文已经论及楚国阳城，包括楚惠王时封君之阳城、楚悼王时封君之阳城、楚怀王时阳城公之阳城和楚襄王东迁陈郢后宋玉赋提及之阳城，均当在古汝南今河南商水县境。如果说，在同一城址上要寻找扶苏城和其前陈胜故里阳城的前一代阳城，那么在古四处阳城中，只有战国晚期宋玉赋提及的阳城是唯一的选择。(4)楚国东迁陈郢后，楚阳城所处的战略地位便凸显出来，它是护卫楚都距离陈郢最近的西方重镇，楚襄王在此筑城有着西御强秦、西北抵御魏国的重要的军事意义。从建城选址看，楚阳城西临汝水（汝水今已改道，而《调查记》有其故道在城址下的考证），在颍水流域和汝水流域的大平原上，凭险筑城，既是新形势的需要，也是防御构想的必然。这便从历史文化和学理逻辑两个方面，印证了《调查记》据调查发现认为"此城垣筑于战国晚期"的判断。上述启示，坚定了我们的立论信心，因为扶苏墓遗址和扶苏城遗址，又为我们的宋玉赋阳城在古汝南今河南商水的考辨提供了更为有力的佐证。依据传世历史文献的考证，只能从地名沿革和地望注释及楚国疆域的地理变化中判定宋玉赋阳城的所在，而《调查记》提供的考古发现，使我们的判断具有了考古实证的支持。

二、下蔡的田野调查与研究

（一）先秦下蔡的缘起与沿革

据史载，公元前493年，蔡国为楚国所迫不得已求吴国庇护迁至州来故地，始称下蔡。考之有关春秋州来国与蔡国迁徙的记载：

《春秋左传正义》卷二十六《成公七年》（前584）："吴入州来。"注："州来，楚邑。淮南下蔡县是也。"①

又卷四十二《昭公四年》（前538）："（楚）然丹城州来。"

又卷四十五《昭公九年》（前533）："二月庚申，楚公子弃疾迁许于夷，实城父，取州来淮北之田以益之。"疏："《正义》曰《释例》云，州来，淮南下蔡县，汝水之南地。淮北之田：淮水北田。则州来邑在淮南，邑民有田在淮北也。许国尽迁于夷，夷田少，故取以益之。"

又卷四十五《昭公十二年》（前530）："楚子狩于州来，次于颍尾。"注："颍水之尾，在下蔡。"

又卷四十六《昭公十三年》（前529）："吴灭州来。"

又卷四十八《昭公十九年》（前523）："楚人城州来。沈尹戌曰：'楚人必败。其吴灭州来，子旗请伐之，王曰吾未抚民。今亦如之，而城州来以挑吴，能无败乎。'"

又卷五十《昭公二十三年》（前519）："吴人伐州来。"楚有鸡父之败。

又卷五十二《昭公二十七年》（前515）："使延州来季子聘于上国。"注："季子本封延陵，后复封州来，故曰延州来。"

又卷五十七《哀公二年》（前493）："十有一月蔡迁于州来。"《考证》："按，州来即汉之下蔡县也。《地理志》云，沛郡下蔡，故州来国，为楚所灭，后吴取之，至夫差迁昭侯于此，后四世侯齐为楚所灭。"②

又卷五十《哀公十年》（前485）："冬，楚子期伐陈。吴延州来季子救

---

① 杜预注，孔颖达疏：《春秋左传正义》，阮元校刻：《十三经注疏》，中华书局2009年版，第4132页。本节下引《左传》同此版本。
② 杜预注，孔颖达疏：《春秋左传注疏》附《考证》，文渊阁《四库全书》，台湾商务印书馆1986年版，第144册，第606页。

陈，谓子期曰：'二君不务德，而力争诸侯，民何罪焉，我请退，以为子名务德而安民。'乃还。"注："季子，吴王寿梦少子也。寿梦以襄十二年卒，至今七十七岁。寿梦卒，季子已能让国，年当十五六，至今盖九十余。"疏："注季子至十余。《正义》曰，襄、昭之传称延州来季子者，皆是季札也。此说'务德安民'，是大贤之事，亦当是札。故迹计其年，言虽老犹能将兵也。孙毓以为季子食邑于州来，世称延州来季子，犹赵氏世称知伯。延州来季子，或是札之子与孙也。"

据上述记载可知：（1）州来本春秋时古国，鲁成公之世已被楚国兼并；州来地处楚东疆，吴西陲，是春秋楚吴两国的交界地带，吴欲问鼎中原，楚欲称霸东扩，必欲争夺此地；春秋昭公十三年（前529）至战国蔡侯齐四年（前453），州来一度为吴国占领，蔡国即在此间迁至州来境内，史称下蔡；战国蔡侯齐四年，楚惠王灭蔡，州来与下蔡又重新归入楚国版图。（2）在春秋之际，州来地域当横跨淮河南北。"楚公子弃疾迁许于夷，实城父，取州来淮北之田以益之。"是州来拥有淮北之地的佐证，以此亦可推知州来的行政中心即都城不在淮北。"楚子狩于州来，次于颖尾。"是州来拥有淮南之地的佐证，而颖尾则是在《左传》中所见州来域内的唯一地名，楚王狩猎，驻跸于此，此地极有可能是古州来国的都邑，楚占有州来后亦以此为治所。（3）吴国占领州来后，这里曾是公子季札的封邑，蔡国迁入州来后，仍有"吴延州来季子救陈"的记载，说明吴国并没有将州来故地全部割让给蔡国，而对公子季札的封邑还有所保留；换句话说，就是在春秋吴占领州来时期，下蔡与州来同在古州来疆域之内。如果吴公子季札的封邑治所是继承楚州来治所的话，那么后于季札所封迁至州来的蔡国其治所按理不能与季札的州来治所在同一处。（4）春秋之际，古州来国的治所、楚占领州来时的治所、吴占领州来时的治所、蔡迁至州来的治所，虽然大致的地域可以判定在今安徽省寿县与凤台县一带，但是其具体的所在由于《左传》无有记载，只有依靠考古的发现来推测了。

战国初，楚灭下蔡之后，关于下蔡与州来的记载于史阙失，令人欣慰的是20世纪80年代出土的包山楚简记有下蔡与州来的信息。

［简120］□客监□适楚之岁，亯月乙卯之日，下蔡□里人余猎告

下蔡纠执事人昜成公荥罨。猬言胃：郕拳窃马于下蔡，而卖之于昜成。或杀下蔡人佘罨，小人命为契以传之。

[简121] 宫月丁巳之日，下蔡山昜里人郕拳言于昜成公荥罨、大斁尹□、郢昜莫嚣臧□、佘拳，拳言胃：小人不信窃马，小人信与下蔡関里人雇女返、东邢里人埸賈、萁里人競不割暋杀佘罨于競不割之官，而相与弃之于大路。

[简168] 舟赉（即州来）公豕。①

以上三简提到了下蔡与州来，分析下蔡与州来的称谓，下蔡之下管辖有関里、东邢里、萁里等相对小一些的居民行政区，州来长官称"公"，"公"是当时楚人县一级官员的称谓，因此以文意分析，下蔡与州来显然都是行政区级别相同的楚县名。可见在包山楚简中下蔡县与州来县是同时并存的两个县。据考，包山楚简记述的是楚怀王七年至十三年（前322—前316）的处理楚国政务的文书，因此以无可辩驳的事实证明了楚怀王时代下蔡与州来仍然并立共存。这与春秋之际吴国占领州来地区时，下蔡与州来并立共存正相呼应。所以可以认为，楚惠王灭下蔡后，楚国承袭了吴国的旧制，在州来国故地设置了地望毗邻的两个县，一个是下蔡，一个是州来。这一点对于研究下蔡的地望有着极其重要的意义。

（二）两汉以来下蔡地望的释说

关于下蔡的地望，自《汉书》始方有记载，《左传》中有关"下蔡""州来"的注释亦本于《汉书》而参照注释者所在时代政区划分进行释说。此仅引录《汉书》以来史书地志文献资料。

《汉书》卷二十七下《五行志》："蔡恐，迁于州来。"注："（颜）师古曰：'哀公二年十一月，蔡迁于州来。州来，楚邑，今下蔡县是。'"

《汉书》卷二十八上《地理志·沛郡》："下蔡：故州来国，为楚所灭，后吴取之，至夫差迁昭侯于此。后四世侯齐竟为楚所灭。"

《后汉书》卷二十二《郡国志·九江郡》："下蔡故属沛。"注："《左

---

① 刘信芳：《包山楚简解诂》，台湾艺文印书馆2003年版，简120、121、168释注，第108、186页。

传·成七年》吴入州来。杜预曰下蔡县。"

唐李吉甫《元和郡县图志》卷八《河南道·颍州》:"下蔡县,本汉旧县,古蔡国,又吴州来之邑也。""按:蔡国本都上蔡,又徙新蔡,后又迁此,故谓之下蔡。汉以为县,属沛郡,后汉属汝南郡。隋大业二年属颍州,十二年移于今理。武德四年,于此置涡州,下蔡属焉。八年州废,县属颍州。"[1]

宋乐史《太平寰宇记》卷一百二十九《淮南道·寿州》:"寿州,寿春郡旧理寿春县,今理下蔡县。""下蔡县,旧十五乡,今三乡。古之蔡国,吴州来之邑。《左传》谓'蔡昭侯自新蔡迁于州来',谓之下蔡是也。汉以为县,属沛郡。梁大同中于硖石山筑城以拒东魏,即今县城也。唐武德四年改为涡州,寻复下蔡之额,属颍州。周朝平淮南,移寿州于此。"[2]

宋王存等《元丰九域志》卷五《淮南西路·古迹》:"下蔡县,古州来国也,蔡成公自上蔡迁于州来,谓之下蔡,有古城,在县西南。"[3]

宋王应麟《通鉴地理通释》卷四《历代都邑考》:"昭侯徙州来。"注:"以州来为下蔡,汝南为上蔡。州来即下蔡县,今寿春府治。"[4]

元胡三省《通鉴释文辨误》卷三"循蔡、颍,浮淮如寿春"条下:"史炤《释文》曰:蔡即九江下蔡县,亦古州来国。其地在淮、颍之会,颍水出颍川阳城东,至下蔡入淮。《左传》,楚灵王狩于州来,次于颍尾,是也。"[5]

宋欧阳忞《舆地广记》卷二十一《淮南西路》:"下蔡县,故州来国,为楚所灭。《左传》'楚灵王狩于州来,次于颍尾。'地盖在淮颍之会。"[6]

明李贤等《明一统志》卷七《凤阳府》:"下蔡城:在寿州北三十里。汉为县,属沛郡。隋属汝南。其城周世宗筑,遗址尚存。"

《大清一统志》卷八十七《凤阳府》:"下蔡故城:在凤台县北三十里,春秋州来邑。《左传·成公七年》吴伐楚,入州来。《哀公二年》蔡昭侯自新蔡迁州来,谓之下蔡。《汉书·地理志》沛郡下蔡,故州来国,为楚所灭,

---

[1] 李吉甫撰,贺次君点校:《元和郡县图志》,中华书局1983年版,第190页。
[2] 乐史撰,王文楚等点校:《太平寰宇记》,中华书局2007年版,第2542、2544页。
[3] 王存等:《元丰九域志》,文渊阁《四库全书》,台湾商务印书馆1986年版,第471册,第112页。
[4] 王应麟:《通鉴地理通释》,中华书局2013年版,第98页。
[5] 司马光编著,胡三省音注:《资治通鉴》附录《通鉴释文辨误》,中华书局1956年版,第20册,第40页。
[6] 欧阳忞撰:《舆地广记》,文渊阁《四库全书》,台湾商务印书馆1986年版,第471册,第401页。

后吴取之是也。后汉属九江郡，晋属淮南郡，刘宋时废。南齐建元三年，垣崇祖在寿阳，恐魏人复寇淮北，乃迁下蔡戍于淮东。梁大通中，魏乱，梁得下蔡，改置汴州及汴郡。北齐郡废，隋仍为下蔡县，属汝阴郡。唐武德四年，于县置涡州，八年州废，县属颍州。五代周显德四年，徙寿州治下蔡，自后常为州治，至明省入州。旧志下蔡镇在寿州西北三十里，西抵正阳镇五十五里。……故城淮水东岸者是也。"①

考汉以来地志文献，均认为下蔡治所在汉代的下蔡县，即今安徽省凤台县。这一认知，就汉以来的下蔡地望及其沿革而言，是正确的；然而以之上推，指认先秦的下蔡包括州来的地望及其沿革，则不完全正确。理由是：（1）上节已言及，自春秋晚期蔡国迁至州来以后，州来国故地疆域内，既有下蔡，也有州来，二者并立共存，疆界毗连。不可顾此失彼。（2）汉代设县，考虑到了这一历史渊源，在古州来国故地设置了两个县，《汉书·地理志》沛郡有下蔡县，九江郡有寿春县。研究先秦古地理的史家不应该只注意汉代的下蔡，而全然不顾汉代在州来故地设置的寿春县。究其原因，大概是《汉书·地理志》在"下蔡"条下注曰"故州来国"，在"寿春邑"条下注曰"楚考烈王自陈徙此"②，诱导了注史者和地志编纂者的误读，乃至于造成了这种以为汉代下蔡县所辖之地即是古州来国疆域的历史误会，忽略了楚考烈王迁都之处——寿春也处在古州来国版图之中，也处于蔡国迁至州来时可供选址建都的区域之内。

（三）现当代学者对下蔡治所的指认

现当代学者普遍认同古代的传统说法，将现在的安徽省凤台县治所下蔡镇认定为古下蔡及古州来的治所。这种说法的最突出代表，是20世纪80年代出版的谭其骧主编的《中国历史地图集》，其《春秋时期全图》将"蔡3"（即蔡国的第三个都城）标示在今凤台县的位置，其春秋《楚吴越》图中将蔡都"下蔡（州来）"也标示在今凤台县的位置，其战国《楚越》图中将蔡都"下蔡"还是标示在今凤台县的位置，其西汉《兖州、豫州、青州、徐州

---

① 穆彰阿、潘锡恩等：《大清一统志》，文渊阁《四库全书》，台湾商务印书馆1986年版，第475册，第731页。

② 班固：《汉书》，中华书局1962年版，第1569、1572页。

刺史部》图中将"下蔡"仍然标示在今凤台县的位置。① 显而易见,《中国历史地图集》的编纂者承袭了传统的以汉代下蔡县上推先秦下蔡地望的方法,虽可备一说,但并不准确严谨。

有鉴于此,很多学者依据考古发现提出了新的说法,概括起来主要可以归纳为三说。

一是淮河北凤台县治所西南,西硖石山麓说。陈伟《楚东国地理研究》指出:"近世通常认为,先秦、汉晋的州来、下蔡故址,为唐宋下蔡县治沿用,明废为下蔡巡司,清为下蔡镇,同治四年(1865)凤台县移治下蔡镇;在这以后,凤台县城遂与下蔡(州来)故城重合。""唐宋时期的记载实际上与此不同。《通典》一再谈到,唐下蔡县治的前身是萧梁大同中(535—545)筑造的硖石城。《元和郡县图志》(以下简称《元和志》)卷7,颍州'下蔡县'条指出:下蔡县治是在隋大业十二年(616)迁至今址的。宋黄裳《新定九域志》寿州古迹'下蔡县'条则说:'有古城,在县西南。'……结合《水经·淮水注》(卷30)淮水出硖石后,'又北迳下蔡县故城东'的记载,先秦汉晋时的下蔡故城似当在今凤台县西南、硖石山北不远的淮水西岸。"②

二是淮河南寿县城东南说。任经荣《蔡都州来辨址》在认同殷涤非"下蔡即州来,州来与寿春原为一城,其为蔡都称州来,其为楚都称寿春,乃一地先后二名"说法的基础上,进一步推测"从蔡墓、蔡方壶、大府铜牛、鄂君启节以及西圈春秋晚期墓葬区的所在位置看,下蔡都城可能在出土春秋晚期铜方壶、战国中期大府铜牛、鄂君启节的史家圩子、邱家花园及其附近区域内","出土铜方壶的地点,可能为下蔡都城的宫殿所在地"。③

三是淮河南寿县城东柏家台一带说。曲英杰《楚都寿春郢城复原研究》在第二节"州来与寿春"中,根据古城墙遗址与宫殿遗迹的发现以及出土的蔡国文物与蔡墓分布,认为:"州来有城,且延续时间很长。今在寿县城东柏家台一带所发现的一段曲尺形城墙当即为州来城遗迹。""蔡人迁州来,只

---

① 谭其骧主编:《中国历史地图集》,中国地图出版社1982年版,第1册,第20—21、29—30、45—46页;第2册,第19—20页。
② 陈伟:《楚东国地理研究》,武汉大学出版社1992年版,第22—23页。
③ 任经荣:《蔡都州来辨址》,《东南文化》(安徽文化专号)1991年第2期。

是在此城临时客居，淮北蔡城（下蔡城）筑成后即不再居此。"①

以目前我们了解的考古发现与出土文物来看，以上三说都存在着难以自圆其说的问题。

首先，淮河北凤台县治所西南西硖石山麓说，没有考古发现的支持。1955年在寿县城西门内发现了蔡昭侯墓，1958年和1959年在寿县东北淮南八公山区赵家孤堆发掘了两座蔡侯墓，一座可以确认为蔡声侯墓，另一座也应为某位蔡侯。1984年在寿县东津乡南关村西圈小队发现小型墓葬群，出土器物与蔡侯墓器物相似，是为春秋时蔡人墓。这些墓葬都在淮河以南，距离凤台下蔡古城都在三十华里以上，而且隔有淮河之险与八公山之阻，按照当时蔡国的经济实力和丧葬习俗，蔡侯墓尤其是蔡国平民墓是不会远葬于此的；并且在凤台县出土的文物最早的是战国晚期的器物。这是怀疑下蔡城故址在凤台的有力佐证。

其次，淮河南寿县城东南说和淮河南寿县城东柏家台一带说，从历史文献资料和寿县地区的考古发现来看，两说都主张下蔡都城在淮河以南，有一定的合理性；但两说主要是依据对寿春城遗址的遥感图像调查指古下蔡城址，然而1987年的遥感调查结果却被2001年至2003年的考古调查否定了，致使两说出现了问题。孙华在《楚国国都地望三题》一文中指出："由于过去主持该项工作的研究者在发布工作报告时，将未确切验证的遥感解译结果当成了实际存在的考古遗迹，将自己对城墙位置的推测与考古实际发现混淆了起来，从而误导了城市史研究者和楚史研究者对楚都寿春的研究。"同时，文章还郑重地发布了当时考古调查工作的结果："为了重新认识楚都寿春城的规模和范围，安徽省文物考古研究所和北京大学考古文博学院一起对楚寿春城进行了为期两年的考古调查和勘探。""初步判定过去所判断的楚寿春外郭城墙的西城墙和南城墙都并不存在。为了给楚寿春城另外寻找一个外郭，我们又根据该遗址楚国重要文物的分布地域和遗址的地形地貌，在可能有城墙的位置进行了勘查和钻探，并在两处地表有土垄隆起的类似城墙的地点进行了小规模发掘。工作的结果表明，除了距离今寿县南城墙不远且与南城墙大致平行的被称作'牛尾岗'等土梁外，其他地点都没有城墙的迹象发

---

① 曲英杰：《楚都寿春郢城复原研究》，《江汉考古》1992年第3期。

现。""今寿县城的城墙向南外推约 300 米,其城池范围基本就是唐寿州城的范围,也就是汉寿春邑和楚寿春城的范围。""目前发现的战国晚期的楚寿春城的遗存都散布在城南及城东南的吴家嘴、周家油房、阎家圩、邱家花园、邢家庄、柏家台、东嘴子、二里桥、南关集、小长街、门朝西、史家圩、尹家孤堆一带(其中有多个地点都发现有大面积的带铺地砖的高等级建筑群),按照我们对楚寿春城范围的认识,这些楚国遗存大都分布在当时的城外而不在城内。我们认为,这些在当时城外的大型建筑群大都应当是楚国贵族和官僚宅第的遗迹。"① 这便击溃了淮河南寿县城东南说和淮河南寿县城东柏家台一带说指认古下蔡城址的立论根据。然而,孙华文章的价值还不仅于此,这次考古调查还可以当作寻求古下蔡城的一个前提和地理坐标,这个拨乱反正的新的楚寿春城的考古认知,将会给古下蔡治所的指认带来新的进展。

(四)古地志关于凤台县与寿县一带古城遗址的记载

既然现当代学者对于古下蔡城遗址的指认都出现了这样或那样的问题,考察古下蔡城遗址只能重新整理思路,在古地志中寻找新的线索。

清曾道唯、王万甡等《光绪寿州志》卷三《舆地志·古迹》:

> 废西寿春县,在州西南四十里,一名楚考烈王故城。城中有楚王祭淮坛,其东北有棘门。(原注:按《水经注》淮水与颍口会,东南迳苍陵城北,又东北迳寿春城西,县即楚考烈王自陈徙此。《太平寰宇记》废西寿春在县西四十里。《寿春记》云,秦始皇二十三年置,北临水,城中有楚王祭淮坛,城东北□有棘门。《史记正义》棘门,寿春城门也。《凤台县志》以为即今州治西南之丰庄铺,值淮水东北曲处。《水经》所谓烽水受淮水于烽村南,即此。丰或即烽之讹。今其城已无迹。)
>
> 寿春县故城,亦曰南城,即今州治。其外郭包今之东陡涧,并肥水而北至东津渡,又并肥水而西尽于大香河入肥处。城中有金城及相国城。其城门有芍陂渎门、石桥门、长逻门、象门、沙门。其地绵延曲折三十余里。(原注:按《水经注》肥水自黎浆北迳寿春县故城东为长濑

---

① 孙华:《楚国国都地望三题》,《华中师范大学学报》2005 年第 4 期。

津,又西迳东尘下,即寿春外郭东北隅阿之桥,又西迳寿春县故城北,右合北溪,又芍陂渎自黎浆分水引渎寿春城南,迳芍陂门北,右入城,渎东有东都街,道左有刘□庙,又北迳相国城东,又北出城注肥水。又羊头溪水受芍陂渎迳寿春城西,又北历象门,自沙门北出金城西门注肥。又肥水左渎西迳石桥门,亦曰草市门,通□□。……周世宗迁寿春于下蔡,宋高宗南渡旋复旧治。……)

罗城,即寿春外郭,一曰南城。(原注:杜佑、马端临俱以为楚考烈王筑。按《水经注》楚考烈王所筑者,在今城西南四十里淮水之侧,似当缺疑。)

西南小城,楚相春申君黄歇所居。①

清曾道唯、王万牲等《光绪寿州志》卷四《营建志·城郭》:

寿春城,旧在八公山之阳,淮水东南五里许。周显德中徙至淮北,宋熙宁间复故处。(原注:按今城距淮十里,傍肥之南。所谓八公山阳、淮水东南五里许者当是旧魏昌城,其南唐寿州城当即今城处,观周世宗攻取之迹可知也。旧志以八公山之阳之魏昌城当寿州旧城,又云熙宁间复故处,俱混淆。周迁治下蔡时,故城大抵毁坏,今城或是熙宁间所重筑耳。)②

清李师沆、石成之等《光绪重修凤台县志》卷二《古迹志·城址》:

诸书所载寿春凡有四城:一曰楚考烈王故城,亦曰废西寿春县。……一曰寿春县故城,亦曰寿春外郭,亦曰罗城,亦曰南城。……一曰金城,亦曰小城,亦曰子城。一曰相国城。……按《水经注》楚考烈王所筑者,自在金城西南四十里,淮水之侧。……

---

① 曾道唯、王万牲等:《光绪寿州志》,《中国地方志集成》(安徽府县志辑21),江苏古籍出版社1998年版,第45、46页。

② 曾道唯、王万牲等:《光绪寿州志》,《中国地方志集成》(安徽府县志辑21),江苏古籍出版社1998年版,第53页。

州来，即下蔡镇，今县治。《左传》林氏注，下蔡古州来。吴之始图楚也，争巢与钟离、州来三邑，盖七十年而后取之，失淮由失州来也。

下蔡故城，即今下蔡镇。《名胜志》云，下蔡废县在州北三十里之下蔡乡，《春秋·哀公二年》蔡迁于州来。言以州来地立蔡国也。周武王封叔度者为上蔡，成王封度子平侯为新蔡，故州来为下蔡。楚公族贵人多居此，宋玉《好色赋》云，或阳城，迷下蔡，即此。……萧景云《下蔡古城形势考》曰，下蔡有自春秋至后五代之古城；有周世宗徙州治下蔡后至今之故城。二城毗连，俗名连城，又专名古城为连城，又合下蔡四面屯兵各旧城与古城、故城统名为十二连城。

下蔡新城：县东北八里，淮河东岸，地名月河滩。《齐书》建元三年，魏攻寿阳，垣崇祖击却之，恐魏人复寇淮北，乃徙下蔡戍于淮东，即此城也。

硖石城：在县西五里硖石山上。《名胜志》引《郡国志》云，硖石山两岸相对，淮水迳其中，对岸山上筑二城，以防津要。①

清冯煦等《光绪凤阳府志》卷十五《古迹考·寿州》：

寿春故城，即今寿州治，本楚邑，秦置县，《史记》楚考烈王自陈徙都寿春名郢，秦于此置县。

废西寿春县：《太平寰宇记》在寿春县西四十里。《寿春记》云，秦始皇二十三年置，北临淮水。西寿春中有楚王祭坛。《水经注》云，淮水迳仓陵北，又东北流迳寿春故城西。

相国城、金城：《舆地记》寿阳城中有二城，一曰相国城，宋武帝伐长安时筑。《水经注》芍陂渎北流入寿春中，又北迳相国城。一曰金城，寿阳中城也。《陈书》吴明彻攻齐，齐兵退据相国城及金城，即此。《寿州志》相国城，晋相国刘裕筑。金城，一名小城，又曰子城，其西门有逍遥楼。

---

① 李师沆、石成之等：《光绪重修凤台县志》，《中国地方志集成》（安徽府县志辑26），江苏古籍出版社1998年版，第39—41页。

> 罗城：《州志》即寿春外郭，一曰南城。杜佑、马端临以为楚考烈王筑。①

今寿县在淮河以南，今凤台县在淮河以北，两县相邻，夹淮河而对峙，自春秋以来在冷兵器时代一直是兵家必争之地，几乎历代都有或新筑或重修其城池的情况，故而其地古城遗址颇多。尽管古县志时有考辨不精、断言不确的现象，然而细读地志资料，去伪存真，排除秦汉以后所筑及城中城与城之外郭，其中记载的先秦古城遗址只有四处，即废西寿春县、寿春故城（包括罗城）、凤台县下蔡故城与硖石城。由于古州来疆域横跨淮河南北，春秋的州来城遗址，春秋晚期迁至州来的下蔡城遗址，以及楚考烈王自陈迁至寿春的郢城遗址，都应当在这个范围之内。先秦的四处古城遗址，哪处为州来，哪处是下蔡，则尚需认真细致地考辨。

（五）寿县、凤台两县范围内的古城遗址调查

2016年10月12日我们抵达安徽寿县，对寿县、凤台县的四处古城遗址进行了为期三天的田野调查，兹将调查印象报告如下。

1. 寿县冯小庙遗址：遗址地处寿县丰庄镇涧洼村北今拓宽后的淮河河道中，东北距寿县城关直线距离约15千米。枯水期可见遗址北临一条紧邻淮河的短小支流，当地人称"假河"。关于冯小庙村，当地居民亦称冯圩，可能由于对当地方言发音的误记，有些文章的作者记为洪小庙，而当地的考古界称之为"苍陵城遗址"。因2001年淮河河道拓宽改造工程，该自然村已被推平，居民已迁居邻近的涧洼村，地表遗迹已不复存在。据考古资料，该古城遗址，东西长约1500米，南北宽约750米。立于遗址处，北临假河，可以近距离地望到淮河主河道，且东西可见淮河新堤，东西大堤相距近千米。（图1-7）据当地村民讲，淮河涨水时堤内涨满河水，平常年份堤内大片滩涂露出水面，可以耕作。因而我们所见遗址处有连片的花生地，有些村民正忙于收获。据王建国《安徽寿县苍陵城遗址出土商代器物浅论》介绍，1958年

---

① 冯煦等：《光绪凤阳府志》，《中国地方志集成》（安徽府县志辑32），江苏古籍出版社1998年版，第510、512页。

文物普查时发现冯小庙为一座古城遗址，1983年安徽省文物工作队在此进行了试掘，出土有西汉前期或战国晚期的陶豆、钵、筒瓦、板瓦等文物，2001年河道拓宽改造工程中出土有铙、鍼、篦、矛、刀等七件商代青铜器。[①] 考古界称此为苍陵城遗址，当是根据《水经注》"淮水与颍口会，东南迳苍陵城北，又东北迳寿春城西"的记载，"苍陵城"是郦道元时代此城址的称谓，其在南北朝之前的称谓尚有待进一步研究。从该遗址的方位、与寿县城关的距离分析，当是《太平寰宇记》所记"在县西四十里"和《寿州志》所记"在州西南四十里"的"废西寿春县"，遗址在寿县城关之西而略偏于南，所以言之在"西"或在"西南"均可，而且遗址今仍属丰庄镇，在镇所在地丰庄铺北约4.5千米，与《凤台县志》"以为即今州治西南之丰庄铺，值淮水东北曲处"的描述正相吻合。

2. 寿县老城区遗址：遗址位于今寿春城区的西北部，东南与近年兴建的新城区相连，南宋嘉定间留存下来的古城墙犹完整存在。据安徽省文物考古研究所和北京大学考古文博学院2001年至2003年的考古调查："今寿县城的城墙向南外推约300米，其城池范围基本就是唐寿州城的范围，也就是汉寿春邑和楚寿春城的范围。南宋嘉定七年以后的寿春县城周长7800米，南宋以前的寿州城规模更大一些，南北城垣距离约2100米，西门至东门距离约2050米，城垣大致成方形，四面城垣总长约8500米。"[②] 我们在调查中，除了对现存的四面城墙和四座城门做了调查之外，重点对南城垣外约300米处的与南城垣基本平行、沿护城河屈曲的土梁进行了调查。这条土梁于中间被正对南门的大道——寿春南路分断（图1-8），西段称为寿春镇南关村西岗队，俗称"牛尾岗"；东段旧称寿春镇南关村东岗队，俗称"牛尾巴岗"，今已被推平，修建起住宅楼，新的名称是南关社区。西段"牛尾岗"长近千米，距地面高约5米，上部宽约4米，两面斜坡丛生着杂草树木，上部中间已被踩踏成宽约两米的土路，路面到处布满现代的瓦砾。（图1-9、图1-10）考古调查与勘探证明，这就是唐代及其以前的古城垣遗址。《光绪寿州志》说："罗城，即寿春外郭，一曰南城。"指的就是这段城垣遗址。2001年

---

① 王建国：《安徽寿县苍陵城遗址出土商代器物浅论》，《文物天地》2015年第12期。
② 孙华：《楚国国都地望三题》，《华中师范大学学报》2005年第4期。

至2003年的考古调查，纠正了1988年遥感调查后发布的勘测结果，即城郭西垣从今县城南门向南至范河村，残存长度4.85千米；南垣从范河村向东至顾家寨一带，残存长度约3千米的所谓先秦城垣是不存在的。以此推测出的寿郢城区总面积26.35平方千米的结论，是不科学的。①然而寿县博物馆展出的楚寿春郢都示意图仍然沿袭这个不科学的、错误的认识，其中的原因不得而知。

3.凤台县下蔡古城遗址：遗址在今凤台县城下蔡镇之中。据《光绪重修凤台县志》卷二《古迹志·城址》引萧景云《下蔡古城遗址考》："城南北一里余，东西一里，周迳三里余。周围城址存者，高一二丈。南距磨盘埂数十丈，北距白衣庵数十丈，东距淮岸半里余，西距古千佛寺地基数十丈，东南隅距磨盘埂数十丈，西南隅直接菱角湖，西北隅距前后马场数十丈，东北隅距淮岸半里余。四城门遗迹尚在，无门楼。南濠阔数十丈，西南濠即菱角湖，西濠、北濠阔七八丈，东无濠，地卑，半里抵淮。城中皆为耕地，古街巷无考。惟南达寿州，北达蒙城大道而已。城垣砖石，数百年为里人取尽，略无存者。"②然而我们在考察期间已寻找不到古城遗迹，于是我们先到县地志办公室查询了近年编纂的《凤台县志》，其中未见古城遗迹的信息；而后我们又访问了县文物管理所的同志，据介绍，凤台下蔡古城遗迹早已荡然无存；城市中命名的州来路、下蔡路，也与古城遗迹和旧街巷无直接关系；地名北关口，也不是古北城门的确切所在地；仅仅指出城内的永辉地下商场是就古北城濠旧址地势修建的。我们根据文物管理所同志的指点，一路询问，在下蔡镇的一处颇为繁华的闹市区找到了永辉地下商场，但已全然没有了城濠的迹象。想来只有根据古地志资料和如今的淮河与改造后的菱角湖，来判断下蔡古城遗址的大体位置了。

4.凤台县硖石城遗址：遗址位于凤台县城西偏南2.5千米处旧时淮河岸边的硖石山上，其处属于凤台县刘集乡山口村。据《光绪重修凤台县志》卷二《古迹志·城址》记载："《通释》硖石以淮水中流分界，在西岸者为西硖石属下蔡，在东岸者属寿春。杜佑曰，硖石东北即下蔡城是也。按硖石山左

---

① 杨则东、李立强：《应用遥感图像调查古寿春城遗址》，《遥感地质》1988年第2期。
② 李师沆、石成之等：《光绪重修凤台县志》，《中国地方志集成》（安徽府县志辑26），江苏古籍出版社1998年版，第40页。

右，今有四城址，一在东硖石顶，旧址灭浸，迄一里余，耕夫时得箭镞。一在西硖石顶，□西微平处，俗名城子山，西北隅尚有遗址，即《水经注》所谓对结二城，以防津要者也。一在禹王山山腰，山下逼淝水，故城自山腰起，遗址仅存，即大同中筑城以御东魏者。一在长山北麓，连□迤逦，仅二里余，即梁赵祖悦所筑外城，徙缘淮民以实之者。四城相距不及五里。"[①] 而如今，在淮河东岸的东硖石山依然如故，隶属于凤台县李冲回族乡东江嘴自然村；位于淮河西岸的西硖石山却面貌全非，在1992年河道拓宽改造工程中山体已被推平，在原有河道的基础上，向西拓宽出200多米的河道，虽然硖石山头因为有古慰农亭及宋代摩崖石刻被保留下来，但已然成为淮河中的孤岛。（图1-11）我们在山口村渡口乘渡船登上了已成为孤岛的硖石山，山并不高，山顶距水面最多60米，留下的面积也不大，南北长七八十米，东西宽不过30米，岛之正南有一挺立出水面的巨型礁石，其后的山体大于礁石数十倍呈隆起的圆弧状，远远望去犹如一只浮出水面、逆水而行的大乌龟。山顶慰农亭南一块大石上立有高约40厘米、长约70厘米的水泥碑刻，上面刻有上款"淮南市重点文物保护单位"，正题"硖石口"三字，下款"淮南市人民政府立""一九八六年十月三日"。（图1-12）这就是我们能够看到的硖石山遗址了，至于我们要考察的西硖石古城遗迹已寻找不到一点痕迹。

（六）关于先秦下蔡古城遗址的推测

综合以上五个问题的讨论，我们可以首先对春秋州来国疆界、州来国都邑做出推测，而后进一步推测春秋蔡国迁至的下蔡古城遗址和楚国灭蔡后的下蔡古城遗址及考烈王迁都寿春后的下蔡古城遗址。

1. 在春秋之际，州来地域当横跨淮河南北。"楚公子弃疾迁许于夷，实城父，取州来淮北之田以益之"，是州来拥有淮北之地的佐证；"楚子狩于州来，次于颍尾"，是州来拥有淮南之地的佐证。因此可以推测今安徽境内淮河北岸的凤台县和淮河南岸的寿县大致就是春秋时期州来国的疆域。至于州来的都邑，《左传》无明确的记载。

[①] 李师沆、石成之等：《光绪重修凤台县志》，《中国地方志集成》（安徽府县志辑26），江苏古籍出版社1998年版，第41页。

2.《左传》所载，春秋之际州来境内的地名仅有"颖尾"一处，楚灵王狩于州来时，曾驻跸于此，此地极有可能既是古州来国的都邑又是楚兼并州来后的治所。楚占有州来时，昭公四年，然丹城州来；吴灭州来后，昭公十九年，楚人城州来。这里所说的州来之城均应是先前的州来都邑与后来的楚州来治所，当时应称颖尾。古之颖尾地处淮、颖之会，与考古发现的寿县冯小庙古城遗址极为接近。冯小庙遗址在颖水入淮处的下游，距今颖水入淮水的颖口仅 6 千米，且有商代青铜器与西汉早期或战国晚期的建筑遗物出土（图 1-13），以及许多陶圈井分布。在考古发现的寿县两处古城遗址中，该遗址最适合独当"颖尾"之称。

3. 吴灭州来后，州来为公子季札的封邑；蔡迁至州来后，季札的封邑可能割让出一部分与蔡人，但封邑仍在。蔡人所居称下蔡，季札所封仍称州来，二者并存。战国初，楚灭蔡后承袭吴旧制，下蔡与州来仍然并存；记载楚怀王时代文书的包山楚简中记有下蔡与州来并存的事实，说明直到战国晚期下蔡与州来仍旧并存。据此推测，如果季札封邑州来的治所承袭楚之颖尾在冯小庙古城遗址，那么蔡人到了州来后当在州来疆域内另选居处，以此造成在古州来疆域内整个战国时期一直存在着两个县级行政区——下蔡与州来。

4. 蔡人迁至州来，既为东避楚国的威逼，又为西求吴国的庇护，其都邑的选址不可能在淮河以北。如若选择淮河以北，在与楚国的对峙中，就失去了淮河与八公山等天然屏障，而沦为吴楚相争的首当其冲者。这既不符合蔡人举国东迁的初衷，也不符合冷兵器时代军事地理的常识。因此蔡人的都邑选址一定在能够有效防御楚国进攻并迅速求得吴国援救的淮河以南，寿县老城区遗址城南与城东南的吴家嘴、周家油房、阎家圩、邱家花园、邢家庄、柏家台、东嘴子、二里桥、南关集、小长街、门朝西、史家圩、尹家孤堆一带具备带铺地砖等高等级建筑群，当时可能均为蔡人都邑的备选，而可能性最大的是柏家台一带。柏家台位于寿县城东门东南约 2 千米，1985 年曾于此发现了大型古建筑遗址。（图 1-14）历年考古发现的寿县西门内蔡昭侯墓在其西，蔡家岗赵家孤堆蔡声侯与另一座蔡侯墓在其东北，东津乡南关村西圈自然村蔡国平民墓葬群在其西南，而且距柏家台非常近，葬俗符合贵族墓葬距城较远、平民墓葬距城较近的古丧葬习惯。这些墓葬遗址当是很能说明问题的考古佐证和地标参照。至于寿县老城区遗址不大可能是蔡人在州来的都邑——下蔡古城，因为按照习俗不可以将君王之墓葬于城池之内。谈到这里，还有一个问题需要说明，即古州来国疆域内的"淮北之田"，在蔡人迁来后，应当划归给蔡国了，以供蔡之平民居住和耕作。这便是汉之下蔡县今之凤台县设县的远源。

5.《史记》卷七十八《春申君列传》："考烈王元年，以黄歇为相，封为春申君，赐淮北地十二县。"今安徽凤台县、寿县当在十二县之中，因"淮北地边齐"，春申君即将统辖十二县的治所设置于十二县中最南的今之寿县，《光绪寿县志》载："西南小城，楚相春申君黄歇所居。"西南小城，距寿县老城遗址南偏西约9千米，今属双桥镇古城村。处于冯小庙遗址东偏南约20千米，柏家台遗址西南约11千米，看来春申君所居的选址并没有承继州来或下蔡故址。"太史公曰：吾适楚，观春申君故城，宫室盛矣哉！"古州来境内又有"寿春"之称大概肇始于此时。《史记·楚世家》载，楚考烈王二十二年，"东徙都寿春，命曰郢"，都邑亦当为新建，即今寿县老城区遗址，东邻柏家台下蔡旧都邑而与之非在一处。2001年至2003年安徽省文物考古研究所和北京大学考古文博学院考古调查结果可证。楚迁都寿春后，为了构筑抗秦的最后一道防线，很可能将下蔡迁移至淮河北岸，作为护卫寿春郢都的卫星城，即为今凤台县下蔡古城遗址或凤台县硖石城遗址。秦汉之际，因之而设县。

总之，楚顷襄王之世，宋玉作《登徒子好色赋》时，所谓"下蔡"当在淮河以南今之安徽寿县境内。

第二章 宋玉赋"庐江"所指综合田野调查与研究

"路贯庐江兮左长薄",这是《楚辞·招魂》乱辞中的一句话,意在描写作者与楚王曾经田猎的路向,其中"庐江"一词是研究作品写作时地与背景的一个"关键词",历来倍受研究者所重视。值得注意的是,古往今来对庐江的注释一直存在着较大的分歧,至今还没有一个能赢得学界共识的说法。

一、古今"庐江"释说综述

最早为"庐江"作注的是东汉王逸,他在《楚辞章句》中说:"庐江、长薄,地名也。言屈原行先出庐江,过历长薄。长薄在江北,时东行,故言左也。"① 研读此注,其中仅仅说出了庐江的三个要点:一是说它是"地名",即河流名称;二是长薄在江北,庐江理应也在长江以北;三是它的参照地标是长薄。由于此注对地名庐江没有标注它的地理方位,而所举的参照地标"长薄"又是个不可考的地名,或以为是描写性词语无有地标价值,所以后人认为并没有将庐江注释清楚。于是古今注家各抒己见,争讼由此而起。

南宋洪兴祖《楚辞补注》:"〔补〕曰:《前汉·地理志》,庐江出陵阳东南,北入江。"② 意在补出庐江的流域所在,特别是发源与流经的所在。然而这个援引于《汉书》的补注还是不够十分明确。清洪亮吉等《嘉庆泾县志》卷二十八《辩证·论泾县水道第三书》则进一步考辨说:"总之,以桑钦、班固、许慎、韦昭等记载考道元之注,亦多有可印合者。桑钦云,陵阳县淮水出东南,北入大江;而班固庐江下注云,庐江出陵阳东南,北入江。所出

---

① 洪兴祖撰,白化文等点校:《楚辞补注》,中华书局1983年版,第213页。
② 洪兴祖撰,白化文等点校:《楚辞补注》,中华书局1983年版,第213页。

同，所入同，道里又同，是淮水即庐江水也。"① 这个淮水古称小淮水，以示与淮河相区别。这是据《汉书·地理志》提出的说法，指认庐江在今长江南岸安徽省芜湖市辖区内。

清洪亮吉等虽将《汉书》所记庐江说得相对清楚，但又存在着与《山海经》所记庐江不同的问题。《山海经·海内东经》说："庐江出三天子都，入江，彭泽西。"② 显然这与发源于陵阳的庐江不是同一水流。关于《山海经》所记庐江，看似水流的发源、流经参照非常明确，但由于古今地名所指的变异和研究者认知的不同，却存在着诸多不同的说法：（1）晋郭璞《山海经》注说："彭泽，今彭蠡也，在寻阳彭泽县。"又于上条"浙江"注说："按《地理志》，浙江出新安黟县南蛮中，东入海，今钱塘浙江是也。黟即歙也。"③ 以此知，郭璞认为《山海经》所记庐江，源头在今安徽歙县，入江处在今江西寻阳西，其以为庐江即今之鄱江。这是说法之一。（2）北魏郦道元《水经注》与郭璞注不同，认为三天子都即为今之江西庐山，"庐江之名，山水相依，互举殊称"④。而其释水按《庐山记》名曰白水，即明清之际所谓之天门水。体会郦说，庐江即发源于庐山中，而非安徽歙县；其水北入江，而非东入海。这是说法之二。（3）清朱珔《文选集释·楚辞》说："钱氏坫曰，庐江即今清弋江也。《海内东经》：'庐江出三天子都，入江。'下释云：'彭泽西。'此彭泽非九江郡彭泽县也。丹阳郡宛陵县有彭泽聚，乃此彭泽耳。"⑤ 其认为庐江入江处不在今江西彭泽西，而在安徽宛陵（今宣城）彭泽聚西。其以为庐江即今之青弋江。青弋江虽与陵阳淮水邻近，今又在入江处合流，但终究不是同一条河流。这是说法之三。这是据《山海经》衍生出的三个说法。这三种说法在古代《楚辞》注本中均有引用，加之《楚辞补注》的说法，这就使《招魂》中庐江的地望注释复杂化了，更为关键者，用《海内东经》《汉书》《水经注》所记庐江注释《招魂》庐江，并不符合《招魂》语境所限定的有关"庐江"地望的条件，况且上述三种文献

---

① 洪亮吉等：《嘉庆泾县志》，《中国地方志集成》（安徽府县志辑46），江苏古籍出版社1998年版，第12页。
② 袁珂：《山海经校注》，上海古籍出版社1980年版，第332页。
③ 袁珂：《山海经校注》，上海古籍出版社1980年版，第333—334、333页。
④ 郦道元著，陈桥驿校证：《水经注校证》，中华书局2007年版，第924页。
⑤ 朱珔：《文选集释》，《楚辞文献丛刊》，国家图书馆出版社2014年版，第21册，第193页。

的成书年代均晚于《招魂》的写作时间，能否与《招魂》庐江对接，还值得考虑。

此外，关于庐江的地望还有清徐文靖的说法，其据《隋书·地理志》以为庐江指桂阳南平县之卢水，今人姜亮夫从其说。① 而此说仅据与庐江名称相近为说，而与《汉书》和《山海经》所记庐江发源皆有出入，且其水名晚出，更难以让人认同。

纵观上述诸种说法，均有着一个共同的疑点，即所指庐江均在长江以南，既不能与汉初庐江国（郡）辖域在长江以北相印证，又不能与《招魂》文本语境相吻合，因而清代一批楚辞学者便另辟蹊径，去寻找新的线索。如，李陈玉《楚词笺注》说："庐江、长薄，皆近郢地。"② 贺宽《山响斋别集饮骚》说："庐江、长薄，南征所经，纪其地也。"③ 以为前人之注不可取，故仅言文本庐江的大致方位，于发源、流经宁肯阙如，也不肯从前人成说。王夫之《楚辞通释》则明言："庐江，旧以为出陵阳者非是，襄汉之间有中庐水，疑即此水。长薄，山林互望皆丛薄也。右江左林，盖沿汉南江北而东游云梦之薮也。"④ 其说源于《汉书·地理志》关于古卢戎国的记述。这一推测得到了今人谭其骧、陈子展的认同，并据《水经注》指实为古之维水，后世之潼水，且标注于谭氏主编的《中国历史地图集》第一册中。然而其说亦不尽人意，因其与文本楚王自楚都出发而"南征"的路向不合，"中庐水"又不见于文献记载，当属据"中庐"地名臆推水名。当代学者刘刚在认为《招魂》所招为楚考烈王之生魂的前提下，从而认为"庐江"不当在当时已被秦国占领的"襄汉之间"，因此据《汉书》所注卢子国的地望与此地古之"龙舒水"急言之可称"庐水"，认为"庐江"即为今安徽舒城县境内的古之龙舒水今之杭埠河。是说维新，亦可备一家之言。⑤

---

① 姜亮夫：《楚辞通故》第一辑，云南人民出版社1999年版，第371页。
② 李陈玉：《楚词笺注》，《楚辞文献丛刊》，国家图书馆出版社2014年版，第39册，第272页。
③ 贺宽：《山响斋别集饮骚》，《楚辞文献丛刊》，国家图书馆出版社2014年版，第46册，第583页。
④ 王夫之：《楚辞通释》，上海人民出版社1975年版，第149页。
⑤ 详见刘刚：《宋玉辞赋考论》，辽海出版社2006年版，第3—13、268—279页。

二、相关"庐江"地望的田野调查

综合上述各家的说法,关于"庐江"地望主要有以下几种观点:有依据《汉书》的芜湖小淮水说;有古之维水后世之潼水说;有依据《山海经》的,认为其源于今安徽歙县,在今江西寻阳西入江的今之鄱江说,源于庐山中的白水说和源于三天子都的青弋江说;有依据《隋书·地理志》的桂阳南平县之卢水说;有依据《汉书》应劭注的古之龙舒水今之杭埠河说。为了进一步了解庐江的地望,我们在以上七种说法中,选择出两种最流行的说法和一种最新的说法进行了实地考察,即对青弋江说(包括小淮水,因二水古时在入江处合流)、潼水说与龙舒水说的所指进行了考察,兹将调查印象报告如下。

(一)青弋江入江口鲁港调查

古代学者主张青弋江或小淮水说者,其说除依据《山海经》"庐江出三天子都"外,更主要的依据是小淮水与青弋江汇流后流入长江的入江口古称鲁港,认为"鲁港"与"庐江"读音接近,从而指定青弋江即古之庐江。如朱珔《文选集释·楚辞》即说:"下流统名清弋江,亦曰鲁阳江,于芜湖县南入江。古字'庐''鲁'同声,故转'庐'为'鲁',与'舒'亦同,又转为'舒'耳。后世存清弋江之名而无庐江之目,远求之莫得,其实遂成巨谬。"又说:"与其名庐江者,'庐江'即今之'鲁港',二字皆音之转。"[①]因此,我们调查小组到达安徽省芜湖市后,对青弋江入江口与鲁港进行了重点调查。今青弋江入江口与鲁港并不在一处,青弋江入江口一段水域是镜湖区与弋江区的行政区分界线,而入江处是长江中路与长江南路的分界点,北临中西友好花园,南临长江长现代城,标志性建筑有临江大桥和中江塔。考察时,我们在临江大桥下滨江公园的观景平台上,时时可见有货运船只往来于临江大桥之下,或顺流驶入长江,或逆水驶入青弋江。桥上车水马龙,桥下航船穿梭,岸上游人如织,水中渔人撒网,好一派江滨城市的别一番景象。(图2-1)而鲁港在青弋江入江口南,沿长江南路里程计算约七八千米。鲁港属于三山区,而临近于新设的高新技术产业开发区,处于长江南路的中

---

① 朱珔:《文选集释》,《楚辞文献丛刊》,国家图书馆出版社2014年版,第21册,第193、194页。

段，在高新区管委会之西而偏南，标志性建筑就是鲁港大桥。（图 2-2）考察时，桥下水已被截流，成了建筑工地，我们驱车从大桥下穿过，沿河堤路逆河道而上行，约四五分钟，即看到截流河水的两道水坝，坝中水波不惊，有些许渔船停泊在岸边。我们在堤坝上树立的《芜湖市三山区防汛抗旱指挥部通知》中获悉，鲁港大桥下正在施工的是"青弋江分洪道工程"。从鲁港流入长江的河今称漳河，旧称鲁港河，与青弋江呈喇叭口状分布，也就是说二水在各自的入江处距离较近，直线距离约 6 千米，而逆追二水的流经则距离越来越大，最大约 20 千米。这条漳河怎么为青弋江分洪呢？查看了芜湖市地图，我们发现青弋江与漳河两条河流之间，在三山区内，有星罗棋布、大小不一、形状各异的河道、湖泊、堰塘分布，有连接青弋江与漳河之势，如果将其连通，的确可以为青弋江分洪，保护芜湖市城区。这种连通之势，让我们想到，在古代青弋江是不是在鲁港汇合漳河而入江呢？后来青弋江改道才导致如今青弋江与漳河分流，形成了各自的入江口呢？为此，我们查阅了《乾隆太平府志》，该书卷三《地理志·山川·繁昌县》说："鲁港河（即今漳河），即鲁明江（即青弋江别名）穿港酾、丹阳余水入江处。"①《乾隆太平府志》的记载，证明青弋江在清乾隆时原本是汇合鲁港河而入江的，今二水分流而形成各自入江之河口，理当为青弋江改道所致。《乾隆太平府志》"鲁港河"条下亦有"苦闭塞"的记载，证明鲁港河经常淤塞，这大概是青弋江改道的原因。

（二）古之潼水今之渭水调查

以潼水为庐江说，本清人王夫之一家之言，且为推测之词，后为当代历史地理学家谭其骧所认同，并标注于谭氏主编的《中国历史地图集》，因而影响非常广泛。据《民国南漳县志》潼水古又称维水，《水经注》称淮水，源出香炉石，流经丁兰桥，由潼口（今称小河口镇）汇入汉水。潼水，今称渭水，为湖北省襄阳地区的一条界河，在九集镇丁兰桥以东为襄阳与宜城之界，在丁兰桥以西为襄阳与南漳县之界。我们调查小组在古潼水今渭水流经

---

① 朱肇基、鹿园甫等：《乾隆太平府志》，《中国地方志集成》（安徽府县志辑 37），江苏古籍出版社 1998 年版，第 51 页。

地域中，选择了四个考察点：（1）潼水入汉水处，其地古名潼口，今名小河口镇；（2）新中国成立后在潼水下游修建的潼水水库；（3）潼水流域的卢戎国遗址；（4）潼水中游的吴家集河道。潼水汇入汉水的河口处，河道不宽，约15米，水量亦不大（图2-3），不见有船舶航行，唯有舢板类的小渔船停泊于潼水与汉水交汇处的汉水岸边。大概由于潼水水流过于细小，其与汉水交汇处的村镇才名之为"小河口"。位于襄阳市襄州区欧庙镇境内的潼水水库亦是个小型水库，蓄水量也有限，仅为农田灌溉而修建。拦河坝长不足百米，库区水面最大宽度在三四百米左右，库区水面的延长距离也不过三四千米。（图2-4）南漳县吴家集的潼水河道更窄，仅十米左右，水很浅，量很小，其流动也不明显。总之，从今之河道和流量来看，古之潼水今之潼水是决然不能通航的，邻近汉水、蛮河的当地人并不将其视之为名副其实的河，故以"小河"称之，甚至有的当地村民戏称为"小水沟"。即便在古文献中，我们也没有发现潼水通航的记录。春秋时的卢戎国都城遗址位于南漳县九集镇旧县铺村，潼水水库南支三八水库末端的西南岸，当地村民称之为"叶家土城"。据年长的村民介绍，"土城"原有夯土城墙，南北长约150米，东西宽约100米，早年由于平整土地取土的需要而被夷为平地。如今所能看到的"土城"遗迹仅有一段长约100米、宽约3米最宽处5米的城濠，现为全国重点文物保护单位。（图2-5）卢戎国都城遗址的遗存说明清王夫之关于潼水为庐江的推测有着一个方面的根据；然而在另一个方面，就潼水如今的河道现状分析，与襄阳附近的汉水支流清河、唐白河、蛮河（古夷水）相比，可谓"小巫见大巫"，很难被古楚人称之为"江"。可见此水称"庐"尚可，称"江"则难以让人信服。更何况传世的文献中只有"卢戎""中庐"之地名，并没有王夫之、谭其骧所谓的"中庐水"。

（三）古龙舒水故道调查

古之龙舒水中下游今称杭埠河，主要流经今安徽省舒城县境内，由庐江县三河镇入巢湖。《光绪续修庐州府志》援引修志时的《采访记》对古龙舒水的发源、流经、改道等情况有颇为详细的记述（详见下文），然而由于20世纪60年代末在梅山镇（今改为万佛湖镇）河段建成了龙河口水库（今称万佛湖），库区流域面积达1111平方千米。（图2-6）龙舒水的上游水道发生了很大变化，原本流入龙舒水主河道的支流，由于水库蓄水面积的扩大，则径直流入了库区，形成了水库来水的三大水源，即西北的原龙舒水正源，正西的原龙舒水支流晓天河与南来的原龙舒水支流乌沙河。因此，我们的调查只能以龙河口水库为起点，来寻找龙舒水古河道的流经。据《光绪续修庐州府志》记载，今舒城县是庐江国或庐江郡的所在地，沿着龙舒水古河道留下了一些与古河道有关的遗迹，因此我们调查小组就选定了古河道沿岸的古代遗址"七门三堰：即七门堰、乌羊堰、槽牍堰""周瑜城""龙津桥"为考察重点。七门堰，位于干汊河镇七门堰村，东距舒城县城约 15 千米，遗址在古龙舒水今杭埠河的北岸，遗址处立有"省重点文物保护单位"的石碑，还树有汉羹颉侯刘信的半身大理石雕像，并镌刻着他兴修水利的事迹，北侧有一石砌的水闸，当是七门堰从龙舒水引水的水闸。（图 2-7）据宋代以来的地理类文献与地方志，刘信除修筑七门堰而外，还修筑有位于干汊河镇乌羊村的乌羊堰、位于城关镇西南郊金鸡墩的槽牍堰，然而由于古龙舒水改道两堰失去了水利灌溉的作用而早被废弃，因而遗迹无存。据李晖《万古恩同万古流——论"七门三堰"及"三堰余泽"》考证，乌羊堰，"明万历年间龙口河（今名杭埠河）水南徙方家岗，以致堰口淤成陆地"；槽牍堰，"亦因明万历年间（1573 年—1619 年）龙舒河水的南徙方家岗，而堰淤牍毁"。[①]又据在七门堰挖堰渠的农民工介绍，乌羊堰就在瑜城村东北，已没有遗迹可寻了。于是我们便驱车到周瑜城进行实地考察。周瑜城，位于干汊河镇瑜城村，东北距舒城县城约 10 千米。据考古调查，城平面近似圆角方形，长宽各近 300 米，面积约 6 万平方米，四围为夯土城垣，四周对称有四个缺口，疑似城门处。（图 2-8）当地人称之为"周瑜城"，认为是三国东吴名将周瑜的故里，即周瑜 24 岁以前居住的地方。然而目前关于周瑜故里问题，尚存有很大的争议。不过据 2012 年的考古调查，在遗址内采集到周代陶片 18 件，于北缘水沟内采集到汉代的板瓦和筒瓦，看来这里为先秦两汉时的古城堡是可以肯定的。周瑜城南临古龙舒水，若以古河道论，当在岸边，如今距离稍远，计有千米左右。根据遗址东北约 2 千米处的乌羊堰因河水改道而被废弃的情况分析，万历间龙舒水很可能就是从这里开始改道向南的，所谓"方家

---

① 李晖：《万古恩同万古流——论"七门三堰"及"三堰余泽"》，《合肥学院学报》2007 年第 6 期。

岗"即在周瑜城的东方。至于"七门三堰"的乌羊堰与槽牍堰，考虑到二堰已无遗迹可考，又据今本《舒城县志》已知乌羊堰位于干汊河镇乌羊村、槽牍堰位于城关镇金鸡墩，且获知金鸡墩所在地为南溪上游，我们路过二堰时便没有下车去漫无目标地寻觅，而直奔龙津桥去了。龙津桥，位于舒城县城关镇南门外的南溪上。据载，此桥最初为明嘉靖年间所建，后倾圮，万历间重建，清初毁于战火。今所见之桥，建于清光绪二十七年（1901），所建仿明代石桥旧制，而比明桥要短许多，为一座花岗岩平铺石板桥。长40米，宽3米，六垛五孔，垛高8米。桥头有碑，正面声明其为"全县重点文物保护单位"，背面镌刻着此桥的历史简介。（图2-9）其桥经新中国成立后当地政府的多次维修，完好如初，仍然正常使用。一路考察而后，古龙舒水故道的流经在我们头脑中逐渐清晰，古之龙舒水，至瑜城村周瑜城遗址起，不是像今天的杭埠河一样向方家岗方向流去，而流向东北的乌羊村（乌羊堰），而后又流向东北的金鸡墩（槽牍堰），最后流向金鸡墩东南的龙津桥，然后流入巢湖。考察记述到这里，我们还要申明的是，据古代地理文献和县志记载，龙津桥所在之处，至少在宋代就建有渡口，供往来船只停泊，且航运发达，历来有"龙眠古渡"之称，被古人誉为"舒城八景"之一。据悉，现今六安市交通部门亦有疏通杭埠河而恢复航运的规划。

三、《鄂君启节》与《招魂》"庐江"的考辨

1957年，安徽寿县发现了战国楚怀王六年（前323）所制的"鄂君启节"四件，其中"舟节"铭文记有"泸江"（图2-10），有力地证明了庐江地名在战国时期的实在。对于我们讨论《招魂》"庐江"问题大有帮助。谭其骧最初认为舟节"泸江当即庐江"，他在《鄂君启节铭文释地》中说："我以为指的是汉代庐江郡得名所自的那条庐江，即今安徽庐江、桐城、枞阳三县境内的白兔河。"[①] 一年后，他又修正了自己的看法，以为铭文不当从商承祚释作"泸"，而应从郭沫若释作"浍"，在《再论鄂君启节地理答黄盛璋同志》一文中说："'淮'与'浍'不仅声同，并且韵近，浍江当即桑钦所谓淮

---

① 谭其骧：《鄂君启节铭文释地》，《长水集》（下），人民出版社1987年版，第199页。

水，即今青弋江。"① 然商承祚所据为 1960 年新发现的一枚舟节，铭文清晰，释文不误；就是黄盛璋也纠正了释"浍"之误而改释为"泸"，并参考谭说，以为庐江指入江处与青弋江合流的小淮水。② 这为《招魂》庐江之研究又提供了新的线索。虽然谭其骧明确说舟节中的泸江与《招魂》之庐江无关，那是他在释舟节泸江前就认为《招魂》庐江指的是"湖北宜城、襄阳界上的潼水"，而不愿改变初衷。上文已经言及，今之渭水，古之潼水、维水或淮水，在《水经注》记载其水名之前是否有庐江或中庐水之名并无实证，只是研究者的推测而已。因而不能否定舟节泸江可以佐证《招魂》庐江的客观价值。

舟节研究者认为泸江是青弋江或在入江处与之合流的小淮水，并不符合舟节制于楚怀王六年的历史背景。青弋江或小淮水在今安徽芜湖一带，本属吴国，吴亡后属越。《史记·越王勾践世家》记载："于是越遂释齐而伐楚。楚威王兴兵而伐之，大败越，杀王无疆，尽取故吴地至浙江，北破齐于徐州。而越以此散，诸族子争立，或为王，或为君，滨于江南海上，服朝于楚。"《集解》徐广曰楚灭越之时为"周显王之四十六年"。③ 按《史记·六国年表》，周显王四十六年（前 323），恰是楚怀王六年，其时舟节研究者指定的泸江所在刚刚被楚国攻占，楚国是否实际控制了该地区，并立即在那里设置通商口岸，即所谓"庚爰陵"，尚有待深考。又《资治通鉴》记楚威王杀越王无疆在周显王三十五年（前 334）④，其纪年为楚威王六年，早于楚怀王制舟节时十年，似乎有在泸江即今芜湖一带设置通商口岸的条件。但这个时间当是"杀王无疆"的纪年，而不是楚最终灭越的纪年。这里且先不计较《集解》说与《通鉴》说孰是孰非，即便以《通鉴》纪年为准，从楚威王六年到楚怀王六年这十年间，其地政局尚未稳定，或仍属越国自治。《水经注·河水》引《纪年》说："魏襄王七年……四月，越王使公师隅来献乘舟始罔及舟三百、箭五百万、犀角、象齿焉。"⑤ 魏襄王七年（前 328），为楚怀王元年。越有献于魏，且所献为大量舟战物资，说明越国尚有相当的军

---

① 谭其骧：《再论鄂君启节地理答黄盛璋同志》，《长水集》（下），人民出版社 1987 年版，第 220 页。
② 详见黄盛璋：《再论鄂君启节交通路线复原与地理问题》，《安徽史学》1988 年第 2 期。
③ 司马迁：《史记》，中华书局 1959 年版，第 1751 页。
④ 司马光编著，胡三省音注：《资治通鉴》，中华书局 1956 年版，第 65 页。
⑤ 郦道元著，陈桥驿校证：《水经注校证》，中华书局 2007 年版，第 106 页。

事实力,并未甘心臣服于楚,仍在联络魏国钳制楚国,别有他图。又《绎史》引《越绝书》说:"越王夫镡以上至无余久远,世不可纪也。夫镡子允常,允常子勾践,大霸称王,徙琅琊都也。勾践子与夷时霸,与夷子子翁时霸,子翁子不扬时霸,不扬子无疆时霸。伐楚,威王灭无疆。无疆子之侯窃自立为君长。之侯子尊时君长。尊子亲失众,楚伐之,走南山。亲以上至勾践凡八君,都琅琊,二百二十四岁。无疆以上霸,称王。之侯以下微弱,称君长。"① 这是说,楚威王杀越王无疆后,越又传三世。在此三世间,越虽臣服于楚,但仍怀"卧薪尝胆"之异志,所以楚人不得不再次举兵征伐。而这次征伐,按时间推算当在楚怀王之时了。《越绝书》的记载还可以证明,《越王勾践世家》所记,并非仅限于"杀王无疆"一年之事,而是概括了从"杀王无疆"直至越最终被灭的全过程,这个过程当经历了较长一段时间。因此《集解》徐广说楚灭越在周显王四十六年,绝非无根之谈甚或误记,当是楚人最终灭亡越国的时间。《汉书·地理志》说:"粤(越)既并吴,后六世为楚所灭。"② 也证实了这一点。既然如此,那么楚怀王六年灭越后是否立即在那里设置了通商口岸或商检关卡,并立即派遣商船到那个刚刚平定的地方进行贸易,就不能不让人生疑了。

据现代古城址考古,今安徽芜湖市东 21 千米芜湖县黄池乡(旧属宣城)有楚王城遗址,当地俗称土王城或土皇城。20 世纪 80 年代以来,有关部门曾对遗址进行了多次调查,从城址南垣采集的绳纹板瓦等遗物分析,这座古城应建于战国晚期至西汉早期。③ 这便印证了楚怀王时代楚国方占有芜湖一带的史实。

此外,舟节研究者认定的泸江通商口岸或商检关卡"爰陵"是古之宛陵,今之宣城,并不像舟节所记其他的通商口岸或商检关卡均在其水道附近,而在今水阳江(古称清水)边,距青弋江还有一定的距离,距小淮水就更远了。这里有个问题须要说明,《光绪宣城县志》卷四《山川》载:"城西六十里曰清弋江,源出石埭,泾、太及宣之西南诸水皆入焉。"原注:"宣城旧治于此。"又卷三十七《古迹》载:"宣城旧城,在城西青弋江。"这很容

---

① 马骕撰,王利器整理:《绎史》,《二十五别史》本,中华书局 2002 年版,第 2996 页。
② 班固:《汉书》,中华书局 1962 年版,第 1668 页。
③ 曲英杰:《长江古城址》,湖北教育出版社 2004 年版,第 319—320 页。

易让人误会"爰陵"在青弋江边,然而,事实并非如此,该志《古迹》又载:"汉宛陵故城,即今(指清光绪时期)县治,汉初置丹阳郡治,晋改为宣城郡治。"① 据此分析,其地改称宣城后治所始在汉宛陵故地,即今宣城城区,其后曾经一度迁至青弋江边,后又迁回爰陵,所以《志》称"宣城旧城"。由此可知,今之宣城市所在地才是古宛陵。既然宛陵距青弋江有六十里的距离,那么泸江为青弋江或小淮水之论,就难以自圆其说了。我们在考察安徽芜湖时了解到,今天的青弋江与水阳江在芜湖市与芜湖县交界处汇流,同在临江大桥处流入长江。这是青弋江改道后的情况,青弋江改道前是与漳河汇流在鲁港入江的。清代以前青弋江与水阳江并不相通,因此若认为舟节之"爰陵"是古之宛陵今之宣城,那么鄂君商船所到就不是舟节之"泸江"今之青弋江,而是水阳江了。

以舟节与车节所通关卡均设在楚国实际控制且相对安全的范围内这一事实来看,考证舟节泸江的地望还当立足于楚国既定的实际控制区内。因此谭其骧最初关于舟节泸江的释说还是有可以借鉴之处的,他说"有见于《山海经·海内东经》、《汉书·地理志》庐江郡下、《水经·庐江水篇》的庐江","是在长江南岸,而铭文中的'泸江',却显然应在北岸。那么这条'泸江'究应何所指?我以为指的是汉代庐江郡得名所自的那条庐江","应在长江北岸今枞阳县附近"。② 我们同意舟节泸江在长江北岸,是汉代庐江郡得名所自的那条庐江,但对他推测的庐江"即今安徽庐江、桐城、枞阳三县境内的白兔河",则存怀疑。舟节泸江可资参照的地名有松阳、爰陵,谭氏说松阳"当即今安徽枞阳县"③,正确,可从,是鄂君商船沿长江行进的必经之地,经过此地方可进入泸江。谭氏据此推测舟节泸江即是在枞阳入江的白兔河,思路是对的,但白兔河是古既无庐江之名,也无与庐江有通假关系的名称,其指认白兔河为庐江,仅仅是因为其河流经汉庐江郡旧治舒城县故城,这便犯了他据古卢戎国指认古潼水今之渭水为《招魂》庐江相同的错误,未免有主观臆测、举证不足之嫌。谭氏以通假的方法指认《名胜志》引《水经

---

① 李应泰等:《光绪宣城县志》,《中国地方志集成》(安徽府县志辑45),江苏古籍出版社1998年版,卷四第11页、卷三十七第14页、卷三十七第21页。
② 谭其骧:《鄂君启节铭文释地》,《长水集》(下),人民出版社1987年版,第199—200页。
③ 谭其骧:《鄂君启节铭文释地》,《长水集》(下),人民出版社1987年版,第199页。

注》提及的今桐城东六十里的团亭为舟节中鄂君商船沿泸江抵达的"爰陵",也显得牵强,并无佐证的支持。因而对于舟节泸江,还需按照谭氏的庐江在江北的思路继续考索。

其实,在长江枞阳段以北有今之杭埠河、古之龙舒水,值得注意。《光绪续修庐州府志》卷七《山川下》载:"龙舒水,《左传》杜预注曰,庐江西有龙舒,即此水也。(《舆地纪胜》)按龙舒河淤塞已久,后徙县治南,距城七里,今所谓前河是也。"又引《采访记》说:"前河,发源枯井源,东流至多智山,三入河南合平田水、屏风山水,又东过晓天镇北折,至大河口合阳山寨水东北流,至巴洋河合西山毛坦厂、毛竹园水东流,过梅山麓合南山庐镇关乌沙水,北至龙河口过九井,至小河口合南山汤池水东经七门山,至新河口由周瑜城南过七里河,至白毛荡合东西二碾孔家河水东流,至三河合后河水由庐江界之迎水庵入巢湖。河自源迄三河,行舒城者二百余里。此邑之经流所谓前河也。""此据现在河道言之,古河道则前河自七门山北折东流,至县城南溪入巢湖。今所谓县河是也。久已淤废,惟巨涨乃通。"又于"南溪"条说明:"南溪,在南门外,发源孤井(即上文枯井源)去县西百五十里,东南流经七门堰归巢湖。龙舒水在城南三里,即南溪也。(《名胜志》)"① 以此知,古龙舒水虽曾改道,但流向没有太大的变化,又据我们的考察,当指周瑜城至乌羊堰、又至槽牍堰,再至龙津桥,最后抵达巢湖的一段。我们说龙舒水值得注意,主要因为:(1)此水古称龙舒水,"龙舒"二字急言之,即将"龙"古来纽与"舒"古鱼韵平声相拼,正是来纽鱼韵平声的"庐"字。此水似可称"庐水"。(2)龙舒水流域在春秋群舒境内,又邻近汉庐江国(郡)之治所所在地,而群舒之地即为汉应劭《汉书·地理志》"庐江郡"下所注的"故庐子国"。② 清人多认为应注将地处宜城襄阳间的卢戎国误置于此,故考辨庐江时置其说于不顾。按学理,应劭当有所据,只不过其据亡佚,后人无从考索而已,因而应注不可轻疑。此可为龙舒水似曾称"庐水"之佐证。(3)古龙舒水近处有团箕城。《光绪续修舒城县志·古迹》载:"团箕城,《隆庆志》县西十里。"并作按语说:"按诸书所载古城十

---

① 黄云等:《光绪续修庐州府志》,《中国地方志集成》(安徽府县志辑2),江苏古籍出版社1998年版,第110、111页。
② 班固:《汉书》,中华书局1962年版,第1569页。

余所,大半淹没,今可考者亚夫、周瑜、霍湖三城而外有韩塘城、花园城、余家城、石家城,皆距县治西北十余里,土垣周遭,中平旷,有井泉,下多瓦砾,其为戍守之地,抑即古舒故城,皆未可决。"①此团箕城若简称为"团城",即可与舟节"爰陵"通假。此团箕城,"团箕"二字当就城之形状而言,我们所考察的周瑜城正是"圆角方形",与"团箕"正相符合,距县城距离也比较接近,且临于龙舒水古河道北侧,故疑周瑜城遗址有可能即为《光绪续修舒城县志》失考的团箕城遗址,或为团箕城遗址同类的古城堡遗址,有助于对团箕城遗址的认知。此说若可成立,亦可作为指认舟节泸江之证。(4)舒城县境内亦有称"三天子都"之山者。《光绪续修舒城县志》载:"洪涛山,县东南六十里,峡石关东,跨舒、桐、庐三县界。亦名三天子都。(原注:一曰金字寨,俗呼天子寨)山势极峻,曹操曾屯此。(《康熙府志》《庐江县志》)"②此山发源之水,经界牌山后称新店河,为龙舒水支流中最大者。其山名是因《山海经》所记庐江发源而附会,还是本有其名,不敢妄断,即便是附会,也至少说明古代早已有人认定龙舒水是为庐江了。(5)龙舒水上游支流有源出庐镇关者,即今龙河口水库的主要水源之一乌沙河。此庐镇关当为应劭所谓庐子国之名的孑遗。(6)经龙舒水入巢湖,船只可由巢湖东界经濡须水(又名运漕河,今名裕溪河)入长江。也就是说,鄂君商船过松阳后沿江而下至濡须口西转驶过濡须水可横穿巢湖入龙舒水。龙舒水虽然不直接入长江,但也符合舟节记水的体例,如舟节所记经由长江进入湘、潕、资、沅、澧、油诸水,都要穿过今称洞庭湖的战国时之大泽(屈原《九歌》已有洞庭之称谓),但均省而不记。因而符合舟节"逾江,庚彭䩠,庚松阳,内泸江,庚爰陵"的记述。(图2-11)(7)舟节最后抵达的地方是郢,车节最后抵达的地方也是郢,不过舟节以所"庚"之地交待了去郢的通关路线,而车节没有以所"庚"之地交待去郢的路线,"庚居鄵(居巢)"后,便直接交待千里以外的终点"郢(楚都纪郢)"。分析其中原因,是因为车节与舟节本是一体的通关节符,通关所经可以按需使用,有着"接力"的关

---

① 彭鸿年等:《光绪续修舒城县志》,《中国地方志集成》(安徽府县志辑22),江苏古籍出版社1998年版,第408页。

② 彭鸿年等:《光绪续修舒城县志》,《中国地方志集成》(安徽府县志辑22),江苏古籍出版社1998年版,第460页。

系,如车节起始"自鄂往,庚阳丘",即是"取道水路中的西北路至今南阳盆地,然后舍舟乘车,取道'夏路',东抵阳丘"①,走了相当长的一段水路。以此推知,车节终点"庚居鄋,庚郢",其间也当走相当长的一段水路,而这条水路非紧邻"居鄋"的庐江莫属,即由庐江入长江,然后溯江经"松阳""彭峁"而抵郢。如果将由"居鄋"至"郢"的通关路线理解为原路返回,再由"阳丘"经水路去"郢",那么则未免重复记述通关关卡,既失去了节符标示商路所经关卡的意义,也不符合舟节和车节只标示去路关卡而隐含回路关卡的体例;如果指认江南青弋江等为庐江,那么车节去郢的通关路线"庚居鄋"后,就被留下了一大段难以合乎商运通关规制的空白。(8)从舟节和车节的通关所经看,可以说基本上覆盖了当时楚国实际控制的东、南、西、北各个地区。车节所经是连接舟船难通的楚西北部至东部之水上商路,西北物产可经车路运至东部(居鄋),再经庐江等东部水路运抵郢;东部物产亦可经车路返回运至西北部(阳丘),再经汉江等西北部水路运抵郢。可见,舟节和车节所通商路的设计是非常科学的,是按照当时商路地理的客观实际情况设定的,切不可凭主观的以文献地理简单对接的方法去解读。综上所述,龙舒水当为舟节所记之泸江。若将龙舒水指认为舟节泸江,要比指为青弋江或小淮水更具理据。

若以龙舒水为舟节泸江,即可以进一步印证《招魂》之庐江。2001年刘刚在《宋玉作〈招魂〉说新证》一文中认为,《招魂》为宋玉所作,所招为楚考烈王之生魂,招魂之地在楚国最后的都城寿郢(今安徽寿县)。② 2006年其又在《庐江考》一文中认为,安徽舒城县龙舒水"极有可能是春秋战国时的庐江"③。当时所据主要为:(1)符合考烈王由寿郢"南征"田猎的路向。(2)此地在江淮平原西部由山地向平原过渡的地带,西部为冈阜丘陵,东部即为平原湖泽,既符合"路贯庐江兮左长薄,倚沼畦瀛兮遥望博"的方向与地貌,又具有"青骊结驷兮齐千乘"的大规模田猎的条件。(3)有"龙舒"可急言为"庐"的推理依据。(4)有应劭所注的"庐子国",史载"群舒"和出土之《彔叴卣》相佐证。如今又有制作时间略早于《招魂》写作的

---

① 谭其骧:《鄂君启节铭文释地》,《长水集》(下),人民出版社1987年版,第203—204页。
② 详见刘刚:《宋玉作〈招魂〉说新证》,《宋玉辞赋考论》,辽海出版社2006年版,第3—13页。
③ 刘刚:《庐江考》,《宋玉辞赋考论》,辽海出版社2006年版,第268—279页。

考古发现——鄂君启舟节之泸江与《招魂》庐江互证,则使我们当年的立论更为坚实。今又考《光绪续修庐州府志·风土志》:"兽属:有虎,有獐,有鹿,有麂,有玉面狸,有兔,有猿,有熊,有狼,有山牛,有獾,有狐,有野豕。"① 想来此地在生态更为原始的战国之际,实在是再好不过的猎场了。尤其是其中的"山牛"即是《招魂》"君王亲发兮惮青兕"句中王逸注为"青兕牛"的同类动物,可以作为此地曾有兕牛活动的佐证。据考,安徽在寿县东与之同纬度的明光市出土过犀牛化石,古文献有战国时比邻寿郢的越国向魏进献"犀角"的记载。由此推论,若认定《招魂》庐江为龙舒水,还可以解释《招魂》结句"哀江南"的问题。旧以为"江南"指长江以南,因而才滋生出《招魂》庐江指青弋江或小淮水等诸多说法。事实上,《招魂》"江南"是指淮河以南,石泉、陈伟等学者多次撰文指出,楚人所说之"江南"可指淮河以南,而不是后人理解的专指长江以南。② 今之龙舒水、古之庐江正在淮河以南,楚王在这里狩猎时由于"惮青兕"受惊吓而失魂落魄,才令人生"哀",才使巫阳来"招魂"。总之,以龙舒水为《招魂》庐江的说法当胜于以往的释说,不仅符合文本的语境,而且符合文本内在的逻辑。这又使我们的立论信心更加坚定了。

---

① 黄云等:《光绪续修庐州府志》,《中国地方志集成》(安徽府县志辑2),江苏古籍出版社1998年版,第121页。

② 详见石泉:《古代荆楚地理新探》,武汉大学出版社1988年版,第66页;陈伟:《楚东国地理研究》,武汉大学出版社1992年版,第121页。

第三章　宋玉赋"巫山"所指综合田野调查与研究

宋玉所赋之巫山位于何地？是为何山？从古至今，历来说法不一。一、北朝魏郦道元《水经注》言，巫峡之巫山者，帝女居焉，宋玉所赋即此。[①] 此说影响最大，古今宋玉研究者多以为宋玉所赋是地处巫峡的巫山。二、唐裴敬力主宋玉所赋为今湖北汉川市之仙女山，近代著名学者闻一多[②]、当代宋玉研究者刘刚等从此说。三、近代著名学者钱穆据《战国策·楚策》以为，巫山当在鄢郢与上蔡之间，而当云梦之北，疑在今大洪山脉中。[③] 此说也得到了当代程本兴等一些研究者的响应。为此，我们宋玉遗迹传说田野调查小组于 2013 年 10 月 5 日、7 日、25 日、26 日分别实地考察了湖北随州市大洪山、汉川市仙女山和重庆市巫山县的阳台遗址，并在实地调查的基础上，结合文献资料进行了深入研究，兹报告如下。

一、随州大洪山、巫山县阳台、汉川仙女山调查印象

（一）随州市大洪山调查印象

大洪山脉位于湖北省随州、京山、钟祥、宜城四市县交汇地带（图 3-1），古志称"盘基百余里"。主峰宝珠峰在随州境内，坐落于随州市西南长岗镇，距市区约 65 千米。在长岗镇街上遥望宝珠峰堪称壮伟，其山呈若大之锥形，隆起于冈峦丘阜之中，据称宝珠峰海拔 1055 米，要高出周围山体 500 米之多，颇有庄重独尊之势。由于长岗镇通向宝珠峰的道路正在扩建中，我们在公交司机的指点下，是从山之东南土门村登上峰顶的。宝珠峰峰顶今

---

① 郦道元著，陈桥驿校证：《水经注校证》，中华书局 2007 年版，第 790 页。
② 参见闻一多：《高唐神女传说分析》，《清华学报》第 10 卷第 4 期。
③ 参见钱穆：《史记地名考》，商务印书馆 2001 年版，第 566 页。

称金顶（图3-2），因峰顶恢复重建慈恩寺中的主体建筑通体采用铜包结构，并仿照峨眉、武当对巅峰之称谓命名为金顶，于是这一慈恩寺的标志性庙宇名称便成了人们对宝珠峰的新称谓。慈恩寺主体建筑——金顶单体高15.9米，立于高约6米、面积达759平方米的汉白玉筑起的观光平台之上，重檐飞扬，金碧辉煌，蔚为壮观。而其他辅助性建筑尚在建造之中，其中尚在修建中的喷水池，建在文献记载的古寺景观黄龙池之上。（图3-3）据引领我们登山的土门村村民讲，黄龙池原本在岩洞中，今因重建需要，洞顶被掀去，所以才能俯视直观池水。池约2米见方，虽在喷水池底部建筑石板所遮挡的暗处，亦可见清幽本色，而喷水池建成后黄龙池将被掩盖于新建筑之下，不知这一景观将来建成后是何种景象。据文献记载，宝珠峰顶原本陡峭，唐代慈忍初建庙宇时"堂殿楼阁依山制形，后前不伦，向背靡序"；宋代革律重建时于"镜崖垒石间，铲巇补坳，嵯峨万仞，化为平顶"，然峰顶尚存西之鼓楼台、南之钟楼台、北之舍身岩三峰，还依稀可见峰顶当年之险峻之势。而今恢复重建，所剩三峰也被夷平，名副其实地"化为平顶"了。（图3-4）我们登顶之时，风和日丽，天高云淡，非常有利于对大洪山主峰形貌及四围环境的观察。于金顶凭栏远眺，环峰之众山皆小，或纵或横，连绵起伏，一望无际。在从随州市来大洪山景区路上和登山途中，我们曾见到一些小型的堰塘与几条溪流，而《大洪山志》载："洪山雄峙汉东，盘踞安、襄、德三郡之境，其水四注：……涢水与均水、支水，发源于山之北；漳水发源于山之东；富水、溾水发源于山之南，敖水、枝水发源于山之西南，皆承众壑以为流，而涢、均与富，则山顶之水亦分注焉，此其大较也。"然源头之水有如滥觞，溪流涓涓于山谷沟壑之中，又加之林木掩映，在宝珠峰金顶之上，则均不可见，唯金顶西之悬钩峰与斋公崖下富水之源白龙池海拔840米，与宝珠峰接近，尚可见清波一泓。（图3-5）想来即使在雨季，立于大洪山金顶之上，也绝无宋玉在巫山之巅那种"登巉岩而下望，临大抵之稽水"，"濞洶洶其无声兮，溃淡淡而并入。滂洋洋而四施兮，蓊湛湛而弗止"的观感。

（二）巫山县阳台调查印象

重庆市巫山县与宋玉赋所涉的阳台，今有两处：一在旧县城北门外，新县城城内西部；一在巫峡中十二峰之一飞凤峰的山半腰。

巫山县新城在已淹的旧城北，依然建在江北大山的南麓之上。新城内的阳台，位于东西走向的沿江大道北，广东中路南，南北走向的神女大道西（图3-6），其高唐观古建筑所在地的门牌编号是巫山县巫峡镇高唐街56号。高唐观所在地旧称阳台山，其实并不是一座独立的山峰，而是江北大山南麓上的一个向南伸展微微凸起的丘阜，原来此丘阜之东西两侧都是深沟，若从南向北望去，便会觉得此处颇具山峰的样态。试想如果在长江葛洲坝未蓄水之前，于江边眺望，山势尚可称峻伟，而如今在三峡大坝蓄水后，于新城沿江大道上观察，不过百米左右；丘阜顶部东、南、西三面为防止滑坡，修筑有方格状的水泥护坡，而北面为缓坡，与江北大山南麓连为一体。（图3-7）高唐观就坐落于丘阜之最高处。现存的高唐观是一个坐北朝南的二层阁楼式建筑，长约20米，宽约14米，檐高约13米，脊高约15米，正面东、西山墙之间树有等距离的通檐方形雕花石柱，石柱间有木板墙相连，每段板墙下层与上层均有亮格，漆色紫红，而东、西、北三面砖墙粉刷为白色，加之青色瓦顶，颇显古朴庄重。（图3-8、图3-9）正面中间两方石柱刻有对联，上联为"金阙向南陵九天闻阊开宫殿"，下联是"琼楼依北斗万国衣冠拜冕旒"，上款为"光绪十一年春乙酉岁良旦"，下款是"文生任显甲敬书"。以此知，现存之高唐观建于光绪十一年（1885）。据巫山县博物馆副馆长裴健介绍，高唐观古建筑是刚刚维修过的，观内应有设施尚未陈列，所以没有对外开放。隔着窗棂窥望，观内有两排雕花石柱，每排四柱，东西与正面墙柱对应，南北距离相等；其每排中间两方石柱亦刻有对联，但由于距离较远，光线较暗，看不清上面的字迹。观内木制阁楼楼板已铺设完成，在东北角和西北角各有一架木制楼梯通向阁楼。西山墙偏南下方有一方用玻璃罩面的、重修时保留的青砖墙体，说明此观原墙体为青砖砌筑。观前是边长约36.7米的一方平台，加上高唐观的占地，可能就是原高唐观院落的占地面积。高唐观南临长江，然四周皆有高低不等的民房阻隔，已难以凭高览胜。不过，站在高唐观西北400米左右、原观西大沟最上方修筑的高唐广场上，仰望南陵大山横亘天际，俯瞰峡头大江水面宽阔，水映山影，山蒙水气，分外壮观，或许可以使人体会登临高唐观览胜之景象。

飞凤峰山腰的阳台，位于巫峡十二峰水域的长江南岸，北临长江，东临神女溪，相传是巫山神女云华夫人传授夏禹符书的地方，古称"神禹受符坛",又因宋玉《高唐》《神女》二赋,称之为"古阳台"。《光绪巫山县志》描述"神禹受符坛"时说:"凝真观后山半有石坛平旷,传云夏禹见神女、授符书于此。"①以此知台为自然岩体而其上平旷。台下山麓缓坡上为唐代始建的神女庙遗址,宋代改称凝真观,《雍正巫山县志》称"云华夫人祠",而《光绪巫山县志》亦称"神女庙"。唐宋文人墨客所游之神女庙,即为此地。据《雍正巫山县志》记载:"云华夫人祠:昔在飞凤峰,万历年间始移建于治东象山之上。"②象山,因山脚有石,状若象鼻而得名。其位于巫山县巫峡镇江东嘴村,其原建庙宇即在今大宁湖(大宁河入江口)东岸象山伸向长江最远、最凸出的小山梁上,今已被三峡大坝蓄水后上涨的江水淹没。(图3-10)为了保留这处颇有影响的古迹,当地政府将原庙移建于较高的山梁之上(图3-11),比原云华夫人祠山门的位置还要高一些(图3-12)。位于飞凤峰的阳台,由于其地陆路不通,只有乘船抵达,而长途游轮在此无停靠码头,巫山县的小游船在十月末的旅游淡季也只通江北岸的神女峰,而不去南岸的飞凤峰,因而未能如愿前往,只是在快艇上远远眺望,故难以从直观的角度进行细致的描述。(图3-13)

(三)汉川市仙女山调查印象

仙女山位于湖北汉川市市区西南,北麓为西湖大道,南麓与东麓为由东西向转而为南北向的仙女大道,西麓南北走向连接西湖大道与仙女大道的一条水泥路叫作子文路,因传说古楚令尹子文墓在此而名。据悉,仙女山海拔99.1米,虽难以称为高山,但是此地视域所及仅有此一山独耸于广袤的平原之上,孤高特立,也颇显巍峨之势。如今仙女山山麓均被城市建筑所包围,仅就铺设于山麓的西湖大道、仙女大道临山一侧的建筑而言,高者四五层,低者二三层,站在两条大道上已无法仰望仙女山全貌。今仙女山公园有南与北两座山门,若在两门的位置仰视仙女山,则山高不过四五十米。据古县志载,神女寺本在山顶,而今处在子文路路旁,可见现代城市建设给仙女山留下的空间仅仅是原来山顶的部位。我们由西麓登山,

---

① 连山、白曾熙等:《光绪巫山县志》,巫山县志编纂委员会校注本(未出版),卷三十第8页。
② 《雍正巫山县志》,《北京师范大学图书馆藏稀见方志丛刊》,北京图书馆出版社2007年版,第70页。

步过子文路就是神女庙。庙正在重建中，其朝向为坐南朝北，北有一亭，亭中有一铜钟，据铭文乃20世纪90年代所铸；中为一座二层殿堂，尚在修建；南是一不大的院落，可见朱红院墙与院中屋顶，当是神女庙旧址，在施工中被临时当作工人们的休息场所，禁止入内，因而未能一睹庙内情形以及据悉收藏于庙中的女郎石。沿庙西水泥阶梯上攀是烈士纪念碑，现辟为爱国主义教育基地。由此再登百米左右的山路，即是仙女山山顶，山顶为无线通讯发射塔，四周隔有2米多高的围墙，并标有公安部门的警示标志，极煞风景，幸有林树掩映，遮羞一二。围墙内约有两个篮球场大小，地势平坦，与文献所记"山形如台"吻合。顶既不可登，亦无缘览胜，而于墙外四望，视线又被山麓楼宇阻断，唯有望洋兴叹而已。由山顶东下，经胡公墓碑，又有一凸起的丘阜，其上亦有围栏阻隔，其中疑是电视发射塔。围栏西南角有一亭，游人相告为望江亭。据说于亭上原本东南可眺汉江古渡阳台渡（图3-14），西南可眺汈汊湖入汉江河口，然今悉为城市建筑遮蔽，所见唯栉比楼顶、宽敞路面，眼前一派现代城市景象，怀古之雅兴陡然成吊古之遐思。缘亭东下，再沿山路西转即抵仙女山北门——公园正门。门内较为开阔，对门为神女雕像（图3-15），像做吹笛状，当以传说中仙女杜媪教汉川乡民乐舞为原型，而非宋玉所赋之神女；右侧为登山阶路，路两侧立有三对方形石柱，柱之前后均刻有联语，路边又有几方石碑，亦镌刻联语，其联均为今人所撰；路转处叠摞三石，上刻"采芝山"三个大字，此乃仙女山之别名，据《汉川志》记载，名因传说仙女杜媪曾采此山灵芝救济百姓而得；路尽头接近山顶处有一阁楼，楼顶及部分墙体有塑料彩条布遮盖，似亦在修缮，暴露的廊柱内可见排列的石碑，所镌刻者仍是联语。后来细读《仙女山对联园碑》方知，公园北门一带被辟为展示汉川特色文化的"对联园"。入门碑廊雅致，登山顿觉荒芜，是乃人文景观营建可许，而自然景观保护可叹。出北门，沿北门前西北与子文路相接、东南与仙女大道相通的无名水泥路，环仙女山东麓，东行南转再西走百余米，可至仙女山南门（图3-16）。门前坡路陡直，门楼叠檐翠瓦虽显残破但也颇为壮观，门上林木簇拥者即望江亭，望之犹如画卷，而门前坡路两侧各有多排四层老旧之住宅楼翼然环山，又使风景减色。呜呼！此山乃古之游览胜地，叠秀耸锦，自不待言；其所承载之汉川文化，亦多可表：地葬胡公乃一姓之远祖,缘接云梦为古楚之名区,楚王梦神女何其浪漫,仙女惠民济民何其感人,山崖曾遍生灵芝何其神异,邑令立碑保护山体何其有远见卓识!故而古时汉江上往来之文人墨客到此,皆难禁激赏之情。而今如之何?难言之甚。

二、随州大洪山、巫山县阳台、汉川仙女山之文献记载与情景描述

在上面关于三山的调查印象中,可以看出,三山的样貌,在今天,或因庙宇修建,或因水利工程,或因城市建设,都产生了不小的改变。然而我们讨论的问题需要了解的是尽可能接近宋玉时代的情形,因而我们还必须尽可能地从文献中探知三山的旧貌。

(一)随州市大洪山的文献记载与情景描述

清陈诗《湖北旧闻录》卷二十七《名胜三》援引文献对大洪山的记载最为详尽:

"大洪山,在随州西南一百二十里。接安陆府京山县界,一名涢山。(《大清一统志》)

"大洪山,在随郡之西南,竟陵之东北。盘基所跨,广圆百余里。峰曰悬钩,处平原众阜之中,为诸岭之秀。山下有石门,夹障层峻,岩高皆数百仞。入石门,又得钟乳穴。穴上素岩壁立,非人迹所及。穴中多钟乳,凝膏下垂,望齐冰雪,微津细液,滴沥不断。幽穴潜远,行者不极深,以穴内常有风势,无能经久故也。涢水出于其阴,时人以涢水所道,故亦谓之涢山矣。(《水经注》)

"山四面陡绝,顶有大湖,神龙所居。后龙斗开崖,湖水南落,名龙门。西有仙女洞,又有奇峰、鹳子峰、佛儿岭、断足崖、明圣泉、硫磺池,皆山之胜。(《舆地纪胜》)

"大洪山,唐慈忍禅师善信道场。(《州志》)

"善信,豫章人。从马祖游五台山,归随州大洪山。宝历二年,随州旱。州人将祷于湖神,善信以杀生止之,曰:'吾为尔曹零。'独坐三日,果大

雨。太和元年五月，谓湖神曰：'昔吾尝辍尔血食，今偿尔。'引刃截两膝未殊，白液涌出，遂涅槃。张氏二子侍侧，立化。山南东道上其事，后称慈忍卢尊者。(《大清一统志》)

"（唐）文宗朝赐名幽济禅院，晋天福中赐奇峰寺额，宋元丰初又赐灵峰寺额，绍圣元年改名十方禅院，张商英有记。(《州志》)

"张商英《随州大洪山灵峰禅寺记》：元祐二年秋九月，诏随州大洪山灵峰寺革律为禅。绍圣元年，外台始请移洛阳少林寺长老报恩住持。崇宁改元年正月，使来，求十方禅院记，乃书曰：大洪山在随州西南，盘基百余里，峰顶俯视汉东，汉东诸国林峦丘岭犹平川也。以耆旧所闻考之：'洪'或曰'胡'，或曰'湖'，未详所谓。今以地理考之，四山之间，昔为大湖，神龙所居，洪波洋溢，莫测涯涘。其后二龙斗，㧃开层崖，湖水南落，故今负山之乡谓之落湖管，此大洪山所以得名也。唐元和中，洪州开元寺僧善信，即山之慈忍灵济大师也，师从马祖，密传心要，北游五台山礼文殊师利，瞻睹殊胜，自庆于菩萨有缘，发愿为众僧执炊爨三年。寺僧却之，师流涕嗟戚。有父老曰：'子缘不在是，往矣行焉，逢随即止，遇湖即住。'师即南迈，以宝历二年秋七月抵随州，远望高峰，问乡人曰：'何山也？'乡人曰：'大湖山也。'师默契前语，寻山转麓，至于湖侧。属岁亢旱，乡民张武陵具羊豕，将用之以祈湖龙。师见而悲之，谓武陵曰：'雨旸不时，本因人心累业所感，害命济命，重增乃罪。可且勿杀，少须三日，吾为尔祈。'武陵亦异人也，闻师之言，敬信之。师则披榛扪石，得山北之崖穴，泊然晏坐，运诚冥祷，雷雨大作。霁后数日，武陵即而求之，师方在定，蛛丝幂面。武陵附耳而号，桎体而告，久之乃觉。武陵即施山为师兴建精舍，以二子给侍左右，学徒依向，遂成法席。太和元年五月二十九日，师密语龙神曰：'吾前以身代牲，辍汝血食。今舍身偿汝，汝可享吾肉。'即引利刀截右膝，复截左膝，门人奔持其刃，膝不克断，白液流出，俨然入灭。张氏二子立观而化。山南东道奏上其状，唐文宗嘉之，赐所居为幽济禅院。晋天福中，改为奇峰寺。本朝元丰元年，又改为灵峰寺。皆以祷祈获应也。自师灭至今，三五百年，而汉东、汝濆之间暨汝州之民，尊严奉事如在。汉东束金帛粟米，相尾于道，赀强法弱，僧范乃革。前此山峰高峻，堂殿楼阁依山制形，后前不伦，向背靡序。恩老至此，熟阅形胜，辟途南入，以正宾主。镵崖垒石间，铲巇补坳，嵯峨万仞,化为平顶,三门堂殿,翼舒绳直,通廊大庑,疏户四达,净侣云集,蔼为丛林。峨嵋之宝灯瑞相,清凉之金桥圆光,他方诡观异境同现,方其废故而兴新也,律之徒怀土而呶呶。会余谪为郡守,合禅律而诃之曰:'律以甲乙,禅以十方。而所谓甲乙者,甲从何来?乙从何立?而必曰我慈忍之子孙也。今取人于十方,则慈忍之后绝矣。且夫乙在子孙,则甲在慈忍;乙在慈忍,则甲在马祖;乙在马祖,则甲在南岳;乙在南岳,则甲在曹溪;推而上之,甲乙乃在乎菩提达摩,西天四七。所谓甲乙者,果安在哉!又而所谓十方者,十从何生?方从何起?世间之法,以一生二,一二为三,二三为六,三三为九,九者究也,复归于一。一九为十,十义乃成,不应突然无一有十。而所谓方者,上为方耶?下为方耶?东为方耶?西为方耶?南为方耶?北为方耶?以上为方,则诸天所居非而境界;以下为方,则风轮所持非而居止;以东为方,则昆提诃人面如半月;以北为方,则郁单越人寿命久长;以西为方,则瞿耶尼洲沧波浩渺;以南为方,则阎浮提洲象马殊国。然则甲乙为定,十方无依,兢律兢禅,奚是奚非?'律之徒曰:'世尊尝居给孤独竹林精舍,必如太守言,世尊非邪?'余曰:'汝岂不闻以大圆觉为我伽蓝,身心安居,平等性智。此非我说,乃是佛说。'于是律之徒默然而去。禅者曰:'方外之士,一瓶一钵,涉世无求,如鸟飞空,遇枝则休,如龟浮海,值水则浮。来如聚梗,去如灭沤。不识使君将甲乙之乎?十方之乎?'余曰:'善哉!佛子不住内,不住外,不住中间,不住四维,上虚空应,无所住,而住持是真十方住持矣。尚何言哉!尚何言哉!'崇宁元年上元日记。"[①]

《湖北旧闻录》之记述盖有五端:(1)讲述了大洪山的地理位置与主峰的体貌;(2)讲述了大洪山名称与别称的由来;(3)讲述了古时大洪山中的景观;(4)讲述了大洪山作为慈忍道场的缘起与慈忍的相关传说;(5)讲述了唐慈忍"依山制形"与宋革律"铲巇补坳"先后兴建禅寺的情况。据此可知,大洪山与宋玉所赋巫山及神女没有丝毫联系,宋代以前山顶之陡峭山势也与宋玉所赋"上至观侧,地盖底平"决然不同。在我们掌握的资料中,还有一本为大洪山撰写的专志,即清郝谦、高福滂的《大洪山志》。调查小组详细地阅读了这本专志,其中也没有与宋玉赋巫山及宋玉赋神女相联系的信息。

---

① 陈诗原著,姚勇等点校:《湖北旧闻录》,湖北人民出版社1999年版,第1200—1203页。

虽然，大洪山为众水发源之区，若清郝谦、高福滂《大洪山志》卷三《山水志·水源辨误》所记："洪山雄峙汉东，盘踞安、襄、德三郡之境，其水四注：……涢水与均水、支水，发源于山之北；漳水发源于山之东；富水、溠水发源于山之南；敖水、枝水发源于山之西南，皆承众壑以为流，而涢、均与富，则山顶之水亦分注焉，此其大较也。"但是，其源仅为滥觞细流，与宋玉所赋"登巉岩而下望，临大坻之稽水"，"瀺灂灂其无声兮，溃淡淡而并入。滂洋洋而四施兮，蓊湛湛而弗止"的景象实有差异。《大洪山志》卷三《山水志·山》又言："山高寒，多大风，盛夏之时有如暮春，余雪常三四月未尽。天微阴，云气嘘屋壁间，扑人眉宇，衣襟沾湿。顶上花木不生，而空中时闻异香，杳不知其所自来者。当夫时雨初霁，天朗气清，登而四望，襄、邓、郧、郢间山川皆可指数。日落照耀汉江，在天际如匹练。俯瞰峰阜错叠，螺翠鬟青，烟村迷离，隐隐如在画里。阴晴朝暮，景皆可爱，须游者自得之，类非拟议所能尽也。"① 这是《大洪山志》作者登顶主峰，唯见四围皆山、而不见众水的真实感受。况且其"顶上花木不生"，与宋玉所赋"箕踵曼衍，芳草罗生：秋兰茝蕙，江蓠载菁；青荃射干，揭车苞并；薄草靡靡，联延夭夭"的山顶香花芳草丛生繁茂的景象，大相径庭。

（二）巫山县阳台的文献记载与情景描述

巫山县的两处阳台，在文献特别是地志中，均被指认为与宋玉所赋相关。

北魏郦道元《水经注》卷三十四《江水》载："郭景纯云：丹山在丹阳，属巴。丹山西即巫山者也。又帝女居焉，宋玉所谓天帝之季女，名曰瑶姬，未行而亡，封于巫山之阳，精魂为草，实为灵芝。所谓巫山之女，高唐之阻，旦为行云，暮为行雨，朝朝暮暮，阳台之下。旦早视之，果如其言。故为立庙，号朝云焉。"②

宋乐史《太平寰宇记》卷一百四十八《夔州》载："阳云台，高一百二十丈，南枕长江。楚宋玉赋云：'游阳云之台，望高堂之观。'即此也。"③

---

① 郝谦、高福滂：《大洪山志》，随州市地方志办公室、随州市档案局2006年翻印清道光甲午年（1834）刊本，第126—127、89页。
② 郦道元著，陈桥驿校证：《水经注校证》，中华书局2007年版，第790页。
③ 乐史撰，王文楚等点校：《太平寰宇记》，中华书局2007年版，第2876—2877页。

宋祝穆《方舆胜览》卷五十七《夔州》载："阳云台：在巫山县西北五十步。《寰宇记》：'南枕大江。'宋玉赋云'楚王游于阳云之台，望高唐之观'，即此。"①

明陈耀文《天中记》卷十五《台》载："阳云：襄王与唐勒、景差、宋玉游于阳云之台，玉作《大言赋》。(《古文苑》)《子虚赋》：'楚王乃登阳云之台。'孟康云：云梦中高唐之台，宋玉所赋者。言其高出云之阳也。(《汉书》)《文选》作'昭阳'。时所谓阳台者。"②

明曹学佺《蜀中广记》卷二十二《夔州府·巫山县》载："(巫城)西北五十步有阳云台，高一百二十丈，南枕长江。楚宋玉赋云：游阳云之台，望高唐之观。晋孟康注曰：言其高出云之阳也。"③

清穆彰阿、潘锡恩等《大清一统志》卷三百三《夔州府·古迹》载："阳云台：在巫山县西北。《寰宇记》：台高一百二十丈，南枕长江。宋玉赋云'游阳云之台，望高唐之观'，即此也。《方舆胜览》：在县西北五十步。又高唐观在县西北二百五十步。《吴船录》：所谓阳台、高唐观，今在巫山来鹤峰上。旧《志》按：司马相如《子虚赋》，前言楚王猎于云梦，后言登阳云之台。孟康注云：云梦中高唐之台。据此当在今荆州及汉阳境。然宋赋言：神女在巫山之阳，高丘之阻，朝朝暮暮，阳台之下。则阳台之巫山，理亦有之；若高唐则实在云梦，不在巫山也。"④

清佚名《雍正巫山县志·山川》载："阳台山：按古阳台山在治西里许最高之处，常有云气，而北城内亦名阳台山，俱有阳台旧址存焉。又《古迹》载，阳台在北城内。按：旧《志》复载，有古阳台，在城西里许高山之上，南枕大江，每阴雨，云雾先起。即宋玉所谓楚王游于云阳之台也。"⑤

清连山、白曾熙等《光绪巫山县志》卷首《十二峰诗》载："阳台暮雨：城西北半里许，山名高都，为阳台故址。旧有古高唐观，殿宇苍凉，松桧七

---

① 祝穆撰，祝洙增订，施和金点校：《方舆胜览》，中华书局2003年版，第1015页。
② 陈耀文：《天中记》，文渊阁《四库全书》，台湾商务印书馆1986年版，第965册，第658页。
③ 曹学佺：《蜀中广记》，文渊阁《四库全书》，台湾商务印书馆1986年版，第591册，第271页。
④ 穆彰阿、潘锡恩等：《大清一统志》，文渊阁《四库全书》，台湾商务印书馆1986年版，第481册，第232页。
⑤ 《雍正巫山县志》，《北京师范大学图书馆藏稀见方志丛刊》，北京图书馆出版社2007年版，第5、71页。

檐，绿竹苍松，四围环绕，日暮则烟霏雾结，落雨数点，真奇景也。"①

又《光绪巫山县志》卷六《山川》载："阳台山：城内北隅有山名阳台，旧址存焉。按：城北倚山为城，雉堞环列，林木葱茏，台踞其上，足资眺望。今垦为田，土阜今存，旧址并废。又旧《志》：古阳台在县西里许，最高之处，常有云气，居民以为雨验。《李白诗文注》：阳台在县西北，高丘山亦在其间。《类书》：南枕大江。宋玉赋'朝朝暮暮，阳台之下'，杜甫诗'神女峰娟妙'，即此处也。"《志》卷三十《古迹》又载："阳云台：在县西北，一云在北城内。《寰宇记》：台高一百二十丈，南枕大江，每阴雨，云雾先起。即宋玉赋所谓楚王游于阳云之台也。《方舆胜览》：在县西北五十步。又高唐观在县西北二百五十步。《吴船录》：阳台、高唐，今在巫山来鹤峰上。"

又《光绪巫山县志》卷三十《古迹》载："高唐观石刻：高唐观在县城外西山顶，宋玉赋高唐即此。王渔洋《蜀道驿程记》：高唐观在城西，上山三里许。自乾隆乙亥年重建，殿宇三层。山有明人缪宗周石刻诗碑。"

又《光绪巫山县志》卷三十一《寺观》载："神女庙，即凝真观，在县东四十里十二峰南飞凤峰之麓。《元统志》唐仪凤元年置，宋宣和四年改曰凝真观，绍兴二十年封妙用真人。又此条下引李一鳌《记》，余舫而东也，偕马君、曹君，历数巉障，千峭竞秀，径抵飞凤，攀跻直上，有坪兀突。土人指点，原峰飞凤，此古阳台也。"又卷三十《古迹》："神禹受符坛：祝史云，每八月十五夜月出时，有丝竹之音往来集仙峰顶上，猿鸣达旦方止。凝真观后山半有石坛平旷，传云夏禹见神女授符书于此。坛上观十二峰，宛如屏障。"

清王士禛《带经堂诗话》卷十三《遗迹类》："巫山县在江北，缘山为堞，正面巫山，吴之建平郡也，山形绝肖巫字。泊舟即骑登高唐观，观在城西土山，三里许，荒凉特甚，朝云之庙，略无仿佛，其东即阳云台，在县治西北五十步，高一百二十丈，二山皆土阜，殊乏秀色，而古今艳称之，讵不以楚大夫词赋重耶！"②

郦道元首倡宋玉所赋乃今重庆之巫山，然而并没有交待具体的地点。而

---

① 连山、白曾熙等：《光绪巫山县志》，巫山县志编纂委员会校注本（未出版），卷首第1页；下引依次为卷六第2页，卷三十第2、6页，卷三十一第2、6页，卷三十第8页。

② 王士禛著，张宗柟纂集，戴鸿森点校：《带经堂诗话》，人民文学出版社1963年版，第331页。

《水经注》之资料以外，其他的资料，又交待得过琐碎，让人觉得眼花缭乱，一则阳云台、阳台、阳台山、高唐观、神女庙、高都山等名称，混淆了这里当注意的中心——阳台；二则或言在北，或言在西，方位似乎有些难以确定；三则或言庙宇形貌，或言遗迹无存，沿革断裂，一时难以接续；四则范成大《吴船录》提到的"来鹤峰"①在流传至今的巫山十二峰名称中，不能对号入座。其实，阳云台亦即阳台。明董说《七国考》说："《古文苑》：'襄王与唐勒、景差、宋玉游于阳云之台，玉作《大言赋》。'《文选》作云阳，时所谓'阳台'者。"②而阳台山即为阳台所在之地，高唐观、神女庙、高都山则可以看作定位阳台的标志性建筑或山体。抓住"阳台"细读，纲举自然目张。对于"或言在北，或言在西"的问题，实是清代两部志书作者均未能厘清。考巫山县治，唐贞观以前在清县治东，《光绪巫山县志》载："巫县故城在县东，即汉南郡巫子城。"又："故东阳府，在县东一里。《唐志》夔州有府，一曰东阳。《元统志》隋置，唐贞观三年废。"③以汉巫子城或唐东阳府之治所言之，阳台山在城西；以唐贞观三年后西迁之治所，亦即清县治言之，阳台山自然在城北。据此，旧地志所言"治西里许"之阳台山与迁址后地志所言"北城内"之阳台山当为一山。清《雍正巫山县志》及《光绪巫山县志》均未能辨此迁移，故转抄旧《志》时未能就清代县治改写其方位，或加以说明。对于"或言庙宇形貌，或言遗迹无存"，也有案可查，如《元统志》言飞凤峰之神女庙"唐仪凤元年置，宋宣和四年改曰凝真观，绍兴二十年封妙用真人"。《雍正巫山县志》载："云华夫人祠：昔在飞凤峰，万历年间始移建于治东里许象山之上。一名神女庙。"这即是飞凤峰神女庙迁移的线索。而这一线索也启发了我们对阳台由飞凤峰移至巫山县治城北的思考，阳台的移迁可能与宋代诋毁宋玉赋之神女、力主助禹治水之神女有关，飞凤峰的阳台既被指认为"神禹受符坛"，此处阳台就不得不让位了。而明末清初又时尊宋玉赋之神女，时奉助禹治水之神女，抑或有时对二者一并认可，共同尊奉，于是在历史的记忆中，二者也就不可避免地并存下来。（详见下文）至于范成大《吴船录》所言"来鹤峰"，今传十二峰中无此名，清俞樾

---

① 范成大：《吴船录》，文渊阁《四库全书》，台湾商务印书馆1986年版，第460册，第865页。
② 董说撰：《七国考》，中华书局1956年版，第164页。
③ 连山、白曾熙等：《光绪巫山县志》，巫山县志编纂委员会校注本（未出版），卷三十第1页。

《茶香室丛钞》卷十二《巫山十二峰名》所记十二峰之异名亦无此①，疑"来鹤峰"为飞凤峰之别名或俗称，因为范成大本人坦言是从当地乡民口中听来的这一名称。《光绪巫山县志》称飞凤峰得名时说："曰飞凤，形如凤翔。"即能将此峰视为"凤翔"，即凤凰飞翔的形态，也可视为"来鹤"，即仙鹤飞来的形态，总之峰形近鸟，凤与鹤形体接近，故有异称。注意！且不可理解为"聚鹤"之误，因为：（1）"聚鹤"之得名是，"峰多松杉，夜有鹤聚"；（2）"来"与"聚"也不会因形近音近而讹；（3）要之除范成大外，古之文献均言庙之所在为飞凤峰。排除了干扰，阳台一在飞凤峰、一在城北阳台山而两存的现象也就清楚了。不过，从时间的角度说，飞凤峰山腰为阳台之说法较古，唐初仪凤元年已于此置神女庙，并有《集古录》载唐碑为证，明曹学佺《蜀中广记》卷二十二《名胜记·巫山县》引《集古录》云："神女庙：唐李吉甫诗一首，以贞元十四年刻；邱元素一首，无刻石年月；李贻孙二首，会昌五年刻；敬骞一首，元和五年刻，沈幼真书，其他皆无书人名氏。可摸搨。"②县治城北为阳台之说法较晚，始见于宋代《太平寰宇记》等文献的记载。而宋之文人若陆游、范成大者仍言庙在飞凤峰，至于明清好古者亦常探访飞凤峰之阳台。本文研究探讨的是宋玉赋之神女、巫山与阳台，按照学理，则一定要关注较古的飞凤峰上的阳台。下面来看古文献中关于巫山县飞凤峰山腰古阳台的情景描写。

清连山、白曾熙等《光绪巫山县志》卷三十一《古迹》引明李一鳌《记》：

> 余舣而东也，偕马君、曹君，历数巉障，千峭竞秀，径抵飞凤，攀跻直上，有坪兀突。土人指点，原峰飞凤，此古阳台也。后枕翠屏，面拱集仙，左揖朝云，右睇松峦。六峰连袂于江东，三峰聚首于水北，共得九焉，更隐三峰，隔山之表，深盘难探，称十二峰。夫亦地映北斗，星照荧镇，故奇异兽形，巧绘耸出耳。旧之古庙，草封鸟集，易神女为龙王，风雨不庇，厦将就倾，古迹奇踪，付之荒莽矣。余同马君捐赀，曹君独主其事，辟基芟翦，鸠工创立，神殿三楹，献殿三楹，宁止栖

---

① 详见俞樾：《茶香室丛钞》，中华书局1995年版，第280页。
② 曹学佺：《蜀中广记》，文渊阁《四库全书》，台湾商务印书馆1986年版，第591册，第273页。

神，亦供舒览。说者谓宋玉赋云雨，祀神女也；又谓治水有功，祀云华夫人。余谓蜀楚门户，翼轸分野，两岩雄峙，锦江中横，叠翠层峦，云气出没，惊涛澎湃，喧豗訇訇，散为彩云，聚为灵颖，归舸行艓，上下呵护，当属何物，夫非神之庇欤？幻之则神女，昭之则云华也。总山灵江精，融结变幻而不可穷诘。神禹凿通以后，水妖震荡，云华定功，亦不在禹下。水，阴精也；神女、夫人，阴属也，江水之灵也。故祠以祀其佑此雄关险峡，俾舫舻安澜者，不必辨为神女为夫人也。庙成，游人亦有栖止，俾览者盼奇峰之耸峙，壮若铁马千群，击银涛之东下，湛为天堑一派，洵是天地巨灵，屹然百二关锁，古者英雄必据之区。我明朝汤、廖并力，颖国、阶文共成一捷，护此关门，亦谓势扼楚蜀之交，宁独大奇大异，峰列十二，天开锦图欤哉！余观而返，挽舟彻夜抵旦，相与曹、马二君共啸于驱熊之巅，而时已告午矣。①

就此篇写景而言，是作者亲临飞凤峰古阳台下神女庙望中景象。作者写山，前后左右十二峰得见其九，这说明阳台甚或其所依托的飞凤峰，是在群峰之中，而阳台又处于飞凤峰山腰，即便以飞凤峰为言，也不能说它高出其他巫峰一等。这与宋玉赋所描写的"巫山赫其无畴"，就有了相当大的出入了。退一步说，以巫峡十二峰整体为言，在三峡中也未必"赫其无畴"，《水经注》描写三峡山势说："自三峡七百里中，两岸连山，略无缺处。重岩叠嶂，隐天蔽日，自非停午夜分，不见曦月。"②我们调查小组在去屈原故里乐平里时，曾经过西陵峡口的一座主峰叫仰天洼的大山，其海拔1700余米，这要比巫峡十二峰高得多得多。作者写水，唯写大江，虽"惊涛澎湃，喧豗訇訇"之水势，与宋玉赋描写相同，但却没有宋玉赋"观百谷之俱集"之场面。据我们调查，阳台所在的飞凤峰东只有神女溪一支水流，而《水经注》所写的"绝巘多生怪柏，悬泉瀑布，飞漱其间"，才是三峡"天雨之新霁"时的景象。

---

① 连山、白曾熙等：《光绪巫山县志》，巫山县志编纂委员会校注本（未出版），卷三十一第6页。
② 郦道元著，陈桥驿校证：《水经注校证》，中华书局2007年版，第790页。

（三）汉川市仙女山的文献记载与情景描述

汉川市仙女山称巫山，当见于汉司马相如的《子虚赋》，其赋曰：云梦其南"缘以大江，限以巫山"；而被认为是宋玉赋之巫山，缘起于中唐后期的该县县令裴敬。此后，宋、元、明三代的地理类文献赞同者多而怀疑者少，而清代的地志类文献否认者多而赞同者少。

宋乐史《太平寰宇记》卷一百三十二《淮南道十·安州》载："阳台庙，在县南二十五里。有阳台山，山在汉水之阳，山形如台。按宋玉《高唐赋》云：'楚襄王游云梦之泽，梦神女曰："妾在巫山之阳，高丘之阻，朝朝暮暮，阳台之下。"'遂有庙焉，今误传在巫峡中，县令裴敬为碑，以正其由。"①

宋祝穆《方舆胜览》卷二十七《汉阳军·汉川》载："阳台山：在汉川县南三十五里。或言宋玉作《高唐赋》处，有裴敬碑载其事，当考。"②

明李贤等《明一统志》卷五十九《汉阳府》载："阳台山：在汉川县南三十里。宋范致虚诗：伤心独立阳台望，暮雨凄凉宋玉情。极目草深云梦泽，连天水阔汉阳城。当年楚国山犹在，千古襄王梦不成。往事悠悠魂已断，高唐今日有虚名。"③

明秦聚奎等《万历汉阳府志》卷二《疆域志·汉川县·山》载："阳台山：在县治南一里，上有神女祠。宋玉《高唐赋》即此。唐人裴敬作记，碑毁无考。刘禹锡、范致虚皆有诗。巫、汉川皆古楚地，或谓神女会于巫山者，以赋有'妾在巫山之阳'之语。李白《南迁过巫山》诗有云：'我到巫山渚，寻古登阳台。荒淫竟沦没，樵牧徒悲哀。'白虽以荒淫责王，而意实以巫山为是。然则赋所'游于云梦之台'者，似为不通矣。窃据范致虚诗有'极目草深云梦泽，连天水阔汉阳城'一联，则阳台之在汉川何疑焉！一说巫山亦有云梦台。地名之讹，在在有之，然李、范相去不甚远，范诗岂无据耶！虽神女变幻莫测，实无定处，窃据范诗，则阳台为汉川者近是。"④

清陶士僊等《乾隆汉阳府志》卷九《地舆·汉川县·山》载："其西南

---

① 乐史撰，王文楚等点校：《太平寰宇记》，中华书局2007年版，第2597—2598页。
② 祝穆撰，祝洙增订，施和金点校：《方舆胜览》，中华书局2003年版，第490页。
③ 李贤等：《明一统志》，文渊阁《四库全书》，台湾商务印书馆1986年版，第473册，第218页。
④ 武汉地方志办公室编：《明万历汉阳府志校注》，武汉出版社2007年版，第56、57页。

阳台一山，相传为楚襄王梦神女处。又载，阳台山，旧名羊蹄山，在县南一里，俗呼为仙女山。上有女郎石、神女祠，旧有唐裴敬碑，今毁。《北周书·裴宽传》：宽为沔州刺史，州城埤狭，宽恐秋水暴长，陈人得乘其便。即白襄州总管，请戍兵，并请移城于羊蹄山，以避水。胡三省《通鉴》注，汉川有阳台山，土人谓之羊蹄山。《陈志》谓宋玉赋《高唐》即此，未免附会。按：羊蹄山形如羊蹄，阳台之名盖由羊蹄而为，宋玉之赋固当属诸夔州之巫山。"①

《大清一统志》卷二百六十一《汉阳府·山川》载："阳台山：在汉川县南。《隋书·地理志》甑山县有阳台山。《寰宇记》阳台庙在汉川县南二十五里，有阳台山，在汉水之阳，山形如台。按：宋玉《高唐赋》云，楚襄王游云梦之泽，梦神女曰：'妾在巫山之阳，高丘之阻，朝朝暮暮，阳台之下。'遂有庙焉。今误传在巫峡之中。县令裴敬为碑以正其由。《府志》，阳台山在县之南一里，一名仙女山，上有神女祠。或曰周将裴宽请建州于羊蹄山，即此。山上又有女郎石。"②

清德廉、尹洪熙等《同治汉川县志》卷七《山川志·山》载："阳台山：旧名羊蹄山，俗呼仙女山，在县治西南一里。周与陈既交恶，周沔州刺史裴宽，白襄州总管请益戍兵，并迁城于羊蹄山以避水，即此。(《南史》)康熙己未五色芝满崖谷，徐方伯悝易名采芝。(《白茅堂集》)"③

又《同治汉川县志》卷七《山川志·山》附："邑人周镛曰：羊蹄山见于《南史》，名为最古，山形圆，故以羊蹄取象。神女阳台之说，本属不经，《前志》谓羊蹄为俗名者，误。楚之季年，逼于强秦，怀留襄嗣，正卧薪尝胆之秋，而远离国都，君臣荒宴，即使事可征信，亦当削而不书，以符《地志》体例，况十九皆寓言乎！乃误于《寰宇记》裴敬作碑一语，辗转附会，致令飞来肆诬，山灵蒙垢。俗语不实，流为丹青，考古者当有定论矣。"

又《同治汉川县志》卷二十二《杂记》引《林志稿》云："胡三省《通

---

① 陶士偰修，刘湘煃纂：《乾隆汉阳府志》，《中国地方志集成》（湖北府县志辑1），江苏古籍出版社2001年版，第92页。
② 穆彰阿、潘锡恩等：《大清一统志》，文渊阁《四库全书》，台湾商务印书馆1986年版，第480册，第74页。
③ 德廉、尹洪熙等：《同治汉川县志》，《中国地方志集成》（湖北府县志辑9），江苏古籍出版社2001年版，第177页。

鉴》注，汉川有阳台山。按《湖广通志》不载此山，而高唐神女之事，《一统志》收入夔州。唐宋以来文人题咏者，或以为巫山，或以为阳台，迄无定论。考楚都鄢郢，在江陵、宜都之间，西距夔，层峦叠嶂，水陆错杂，于楚为邻国，去国都仅（近）半千里。或言《高唐赋》云，襄王与宋玉游云梦之台；《神女赋》则云，游云梦之浦。又赋言：'登巉岩而下望，临大阺之搴水。遇天雨之新霁，观百谷之俱集。'与今巫峡相去甚远。必谓阳台在巫山，虽百喙群起，不能并其山形水势而移之。况《水经》《舆图》未有不言云梦在大江南北者。今汉川西南，北距云梦止数十里，陂泽相连，止有仙女三峰起如蓬岛之在海中，似与宋赋'洪波淫淫，倾岸洋洋'之语相合。不知当日梦泽九百里，所包者广，不仅指今云梦县。且独不闻'妾在巫山'一言乎！既曰'妾巫山之女，高唐之客'，其非汉川此山，可知。不得以词赋之荒唐，而虽听其讹传，失实也。阳台山，旧《志》主羊蹄一解，力辨阳台为附会。兹检万历时所修老《志》，援据《高唐》《神女》二赋，层层驳诘，几令必以夔州巫山为信者无从置喙。总之，不能移云梦为巫山一语，足以定此山之所在也。顺治中，邑令冀应熊题曰'飞来峰'，石刻山顶。"

　　汉川市之阳台山，又有仙女山、羊蹄山、采芝山等三名。采芝山之名晚出，在清康熙间方因此山生出灵芝而命名。而仙女山、羊蹄山实为古时阳台山之俗名。《同治汉川县志》附邑人周镛曰："羊蹄山见于《南史》，名为最古，山形圆，故以羊蹄取象。""《前志》谓羊蹄为俗名者，误。"周镛所言，当见于《周书·裴宽传》，而以为"名为最古"，乃为正名，实不合学理。《传》之记述之名，未必一定是正名。而正史"地理志"所记之本名，才可认为是正名。《隋书·地理下》："甑山……有阳台山。"①《资治通鉴》胡三省注云："《五代志》：沔阳郡甑山县，梁置梁安郡，西魏改曰魏安郡，置江州，废帝三年，改曰沔州。甑山有阳台山，在汉川之南三十五里，土俗讹为羊蹄山。"② 汉川阳台山，是否是宋玉赋记述之山？迄至清代争讼方起。《乾隆汉阳府志》以为事"未免附会"，《大清一统志》以为"传在巫峡之中"则误，《同治汉川县志》在"阳台山"条下，附邑人周镛之否定说，表明其持

---

① 魏徵等：《隋书》，中华书局1973年版，第890页。
② 司马光编著，胡三省音注：《资治通鉴》，中华书局1956年版，第5270—5271页。

有与《乾隆汉阳府志》相同的态度，而在《杂记》中又收有《林志稿》之辩驳，则并非认同《大清一统志》的观点，只不过是以"存疑"的方式，以志备考。对于这个问题我们留待下文讨论，于此还是按标题的限定来谈汉川市仙女山的情景描述。

明秦聚奎等《万历汉阳府志》卷六《艺文志》收明曾朝节《题仙女山》（其一）诗："何处窥圆象，当空一柱孤。天涯连旷野，地轴尽平芜。宅胜来仙女，登高属大夫。襄王与宋玉，今古说江湖。"①

清德廉、尹洪熙等《同治汉川县志》卷首《山川图图说》言："汉川东据山，南近沔，西接汉水，北临应城、孝感、云梦。……其川则有汉水、富水、臼水、涢水、郢水，汇诸湖泽而东趋。其湖则有横湖、洪湖、安汉湖、松湖、清水湖、瓜子湖、汈汊湖、慈湖、曹湖、四垱湖，富水北来注之；又有彭公湖、观湖、蓼湖、鲤鱼湖、中洲湖、南湖、沉下湖、黄金湖、蓬项湖、司里湖，留良、茫洞、三台诸湖，汇澨水、郢水入涢达汉；县治南则有道观湖、泽涣湖、龙车湖、桐木湖、朱龙湖、打雁湖、段庄湖、上零残湖、白石湖、却月湖、赤野湖，赤野会臼水一由汉阳沌口入江，一由汉阳蔡甸入汉。"②

又《同治汉川县志》卷首《采芝山图图说》言："县境之山，多在东南，兀峙西郊者，惟采芝稍高。山距城阙不二里，南临道观湖，北临松湖，东接伏龙，西连姚公山。姚公山之高半之，伏龙山又半之。旧产芝草，因以命名。""采芝山，古之羊蹄。俯临汉水，耸拔平原，四境之高下险易，一览可得。东瞩甑山，楚子常、晋王廙之所用武也；南望南河，非曹摄军指挥之地乎？长城乡尽东北为涢口，汉流交汇几为沮洳，向使地非扼要，晋之郑攀、马隽辈何以屯兵于此？渡松湖而北三十里，为刘家塥，商舶辐辏，吭扼雍梁，《志》称关隘，其在是与？西北一带，重湖浩淼，田庐堤防，国赋民生，攸关勤抚，绥图补救者，经济皆于是乎在。山麓有令尹子文墓，后世因而祠之。登者景仰前徽，亦益可以奋然兴矣！"

又《同治汉川县志》卷七《山川志·山》载："知县卓振清《禁采芝山

---

① 武汉地方志办公室编：《明万历汉阳府志校注》，武汉出版社2007年版，第261页。
② 德廉、尹洪熙等：《同治汉川县志》，《中国地方志集成》（湖北府县志辑9），江苏古籍出版社2001年版，第20页；下引依次为第30、177、205、511页。

凿石碑文》曰：邑以汉川名，明乎其地处漥下，滨汉之皋，环湖之内，古所谓泽国也。泽国而得以长存，厥赖有境内一二高山维系，奠安之。若采芝山者，兀峙西郊，城垣坛宇，实依其麓，尤为地脉所钟焉。"

又《同治汉川县志》卷八《寺观》附明邑人林若企《记略》曰："邑之阳台山，传自巫峡，说者疑之。遡其故，山旧有仙女祠，附之杜媪。兹神女之说攸肇，而盘礴云梦之野，宋玉作赋，又若有所指也。余读其赋，辞隐而意寓，事已茫如，而竟索之真，何哉？第是山也，突焉耸翠，冈阜迂回，势若飞翔，襄郢而下，舟行率数十里，环视如削，实吾邑之阴也。"

又《同治汉川县志》卷二十一《艺文志下·赋》收清徐志《游采芝山赋》："若夫地控襄沔，邑著江州；作沌阳之左，距汉水之上。游绵亘于伏龙岭畔，凭临于绣方关头；挺孤标以特出，峙胜概而长留。原夫幽谷盘旋，灵峦磅礴；势矗矗以凌虚，致亭亭而如削；绾螺髻以光浮，拥鸦鬟而秀濯；磴攲出以还平，石危悬而欲落；俨鬼斧于谁裁，恍神工其畴凿。因思山如挟至，峰自飞来；朱岩窈窕，丹嶂崔嵬；壑将冥而雨过，洞初晓而云回；哂襄王之梦寐，杳神女之妆台。岂因赋词之幻境，启地志之疑胎；孰漫标新而制赋，独能绝艳而矜才。……"

仙女山之高，仅海拔 99.1 米，实算不得高山，然而在上述的资料中，为何被描写为"挺孤标以特出""突焉耸翠""兀峙西郊""耸拔平原""当空一柱孤"呢？这与仙女山所处的地理环境有关：（1）"邑以汉川名，明乎其地处漥下，滨汉之皋，环湖之内，古所谓泽国也。"即地势低洼。（2）"南临道观湖，北临松湖，东接伏龙，西连姚公山。姚公山之高半之，伏龙山又半之。"近处丘阜无有与之可比者。（3）"第是山也，突焉耸翠，冈阜迂回，势若飞翔，襄郢而下，舟行率数十里，环视如削，实吾邑之阴也。"本身之山势挺拔。因而相对而言，自然会产生"特出""耸翠""兀峙""耸拔""当空一柱"的视觉印象。仙女山与宋玉《高唐赋》巫山描写最为接近，无论地理位置、文化承载、山势感觉，还是山下水情、山上石态、山顶样貌，甚或田猎空间，无一不切合或近似。这些情况，在下文的比较中会更加突出地显现出来。

三、随州大洪山、巫山县阳台、汉川仙女山与宋玉赋描写之比较

为了具体而直观地反映比较内容，本报告特列表分项进行表述：

表一 随州大洪山、巫山县阳台、汉川仙女山与宋玉赋描写之比较

比较事项＼比较对象	宋玉所赋	随州市大洪山	巫山县阳台	汉川市仙女山
山之方位描写	游于云梦之台；游于云梦之浦。	位于古云梦田猎区北部山区；与宋赋描写接近。	远离古云梦田猎区与古云梦泽；与宋赋描写不合。	位于古云梦泽东部边缘；符合宋赋描写。[1]
山体状貌与比较描写	上属于天，下见于渊；高唐之大体，无物类之可仪比；巫山赫其无畴。	海拔千米左右；呈巨大之锥形；高于周围山体五百米有余；特立冈峦丘阜之中；符合宋赋"赫其无畴"。	海拔千米左右；山势陡峭，合十二峰并立，巫山山脉高峰数不胜数，难如宋赋称其"无畴"。若换成山峻峰奇的角度来说，则可称"无畴"。	海拔近百米，并不高大，然周围为平原广泽，相对比排，可称特立"无畴"。以宋赋称"巫山"为"高丘"论，似更为相似。
山之承载文化	楚高禖巫山神女。	唐代僧人慈忍传说；龙与湖之传说；与宋赋无关。	楚高禖巫山神女；助禹治水之云华夫人传说，有符合宋赋因素。	楚高禖巫山神女；仙女杜媪传说；有符合宋赋因素。
山下水情描写	登巉岩而下望兮，临大坁之稽水；遇天雨之新霁兮，观百谷之俱集。	多条水流发源于此，然仅为滥觞细流；多有堰塘，面积均小；与宋赋描写差异较大。	北临长江，东临神女溪；古无湖；今称湖者，因三峡大坝蓄水，支流水面扩大而命名；与宋赋有异。	南临汉水，且有众多颇具规模的水流经过，并于四围形成众多湖泊；符合宋赋描写。
山上岩石描写	盘岸巑岏，裖陈磈磈；磐石险峻，倾崎崖隤；岩岖参差，从横相追；交加累积，重叠增益；状若砥柱，在巫山下。	涢水、富水虽发源此山，然滥觞细流，虽偶有奇石，难称"盘岸巑岏"，"从横相追"、"交加累积，重叠增益"；与宋赋不合。	奇异兽形，巧绘牟出；奇峰之耸峙，壮若铁马千群，击银涛之东下；凝真观后山半，有石坛平旷；有宋赋之势。	磴嶔出以还平，石危悬而欲落；俨鬼斧于谁裁，恍神工其畴凿；何处窥圆象，当空一柱孤；接近宋赋之描写。
山顶地势描写	上至观侧，地盖底平；箕踵曼衍，芳草罗生。	山峰高峻，堂殿楼阁依山制形，前后不伦，向背靡序；与宋赋不合。	山半有石坛平旷，为古阳台；峰曰飞凤，形如凤翔；与宋赋不合。	山在汉水之阳，山形如台；与宋赋"地盖底平"描写接近。
山顶植物描写	秋兰茝蕙，江蓠载菁；青荃射干，揭车苞并；薄草靡靡，联延夭夭。	顶上花木不生，而空中时闻异香，杳不知其所自来者；与宋赋不合。	石坛虽平旷，但坛乃岩体，不具有生长花草的条件；与宋赋不合。	山形如台，顶为土阜，具有生长宋赋提及之花草的条件。

续表

比较对象＼比较事项	宋玉所赋	随州市大洪山	巫山县阳台	汉川市仙女山
山区田猎描写	乃纵猎者，基趾如星；传言羽猎，衔枚无声；涉漭漭，驰苹苹；举功先得，获车已实。	四围冈峦起伏，虽可以进行大规模田猎，但不能符合"涉漭漭，驰苹苹"的战车逐猎描写。	处于崇山峻岭之中，峰峦壑深，几不见平皋，不具备大规模以战车狩猎的条件。	周围为平原草泽，适大规模田猎；地貌情况符合"涉漭漭，驰苹苹"的宋赋描写。

说明：[1] 云梦泽、云梦田猎区的概念是谭其骧先生提出的，以之辨析古云梦最为贴切。详见谭其骧：《云梦与云梦泽》，《复旦学报》1980年第8期。

对于大洪山、巫山县阳台、仙女山与宋玉赋描写的比较，我们在《高唐赋》中提取了8个具有可比性的描写，作为比较事项。比较的结果是：大洪山与宋玉赋描写，仅在"山之方位描写""山体状貌与比较描写"两个事项上相符或相近。巫山县阳台与宋玉赋描写，也仅在"山之承载文化""山上岩石描写"两个事项上相符合；而"山体状貌与比较描写"一项，只有变换理解角度，才能与宋玉赋描写接近；至于"山下水情描写"一项，仅在水势方面与宋玉赋描写接近，可以勉强看作部分接近。而仙女山与宋玉赋描写，有"山之方位描写""山之承载文化""山下水情描写""山区田猎描写"四项完全符合；有"山上岩石描写""山顶地势描写"两项非常接近；而"山体状貌与比较描写"一项，在特定视觉效果条件下，可以认为与宋玉赋描写接近；"山顶植物描写"一项，在逻辑推理中可以达到宋玉赋描写之要件。根据这一结果，我们有理由认为，湖北汉川市仙女山才与宋玉《高唐赋》《神女赋》所描写的"巫山"相契合；而巫山县阳台与宋玉赋描写的契合率，满打满算，才可接近百分之五十；至于随州市大洪山既没有宋玉赋神女的文化承载，也缺乏与宋玉赋描写相符合的多项支撑，则可排除于下文的进一步讨论之外。

四、巫山文化对宋玉赋神女的扬弃与重新接受

自郦道元《水经注》将重庆巫山与宋玉赋神女联系起来，在南北朝与有唐一代，在吟咏巫峡山水与文化时，大多要融入楚襄王和宋玉的文化因素。翻开《全唐诗》或《乐府诗集》，这类的诗非常之多，恕不举例。然而情况

在北宋发生了变化，在当时的巫山文化中，先是于太平兴国年间，《太平广记》将宋玉赋神女转换为助大禹治水的云华夫人，于此便敲响了扬弃宋玉赋神女的先声。宋李昉等《太平广记》卷五十六《女仙一·云华夫人》引五代杜光庭《墉城集仙录》曰：

> 云华夫人，王母第二十三女，太真王夫人之妹也，名瑶姬，受回风混合万景鍊神飞化之道。尝东海游还，过江上，有巫山焉，峰岩挺拔，林壑幽丽，巨石如坛，留连久之。时大禹理水，驻山下，大风卒至，崖振谷陨，不可制，因与夫人相值，拜而求助。即敕侍女授禹策召鬼神之书，因命其神狂章、虞余、黄魔、大翳、庚辰、童律等，助禹斫石疏波，决塞导阨，以循其流，禹拜而谢焉。禹尝诣之崇巘之巅，顾盼之际，化而为石，或倏然飞腾，散为轻云，油然而止，聚为夕雨，或化游龙，或为翔鹤，千态万状，不可亲也。禹疑其狡狯怪诞，非真仙也。问诸童律，律曰："天地之本者，道也；运道之用者，圣也；圣之品次，真人仙人也；其有禀气成真，不修而得道者，木公、金母是也。盖二气之祖宗，阴阳之原本，仙真之主宰，造化之元光。云华夫人，金母之女也。昔师三元道君，受上清宝经，受书于紫清阙下，为云华上宫夫人，主领教童真之士，理在玉英之台，隐见变化，盖其常也。亦由凝气成贞，与道合体，非寓胎禀化之形，是西华少阴之气也。且气之弥纶天地，经营动植，大包造化，细入毫发，在人为人，在物为物，岂止于云雨、龙鹤、飞鸿、腾凤哉！"禹然之，后往诣焉。忽见云楼、玉台、瑶宫、琼阙森然，既灵官侍卫，不可名识，狮子抱关，天马启途，毒龙电兽，八威备轩，夫人宴坐于瑶台之上。禹稽首问道，召禹使坐而言曰："夫圣匠肇兴，剖大混之一朴，发为亿万之体，发大蕴之一苞，散为无穷之物。故步三光而立乎晷景，封九域而制乎邦国，刻漏以分昼夜，寒暑以成岁纪，兑离以正方位，山川以分阴阳，城廓以聚民，器械以卫众，舆服以表贵贱，禾黍以备凶歉。凡此之制，上禀乎星辰，而取法乎神真，以养有形之物也，是故日月有幽明，生杀有寒暑，雷震有出入之期，风雨有动静之常。清气浮乎上，而浊众散于下，废兴之数，治乱之运，贤愚之质，善恶之性，刚柔之气，寿夭之命，贵贱之位，尊卑之

叙，吉凶之感，穷达之期，此皆禀之于道，悬之于天，而圣人为纪也。性发乎天而命成乎人，立之者天，行之者道。道存则有，道去则非。道无物不可存也，非修不可致也。玄老有言，致虚极，守静笃，万物将自复，复谓归于道而常存也。道之用也，变化万端而不足其一，是故天参玄玄，地参混黄，人参道德。去此之外，非道也哉！长久之要者，天保其玄，地守其物，人养其气，所以全也，则我命在我，非天地杀之，鬼神害之，失道而自逝也。志乎哉，勤乎哉，子之功及于物矣，勤逮于民矣，善格乎天矣，而未闻至道之要也。吾昔于紫清之阙受书，宝而勤之，我师三元道君曰，上真内经，天真所宝，封之金台，佩入太微，则云轮上往，神武抱关，振衣瑶房，遨宴希林，左招仙公，右栖白山，而下睨太空，汎乎天津，则乘云骋龙，游此名山，则真人诣房，万人奉卫，山精伺迎，动有八景玉轮，静则宴处金堂，亦谓之太上玉佩金珰之妙文也。汝将欲越巨海而无飚轮，渡飞沙而无云轩，陟陀途而无所擧，涉泥波而无所乘，陆则困于远绝，水则惧于漂沦。将欲以导百谷而濬万川也，危乎悠哉！太上愍汝之至，亦将授以灵宝真文，陆策虎豹，水制蛟龙，断戡千邪，检驭群凶，以成汝之功也，其在乎阳明之天也。吾所授宝书，亦可以出入水火，啸叱幽冥，收束虎豹，呼召六丁，隐沦八地，颠倒五星，久视存身，与天相倾也。"因命侍女陵容华，出丹玉之笈，开上清宝文以授。禹拜受而去，又得庚辰、虞余之助，遂能导波决川，以成其功。奠五岳，别九州，而天锡玄珪，以为紫庭真人。其后楚大夫宋玉，以其事言于襄王，王不能访道，要以求长生，筑台于高唐之馆，作阳台之宫以祀之。宋玉作《神仙赋》以寓情，荒淫秽芜，高真上仙，岂可诬而降之也。有祠在山下，世谓之大仙。隔岸有神女之石，即所化也。复有石天尊。神女坛侧有竹，垂之若篲，有槁叶飞物着坛上者，竹则因风扫之，终莹洁不为所污。楚人世祀焉。[①]

《太平广记》对巫山神女庙主神的转换，就巫山区域文化而言是个极具影响的事件，它引起了北宋朝廷的注意。据记载，宋英宗治平中下诏修葺庙

---

① 李昉等编：《太平广记》，中华书局1961年版，第347—349页。

宇，宋神宗元丰中敕庙主神女号游真，宋徽宗宣和四年又将神女庙改名为凝真观，于是宋玉赋神女便在朝廷的旨意下被巫山文化所扬弃。时至南宋，绍兴年间马永卿作《神女庙记》，主张传世的《高唐》《神女》二赋非宋玉所作，楚襄王与宋玉按理从未到过三峡巫山，从而彻底否定了宋玉赋神女的可信性和享住巫山的主神地位，进一步强化了巫山神女庙主神乃是云华夫人的说法，并刻碑立于庙前，昭示天下。明周复俊《全蜀艺文志》卷三十七录有其文：

> 永卿自少时读《文选·高唐》等三赋，辄痛愤不平曰："宁有是哉！且高真去人远矣，清浊净秽万万不侔，必亡是理。"思有以辟之，病未能也。后得二异书参较之，然后详其本末。今按：《禹穴纪异》及杜先生《墉城集仙录》载，禹导岷江，至于瞿塘，实为上古鬼神龙莽之宅，及禹之至，护惜巢穴，作为妖怪，风沙昼暝，迷失道路。禹乃仰空而叹，俄见神人，状类天女，授禹《太上先天呼召万灵玉篆》之书，且使其臣狂章、虞余、黄魔、大医、庚辰、童律，为之助。禹于是能呼吸风雷，役使鬼神，开山疏水，无不如志。禹询于童律，对曰："西王母之女也，受回风混合万景炼形飞化之道，馆治巫山。"禹至山下，躬往谒谢，亲见神人，倏忽之间，变化不测，或为轻云，或为霁雨，或为游龙，或为翔鹤，既化为石，又化为人，千状葱葱，不可殚述。禹疑之而问，童律对曰："上圣凝气为真，与道合体，非寓胎禀化之形，乃西华少阴之气也。且气之为用，弥纶天地，经营动植，大满天地，细入毫发，在人为人，在物为物，不独化为云雨。"王母之女者，则有合于坤为母，兑为少女之说，所谓变化不测者，则有合于阴阳不测妙万物之义，岂不灼灼明甚哉。《易》之为书，与《庄子》多有合。《易》者阴阳之书，以九六为数。而《南华》开卷已有南鹏北鲲九万六月之说，概可见矣。又《庄子》所载藐姑射之神人，大似今之神女，是其言曰"肌肤若冰雪"，则有合乎金行之色；"绰约若处子"，则有合乎少阴之气；"游乎四海之外"，则可见乎神之无方；"使物不疵疠而年谷熟"，则又见乎秋之成物。故郭象注云："夫神人者，即今所谓圣人也。"斯得之矣。仆因悟《易》之少女，《庄子》之神人，郭象之圣人，今之神女，其实

一也。仆然后知，神女者有其名而无其形，有其形而无其质，不堕于数，不囿于形，无男女相，出生灭法，故能出有入无，乍隐乍显。举要言之，乃西方皓灵七气之中少阴之灵耳，岂世俗所可窥哉。且《楚辞》者，文章之大渊薮也，而屈宋为之冠，故《离骚》独谓之经，此盖风雅之再变者，宋虽小懦，然亦其流亚，自两汉以下未有能继之者。今观《文选》二赋，比之《楚辞》陋矣。试并读之，若奏桑濮于清庙之侧，非玉所作决矣。故王逸裒类《楚辞》甚详，顾独无此二赋。自后历代博雅之士，益广《楚辞》，其稍有瓜葛者皆附属籍，惟此屡经前辈之目，每弃不录，益知其赝矣。此盖两晋之后，肤浅鲰生戏弄笔研，剽闻云雨之一语，妄谓神女行是云雨于阳台之下，殊不知云雨即神女也，乃于云雨之外，别求所谓神女者，其文踈谬可笑，大率如此。仆今更以信史质之，怀、襄孱主也，与强秦为邻，是时大为所困，破汉中，轹上庸，猎巫黔，拔郢都，烧夷陵，势益骎骎不已，于是襄王乃东徙于陈，其去巫峡远甚，此亦可以为验也。且《文选》杂伪多矣，昔齐梁小儿有伪为西汉文者，东坡先生止用数语破之，何况战国之文章杰然出西汉之上，岂可伪为哉！噫，峡之为江，其异矣乎！远在中州之外，而行于两山之间，其流湍驶而幽深，故无灌溉之利。若求之古人，是盖远遁深居之士，介然自守，利不交物，若鲍焦务光之徒。今吾侪小人，迺敢浮家泛宅，没世穷年，播弃秽浊，日夜喧阗，其罪大矣。神不汝杀，亦云幸也。且峡既介洁清闶，如此乃陆海之三神山也，是宜阆苑，真仙指以为离官别馆，诞降尔众之厚福，故凡往来者，既济矣，当于此致谢，未济矣，当于此致祷，以无忘神之大德云。绍兴十有七年二月，永卿赴官期，道出祠下，既以祗谒，若有神物以郁发仆之夙心者，因备述之，以大阐扬神之威命明辟，且为迎飨送神之诗，用相祀事，系之碑末曰：（诗略）。①

马永卿《神女庙记》在绍兴十七年（1147）刻碑立于庙前而后，仅过三

---

① 周复俊：《全蜀艺文志》，文渊阁《四库全书》，台湾商务印书馆1986年版，第1381册，第463、464页。

年，绍兴二十年（1150），宋高宗又敕封庙主云华夫人为妙用真人。于是，宋玉赋神女被云华夫人替换的朝廷意识得到了最大限度的推广普及。南宋亲身游历过巫峡的著名诗人陆游的《入蜀记》与范成大的《吴船录》都实录了这一事实。在宋代出现这种诋毁宋玉赋神女的现象并非偶然，这与程朱理学逐渐发展成为意识形态领域中的主导思想有直接关系，众所周知，理学的核心理论是"存天理，灭人欲"，在这种思想支配下，"愿荐枕席"的宋玉赋神女当然成为了一定要被批判的"人欲"之大者，赋作者宋玉也当然罪不可赦，宋范晞文《对床夜语》就曾批判说："神女初幸于怀，再幸于襄，其诬蔑亦甚矣，流传未泯，凡此山之片云滴雨皆受可疑之谤。"① 朱熹则更在《楚辞后语·叙录》中将《高唐赋》说成"屠儿之礼佛、倡家之读礼耳"②。元、明两代，延续着宋代以云华夫人取代宋玉赋神女的既成事实。元盛如梓《庶斋老学丛谈》卷一言："巫山神女庙两庑碑文，皆言神助禹开峡有功，是以庙而祀之，极诋宋玉云雨之妄。余谓与扬州后土韦郎事相似。"③ 明范守道《神女考》说："世传神女事，止据宋玉《高唐赋》为言，谓其为云为雨，见梦襄王，后人遂以为此山之神姬，若武都山精之流，莫不思一遇之，词语淫亵，有污仙真，且未知神女助禹治水，大有功于斯世，而巫峡之民受赐尤多，自当庙祀以报其功者。何以假宋玉赋而比之淫祠之列也。"甚至出现了毁庙复建庙的闹剧，清董含《三冈识略》卷七《神女辩》所引明张应登的《巫山神女庙碑》就记述一桩这类的事件：

> 庙在县东三十里许，十二峰南，飞凤峰之麓。阶下断碑，有"地平天成，权舆于此，功被我民"之句，旧字如南岳禹碑，汉晋人以今文书之者。是禹以成功而始祀神女，其来已远。宋治平中，诏葺庙宇。元丰中，敕号游真。土人疾病则祷，天旱则祷，祷则应。嘉靖十九年，中丞李公毁之，毁玉言之神女也。后制宪王公乔龄复之，复禹祀之神女也。一神女耳，知玉不知禹则毁，信禹不信玉则复。④

---

① 范晞文：《对床夜语》，文渊阁《四库全书》，台湾商务印书馆1986年版，第1481册，第880页。
② 朱熹撰，黄灵庚点校：《楚辞集注》附《楚辞后语》，上海古籍出版社2015年版，第265页。
③ 盛如梓：《庶斋老学丛谈》，文渊阁《四库全书》，台湾商务印书馆1986年版，第866册，第526页。
④ 董含：《三冈识略》，辽宁教育出版社2000年版，第146页。

然而，尽管宋玉赋神女在文化接受中受到了前所未有的歧视，甚至惨遭扬弃，但宋玉《高唐赋》《神女赋》以其文学的魅力，并借助其传播载体《文选》的社会影响，始终流传于世，因而出于某种主观的扬弃，实难压制住其客观的存在与影响。在明末学界开始反思程朱理学的时候，人们对于宋玉赋神女也开始了重新的审视。明末李一鳌在其《神女庙记》中说：

> 余同马君捐赀，曹君独主其事，辟基芟翦，鸠工创立，神殿三楹，献殿三楹，宁止栖神，亦供舒览。说者谓宋玉赋云雨，祀神女也；又谓治水有功，祀云华夫人。余谓蜀楚门户，翼轸分野，两岩雄峙，锦江中横，叠翠层峦，云气出没，惊涛澎湃，喧𧗠甸甸，散为彩云，聚为灵颖，归舳行艬，上下呵护，当属何物，夫非神之庇欤？幻之则神女也，昭之则云华也。总山灵江精，融结变幻而不可穷诘。神禹凿通以后，水妖震荡，云华定功，亦不在禹下。水，阴精也；神女、云华，阴属也，江水之灵也。故祠以祀其佑此雄关险峡，俾舫舻安澜者，不必辨为神女为夫人也。

这是一种变通的态度，将宋玉赋神女与云华夫人合二为一，在变通中对宋玉赋神女予以巧妙地接受，既避免了与宋以来力主云华者的直接冲突，也达到了接受宋玉赋神女的真正目的。到了清代，虽持云华夫人说者仍不乏其人，但也有人敢于直言。清余廷勋《神女记》明言：

> 邑东峡内小磨地方，旧有神女庙。考《襄阳耆旧传》，赤帝女瑶姬，未行而卒，葬于巫山之阳，为神女，建庙以祀。是神女系瑶姬，并非云华夫人，因唐（笔者按：当作"宋"）人《太平广记》所载错误，以致讹以传讹。予特揭榜悬于庙侧，以解后人之惑。是为记。[①]

就这样，宋玉赋神女在经历了宋、元、明三代的沉寂而后，又恢复了神

[①] 连山、白曾熙等：《光绪巫山县志》，巫山县志编纂委员会校注本（未出版），卷三十一第6、7页，卷三十二第6页。

女庙主神的身份，虽然没有取云华夫人而代替之，但至少赢得了与云华夫人并列的神坛地位。在清代县志记载中，云华夫人祠是专门祭祀云华夫人的庙宇，仅有一座；而称作高唐观、神女庙的专门奉祀宋玉赋神女的庙宇，则有三处之多。看来在清代以来的巫山文化遗存中，宋玉赋神女的影响，要远远地胜过那位曾经独尊一时的云华夫人。

如今，因长江水利工程而新建的巫山县新城，更将巫峡与宋玉赋神女融入了城市文化中。仅就宋玉赋神女而言，在临江的沿江大道上的雕塑一条街中，塑有第一位宣扬神女者宋玉的雕像；在从南至北纵贯城区的宏伟壮观的石阶大路神女大道的起点，于巨大高台上巨大题字"神女大道"两侧的巨大墙体上，分别刻有宋玉的"高唐赋序"和"神女赋序"，从而形成了巫山新城的地标式建筑；在城市街区命名中，有"高唐街""神女街道""高唐广场"等命名；同时，对于有关宋玉赋神女的历史文物也加大了保护力度，重新修缮了清代建筑——高唐观，对已被淹没的神女庙进行了于原址向北上移式重建。其选址仍在江东嘴村象山山岗上，据村民说这里是云华夫人祠的旧址，也是传说中楚王宫、楚王池的遗址。选址中还存有20世纪90年代修建的瑶池牌坊月亮门和云华夫人授予大禹符策的塑像。在我们调查中所见的重建现场，除对旧庙宇整体移建外，还扩建了许多辅助性庙堂，于现有建筑后山岗上还有一大片挖平待建的场地，占地面积远远超过了神女庙旧址。这一切无疑是特意将宋玉赋神女突出为壮丽巫山、美丽巫峡的历史文化脊梁，这便将宋玉赋神女的接受推向了有史以来的极致。

五、汉川文化对宋玉赋神女的承载、接受与渐趋边缘化

今湖北汉川市仙女山古称阳台山，其山名被史书记载，于正史中最早见于《隋书·地理下》，其记曰："甑山……有阳台山。"其得名，可能是因其地缘地貌，宋乐史《太平寰宇记》说："阳台庙，在县南二十五里。有阳台山，山在汉水之阳，山形如台。"（按：此处的距离说明，与明《万历汉阳府志》及清《乾隆汉阳府志》《同治汉川县志》所载"阳台山：在县治南一里"不合，这是因为宋代而后县治治所发生了变化，清陈诗《湖北旧闻录》卷一《郡县一·汉川县》载："旧县城在县北三十里刘家隔，元至正二十三年移于

今治。"①）阳台山的得名，也可能受到宋玉《高唐赋》的影响，《太平寰宇记》之按语说："宋玉《高唐赋》云：'楚襄王游云梦之泽，梦神女曰："妾在巫山之阳，高丘之阻，朝朝暮暮阳台之下。"'遂有庙焉，今误传在巫峡中，县令裴敬为碑，以正其由。"对于阳台山的得名，按学理判断，宋玉赋所记之得名，更有理由让人相信。退一步思考，如唐裴敬所"正其由"可以征信，则阳台山之得名与阳台庙之修筑当早于唐仪凤间巫山县神女庙的修筑。然而，由于巫峡巫山以其山之奇、水之壮"名满天下"，庙以峡显，因此巫峡神女庙广为世人所知，而汉川之阳台山与神女庙自然会为这种"舆论强势"所淹没。又由于唐裴敬碑于明万历前早已毁迹，其文字亦未流传，要证明汉川阳台山与宋玉赋神女有关，不免失去了一个最有力的佐证。不过，在宋、元、明三代，在巫山文化扬弃宋玉赋神女之际，汉川阳台山还是在地志类文献中得到了客观的记述，在汉川区域文化中得到了历代相沿的继承与不改初衷的认同。尤其在明代，《明一统志》《万历汉阳府志》更以举出北宋范致虚《题阳台山》诗（范诗见上文所引）与宋玉《高唐》《神女》文本为证，力证"阳台之在汉川何疑焉"！明代的文人墨客也借汉川阳台山咏怀宋玉赋神女及其传说，一时间声浪颇高。且举一二为例：

  韩阳《题仙女山》：巫山神女在冥冥，岂似尘凡有欲情。汉水近通江夏郡，阳台遥对复州城。邪思漫自襄王起，异事皆因宋玉成。暮雨朝云人不见，往来犹说旧时名。

  赵弼《阳台渡》：赋就高唐万古留，君臣此处乐绸缪。阳台寄寓成虚事，渡口烟波空自流。

  冯时雍《阳台庙二首》（其一）：偶陟阳台上，当年意若何。江阑荐晚佩，文驷丽云坡。（其二）：梳晓芬脂黛，留春倩女萝。驾言结永好，天地与山河。

  朱衣《题仙女山》：长夜襄王梦，浮云宋玉才。渔樵墟楚野，豺虎窟阳台。八骏悲何及？三旬去不回。岂应追覆辙，江汉至今哀。

  陈所学《题仙女山二首》（其二）：仄径盘纡蹑屐通，登临直欲挽天

---

① 陈诗原著，姚勇等校点：《湖北旧闻录》，湖北人民出版社1999年版，第20页。

风。仙人□节竟何在？玉女箫声恨未逢。坐久昙花云里坠，望来烟景江南空。凭君莫话阳台事，作赋那如宋玉工。

曾朝节《题仙女山二首》（其一）：何处窥圆象，当空一柱孤。天涯连旷野，地轴尽平芜。宅胜来仙女，登高属大夫。襄王与宋玉，今古说江湖。　（其二）：阳台自朝暮，云雨意如何？今年春雨细，入夏火云多。古迹留川渚，幽祠护薜萝。仙灵应可叩，吾欲挽天河。

黄巩《题仙女山》：宋玉阳台赋，分明假乱真。如何千载下，说梦与痴人。

邑人尹宾商《题阳台山》（其一）：一突青螺压大湖，登临偶与酒人俱。朝朝暮暮谁曾见，为雨为云未可呼。树挟风声掀麦浪，山衔霁景落平芜。数椽小筑今相近，日日轴帘览画图。①

这些诗歌说明汉川文化对宋玉赋神女的继承与接受，并没有受到两宋以来理学思潮的太多影响，甚或有些诗歌还似乎表现出古楚腹地人们对古楚传统风俗——"祠祀高禖女神"的了解与传承。② 时至明末清初，伴随文化思潮的新变，巫山文化又改变了宋元之际的理学思维心理，又开始了对宋玉赋神女的重新接受，并以其宋玉赋神女文化历史遗存的巨大优势，冲击着汉川阳台山承载的宋玉赋神女传说。于是汉川宋玉赋神女的文化传播便在挤压中开始扭曲变形，以至于被排斥于区域主流文化之外。在清代早期，阳台山曾被三次更改名称，在三次更名事件中，反映了汉川宋玉赋神女逐渐被边缘化的嬗变过程。

顺治中，更名为"飞来峰"。《同治汉川县志》卷二十二《杂记》引《林志稿》云："顺治中，邑令冀应熊题曰'飞来峰'，石刻山顶。"这次更名，显然是迫于巫山文化重新接受宋玉赋神女的压力，而采取了一种既承认巫山宋玉赋神女之主体地位，又试图回护汉川宋玉赋神女合理存在的做法。这种做法显然是模仿杭州灵隐寺的飞来峰，将汉川阳台山也神话成是从巫峡巫山"飞来"的。然而，这种做法看似聪明，实而笨拙，因为汉川阳台山既没

---

① 武汉地方志办公室编：《明万历汉阳府志校注》，武汉出版社2007年版，第260、261、262、263、266、271页。

② 闻一多：《高唐神女传说分析》，《清华学报》第10卷第4期。

有杭州灵隐寺那种佛教文化的氛围，也缺乏相信其新说法的信众。尽管明代邑人林若企《记略》记有"邑之阳台山，传自巫峡"的传闻，也不足以夯实"飞来峰"飞来说法的文化基础，所以到头来反而给不同意见者带来了批驳的口实。有熊兰者作诗曰："高唐梦本虚，兹更幻中幻。宋玉一寓言，千秋成实案。神女来何方？雨云亦汗曼。巫峰远在川，胡传自江汉。"由此可证，将阳台山更名为"飞来峰"，是汉川文化中宋玉赋神女被边缘化的开始。

康熙中，更名为"采芝山"。《同治汉川县志》卷二十二《杂记》引《林志稿》云："阳台山，旧产芝草。康熙乙未，芝草遍野，徐方伯悝以阳台附会不经，改名采芝。一时名人俱有诗纪其事。"这一行径，反映了汉川主流文化对宋玉赋神女的放弃态度，徐氏认为"阳台附会不经"，大概是"飞来峰"题碑带来的难以自圆其说的负面影响，让汉川阳台山的怀疑者抓住了把柄；于是便"改名采芝"，以迎合祥瑞景气，所以得到了"名人"的响应。施闰章在诗中赞道："呜呼南楚地，烽火久摧残。杀气缠野草，战骨高屹巉。嘉祥何蒸蔚，林麓回欢颜。达贤倾睹记，嘉名锡兹山。"这次更名，理由正当，一方面以吉祥说事，可顺人心；另一方面达到了排斥阳台山负载宋玉赋神女传说的目的。如此误导的后果，便将宋玉赋神女在汉川文化中推向了边缘化的境地。

乾隆中，更古称"阳台山"为"羊蹄山"。《乾隆汉阳府志》卷九《地舆·汉川县·山》载："阳台山，旧名羊蹄山，在县南一里，俗呼为仙女山。上有女郎石、神女祠，旧有唐裴敬碑，今毁。《北周书·裴宽传》：宽为沔州刺史，州城坤狭，宽恐秋水暴长，陈人得乘其便。即白襄州总管，请戍兵，并请移城于羊蹄山，以避水。胡三省《通鉴》注，汉川有阳台山，土人谓之羊蹄山。《陈志》谓宋玉赋《高唐》即此，未免附会。按：羊蹄山形如羊蹄，阳台之名盖由羊蹄而为，宋玉之赋固当属诸夔州之巫山。"《乾隆汉阳府志》的"附会"说，论据难以成立，因而《大清一统志》并未采信其说而仍袭旧说，将宋玉赋属夔州（指今巫山县）说与属汉川说两说并存。然而，后来修撰的《同治汉川县志》在记述"阳台山"时，却采信《乾隆汉阳府志》"附会"说，以"羊蹄山"取缔了阳台山。同时，"羊蹄山"的称谓，亦得到了一些人的认可。且举顾景星诗句证之："羊蹄一峰秀，百里瞻屏颜。何人强解事，唤作阳台山。山灵不受诬，精气吐烟鬟。现出三花瑞，高下崖峦间。逍遥起霞绮，俯掇矜娲斓。润色待巨笔，遂有嘉名颁。"①在这首诗歌的表述中，让人看到了曾经在巫山文化扬弃宋玉赋神女时出现过的理学思想的浮泛。这第三次更名，是在变更了此山之今名而后，又进一步更改其古名。在更改者的思维里，阳台山之名的出现原本就是一个错误，因为此山古本称"羊蹄山"，"阳台"是由于与"羊蹄"音近而讹，故而此山与宋玉赋神女毫无瓜葛。于是宋玉赋神女在汉川主流文化中被彻底地边缘化了。

然而，宋玉赋神女在汉川文化中并没有因此而被杜绝。且不说比《府志》更权威的《大清一统志》并不认同《府志》的说法，仅就汉川区域而言，宋玉赋神女仍在汉川境内流传，只不过借助于佛教的道场来传播罢了。《同治汉川县志》卷八《寺观》载："广福寺在县治东北，俗名阳台寺丛林也。唐代建，元末修，明洪武年重建，康熙初年重修，咸丰四年贼毁二栋，寺东为武圣庙。"此条下附有天门邹枚《广福寺新建准提阁记》，其文有曰："吾向谓汉上多女神，如汉阳之桃花夫人，汉川之阳台神女，皆旅祭之，而人获福。彼二神者，皆有功德，而生于周末，于佛法非所闻，今使尽准提，乐其宽以趋于严而入于虚，则汉上之神人尽作佛事，诸君子盖先具准提之宿慧者哉。……"②你看，宋玉赋神女虽然被汉川主流文化边缘化了，却被汉川佛教文化接纳为菩萨供人祀奉。这证明了宋玉赋神女在汉川边缘文化中仍继续传播的事实。

如今，汉川文化仍然将宋玉赋神女置于边缘之境地。那山的名字既不叫阳台山，也不叫羊蹄山了，而起用了以往的俗称叫仙女山。而仙女山所指的仙女，则不是宋玉赋神女，而是凡名叫作杜媪的天帝之女儿。传说，这位仙女偷偷地下凡，采山上的灵芝为乡民治病，教乡民歌舞，还与山下的一位青年相爱了；被天帝发现后，对她的惩罚就是压在这座山的山底。因为这位仙女的突出事迹是采芝救治乡民，所以仙女山又有了以采芝山命名的另一种说法。现今公园正门内山路边叠摞的三块大石上还刻有"采芝山"三字。公园之所以在仙女山中还保留着"采芝山"的名字，不是因为康熙年间此山"芝

---

① 德廉、尹洪熙等：《同治汉川县志》，《中国地方志集成》（湖北府县志辑9），江苏古籍出版社2001年版，第178页。

② 德廉、尹洪熙等：《同治汉川县志》，《中国地方志集成》（湖北府县志辑9），江苏古籍出版社2001年版，第204页。

草遍野"祥瑞一方，而是因为杜仙女采此山之灵芝求治一方百姓。此间回避了《县志》所载的采芝山得名的本事，为的是凸显杜仙女的文化地位，然而正是传说中"采芝"的细节，说明这个传说产生得很晚，应当与阳台山更名为采芝山大致同时，即在清初之际。《同治汉川县志》载："仙女庙在采芝山，明初建。俗传供奉仙女杜氏，祈子者每于春间祷之。"依此载，杜仙女的传说也不过始流传于明初。说起来，远远不如宋玉赋神女那样厚重、久远、富有审美内涵。

六、巫山文化与汉川文化接受宋玉赋神女情况之比较

我们概述"巫山文化对宋玉赋神女的扬弃与重新接受"与"汉川文化对宋玉赋神女的承载、接受与渐趋边缘化"两个问题，目的在于，通过对两地宋玉赋神女接受情况的梳理进行具体的比较，进而来判断宋玉赋所描写之巫山的地理位置。具体比较情况请看下表：

表二　巫山文化与汉川文化接受宋玉赋神女情况之比较

比较事项＼比较对象与分析	重庆巫山县阳台	湖北汉川市仙女山	比较分析
文化承载之线索	巫山——除文本外，首见于《战国策》，然地望待考；能确定地望者，当首见于《汉书》。	阳台山——除文本及汉《子虚赋》外，首见于《隋书》。	皆可与宋玉文本相印证。然汉川阳台山合于文本"云梦之浦"的描述，而三峡巫山与之不合。
文化承载之首倡者	北魏郦道元将巫峡巫山与宋赋神女联系起来叙述，但未言及阳台与其具体地望。	唐裴敬力主汉川阳台山为宋玉作赋处，作记立碑"以正其由"。	巫峡巫山承载神女文化早于汉川阳台山，然先秦文献提及巫山者，据注，有在重庆、山东、浙江、安徽、湖北等说，地望不同，后皆改称他名，汉时名称未变者仅为巫峡巫山，郦氏据汉之巫山联系宋赋，且未指出阳台地望，实可商榷。[1]
文化承载之标志	飞凤峰神女庙——始建于唐仪凤三年。	阳台山神女庙——《寰宇记》认为，楚王梦神女后，"遂有庙焉"。似建于楚怀王时。	《寰宇记》说阳台山神女庙兴建时间属于据《高唐赋》的推测语，故汉川神女庙始建年代有待详考。
文化扬弃之时段	自宋至明，宋赋神女被扬弃。明末清初又重新接受。	清初至今，被边缘化。然宋赋神女仍被民间所奉祀。	巫山文化之承载有长时间的断裂，而汉川文化虽将宋赋神女边缘化，但仍在延续。

续表

比较对象与分析\比较事项	重庆巫山县阳台	湖北汉川市仙女山	比较分析
文化扬弃之原因	民间文化评议,得到朝廷君王的认同。	民间文化评议,得到府县志的认同,但《清一统志》未采纳其说法。	巫山文化之扬弃,是从民间到朝廷的一致行为;而汉川文化之边缘化只是地方行为,且在地方研讨中尚存争议。
文化扬弃之理据	理学依据——有伤风化;文本考证——襄王未能接受宋文的规劝,或以宋赋为伪托;历史佐证——襄王与宋玉不可能去巫峡之巫山。	理学依据——有伤风化;文本考证——"附会""不经";山名考证——因"阳台山"为"羊蹄山"音近讹传,故当为"附会"。	二者之理学依据无须评论;而文本考证、山名考证,均难成立。巫山文化之历史佐证颇有道理,对宋玉所赋非巫峡巫山有一定的说服力。
取代宋赋神女者	云华夫人——传说为夏禹时代之神,然传说之载体《墉城集仙录》之成书,远远晚于宋玉赋之创作。	杜媪——传说未明确神人时代,据"采芝"事推测,当为清初方流传的民间传说。	云华夫人从所处时代说,似可替代宋赋神女,而事实上云华夫人与杜仙女传说均为晚出,皆不能替代宋赋神女。
取代后宋赋神女之情况	原庙宇被更改庙名;原庙主被更改神名;宋赋神女被扬弃,无庙宇奉祀。	移至广福寺(亦称阳台寺丛林)奉祀,保留宋赋神女称谓,仍称"阳台神女"。	在巫山文化中被扬弃的宋赋神女被彻底否定,而被汉川文化边缘化的宋赋神女仍在非主流文化中被奉祀。
恢复后宋赋神女之情况	与云华夫人并祀,《志》载,云华有专祠一;宋赋神女有专祠高唐观二、神女庙一。	至今尚未恢复庙主地位。	在巫山文化中恢复后的宋赋神女,取得了高于云华夫人的地位;汉川文化中宋赋神女仍处于边缘化中。
文化承载之态势	1. 为多数训诂者认同;2. 为文人吟咏;3. 为地志记载。	1. 为个别研究者认同;2. 为文人吟咏;3. 为地志记载。	宋赋巫山在巫峡,为学界普遍认同;而在汉川说,认同者较少。

说明:[1] 详见刘刚:《巫山考——宋玉辞赋地名考之三》,《宋玉辞赋考论》,辽海出版社2006年版,第282页。

通过比较分析,我们看到,巫山文化在"文化承载之态势""恢复后宋赋神女之情况"两个方面优胜,汉川文化在"文化承载之线索"与"传承的连续性"两个方面优胜;而在此外六个方面,除巫山文化在"文化承载之首倡者"一个方面似乎略胜于汉川文化外,在其他五个方面,理性的天平都偏重于汉川文化一侧。况且在巫山文化扬弃宋玉赋神女时,宋人马永卿在"更以信史质之"中提出的楚襄王不可能去巫峡巫山的论据,理据坚实,极有说服力。再结合表一的比较结果,我们最终的结论是,宋玉赋所描写的巫山、阳台当是今湖北省汉川市之仙女山。

七、宋玉赋巫山误为巫峡之巫山说溯源

宋玉《高唐》《神女》二赋，都有关于巫山的描写。关于巫山的方位，《高唐赋》说："昔者楚襄王与宋玉游于云梦之台，望高唐之观。"《神女赋》说："楚襄王与宋玉游于云梦之浦，使宋玉赋高唐之事。"高唐即在巫山之上，显而易见，宋玉赋巫山在云梦泽附近。汉司马相如《子虚赋》说：云梦者"其南则有平原广泽：登降陁靡，案衍坛曼，缘以大江，限以巫山"。证明云梦附近的确有曾名巫山者，位置南近长江，大致坐落于云梦泽南部毗邻大江的边缘地区。然而，在南北朝期间情况发生了变化，当时的人普遍认为宋玉赋巫山位于长江巫峡之中，从而导致唐代的注释家，如李善者流，皆以为宋玉赋巫山在今重庆市巫山县。考其误识误注的原因大致有三。

第一，在先秦两汉，名为巫山的山体本有多处：（1）《左传·襄公十八年》"齐侯登巫山以望晋师"，据晋杜预注，此巫山在今山东济南西南。① （2）《战国策·秦一》"南有巫山、黔中之限"，据宋鲍彪注，此巫山在今重庆巫山县长江北岸。② （3）《战国策·楚四》"南游乎高陂，北陵乎巫山"，据近人钱穆推测当在今湖北北部大洪山脉中。③ （4）《史记·司马相如列传》"缘以大江，限以巫山"，据今人谭其骧考证在今湖北段长江北岸，古云梦泽南部边缘地带。④ （5）《宋书·乐志四》"巫山高曲"，据今人闻一多推测，在今安徽凤阳县境。⑤ （6）《越绝书·越绝外传记地传》"巫山者，越魋神巫之宫也，死葬其上。去县十三里许"，据考，此山在今浙江绍兴境内。⑥ 然而值得注意的是，在两《汉书》中，山东、湖北、安徽、江苏等巫山均不见记载，所记者只有重庆之巫山。东汉以及其后，其他巫山尽数失载，巫峡之巫

---

① 杜预注，孔颖达疏：《春秋左传正义》，阮元校刻：《十三经注疏》，中华书局2009年版，第4265页。
② 详见刘向集录，范祥雍笺证：《战国策笺证》，上海古籍出版社2006年版，第145页。
③ 详见钱穆：《楚辞地名考》，《清华学报》1934年第九卷第三期。
④ 详见谭其骧：《云梦与云梦泽》，《复旦学报》1980年第8期。
⑤ 详见闻一多：《乐府诗笺》，《闻一多全集》，生活·读书·新知三联书店1982年版，第2册，第104页。
⑥ 李步嘉校释：《越绝书校释》，中华书局2013年版，第227、260页。

山成了史书记载中的唯一。至于《汉书》等史书对其他巫山为何失载，已无从考索。据巫峡之巫山地名流传情况推测：其山在历史地理中地域标志功能最为突出，早在先秦，长江流经巫山段就称之为巫峡，巫山所在区域也以之为地名，沿袭不改；加之巫山地区在军事地理上的重要性与在地理名胜中的独特性，更是闻名遐迩；面对巫峡之巫山的盛名，其他巫山则真可谓"小巫见大巫"了，从而不得不更改称谓，如山东巫山改称孝堂山、云梦附近巫山改称仙女山，于是这些山的旧称"巫山"便在历史的地名沿革中被新名称所替代，以至于被史家所淡忘。因而我们有理由认为，汉代以来，巫峡之巫山于史独载、于世独称，是东汉及其以后人们认为宋玉赋巫山为巫峡之巫山的最主要的原因。

第二，至北魏郦道元起，由于史载巫山仅为巫峡之巫山，从而指认宋玉赋巫山即为巫峡之巫山。郦道元《水经注·江水》说："丹山西即巫山者也。又帝女居焉，宋玉所谓天帝之季女，名曰瑶姬，未行而亡，封于巫山之阳，精魂为草，实为灵芝。所谓巫山之女，高唐之阻，旦为行云，暮为行雨，朝朝暮暮，阳台之下。旦早视之，果如其言。故为立庙，号朝云焉。其间首尾百六十里，谓之巫峡，盖因山为名也。"《水经注》引"宋玉所谓"有两段，第一段不见于《文选》所收之《高唐赋》，但《文选》卷十六江淹《别赋》"惜瑶草之徒劳"句李善注："宋玉《高唐赋》曰：我帝之季女，名曰瑶姬，未行而亡，封于巫山之台，精魂为草，实曰灵芝。"① 与《水经注》所引基本相同。据此，郦道元《水经注》所引两段都出自宋玉《高唐赋》，而其所据可能与《文选》所据存在版本的不同。然而，郦道元以宋玉《高唐赋》之描写证明"帝女居焉"，全然不顾《高唐赋》"游于云梦之台"和《神女赋》"游于云梦之浦"的巫山方位的描述，这便让人感到其注巫山"帝女居焉"存有偏差，因为《水经注·夏水》说："（华容）县土卑下，泽多陂池。西南自州陵东界，迳于云杜、沌阳，为云梦之薮矣。"② 这就是说，在《水经注》中云梦泽与巫山相距甚远，作为地理专家的郦道元对此是非常清楚的。有鉴于此，就存在一个选择问题，如果以宋玉赋为据，那么宋玉赋巫山便不可能是

---

① 萧统编：《文选》，上海书店1988年影印本，第222页。
② 郦道元著，陈桥驿校证：《水经注校证》，中华书局2007年版，第754页。

巫峡之巫山；如果以汉以来史书所载巫山为据，那么宋玉赋巫山只能附丽于巫峡之巫山；然郦道元不顾宋玉文本，不去考查先秦秦汉的文献记述，只注重汉以来史书的载记，选择了后者。这种主观的选择显然是违悖学理的，显然是导致南北朝时人认为宋玉赋巫山是巫峡之巫山的直接原因。

第三，南朝文人关于乐府诗《巫山高》的创作扩大了《水经注》宋玉赋巫山为巫峡巫山说的影响。《巫山高》本为汉乐府铙歌十八曲之一，原本抒写东归之人，面对淮水无舟桥以渡，回乡受阻的不尽感慨。诗中的"巫山"与淮水并提，既不是宋玉赋所言的云梦附近之巫山，也不是《水经注》记述的巫峡之巫山，而是地处今安徽凤阳县境内的一座山；然而在南朝间拟作《巫山高》者却突破了古题本旨，转而抒写巫峡巫山，并采信了《水经注》的说法将其与宋玉所赋巫山神女联系起来，以丰富歌咏内容。宋郭茂倩《乐府诗集》卷十六《鼓吹曲辞·巫山高》解题说："《乐府解题》曰：古词言，江淮水深，无梁可渡，临水远望，思归而已。若齐王融'想象巫山高'，梁范云'巫山高不极'，杂以阳台神女之事，无复远望思归之意也。"考南朝拟作《巫山高》者有：齐虞羲、王融、刘绘，梁元帝、范云、费昶、王泰，陈后主、萧诠。[①] 这些作者或为君王，或为重臣，且皆有文名，而他们的歌诗皆以巫峡之巫山为描写对象，皆取宋玉《高唐赋》《神女赋》中神女事为典故，如此不仅接受了郦道元《水经注》的宋玉赋巫山为巫峡之巫山说，而且促成了这种说法的广泛传播，大有将宋玉赋巫山为巫峡之巫山说坐实之势，致使后世皆受其误导，传讹至今。

---

① 郭茂倩：《乐府诗集》，中华书局1979年版，第228、238、239、240页。

第四章　宋玉赋"衡山"地望田野调查与研究

宋玉《笛赋》开篇即言"余尝观衡山之阳",古今注释者皆以为是今湖南之衡山。大约十年前,我们曾根据历史文献资料写过《衡山考》一文,力辩其误,认为宋玉赋所指当为今安徽潜山县境内古称衡山的天柱山。然而当下一些宋玉研究者仍沿袭南宋章樵的旧注,坚持旧说,对于新的提法持怀疑甚或否定的态度。为此我们宋玉遗迹传说调查小组决定对可能与宋玉《笛赋》有关的几处"衡山"进行实地考察。据《隋书·地理志》记载,历史上称衡山者凡有四处:南阳郡武川有雉衡山,在今河南南阳市北;庐江郡开化有衡山,在今安徽安庆市北,即今潜山县之天柱山;吴郡吴县有横山,一称衡山,在今江苏苏州市西南;衡山郡衡阳有衡山,在今湖南衡阳市北。① 另《光绪霍山县志》据清姚鼐《汉庐江九江二郡沿革考》,认为《史记》所记"秦始皇二十八年渡淮水,之衡山"中的衡山在清霍山县境内,即今安徽霍山县之小南岳山。这就是说,史称衡山者凡有五处。我们以历史文献记载和宋玉作品所反映出的宋玉人生行迹为依据,选择了安徽霍山县小南岳山、潜山县天柱山和湖南衡阳市南岳区衡山作为考察对象,拟从宋玉赋所描写的竹笛之竹材与其生长地之环境特征的角度进行更为深入的研究,同时也进一步梳理辨析古来有关衡山地望问题论争的是是非非。

一、系列调查印象

宋玉在《笛赋》中关于制笛之竹材与竹材生长地有着极为详细的描写:"余尝观于衡山之阳,见奇筱异干、罕节、间枝之丛生也。其处磅礴千仞,绝溪凌阜,隆崛万丈,磐石双起;丹水涌其左,醴泉流其右。其阴则积雪

---

① 魏徵、令狐德棻:《隋书》,中华书局1973年版,第842、876、877、896页。

凝霜，雾露生焉；其东则朱天皓日，素朝明焉；其南则盛夏清微，春阳荣焉；其西则凉风游旋，吸逮存焉。干枝洞长，桀出有良。"在这段描写中，描写核心是制作笛子的竹材，其品种是"奇筱"，即区别于毛竹类高大竹种的小竹。而这种小竹的特点是：（1）"罕节"，即竹节间隔较远；（2）"间枝"，即由于"罕节"而竹枝间距较大（竹枝是在竹节处生出的）；（3）"干枝洞长"，即竹子的主干因为"罕节"而中空修长；（4）"桀出有良"，即形体出众、材质优良。这完全符合现代制作竹笛对竹材密度、弯曲度、内外径与竹节间距的要求。据悉，现代制笛的竹材有苦竹、紫竹、水竹、白竹、淡竹、湘妃竹等，这就要求我们的考察地区至少要有这些竹种中的某一种。在这段描写中，还刻意描写了竹材生长的环境：（1）竹材生长地的大方向是"衡山之阳"，即衡山的南面；（2）竹材生长地的具体环境是"磅礴千仞，绝溪凌阜"，即在一处高耸的凌驾于一般丘阜之上的岗麓之上，而且岗麓两侧都有溪流，有着"绝溪"的视觉印象；（3）在竹材生长地岗麓上方可见"隆崛万丈，磐石双起"，即岗麓的高远处应有隆然崛起的山峰，而峰顶有一双磐石傲然屹立；（4）竹材生长地所隔绝开来的溪水是"丹水涌其左，醴泉流其右"，丹水、醴泉注者多以为是借用先秦典籍中的水名，但也不能排除作者的客观写实或主观联想的因素。上述诸点就是我们在考察地要重点考察的要点。

（一）安徽霍山县小南岳山调查印象

今小南岳山古称霍山，据清李蔚、王峻等《同治重修六安州志》卷三《舆地志五·山》记载："霍山，县西南五里。一曰衡山、曰天柱、曰南岳。高一千一百三十丈，峰峦耸秀，俨若飞鸾。"[①] 2015年4月16日，我们抵达霍山县后即奔赴小南岳山考察。其山在城南2.5千米处，虽然在群山中相对高耸，但海拔仅405米，并不高大。（图4-1）自霍山县城至小南岳山有公路蜿蜒盘桓通至山下，而后则需徒步登山。登山之石阶步道有两条：一是从近年修建于山腰的南岳大庙（当地人因山顶有古南岳庙，称此庙为"二庙"）

---

① 李蔚、王峻等：《同治重修六安州志》，《中国地方志集成》（安徽府县志辑18），江苏古籍出版社1998年版，第58页。

左侧登山，自东坡抵达山顶；一可由南麓"小南岳"牌坊上行，翻越青龙尖（小南岳山麓上的一座山岗名），沿山脊步道而至。我们是从东坡石阶步道登上山顶的。山顶约呈长方形，东西长，南北窄，由东向西又呈四级台地形势，第二级台地较第一级高约3米，第三级台地较第二级高约20米，两级台地间以石阶相连，有"百步阶"之称，第四级较第三级高约2米。东面的第一级台地修有供游人憩息观览的长亭；中间的第二级台地为观音殿，占地面积最小；第三级台地为东向朱紫色的南岳庙山门，门后正中有一方池，约4米见方，人称"天池"，是为奇观；西面最高的第四级台地面积也最大，是为南岳庙正殿所在，亦即《光绪霍山县志》中所说的南岳祠遗址。正殿坐北朝南，东西狭长，因山顶面积所限，殿堂并不宏伟，殿门也不够庄严，可以说是民居式的庙宇建筑。瞻仰大殿中供奉的神像，皆与南岳神无涉。考察祠中碑文，现有建筑重建于1992年，此后直至2014年，20余年中间有修缮。（图4-2）于重建之建筑中，能够体现古南岳庙文化内涵的仅有三处，一处是东面山门上有"南岳庙"三字，题字无款署，不知为何人所题（图4-3）；一处是南岳庙正殿殿门上有"小南岳"三字，为民国元老于右任所书（图4-4）；还有一处南岳庙西门外门楣上有"汉帝敕封"四字，亦无款署，不知为何人手笔（图4-5）。其余关涉汉武帝登礼南岳之事，仅是在现代重建或维修的碑记中追述而已。

　　观察此山环境，满山及四围冈阜均有竹树，西坡尚有供人游赏的竹园，俯瞰环望，绿色可观；山北沟谷中有一小湖，名珍珠湖，当是拦截山麓东与东北季节性山溪蓄水而成，然不见另有溪流，蓄成此水虽可增添景区山水雅趣，但仍无宋玉赋"绝溪"与两溪左右夹流的景象；山中裸露出的岩崖不多，而多覆于土层之中，微微暴露于山脊者如地面铺石，而暴露于脊下陡坡者则如护坡石壁，虽可称"磅礴千仞"，而绝无宋玉赋"隆崛万丈"之势，至于"磐石双起"的景象，因山顶原貌已被后世的宗教建筑所破坏，更无从寻觅，但从山顶四级台地的地貌分析，也不像曾存在"磐石双起"的迹象。尽管此山多有可以制笛的竹材（水竹），然而其环境则与《笛赋》的描写无缘。

（二）安徽潜山县天柱山调查印象

　　今天柱山古称霍山或潜山、皖山，亦称衡山。《尔雅》："岱、霍、恒、华、嵩为五岳。"郭璞注："霍在庐江西，一曰衡。"①2015年4月17日、18日，我们考察了安徽潜山县天柱山。据景区介绍，天柱山海拔1488.4米，风景区面积达82.46平方千米。由于高山险要，坡陡谷深，林木茂密，考察路线不得不先选择景区修建的步行道进行，然后到了重点考察地段再寻山间小路甚或披荆开路、越溪涉水而行。

我们的基本路线是以天柱山庄为起点，沿西路步行石阶北上，经六月雪、振衣岗、牛马城、通天谷、神秘谷诸多景点，绕过飞来峰南岩石根，登上天池峰抵达天柱峰下的。天柱峰峭如无比粗壮、挺然高耸的巨大竹笋，直插云端，周围圆崖壁立，无路可攀。（图4-6）我们从西、南、东三个方向仔细观察了天柱峰后，沿东向石阶路前行，经拜岳台、仙人洞、潜龙窟等景点南转，又经西关寨、莲花峰西转下山，再经甘露泉抵炼丹湖（湖为近年人工筑坝而成，此地古称寮箬坪，后又称良药坪），绕炼丹湖至其南端人工大坝后再西行翻越晴雪岭，跨过飞来涧，返回天柱山庄。用时近8小时，几乎走遍了天柱山的中心景区。一路所见之景点，能够直接表现南岳文化的有三处，一是南大门入口大门正面门楣上题有楷体"天柱山"三字，背面门楣上题有小篆"古南岳"三字（图4-7），两处题字均有名款，但字形漫漶难以辨识；二是大龙窝索道上行出口广场旁的南岳亭（图4-8），亭当在旧址上新建，亭中立有"古南岳亭记"石碑一方，碑额题曰"汉武南岳"四个篆字，此碑为天柱山风景名胜管理委员会2014年10月立；三是天柱峰东侧山岗脊顶的拜岳台，据吴兰生、王用霖修，刘廷凤纂《民国潜山县志》记载，传说中的汉武帝拜岳台遗址本在天柱山下潜山县野寨中学后山岗之上（此地古名野人寨）②，此处当为近年修建的旅游景点。

在一路考察中，根据我们的考察要点，《民国潜山县志》所载的晴雪岭上潜山县十景之一"天柱晴雪"一带引起了我们的特别注意。（1）晴雪岭在天柱峰正南，是天柱山主峰由北向南延展逐渐走低的山岗，符合宋玉赋"衡山之阳"的方位。（2）晴雪岭"天柱晴雪"景点的海拔高度在900米以上。此岭东为炼丹湖（图4-9），其湖水多源，主要有东北、正北、西北、正西

---

① 朱书：《古南岳辨》，《朱书集》，黄山书社1994年版，第176页。
② 吴兰生、王用霖修，刘廷凤纂：《民国潜山县志》，《中国地方志集成》（安徽府县志辑17），江苏古籍出版社1998年版，第18页。

四条山溪汇流而成，而东北莲花峰下甘露泉的流水量最大，当为主流水源，以此可知未筑坝蓄水前这里是一条潜水的三级支流，修筑人工湖前称天柱源。此岭西为飞来涧，涧水主要有两个源头，一是源于飞来峰下的飞来泉，一是源于牛马城景点东的"飘云瀑"。二源海拔均在1100米左右，汇合后形成飞来涧山溪向南偏东方向流淌，是为潜水的又一条三级支流。飞来涧水至青龙潭（本称青龙涧，因筑坝蓄水成潭而改称，图4-10）又与天柱源之水合流南下，形成越崖直下、垂直落差达200米的激水瀑，而后经琼阳川流入潜水河。天柱山志编纂委员会新编《天柱山志》记述"青龙涧"时称"天柱源之水由此出山"。① 又《太平寰宇记》载，潜山有魏左慈炼丹房，"山东面有激水，冬夏悬流如瀑布"②。这说明天柱源、飞来涧从古至今水源充沛，并不是那种季节性间歇式溪流。晴雪岭正在天柱源与飞来涧之间，既有"绝溪"之势，又与宋玉赋"磅礴千仞，绝溪凌皋"的描写相吻合。（3）若立于晴雪岭"天柱晴雪"景点山脊高处或晴雪岭南端丹砂亭上北望天柱山顶飞来峰、天池峰、天柱峰三座石峰，因天柱峰居北，被其南的飞来峰、天池峰遮挡，所以所见只有飞来峰、天池峰两座，远远仰望犹如两大巨石向天耸立。（图4-11、图4-12）这与宋玉赋"隆崛万丈，磐石双起"的景象何其相似，且特征非常突出明显。（4）宋玉赋说"丹水涌其左，醴泉流其右"，观者于晴雪岭山脊若向北面对天柱峰方向站立，其左即是飞来涧，其右即是天柱源。这与宋玉赋描写也极为接近。我们虽难以考证在宋玉时代左面之水是否叫"丹水"，右面之水是否叫"醴泉"，但此处"天柱晴雪"周围的景象与景点的名称激发了我们的联想与深思。晴雪岭有一处砂岗，与天柱山范围内绝大多数为花岗岩巨石或横亘叠摞、或直竖相偎的景观完全不同，而是砂砾满坡，别有一番风光。《民国潜山县志》卷二《古迹·十景》称："天柱晴雪，在天柱寺左。其山面西石，块然峭拔，色苍而黝，露泡其上，旭日从山后转映之处，山莹然如雪，晶光四射。惟晴霁时，当卯辰之刻登寺眺之，其景始奇，夜月时亦然，故名雪山。"③ 新编《天柱山志》也称："这里翠岭环围，松杉繁

---

① 天柱山志编纂委员会编：《天柱山志》，社会科学文献出版社1992年版，第117页。
② 乐史撰，王文楚等点校：《太平寰宇记》，中华书局2007年版，第2474页。
③ 吴兰生、王用霖修，刘廷凤纂：《民国潜山县志》，《中国地方志集成》（安徽府县志辑17），江苏古籍出版社1998年版，第33页。

茂，万绿丛中，露出一片砂岗。常年似冰封雪盖，四季如银山烂海。尤是雨后初晴，阳光辉映，砂砾经雨水洗滤后，格外洁净无暇，如皑皑白雪，光华耀眼。"并于第一章《地貌》中解释说："'天柱晴雪'的成因与晴雪岭组成物质和地貌形态有直接关系。这里由长石为主石英含量相对减少的混合花岗岩组成。位于（天柱山景区的）中心地带，岩石湿润，有利于水对岩石的作用。加上太阳辐射强烈，日夜温差较大，使岩石表面层层裂开，逐渐松散成砂层。晴雪岭顶部坡度不大，砂层不易下滑，堆积成丘。"① 据观察，这里的砂砾实际呈浅淡的金黄色，晴雪岭最南端称丹砂峰，地貌与"天柱晴雪"相同，峰顶有丹砂亭，其"丹砂"的命名即是砂砾颜色的真实写照。《民国潜山县志》载："丹砂峰，覆盆（峰）之南。世传有丹砂，人不能取，中夜或现红光，还（环）近皆睹。"② 新编《天柱山志》解释说："旧志丹砂之说实属道教色彩之用笔。峰顶覆有略呈红色的砂砾，才是天然本色之所在。"③ 其实与晴雪岭隔飞来涧相望的振衣岗下也有一处类似于"天柱晴雪"的砂岗，古来俗称"六月雪"，今立有碑刻，面积也颇为可观。（图 4-13）这就是说，从飞来峰下飞来泉流下的飞来涧，是夹在两处丹砂色的砂岗之间。据此设想，宋玉赋以岗之丹砂色称此涧水为"丹水"，很可能是缘于此处特殊的地貌，当不是凭空臆想。至于古天柱源之水被宋玉赋称之为"醴泉"，当源于其水清澈甜美。《白虎通·封禅》载："醴泉者，美泉也。状若醴酒，可以养老。"④ 今炼丹湖的东北水源，亦即古天柱源的主流源头，其名为"甘露泉"，可知其泉之水质甜美，并优于天柱山景区中其他所有山泉。（图 4-14）调查小组的两名学生挹泉品味，极赞泉水甘冽。由此推测，宋玉赋称天柱源之水为"醴泉"可谓名副其实，并非虚夸。或许如今称作"飞来涧""天柱源"的山溪在宋玉时代就称为"丹水"和"醴泉"，抑或这两条山溪本无名称，宋玉赋据其特点，以文学家的思维与想象，即兴为其赋予了这种带有"书卷气"的美称。（5）我们在"天柱晴雪"景点不远处的步行道边找到了可制作

---

① 天柱山志编纂委员会编：《天柱山志》，社会科学文献出版社 1992 年版，第 12 页。
② 吴兰生、王用霖修，刘廷凤纂：《民国潜山县志》，《中国地方志集成》（安徽府县志辑 17），江苏古籍出版社 1998 年版，第 18 页。
③ 天柱山志编纂委员会编：《天柱山志》，社会科学文献出版社 1992 年版，第 77 页。
④ 陈立撰，吴则虞点校：《白虎通疏证》，中华书局 1994 年版，第 287 页。

竹笛的多处野生水竹丛。（图 4-15）晴雪岭"天柱晴雪"处海拔 900 米以上，按水竹对生长环境的要求，此处有水竹生长实为罕见，然而这却是个不可质疑的事实。以上五个方面的考察，足以证明天柱山"天柱晴雪"一带的环境与宋玉赋描写是高度契合的，而这种高度的契合若不是天缘巧合，则说明《笛赋》描写的竹材生长之地很可能就在这里。

（三）湖南衡阳市南岳衡山调查印象

今湖南衡山可谓是一个小山脉的总称，延展面积广大，峰峦起伏林立，旧有"七十二峰，盘亘八百里"之说。面对诸多的山峰，我们调查小组在出发前对调查对象做了精心的选择，首先根据宋玉赋"衡山之阳"的描写，着眼于主峰祝融峰及其以南的山峰；其次根据"绝溪凌阜"的描写，在主峰以南的山峰中特别关注有溪水夹流的山峰；再次根据"磐石双起"的描写，寻找峰顶有巨石的山峰；此外，考虑到古时衡山以祝融峰为主峰之前，曾有以岣嵝峰为主峰的说法，于是我们选定祝融峰、天柱峰、岣嵝峰为调查重点。另则，湖南衡山的植被中竹林植被占百分之三十以上，据新编《南岳志》记述，主要为毛竹林、箬竹灌丛、箭竹灌丛。古时还当多有紫竹，新编《南岳志》介绍半山亭附近"紫竹林"道观时说："进入山门，便是大殿前坪。坪下一片竹林，高篁耸翠，绿叶摇风，大概也就是'紫竹林'命名的来由吧。"[①] 紫竹正是制作竹笛的竹材。紫竹林全称紫竹林道观，在祝融峰南略微偏东的香炉峰下，海拔在 700 米左右。道观既然以"紫竹林"命名，则说明其地曾有大片紫竹生长。这是古代祝融峰南面山麓生长有紫竹的佐证，因此我们没有将制笛竹材这个考察要点作为选择调查地点的取舍条件。按照预定计划，我们调查小组于 2015 年 5 月 10 日、11 日考察了湖南衡阳市南岳区衡山中的祝融峰与天柱峰，12 日、13 日转道衡阳市区考察了衡阳县岣嵝峰。

1. 祝融峰调查印象

祝融峰是湖南衡山的主峰，位于南岳古镇北 30 千米处，海拔 1298.8 米，明代始建的石墙结构、三叠台基、雄伟壮观的祝融殿即坐落于祝融峰峰顶。为了再现"衡山之阳"的观察体验，我们选择了喜阳峰作为观察点。这是个

---

① 湖南省地方志编纂委员会编：《南岳志》，湖南出版社 1996 年版，第 190 页。

不得已的选择，因为如果选择正南方向的芙蓉峰或碧萝峰，则与祝融峰隔着一道深谷，不符合宋玉赋所描写的观察点与瞭望处有山体连接的情景。2001年阿迪力在衡山第二届寿文化节上所走的斜拉钢丝，就是从芙蓉峰跨过深谷拉向祝融峰的，如今那凌空架设的钢丝仍在。喜阳峰在祝融峰东南，距祝融峰900米左右，两峰间有一道起伏的山脊彼此相连。（图4-16）喜阳峰海拔1266米，略低于祝融峰，现为衡阳市高山电视调频转播台和高山气象站所在地。由喜阳峰向西北眺望，可见祝融峰上威严壮观、高耸云端的祝融殿和登殿陛阶与殿前广场。然而可想而知，这被后世道教建筑所覆盖的峰顶景象，绝不是先秦时代此峰的原始面貌。我们围绕祝融殿仔细观察，发现大殿西北角殿基下有一排大石或叠摞或依偎而自然组合成巨大的石壁，石壁长近10米，高约8米，一些石面还有摩崖石刻，最醒目者为"接天"两个半米见方的大字。（图4-17）石壁下是一角面积较大的平台，因其西向而称之为望月台。从石壁的原始形态推知，祝融峰顶原本当有巨型石阵傲然耸立，而此段山脊两侧也多有巨石龙盘虎踞，如高台寺附近就有镌刻着"大鹤行窝""朱陵洞天""冠石""伏象朝真"等字的诸多大石，亦可作为推测的佐证，然而祝融峰顶原本是否是"磐石双起"之样貌则不得而知。祝融峰北即祝融殿后乃为峭拔的悬崖，连接祝融峰与喜阳峰的山脊的东西两侧均为深谷，且坡度极陡，深度极邃。由于山脊无比高峻，其两侧的谷底也要高于祝融峰北面的诸多山峦；从山谷地势来看，很难集水成溪，尽管新编《南岳志·南岳山水系图》标出祝融峰西北有五岳溪，东北有龙凤溪与其支流仙岩溪，但其源头距离祝融峰还有比较远的距离；倘若夸张些说，也只可视为溪水之理论上的上源，因其实为溪水涵养水分、提供补给的山体与沟谷。因此，对于这段山脊虽可以用"磅礴千仞""隆崛万丈"来形容，但必须注意的是，从喜阳峰到祝融峰高度差仅有30多米，又不符合从"千仞"到"万丈"的陡起"隆崛"的山势，加之山脊两侧沟谷情况，着实难以描写为"绝溪凌阜"，更难以让人产生如何将溪水命名为"丹水"与"醴泉"的联想。

2. 天柱峰调查印象

天柱峰海拔1051米，位于祝融峰正南。其山体通过轸宿峰、烟霞峰、碧萝峰、芙蓉峰、金简峰、喜阳峰与祝融峰呈">"形接连，距祝融峰的直线距离约3千米。《衡州府志》说："天柱峰一名双柱峰。"《光绪衡山县志》

说:"两峰端耸,其形似柱,故名天柱。"遥望其山巅,实为两峰比邻并峙,其中稍高者是为主峰。主峰北侧接近峰顶处,有一片巨大的石壁裸露于山体之外,裸露部分长可百有余米,最大高度约 40 米,堪称壮观。巨大石壁的西侧下方存有巨型摩崖石刻"南天石柱"四字,每字近 5 米见方,为湖南衡山摩崖石刻之最。(图 4-18)据记载,其字为民国湖南省政府主席何健 1933 年所书,而摩崖刻石则在其后的民国二十五年(1936)。天柱峰主峰峰顶建有一座六角石亭,系 20 世纪 60 年代当地林场为林区防火建造的瞭望亭,亦可供游客登高望远,一览衡山南麓壮美景色。根据衡山中居住于半山亭的老年山民指点,遵循"衡山之阳"的体验原则,我们选择了位于祝融峰之南,天柱峰南麓南台寺后瑞应峰上的金刚舍利塔作为观察点。瑞应峰是由天柱峰向南延伸而下的山麓上的一个山峰,海拔 605 米,其北经掷钵峰上接天柱峰,直线距离约 5.5 千米。金刚舍利塔不见于新编《南岳志》的记载,当为近年所建,是一座仿宋式八层阁楼式建筑,塔高 48 米。(图 4-19)在最高层塔楼之上向北眺望,最高处祝融峰如高墙壁立横出云外,中段天柱峰的两座山峰如驼峰双耸挺立于莽莽林海,天柱峰以下南麓山岗竹树茂密苍莽,浑然如巨蟒屈伸蜿蜒上行。依照我们的调查要点来观察,天柱峰南麓山体的确有"磅礴千仞""隆崛万丈"的宏大气象,接近峰顶的山体上也依稀可见点点岩壁,但天柱峰顶双峰之山体覆土浑圆,尽管勉强可以认为有"双起"之态势,却绝非"磐石"之体质。(图 4-20)前文曾提及天柱峰近于主峰峰顶处有巨大的石壁,但石壁在山体北侧而不在南侧,由南向北眺望是绝然望不到那巨大石壁的,因而也就不可能有"磐石双起"的观察体验。天柱峰南麓东西两侧山谷中皆有溪流,由于谷地落差极大,陡峭处即形成了瀑布,流水声嘹亮悠扬,在盘山道路上行走便时时可以听到。询问衡山景区中延寿村的山民,均不知天柱峰南麓东西两条溪流的名称,只知东侧山溪下方有华严湖水库,西侧山溪下方有白龙潭水库(二者均为小型水库)。后来我们查阅新编《南岳志·南岳山水系图》方才晓得,东侧的叫寿涧溪(亦称南岳溪),发源于祝融峰南稍微偏东海拔 1096 米的金简峰南麓山谷中;西侧的叫白龙溪,其水源即出于天柱峰西南沟谷。两条山溪至山下分别从东西两侧绕过南岳古镇,在古镇南合流为龙隐河,向东南流注于湘江。看来说天柱峰南麓"绝溪凌阜"是毫无问题的。然而我们的总体印象是,天柱峰南麓虽然符合宋玉赋"磅礴千仞""绝溪凌阜""隆崛万丈"的描写,但是不合乎"磐石双起"的描写,所以尚不能认为其符合宋玉《笛赋》制笛竹材生长环境的描写。因此,对于两条山溪是否可称之或联想为"丹水""醴泉",也就没有必要深考了。

3. 岣嵝峰调查印象

岣嵝峰海拔 951 米,在祝融峰南极远处,距祝融峰约有 15 千米之遥,按照现行的行政区划分,祝融峰属于衡阳市直辖的南岳区,而岣嵝峰属于衡阳市下辖的衡阳县。(图 4-21)《同治衡阳县志》卷九《山水·下潇水》载:"下潇水今或谓之白鹭港,水出嫘祖峰东北。峰在祝融南卅里,人行可六十里。其西为岣嵝峰,岣嵝本南岳之别名也。冈峦连体,双峰别秀。东峰最高,是名嫘祖,俗呼为雷祖,非也。……嫘祖峰稍西一峰亚之,望若俯背,故名岣嵝。"[①] 从岣嵝峰景区山门(图 4-22)至岣嵝峰山顶,据景区管理人员介绍,大约有 7.5 千米的山路。我们先是沿盘山公路历时两个多小时上行 5 千米抵达接近峰顶的禹王宾馆,稍事休息,便登上了呈"之"字形连接的曲曲折折的步行石阶山道,经禹泉、禹碑、禹王殿(图 4-23)、禹居(古称禹穴)、禹床、望江亭、彭公亭等景点,又沿着山脊石阶路登上了山顶。山顶正中为四角石亭,曰望日亭。亭前为木板铺设的望日台,亭后树有一巨型石碑,碑高约 4 米,上镌"天上岣嵝"四字。在望日台上鸟瞰岣嵝峰南面山麓,一脉冈阜由高而低伸向湘江东岸的平原,冈阜上竹树茂密,郁郁苍苍,渐远渐淡。冈阜东西两边远处均可见一湾泓水,东边的面积略大,西边的面积稍小,恰如大小两面明镜映照着无尽山色。当返回禹王宾馆时天色已晚,借吃晚饭的机会,我们向景区服务人员询问,在山顶看到的两处湖水或水库的名字,他们用湖南方言讲了许多,遗憾的是我们一句也没有听懂,我们请他们用汉字写出来,可他们都不知道两个名字该如何书写,我们只好礼貌地作罢。后来我们查阅《南岳志·南岳山水系图》方才知道,东边的叫古竹溪,是湘江的三级支流;西边的叫樟木港,是湘江的二级支流;二水在樟木市合流后汇入湘江。第二天我们起了一个大早,准备爬上岣嵝峰正南的山岗体验仰望岣嵝峰的感觉,然而没有找到爬山

[①] 罗庆芗修,彭玉麟纂:《同治衡阳县志》,《中国地方志集成》(湖南府县志辑36),江苏古籍出版社 2002 年版,第 760 页。

的道路，又由于前两天这里下了一场大雨，山坡泥泞湿滑无法攀登，只有放弃。无奈之中我们采取了一个权宜的办法，登上了位于岣嵝峰西南的招待所一号楼的楼顶去观察体验。在四层高的楼顶之上举目凝望，正如《县志》所言"冈峦连体，双峰别秀"，然东侧的嫘祖峰和西侧的岣嵝峰并非峭岩尖峰，而皆为土顶且呈覆碗之状，《县志》用"望若俯背"来描述，真可谓仰望印象之实录。想来，岣嵝峰也同天柱峰一样，虽可称"磅礴千仞""绝溪凌阜""隆崛万丈"，亦可谓有"双起"之象，只可惜"双起"者不是翘望中"刺破青天"的"磐石"。我们只能遗憾地说，此处又与宋玉赋描写无涉。

二、先秦秦汉文献中的衡山与其地望

考先秦文献中的衡山，《尚书·禹贡》："荆及衡阳惟荆州。"伪孔安国注："北据荆山，南及衡山之阳。"以为此衡山乃今湖南之衡山。其实当指今安徽之衡山，即天柱山。因为《禹贡》又说："岷山之阳，至于衡山，过九江，至于敷浅原。"伪孔安国注："言衡山连延过九江，接敷浅原。"又注："衡山，江所经，在荆州。"① 这个"过九江""江所经"的衡山，只能是距长江和九江较近的安徽衡山，而不可能是远离长江的湖南衡山。《周礼·职方氏》："正南曰荆州，其山镇曰衡山。"郑玄注"衡山在湘南"②，此注是受班固《汉书》的误导而导致的误注（详见下文）。此处"山镇"的叙述当从《禹贡》，亦指安徽之衡山，或江苏之衡山。《逸周书·职方解》："正南荆州，其山镇曰衡山。"③ 与《职方氏》文字全同。二者的下文，言川，举江汉；言薮，举云梦；言浸，举颍湛；所举或在长江以北，或临近长江，对江南水系无涉，故其所举之衡山亦当在长江以北，亦当为安徽之衡山，或江苏之衡山。《左传·襄公三年》："楚子重伐吴，为简之师。克鸠兹，至于衡山。"杜预注："衡山在吴兴乌程县南。"④ 这个衡山指江苏之衡山，《隋书》亦称横山。

---

① 伪孔安国传，孔颖达疏：《尚书正义》，阮元校刻：《十三经注疏》，中华书局1980年版，第149页。
② 郑玄注，贾公彦疏：《周礼注疏》，阮元校刻：《十三经注疏》，中华书局1980年版，第862页。
③ 黄怀信：《逸周书校补注译》，三秦出版社2006年版，第355页。
④ 杜预注，孔颖达疏：《春秋左传正义》，阮元校刻：《十三经注疏》，中华书局1980年版，第1930页。

《战国策·魏一》："昔者，三苗之居，左彭蠡之波，右有洞庭之水，文山在其南，而衡山在其北。"①这个西南是洞庭，东南是彭蠡（今鄱阳湖北）的衡山，实为安徽之衡山。《吕氏春秋·求人》："（禹）北至人正之国，夏海之穷，衡山之上，犬戎之国，夸父之野，禹强之所，积水、积石之山。"注："衡山者，北极之山也。"②这个衡山不是我们讨论中的衡山。《管子·轻重戊》也提到了衡山，但是作为方国名称出现的，位置在鲁国之北，齐国之南，所谓"鲁削衡山之南，齐削衡山之北"③是也。这也不是我们要讨论的衡山。综上所述，传世的先秦文献中还未提及河南和湖南的衡山。

考秦汉文献中的衡山，《史记》卷二《夏本纪》："荆及衡阳维荆州。"此引《尚书·禹贡》文，所指当与《禹贡》同指安徽之衡山。《夏本纪》又言："汶山之阳至衡山，过九江，至于敷浅原。"④亦引《禹贡》文，所指亦当与《禹贡》同指安徽之衡山。《史记》卷六《秦始皇本纪》："乃西南渡淮水，之衡山、南郡。浮江，至湘山祠。……上自南郡由武关归。"⑤从秦始皇的巡游路线看，此衡山当指安徽之衡山无疑。《史记》卷二十八《封禅书》："五月，巡狩至南岳。南岳，衡山也。"此引《尚书·舜典》"五月南巡狩，至于南岳"文，"南岳，衡山也"是司马迁随文注释语。《封禅书》又说："上巡南郡，至江陵而东。登礼潜之天柱山，号曰南岳。"⑥是知此衡山当指天柱山，秦汉人也称之为霍山，亦即安徽之衡山。此外，《史记》中屡屡提到"衡山王"，"衡山"作为方国名出现。《史记》卷七《项羽本纪》："（项羽）故立（吴）芮为衡山王，都邾。"邾，《集解》："县名，属江夏。"又卷一百二十九《货殖传》："衡山、九江、江南、豫章、长沙，是南楚也。"又卷一百一十八《淮南衡山传》："庐江王……徙为衡山王，王江北。"⑦三者都证明衡山国在长江以北，即今安徽省西南部，实因安徽之衡山而得名。

---

① 刘向集录：《战国策》，上海古籍出版社 1985 年版，第 782 页。按，《韩诗外传》作"衡山在南，岐山在北，左洞庭之波，右彭泽之水"。此文显系套用《战国策》的记述，但改"衡山在其北"为"在南"。据考，现存的《韩诗外传》已非原书之旧，部分内容已被后人修改，此为一例。故本文不引以为说。
② 高诱注：《吕氏春秋》，《诸子集成》本，中华书局 1986 年版，第 6 册，第 292 页。
③ 戴望：《管子校正》，《诸子集成》本，中华书局 1986 年版，第 5 册，第 417 页。
④ 司马迁：《史记》，中华书局 1982 年版，第 60、67 页。
⑤ 司马迁：《史记》，中华书局 1982 年版，第 248 页。
⑥ 司马迁：《史记》，中华书局 1982 年版，第 1356、1400 页。
⑦ 司马迁：《史记》，中华书局 1982 年版，第 316、319、3268、3082 页。

《汉书》卷二十八《地理志》："荆及衡阳惟荆州。"又："嶓山之阳，至于衡山，过九江，至于敷浅原。"二者均袭引《尚书》《史记》文，前已论及，此衡山乃安徽之衡山。又言："正南曰荆州：其山曰衡。"此袭引《周礼·职方氏》文，前亦论及，亦当指安徽之衡山。又言："南阳郡……雉（注：衡山，澧水所出，东之郾入汝）。"此无疑指河南之衡山。又言："六安国（注：故楚，高帝元年别为衡山国，五年属淮南，文帝十六年复为衡山，武帝元狩二年别为六安国）。"此又证衡山国在长江以北，今安徽西南部。又言："长沙国……湘南（注：《禹贡》衡山在东南，荆州山）。"① 此衡山，指湖南之衡山。此条记述最值得注意，班固认为《禹贡》所记之衡山，乃湖南之衡山，且似指荆州之山镇。然而班固亲撰《白虎通·巡狩》中却说："南方为霍山者何？霍之为言护也。言太阳用事，护养万物也。小山绕大山为霍。"② 以南岳为霍山，与其前言相抵牾。尽管如此，这条记述却是认为《禹贡》所记之衡山为湖南之衡山的最早记述。

考上引《尚书》《周礼》《战国策》《史记》《汉书》注疏中关于衡山为湖南之衡山的注释者，有伪孔安国《尚书传》、郑玄《三礼注》、贾公彦《周礼注疏》、鲍彪《战国策注》、裴骃《史记集解》、司马贞《史记索隐》、张守节《史记正义》、颜师古《汉书注》，及《史记正义》引录的萧德言、顾胤的《括地志》。郑玄，东汉人，晚于班固近百年，伪孔安国《尚书传》出自魏晋人之手，裴骃南朝刘宋人，司马贞、张守节、颜师古、萧德言、顾胤、贾公彦皆为唐人，鲍彪则为南宋时人，这些人都晚于班固。

其实，班固记述"长沙国湘南县"情况说"《禹贡》衡山在东南，荆州山"，实是据《尔雅》为说，《尔雅·释山》："河南华，河西岳，河东岱，河北恒，江南衡。"③ 这是《尔雅》对上古"九州山镇"的举要性解说。值得注意的是，"山镇"与"岳"是不同的，这里的"江南衡"说的是山镇，而不是五岳之一的南岳，因而《尔雅·释山》于此条后又有专门释说"五岳"的词条。《尔雅》虽说这个作为南方山镇的衡山在江南，但并未具体界定其地理位置。前已言及，江南衡山有二，一是江苏之衡山，一是湖南之衡山。《尔

---

① 班固：《汉书》，中华书局1962年版，第1529、1533、1539、1563—1564、1638、1639页。
② 陈立撰，吴则虞点校：《白虎通疏证》，中华书局1994年版，第299页。
③ 郭璞注，邢昺疏：《尔雅注疏》，阮元校刻：《十三经注疏》，中华书局1980年版，第2617页。

雅》所说的到底是哪座衡山呢？以班固言"《禹贡》衡山"看，哪座衡山与传说中的大禹事迹有关，哪一座就是《尔雅》之所指。虽然以传说为据有失科学，但有些地名确实与传说有关，如果从地名学的角度看问题，也不失是一种地名溯源的方法。《禹贡》所记"荆及衡阳惟荆州"，"岷山之阳，至于衡山，过九江，至于敷浅原"，经我们分析，认为是指安徽之衡山，此不赘述。除《尚书·禹贡》和《史记》外，记述大禹事迹的典籍颇多，若泛言之者不计，记述大禹南方行迹比较具体的有《墨子》《吕氏春秋》和《吴越春秋》。《墨子·兼爱中》说："（禹）治天下……南为江、汉、淮、汝，东流之，注五湖之处，以利荆、楚、干、越与南夷之民。"① 句中所言汉水、淮河、汝水皆在长江以北，所言五湖，一说指太湖；一说以太湖及附近滆、洮、射、贵四湖为五湖；一说以洞庭（先秦时洞庭湖面积很小）、青草、彭蠡、具区、洮滆为五湖。无论以哪一说为据，其虽可涉及江南，但均与长江相近。可见，《墨子》言大禹治南方之水未涉及湖南衡山一带。《吕氏春秋·求人》说："（禹）南至交趾、孙朴、续樠之国，丹粟、漆树、沸水、漂漂、九阳之山，羽人、裸民之处，不死之乡。"② 此记神话色彩太浓，地名多不可考，交趾大约在今广东一带，所记虽可以涵盖湖南之衡山，但在其所举的五座山中却没有提及。《吴越春秋·越王无余外传》说："禹伤父功不成……七年闻乐不听，过门不入，冠挂不顾，履遗不蹑，功未及成，愁然沉思。乃案《黄帝中经历》，盖圣人所记，曰：'在于九山③东南天柱，号曰宛委，赤帝左阙，其岩之巅，承以文玉，覆以磐石。其书金简，青玉为字，编以白银，皆琢其文。'禹乃东巡，登衡岳，血白马以祭，不幸所求。禹乃登山，仰天而啸，忽然而卧。因梦见赤绣衣男子，自称玄夷苍水使者……东顾谓禹曰：'欲得我山神书者，斋于黄帝之岳岩之下。三月庚子，登山发石，金简之书存矣。'禹退，又斋。三月庚子，登宛委山，发金简之书，案金简玉字，得通水之理。"④ 语中"九山"，《淮南子·地形训》释说："何谓九山？会

---

① 孙诒让撰，孙启治点校：《墨子间诂》，中华书局 2001 年版，第 109—110 页。
② 高诱注：《吕氏春秋》，《诸子集成》本，中华书局 1986 年版，第 6 册，第 292 页。
③ 九山，《艺文类聚》《初学记》《太平御览》引作"九疑山"。按，湖南衡山在九疑山之东北，与文中所标识的"东南"不符，是为唐宋人妄衍"疑"字。
④ 赵晔撰，周生春辑校汇考：《吴越春秋辑校汇考》，中华书局 2019 年版，第 96—97 页。

稽、泰山、王屋、首山、太华、岐山、太行、羊肠、孟门。"①据此，位于坐标四方的九山中之东南者，于四处衡山中，当数江苏之衡山最为适合。这也合于"禹乃东巡"的方向。《禹贡》衡山若指湖南之衡山，那该说"南巡"。这说明《尔雅》所说的九州山镇中的"江南衡"，是江苏之衡山。因此，《汉书》以为《禹贡》衡山在湘南县东南，实是个误会。至于后人又将作为山镇的"江南衡"视为"南岳衡山"的地望佐证，则可谓是由误会走向了错误。

然而，由于班固以著名史家身份在世人推崇的《汉书》中做出了《禹贡》衡山在长沙国湘南县东南的表述，致使班固个人的一个误会影响了后世注释家对衡山的诠释。仅以先唐著名的注释家为例：东汉郑玄注《周礼》，以为"衡山在湘南"，完全承袭班固之说。晋郭璞《尔雅注·释山》于"江南衡"下注："衡山，南岳。"于"霍山为南岳"下注："即天柱山，潜水所出。"②唐孔颖达《春秋左传正义》引郭璞注《尔雅》云："霍山，今庐江潜县，潜水出焉。别名天柱山。汉武帝以衡山辽旷，故移其神于此。今其土俗人皆呼之为南岳。"③以此知，郭璞受班固影响以为汉武帝前南岳为湖南之衡山，汉武帝始改南岳为安徽之衡山。考《史记》《汉书》只有汉武帝巡狩封禅南岳天柱山之文，而无有诏改字样。实则《战国策》《史记·项羽本纪》中早有安徽之衡山的记述，天柱山、霍山，又称衡山，并不始于汉武帝。不知郭氏所据为何？是为悬度之说乎，抑或囿于道家之玄伪之言，但足以证明郭氏注"衡山"时已陷入迷惑之中。尽管如此，郭氏《尔雅注》却成为把湖南衡山视为南岳的最早的文献，这一点是研究者必须要注意的。

三、"五岳"说中的衡山与其地望

衡山，属于五岳之一，我们也可以从五岳的角度考察衡山。关于五岳，始见于《尚书·舜典》，其记曰："岁二月，东巡狩，至于岱宗。""五月，南

---

① 何宁撰：《淮南子集释》，中华书局1998年版，第313页。
② 郭璞注，邢昺疏：《尔雅注疏》，阮元校刻：《十三经注疏》，中华书局1980年版，第2618页。
③ 杜预注，孔颖达疏：《春秋左传正义》，阮元校刻：《十三经注疏》，中华书局1980年版，第2033页。

巡狩，至于南岳。""八月，西巡狩，至于西岳。""十有一月，朔巡狩，至于北岳。"① 记中仅指出东岳为岱宗（泰山），余者均为举其岳名。于后，在先秦文献中，《周礼·大宗伯》及《大司乐》提到了"五岳"，《左传·昭公四年》提到了"四岳"，但均未举其山名。五岳之山的具体名称最早见于《尔雅》，《尔雅·释山》："泰山为东岳，华山为西岳，霍山为南岳，恒山为北岳，嵩高为中岳。"② 此后，两汉的文献多有释说，《毛诗传·崧高》："东岳，岱；南岳，衡；西岳，华；北岳，恒。尧之时，姜氏为四伯，掌四岳之祀。"③ 刘向《说苑》卷十八："五岳者何谓也？泰山，东岳也。霍山，南岳也。华山，西岳也。常山（即恒山），北岳也。嵩高山，中岳也。"④ 班固《白虎通·巡狩》："东方为岱宗"，"南方为霍山"，"西方为华山"，"北方为恒山"，"中央为嵩高"。⑤ 许慎《说文解字·山部》："东岱，南霍，西华，北恒，中大室。"⑥ 以上释说举出了先秦文献所记"五岳"的具体名称，但尚未标示出其地望。应劭《风俗通义·山泽》："东方泰山，……岱宗庙在博县西北三十里。""南方衡山，一名霍山，……庙在庐江潜县。西方华山，……庙在弘农华阴县。北方恒山，……庙在中山上曲阳县。中央曰嵩高，……庙在颍川阳城县。"⑦ 应劭的释说，不仅举出了各山的名称，还举出了五岳祠庙的所在地，这就使我们对五岳地望的认识更为明了。应劭在这段文字后还特意注明《尚书》提及的"四岳"说："岱宗，泰山也。""南岳，衡山也。""西岳，华山也。""北岳，恒山也。""中，嵩高也，王者所居，故不巡焉。"⑧ 明确释说了《禹贡》五岳的所指及其所在。又《汉书》卷二十五《郊祀志》："自是五岳、四渎皆有常礼。东岳泰山于博，中岳泰室于嵩高，南岳潜山于潜，西岳华山于华阴，北岳常山（恒山）于上曲阳。"⑨ 这说明班固在注湖南衡山为《禹贡》

---

① 伪孔安国传，孔颖达疏：《尚书正义》，阮元校刻：《十三经注疏》，中华书局1980年版，第127页。
② 郭璞注，邢昺疏：《尔雅注疏》，阮元校刻：《十三经注疏》，中华书局1980年版，第2618页。
③ 毛亨传，郑玄笺，孔颖达疏：《毛诗正义》，阮元校刻：《十三经注疏》，中华书局1980年版，第565页。
④ 刘向撰，向宗鲁校证：《说苑校证》，中华书局1987年版，第447页。
⑤ 陈立撰，吴则虞点校：《白虎通疏证》，中华书局1994年版，第299、300页。
⑥ 许慎撰，段玉裁注：《说文解字注》，上海古籍出版社1981年版，第437页。
⑦ 应劭撰，王利器校注：《风俗通义校注》，中华书局2010年版，第447—448页。
⑧ 应劭撰，王利器校注：《风俗通义校注》，中华书局2010年版，第455页。
⑨ 班固：《汉书》，中华书局1962年版，第1249页。

衡山的同时，也承认安徽衡山为南岳。或以为安徽衡山，只名为霍山、天柱山、潜山，无"衡山"之称谓。从《尔雅》及两汉文献来看，其所记"南岳"，或为"霍山"，或为"衡山"，似两难难定，然而《风俗通义》点破了迷津："南方衡山，一名霍山，……庙在庐江潜县。"这就是说，先秦两汉所谓的南岳，被认为是在汉庐江郡潜县，衡山、霍山为一山，也就是我们说的安徽之衡山。为了强调这一点，应劭更明言："南方衡山，一名霍山。""庙在庐江潜县。""谨按《尚书》：'……五月南巡狩，至于南岳。——南岳，衡山也。'"① 看来，班固《汉书》认为"《禹贡》衡山"在长沙国湘南县东南的误记，在东汉当代，就遭到了应劭的批评与纠正。

通过以上的分析，我们可以清楚地看到：河南之衡山，又称雉衡山，与古人心目中的五岳四镇无关；江苏之衡山，又称横山，也有人以为即会稽山，为四镇山之一，虽有待详考，但已知与五岳无关；安徽之衡山则属《周礼·职方氏》和《逸周书·职方解》所说的九山镇之一，又在东汉以前（至少在《尔雅》和《史记》中）被视为五岳之一；而湖南之衡山，在东汉班固《汉书》中才被认为是《禹贡》所记之衡山，在《周礼·职方氏》东汉郑玄注中才被明确地指认为九山镇之一，在东晋郭璞《尔雅注》中才被视为"南岳"。可见，湖南之衡山，被文献所记录，被指认为五岳四镇中的名山，是晚于安徽之衡山的。

关于湖南之衡山，其名称可能古已有之，也可能是在战国后才被命名。著名的历史地理学家钱穆先生曾提出三个考辨历史地名的原则，其中第二个原则是"地名迁徙"，他说："地名迁徙，必有先后，决非异地同时可以各得此名不谋而合也。地名迁徙之背后，盖有民族迁徙之踪迹可资推说。"② 考安徽之衡山，本古之三苗之北疆，《战国策·魏一》："昔者，三苗之居，左彭蠡之波，右有洞庭之水，文山在其南，而衡山在其北。恃此险也，为政不善，而禹逐之。"《尚书·舜典》："窜三苗于三危。"③ 三苗之迁是向西至古雍州，与今湖南无涉。春秋战国时，安徽之衡山属楚；秦统一六国后，设衡山郡，即以郡中有今安徽之衡山而命名；项羽灭秦之际，立番君吴芮"为衡山

---

① 应劭撰，王利器校注：《风俗通义校注》，中华书局 2010 年版，第 455 页。
② 钱穆：《史记地名考》自序，商务印书馆 1966 年版，第 6 页。
③ 伪孔安国传，孔颖达疏：《尚书正义》，阮元校刻：《十三经注疏》，中华书局 1980 年版，第 128 页。

王，都邾"；刘邦称帝时，"徙衡山王吴芮为长沙王，都临湘"。①《汉书》卷三十四《韩彭英卢吴传》："吴芮，秦时番阳令也，甚得江湖间民心，号曰番君。天下之初叛秦也，黥布归芮，芮妻之，因率越人举兵以应诸侯。沛公攻南阳，乃遇芮之将梅鋗，与偕攻析、郦，降之。及项羽相王，以芮率百越佐诸侯，从入关，故立芮为衡山王，都邾。……项籍死，上以鋗有功，从入武关，故德芮，徙为长沙王，都临湘。一年薨，谥为文王，子成王臣嗣。薨，子哀王回嗣。薨，子共王右嗣。薨，子靖王差嗣，孝文后七年薨，无子，国除。"②是吴芮为衡山王四年，徙为长沙王后，传四世，历45年。或以为，湖南衡山之名由西汉之初吴芮迁临湘后始有之。钱穆《史记地名考》卷三《禹贡山水名上》"衡山"条案说："至隋开皇九年，始诏定长沙衡山为南岳。"③这又是朝廷祭封湖南衡山之肇始。湖南之衡山当由此而显于世。《初学记》卷五《衡山》说："徐灵期《南岳记》及盛弘之《荆州记》云：五岳之南岳也，其来尚矣。至于轩辕，乃以潜霍之山为其副焉。故《尔雅》云，霍山为南岳。盖因其副焉。至汉武南巡，又以衡山南远，道隔江汉，于是乃徙南岳之祭于庐江潜山。此亦承轩辕副义也。"④其说大为可疑：一则其为东汉以后的说法，所出甚晚；二则有以今释古之嫌，以晚出之说妄解《尔雅》之释山与汉武帝南巡之事；三则缺乏佐证，东岳、西岳、北岳、中岳皆无副，何独南岳有副？四则言轩辕"乃以潜霍之山为其副"，考历史文献并无此种说法的任何迹象。此臆说一出，附会湖南衡山为《尚书》所记之南岳者亦随之泛滥，如郦道元《水经注》卷三十八《湘水》在描述湖南之衡山时说："丹水涌其左，醴泉流其右。"乃是袭用宋玉《笛赋》成句，把宋玉对安徽之衡山的描写移植到了湖南衡山的身上。杨守敬注说："丹水、醴泉皆无考。《澧水》篇之水出武陵充县，与衡山中隔沅、资、涟诸水。《夷水》篇之丹水，出夷道，更隔澧水，又在右，不在左，皆非此水也。今衡山之东有数水，东入湘水，未知孰为丹水；衡山之西有数水，北入涟水，未知孰为醴泉也。"⑤

---

① 司马迁：《史记》，中华书局1959年版，第316、380页。
② 班固：《汉书》，中华书局1962年版，第1894页。
③ 钱穆：《史记地名考》，商务印书馆1966年版，第104页。
④ 徐坚等：《初学记》，中华书局2004年版，第96—97页。
⑤ 杨守敬、熊会贞撰：《水经注疏》，《续修四库全书》，上海古籍出版社2002年版，第727册，第680—681页。

再如前引《吴越春秋》所记，禹血马祭衡岳之事，也从江苏衡山之传说移植到了湖南衡山的身上，至今湖南衡山还标示有禹王城（在喜阳峰东麓）、禹王殿（在岣嵝峰西南山腰）等汉代以后因附会而留存的遗迹。可见，湖南之衡山不仅被文献记载晚于安徽衡山，而且被称之为南岳也晚于安徽衡山。

四、隋唐以来关于"衡山"地望的争讼

自东汉起，虽然关于衡山的地望与南岳的所指产生了分歧，但还仅仅是停留在文化界学术争鸣的层面，事实上并没有影响到朝廷的崇祀与封禅。继汉武帝之后，西汉宣帝、南朝宋孝武帝，都曾致祭于今安徽之衡山。然而这一情况在隋初被改变了。清荣锡勋《南岳形胜考》说："至隋开皇九年，征文考献，诏定衡山为南岳。遣使就其所，祭以太牢，而废霍山为庐江名山，南岳始复其旧。唐初，诏祭南岳于衡州，天宝间，诏封为司天王，始建司天霍王庙。开元中改建南岳真君祠。宋开宝间，诏修南岳庙。祥符中，加封司天昭圣帝，玉册衮冕，礼制上视宗庙，并加南岳景明后之号。元世祖时，诏修南岳庙，加封司天大化昭圣帝，惟惑于谶文，谓朱明峰有王气，遣使凿庙后地为新堑，引水以断来脉，建辖神祠以制赤帝。迨明太祖兴，姓与国号果附朱明之谶。洪武三年，遣使至祭，改称南岳衡山之神。酌礼准经，以正名号。万历间，分巡衡永道管大勋，倡捐开复水道，填接后龙，即今所称接龙桥是也。国朝受命修礼地祇，勒功五岳，每逢朝廷大庆，遣使南来，牲礼祭告，以答神庥，又屡动公帑，兴修庙宇，金碧辉煌，规模远超前代。并颁列圣宸题，光昭云汉，永镇南疆。皇皇哉，天下之大观，古今之盛仪。"①但是凭借朝廷的权威所做出的诏定，并不一定符合事实，不一定让所有人都趋而同之，不同的意见也时有发声。唐皮日休《霍山赋》有曰：

> 殆而寐，梦一人绛衣朱冕，怪貌魁形，曰："余祝融之相也。夫霍山君之故治也，尔赋之，诚形矣胜矣，怪矣典矣，然义有不备。帝俾余莅，夫古有五岳，霍居其一，所以五岳相迓者，唐虞之帝五载一巡

---

① 湖南省地方志编纂委员会编：《南岳志》，湖南出版社1996年版，第507页。

狩，一载而遍。上以觐侯，下以存民，侯有治者陟，不治者黜，民有冤者平，穷者济。洎唐虞以降，皆燔柴于霍，我帝用缮其礼，至周且册而命我与诸岳星列中国。汉之后乃易我号，而归于衡，故祝融迁都，余守霍。今圣天子越唐迈虞而废巡罢狩，余之封内有可陟可黜可平可济者，是圣天子无由知之。尔能以文请执事之达者，易衡之号，以归于我，请天子复唐虞黜陟之义。故尔之将赋，余闭遏尔怀而不尔文。帝曰有衡既远，有狩必劳，惟霍之迹，斯号可复。赋者有能言，胡不俾帝命。余赐尔文，尔无忘也。"臣曰："谨惟神命。"既觉而书，呜呼异哉！①

赋中作者借梦中所见霍山之神"祝融之相"的口吻，申说了霍山亦即今安徽天柱山才是古南岳的事实，笔法虽然浪漫，阐述理据却义正词严。宋吴仁杰作《两汉刊误补遗》，于卷四专论古南岳之正与唐而后南岳之误：

舜五月巡狩至南岳，南岳者衡山也，禹遵之。又曰，上登礼潜之天柱山，号曰南岳。师古曰，武帝以天柱山为南岳。郭景纯注《尔雅》霍山云，即天柱山。仁杰曰，如志文及注所云，是谓南岳之称在虞夏则衡，在汉则霍也。要其实不然，虞夏所祠在霍所衡。伏生《虞传》曰，中祀大交霍山。郑康成注谓，五月南巡守所祭。《夏传》曰，禹奠南方霍山。郑注谓奠祭也。然则天柱之为南岳非武帝创祀兹山，特修虞夏之旧耳，其后孝宣诏祠官岁祠，肃宗巡守望祀亦皆在潜。晋升平中何琦上疏曰，五岳惟潜之天柱，在王略之内，旧台选百户吏卒以奉其职，中兴之际常遣祷赛，宜修旧典。《隋志》方泽从祀衡山尔。太史公、班讫隋，南岳之祀常在潜霍。至唐始祀衡山尔。太史公、班孟坚及孔安国书传皆注衡山者，殆是祖述《职方》九州之镇。而云不知岳与镇固自有别也。《尔雅·释山》首言五山之名，江南衡、河南岳，此盖五方之镇，同于《职方》所载者，至后言五岳，则南曰霍、西曰华，而衡与太岳不与焉。故《隋志》从祀霍岳、华岳之外又有衡镇、太岳镇，最为得礼也。或谓

---

① 转引自秦迲章修，何国佑纂：《光绪霍山县志》，《中国地方志集成》（安徽府县志辑13），江苏古籍出版社1998年版，第248—249页。

衡山一名霍山，斯又不然。《尔雅》谓山大而高曰嵩，大山宫小山曰霍，二岳正以是得名。今天柱一峰介于众山之间，若小而独高，四望绵亘数百里皆大山，相与环拱其下，此岂他山所得而名者哉！景纯云，衡山自别名岣嵝。王彦宾考订弗审，妄下雌黄，谓潜霍因武帝殚远始以为南岳，《尔雅》当举衡山，而反举霍山，是以知此书非周公之作。祇哉斯言也。①

其文虽为短制，其论驳中有立，立而有据，堪称精辟。开篇明义，特别强调"虞夏所祠在霍所衡"；接下又引《尚书》及注，证霍山为南岳非武帝所创，古者已然；再次据汉至隋"南岳之祀常在潜霍"，"至唐始祀衡山"，力证易祀于今湖南衡山之误；继而以《尔雅》中"岳"与"镇"之区别，证隋前方泽从祀霍岳衡镇"最为得礼"；最后认为湘南衡山无"霍山"之称，是以并非先唐之南岳。

关于衡山的地望问题，由于历代争讼不息，到了清代特别是清代后期，其争讼愈演愈烈，与衡山地望有关的府县在修志时各抒己见，均将南岳衡山视为本土所有。概括地说，清后期的争讼，有两个焦点，一是清潜山县、霍山县与衡山县之争，焦点在于南岳衡山是在今安徽还是在今湖南；二是清潜山县与霍山县之争，焦点在于古南岳衡山是今潜山县境内的天柱山还是今霍山县境内的霍山（今称小南岳山）。

我们先看南岳衡山是属今安徽还是属今湖南之争。主古南岳在安徽说者主要有二，其一，清秦达章修、何国佑纂《光绪霍山县志》卷十三《艺文志》载，邑贡生熊应隆《衡山辨》曰：

按《尚书大传》岱山、霍山、华山、恒山、嵩山为五岳，此著在训典也。今自后来舆图充拓名山鼎峙论之，霍似不足以当衡之峻绝，曰霍为衡之副是已，然以虞周之土舆而论，则霍山当即为衡山，而汉以后之衡非复虞周之旧衡矣。盖舜分天下为十二州，淮汉以北居九焉，周分天

---

① 吴仁杰：《两汉刊误补遗》，文渊阁《四库全书》，上海古籍出版社1987年版，第253册，第856—857页。

下为九州，淮汉以北居七焉，则古昔盛时天运在西北，地势之开辟亦在西北，而极南之衡未必入虞周之版图也，乌得即指南衡为虞周天子巡狩之地耶！周制天子十二年一巡狩，六服一朝；虞制天子五年一巡狩，群后四朝。君臣往来，车马旌羽贡献予赍，宛若手足腹心呼应贯彻，不若汉武之穷极海内涉迹岛夷为可知矣，何嫌于霍之不为衡也哉！且虞无论已，周之时，吴尚为荆蛮地，泰伯寻古公之风者，而采药于衡山。夫吴今之金陵，周之蛮地也，泰伯逃之。周天子之巡狩南岳，岂有出于蛮夷之逃者乎！泰伯逃吴而衡山采药。衡山一名横山，为湖之属，非指霍而言，然亦霍之近地也，亦将谓采药之衡为极南之衡耶？凤阳盱眙县有第一山，宋米芾诗云，"莫论衡霍衡山斗，且看东南第一山"，盖以近山相比也，亦将谓衡霍之衡为极南之衡耶？又考之记礼者，自衡山至衡山，大约遥近方三千里，而应氏称南以衡为限，百越未尽辟也。自秦而上，西北广而东南蹙，秦而下，东南展而西北缩，观此则霍之为衡乃在东南蹙地之内，而周制三千里之地，岂为秦而下东南展地之内乎！此亦足以为佐证矣。极南之衡侈称于后代者，缘虞周以下幅员日广，百越俱入中国，而高山峻岭适当其南之极地，故即称为虞周南巡之岳，盖借名之也。汉武帝南巡以衡山远隔江汉，乃徙南岳之祭于庐江潜山，盖复虞周之故地而不自知耳，不然以汉武之穷极侈□（文中□，为原书缺文。下同），入海岛求神仙，无惮车舆趋从之劳，尚以为极远而不之往，矧虞周之天子乎！所可惜者，东西二岳为天子巡狩至止，有《麟经》所载鲁郑许祊假田之说，足以明征其义，而恒之与衡居方定位不显，然列于经传以起千载之疑。故予为之辨云。①

其文的中心论点是，否定今湖南衡山为古之南岳，而力证今安徽霍山县之霍山（小南岳山）为衡山。文章以古地理及先秦开土拓疆的历史趋势为论证古衡山地望的前提，并以上古祀礼、泰伯采药衡山事、米芾题"东南第一山"事为佐证，认为上古版图范围尚未涉及今湖南之衡山，汉武帝"移祭"

---

① 秦达章修，何国佑纂：《光绪霍山县志》，《中国地方志集成》（安徽府县志辑13），江苏古籍出版社1998年版，第249、250页。

实为复古,因而古之南岳在今安徽而不在今湖南。

其二,吴兰生、王用霖修,刘廷凤纂《民国潜山县志》卷一《山川附录》载,宿松朱太史书《古南岳辨》曰:

> 五岳惟岱宗见于《尚书》,余四岳无主名。《尔雅》岱、霍、恒、华、嵩为五岳。郭璞注,霍在庐江西,一曰衡。是即潜之天柱山也。他书称,黄帝封禅潜之天柱山为南岳,《禹贡》导江亦曰至于衡山。今大江经潜山天柱山之麓,距湘南衡山不啻千里。《江赋》又云,衡霍磊落以作镇。皆明其去江甚近。《汉书》谓衡山为南岳,而当时封号衡山者,实国于今庐州潜霍地,则霍山一曰衡,此明验也。武帝巡南郡,至江陵而东,登礼潜之天柱山,号曰南岳。浮江自浔阳出枞阳,过彭蠡,礼其名山川。使汉武无所本,必不以天柱号南岳。或云湘南衡山远不能至,姑以天柱代。此求其说不得,又从而为之辞也。夫既远过彭蠡,又何难上九疑,且过彭蠡而礼名山川,安知湘南衡山不在其内耶?《水经》明言五岳,亦曰霍山为南岳,在庐江潜县西南。古潜县,天柱阴,故岳在县西南也。《希水注》又引《地理志》云,潜县有祠南岳庙。则南岳在潜久设祠庙,不但汉武一祭而已。至衡山则止云,在长沙湘南县南,不曰南岳。《尔雅》□最古,《水经》出汉人,去古未远,其前后符合既如是,轩辕、汉武相距数千年,又历崇祀焉,南岳为潜之天柱山审矣。四岳皆近帝都,南岳不应独远。若谓舜崩苍梧为行巡南岳之证,则会稽禹穴又何说也?况孟子有卒于鸣条之说,苍梧不可谓东夷,又从来所疑者耶?皮日休赋力主南岳在潜,其说得之。《衡山志》辨之多方,此欲私名山于楚南,而不考于古者也。①

其文的中心论点是:今安徽之天柱山即为古之南岳。举证有六条:(1)据《禹贡》考大江流经证天柱山临于长江,而今湖南衡山距长江远隔千里;(2)据秦汉时封国衡山以证天柱山有"衡山"之称,力驳天柱山无"衡山"

---

① 吴兰生、王用霖修,刘廷凤纂:《民国潜山县志》,《中国地方志集成》(安徽府县志辑17),江苏古籍出版社1998年版,第18页。

之名的异说；（3）据汉武登礼天柱山的路线，驳斥武帝所祭也可能是今湖南衡山的推测；（4）据《水经》记述指出，古南岳为"潜之天柱山"，而非"在长沙湘南"；（5）据帝都与岳之距离为证，认为古南岳不可能远在今湖南南部；（6）以皮日休《霍山赋》为证，证明其说不孤。以上两篇论述，以及唐皮日休赋和宋吴仁杰考，与本章在第二、三节的考论正相契合，所以我们有足够的理由认为，隋唐以前先秦秦汉文献所说的古南岳当在今安徽境内。

主南岳所在自上古至现今均在今湖南者，主要有三说，其一，清李惟丙等《光绪衡山县志》卷七《山川》说：

> 南岳衡山。《山海经》注，衡山俗谓岣嵝山。《寰宇记》宿当翼轸，上应玑衡，故名衡山。《衡山记》云，下踞离宫，摄位火乡，赤帝馆其岭，祝融宅其阳，故曰南岳。上如车盖及衡轭之形，高四千一十丈，周回八百里。《星经》云，玉衡主荆州，而长沙一星在轸中，主寿长、子孙昌，亦曰寿昌之次衡岳，旧属长沙，故又谓衡山为寿岳。《杨升庵集》衡山一名芝冈。《湘中记》云，衡山如陈云沿湘千里，九向九背。《水经注》山东南二面临映湘川，自长沙至此，江湘七百里中有九背，故渔者歌曰"帆随湘转，望衡九面"。衡岳者五岳之南岳，即《周官》所谓荆州之镇也。又《夏书》云，宛委山也，自下而上九千七百三十丈，东至洞阳，西抵白鹤，云阳面其南，大围踞其北。石鼓乃朱陵之西门，青草是衡阳之左腋。《述异记》南岳为盘古右臂。《道典》云，黄帝命潜山为南岳。《尔雅·释山》云，江南衡。李巡曰，南岳衡山也。又云霍山为南岳。郭璞曰霍山今在庐山（江）潜县，潜水出焉，别名天柱山。汉武帝以衡山道远，故移其神于此。考徐灵期记衡山为南岳，其来旧矣，昔轩辕以潜霍之山为其副，故《尔雅》遂以霍山为南岳。《南岳志》衡山之脉发于岷山，由蜀入黔，迢递九嶷，联络五岭，为南方之干，自驹田岭入楚，盘纡八百余里，特起南岳在衡州府衡山县境，县故以得名也。山东南尽衡山县境，西入衡阳县境，北入湘潭县境，又北入善化县境，西北接湘乡县境，袤跨长沙、衡州二府四县之间，东南二面以湘水为界，西以蒸水为界，北以兴乐江为界。由县治至岳庙三十里，由岳庙至

祝融绝顶亦三十里……①

此文为《衡山县志》对衡山的介绍性文字，然而介绍之中大有举证说明衡山在今湖南的命义。其文首先介绍了衡山名称的由来以及其诸多别称，以为山之称"衡"只有此山才名副其实；其次综述南岳地望的不同说法，而后以徐灵期《衡山记》"轩辕以潜霍之为其副"的说法，消解了古文献中有关南岳为霍山记载的实证力量与价值，从而否认南岳在今安徽的事实；接着又以"衡山之脉发于岷山"为据，力主衡山不当在长江以北。然而徐灵期为南朝宋时修道于今湖南衡山的方外之人，其"为其副"之说不仅晚出，而且又为道家者言，其可信度较之经史著述有相当大的距离；至于"发于岷山"说，考于《禹贡》原文，是讲述江水之发源与流经，而不是叙说山脉形成与走势，况且据现代地理学科学勘察证明其说法并不符合事实，又难为实证。因而其文让人感觉理据不足，实为巧辩之说。

其二，《光绪衡山县志》卷七《山川》又载清彭维新《南岳衡山辨》一文，其文曰：

衡山之为南岳，南岳之居荆州南境，自来无歧说。汉武帝巡方始移南岳之祭于庐州郡之潜山，此特一时权宜，而南岳衡山古今原有定在。近有好事者撰《南岳考实》，竟谓潜即衡岳，何其漫无考证耶！稽之于经，《禹贡》"荆及衡阳为荆州"。是荆、衡二山专属荆域。潜不见于经，度其地当在《禹贡》九州徐、扬之间，于荆无预也。又云"岷山之阳至于衡山"。衡山巁嶂绵簇，自岷山南来，潜划隔大江，距九江、洞庭、敷浅原、庐山尚远，于岷山之阳无预也。《周礼》正南曰荆州，其镇曰衡山。郑康成注《大司乐》云，五岳衡在荆州。衡于周之镐京、洛邑，均直正南，潜则迤东矣，于正南又无预也。至《尔雅·释山》云，江南衡。按江南、江北昉于左氏，指云梦言，非今之江南也，若潜则旧隶江南，今在江北，又于《尔雅》所云无预也。更证诸史，《史记·封禅

---

① 李惟丙等：《光绪衡山县志》，《中国地方志集成》（湖南府县志辑38），江苏古籍出版社2002年版，第305—306页。

书》云，上至江陵而东登礼潜之天柱山，号曰南岳。夫曰自南而东，则非南矣，曰潜之天柱山，则非衡矣，曰号曰南岳，则本非南岳矣。子长汉武帝时人，其言信而有征。班氏《汉书》所纪无异辞，至《郊祀志》云，南岳衡山则就移祀后言，在《郊祀》言郊祀，言各有常也。范蔚宗《后汉书·郡国志》，湖南侯国衡山在东南，厥后诸史无少参差。更广参之诸家之说，《山海经》云，衡山一名岣嵝。今惟衡有岣嵝峰。徐灵期《衡山记》曰，衡山者五岳之南岳也，名朱陵太虚之天，踞离宫之乡，赤帝馆其巅，祝融宅其阳，故名南岳。今惟衡有朱陵洞、祝融峰。罗含《湘中记》曰，衡山度应玑衡。《天官书》南宫朱鸟为权衡。今潜分野属斗，为北宫之宿，于权衡、玑衡之义均无当也。《吴越春秋》云，天柱峰在九嶷东。《风俗通》衡山本名霍山，《广尔雅》云，天柱谓之霍山。《地理志》霍山天柱在长沙湘南县之南，即南岳也。然则潜之称霍与天柱，已属假借。而南岳衡山之非潜可冒更不待言矣。王充《论衡》谓，舜南至霍山，亦以衡山本名霍山故耳。至天柱称山，凡山之峻特者多被此名，如余杭、寿阳、平度、泰和、乐清、南安皆有之，惟九嶷之东、湘南之县为南岳衡山之天柱不可移易，故举衡可以统霍，言霍不可以统衡。夫彝莫如经，核莫如史，遐蒐幽讨莫备于百家之说，于南岳衡山均确信不易若此。至山之大小崇卑，虽妇孺亦能辨之矣。衡岳之山，以其高且大，殊于众山也。衡山绵亘八百里，巨峰七十二，名泉三十八，岩洞、溪潭不可殚计，为南服诸名山领袖，故与泰、华、恒、嵩并峙宇内，虽九叠之昌庐，四百三十二峰之罗浮，犹倾居支辅，况潜山乎！此必误读《尔雅》及郭璞注之故。《尔雅》云霍山即南岳，盖以衡山本名霍山也。郭注即天柱山，潜水所出云者，盖据徙祀之后言。观其《山海经》之注衡山，援据明晰，毫无游移，可知《山海经》衡山注云，在湖南衡阳县南岳也，谓之岣嵝。郭璞注云，今诸处皆有以霍名者。《水经》第四十，三者□□句，亦有"霍山为南岳，在庐江郡潜县之西南"者，县名见其为改祀后之南岳明甚。郦善长于□水南岳衡山注，备详邻近诸山水，而于此南岳时出县注，但云有霍山，有南岳庙而已，有南岳庙者如东、西、北岳庙所在多有之，非即为某某法也。今既不征典策，又不识山之形势，且于《尔雅》文义尚未了然，少见多怪，真所谓毁所不见而终以自蔽者。夫雄才大略如汉武只移祠祀于一时，仍不能泯岩岳之故处所，一空疏村学究倡独学无稽之言，撼千古不刊之迹，只费墨渝徒自扰耳，畴其信而从之！且历代踵祀罔学，圣朝核典崇禋，夫章叠焕永，垂亿万世，愚贱不倍之义敢稍逾欤！本不弘辨，德行不乏，读《尔雅》不熟之人，取议贻笑，为引证订误，俾知衡山之为南岳，南岳之居荆州南境，后之人无庸更置一喙也。①

其文看似振振有词，咄咄逼人，若与主古南岳在安徽说对比来看，不过强词夺理而已。文中力驳潜之天柱山非为古之南岳：（1）指其"于荆无预"，岂不知《禹贡》言"荆与衡阳"是为划界古九州之一荆州之界说，其山正在荆州与徐州、扬州之界点上，与荆州岂无关涉。（2）指其与"于岷山之阳无预也"，岂不知《禹贡》所言乃长江之源与长江之所经，实是安徽天柱山距江为近，而湖南衡山距江为远。（3）指其"于正南又无预也"，岂不知《周礼》"正南"是以中原为参照说明荆州之方位，而并非说明今安徽衡山之方位。退一步说，即便认为"正南"是在表示"衡"之方位，那么与衡山并提的荆山又岂在正南乎！（4）指其"于《尔雅》所云无预也"，岂不知《尔雅》"江南衡"指的是南方山镇而非南岳，又说"江"指云梦，不过是偷换概念之计。何况据考先秦云梦并不包括今洞庭湖。（5）指其"本非南岳"，岂不知"号"亦可作"重新宣称"解，不仅仅只有"命名"一义。（6）指其"于权衡、玑衡之义均无当也"，岂不知先秦称衡山者不只今安徽、湖南两座衡山，尚有河南、江苏之衡山，难道以"衡"命名只有"权衡、玑衡"一义可用，而不可取之于该字的其他义项？文中力挺湖南衡山为南岳的唯一理由是，"今惟衡有朱陵洞、祝融峰"，其说出自刘宋道家徐灵期之口，岂可为实据！况《水经注》言："湘水又北迳衡山县东，山在西南，有三峰：一名紫盖，一名石囷，一名芙容。芙容峰最为竦杰。"以此知郦道元时衡山之主峰尚无"祝融峰"之名，其峰名不仅后出，而且有附会"芙容"转音为之的嫌疑。其文之失在于非要将今湖南之衡山说成是隋唐前之古南岳，因证据难

---

① 李惟丙等：《光绪衡山县志》，《中国地方志集成》（湖南府县志辑38），江苏古籍出版社2002年版，第319—320页。

寻，不得不曲解文献释说之含义而强为之词。

其三，20世纪新编《南岳志》第十二篇《文献》第四章《考辨》又引清罗汝怀《南岳衡山说》，其文曰：

《尔雅·释山》："河南，华；河西，岳；河东，岱；河北，恒；江南，衡。"郭璞注："衡山，南岳。"《释山》又曰："泰山为东岳，华山为西岳，霍山为南岳，恒山为北岳，嵩山为中岳。"郭注："霍山，即天柱山，潜水所出也。"《周礼·职方氏》："河南曰豫州，其山镇曰华山。""正西曰雍州，其山镇曰恒山。""正南曰荆州，其山镇曰衡山。"《尚书·舜典》："至于南岳。"《传》："南岳，衡山。"《毛诗》："嵩高维岳。"《传》："岳，四岳也；东岳岱，南岳衡，西岳华，北岳恒。"《白虎通》曰："岳者何谓？岳之为言捔，捔功德也。""南方为霍，霍之为言护也，言太阳用事，护养万物也。"《风俗通》曰："岳，捔。考功德黜陟也。""泰山，山之尊，一曰岱宗。岱始也，宗长也，万物之始，阴阳交代，故为五岳长。王者受命，恒封禅之。衡山一名霍，言万物霍然大也。"《汉书·地理·庐江郡》"潜"下曰："天柱山在南，有祠。"《长沙国》"湘南"下曰："《禹贡》衡山在东南，荆州山。"《尚书》曰："五月巡狩，至南岳。""南岳，衡山也。"《史记·封禅书》曰："其明年冬，上巡南郡，至江陵而东，登礼潜之天柱山，号曰南岳。"《汉书·郊祀志》："自是五岳四渎，皆有常礼。东岳泰山于博，中岳泰室于嵩高，南岳潜山于潜，西岳华山于华阴，北岳常山于上曲。"是南岳之见于前载者章矣，其本为湘南之衡山，而汉武帝移祀于潜之天柱山无疑也。然而论者且聚讼不已。主《尔雅》前说者，肇于《风俗通》之"衡山一名霍山"，继之以孙炎之注《尔雅》，谓霍当作衡。此以圆通《尔雅》后说。而甚者谓天柱山亦属衡矣。主《尔雅》后说者，郭璞《尔雅注》已阙落，而见于《书·舜典》《诗·嵩高》《左传·昭四年》三《正义》所引，谓衡、霍两山，皆有南岳之名。汉武非在《尔雅》前，则并非汉武移祀。此以圆融《尔雅》前说。而甚者谓天柱亦名衡矣。夫《尔雅》虽不出于一时一人之手，然不应一篇之中，显为乖异。其霍山之云，未知所指，固不得以潜之天柱当之。观《史记·封禅书》始引"南岳"之文,《汉书·郊祀志》初叙天柱"号南岳",与《史》同。后复云"自是五岳四渎,皆有常礼,南岳潜山于潜"云云,则马、班之时,并无两山皆称南岳之说。其因移祀而始著为典礼,文意尤自分明。且皆称天柱,称潜山,而不称霍。即《地理》《郡国》两志,庐江郡内皆无霍山。然则天柱在汉时并无霍山之名。其以天柱为霍山者,始于张楫《广雅》。楫殆见当时号天柱为南岳,以为《尔雅》霍山当即指此,故附会为言。而后来郭景纯又本之以注《尔雅》,霍山之名,当成于魏晋之际。今六安州之霍山县即汉之潜县,六安即汉之六县。霍之名州自梁始,霍山之名自隋始。开皇九年,诏定衡山为南岳,而废霍山为名山。盖自汉元封以来,天柱久假南岳之名,至是始复其故。而天柱横被霍山之名,遂千古不废。斯实出误会《尔雅》者之肇始矣。且《尔雅》以"大山宫小山"为霍山,方志称天柱山耸削无附,则又名实不符,此所以不见于马、班、范三书也。惟全谢山氏以吴芮封衡山王而国于江夏。江夏本九江之所分,故以天柱为望,而名其国。厥后淮南分为衡山,亦在江夏。二衡山国皆不在长沙,故谓霍山本名衡山,且均在元封以前。其言颇辩,及细核之,而实不然也。考《史记》,汉元年项羽以黥布为九江王,都六。吴芮为衡山王,都邾。四年,立布为淮南王,都六。九江、庐江、衡山、豫章皆属焉。五年,徙吴芮为长沙王,都临湘。十一年,黥布反,高祖自往击之,立长子为淮南王。孝文十六年,上怜厉王废法,失国早死,乃立其三子,安为淮南王,勃为衡山王,赐为庐江王,皆复得厉王时地三分之。观于黥布都六,六属庐江;吴芮都邾,邾属江夏。若以天柱为衡山,则芮宜都六,乃反之以都邾,则其立国非取于附近之山川以为望可知也。而必以天柱为衡山,不其泥乎?然立国之号衡山,则固何说?按前志《南阳郡》"雉"下曰:"衡山,澧水所出,东至郾如汝。"《说文》:"澧水出南阳雉衡山,东入汝。"《水经注》:"澧水出雉县衡山,即《山海经·中山经》之衡山。"马融《广成颂》曰:"面据衡阴,在雉县界,故世谓之雉衡山。"衡山名国,其以此欤?若谓南岳别郡,则都江夏之邾者,取望于庐江之潜,原出本郡之外,以道里计,则黄州距南阳约八九百里,而黄州距霍山亦约六百里。班书《诸侯王表叙》曰:"北界淮濒,略衡庐,为淮南。"小颜注:"衡庐,二山名。"所谓衡者，亦当指此山矣。或以为衡庐为庐江、衡山二国，亦不可知。然如方志所言，封淮南者，都寿春；封庐江者，都舒；封衡山者，都六安州西南。则三国者相距二三百里间，不应如是之逼促。而史公谓淮南、衡山疆土千里。则方志所言都舒城霍山者，盖未足据。且淮南王安谓伍被曰："今我令楼缓先要成皋之口，周被下颍川，兵塞辕轘伊阙之道，陈定发南阳兵守武关。河南太守独有洛阳耳！"南阳苟不为淮南下辖地，则奚能发其兵哉！衡山虽由故淮南而分，亦必因故衡山之迹，固不必定以天柱为望矣。《武帝纪》："南巡登潜天柱山。"应劭注曰："南岳霍山，在潜。"此非谓天柱为霍山，其谓霍山即指衡山，亦犹衡山一名霍山之说耳。夫衡之转声为霍，古者方言之一，或则呼衡，或则呼霍，此应氏之说，尤足为《尔雅》证明。即《说文》"岳"篆下所谓南霍者，当亦此义。管见聊备一说，俟达者正焉。①

其文先列先秦秦汉文献中有关南岳的记载，而后断言，"是南岳之见于前载者章矣，其本为湘南之衡山，而汉武帝移祀于潜之天柱山无疑也"。然而研读其所引，无一处记载说南岳"其本为湘南之衡山"，其说实为无根之谈。其实作者本人也知其说是无证立论，故而于下文辩护其说，然而却不出实证立论，只是着眼于驳论：（1）以为《尔雅》"其霍山之云，未知所指，固不得以潜之天柱当之"，然"湘南之衡山"何以当？又不举证。（2）以为"天柱在汉时并无霍山之名"，然"湘南之衡山"在汉时可有霍山之名？亦不举证。（3）以为天柱山"霍山之名，当成于魏晋之际"，作为政区称谓"霍之名州自梁始，霍山之名自隋始"，意谓得名颇晚，然"湘南之衡山"得名于何时？还不举证。（4）以为"《尔雅》以'大山宫小山'为霍山，方志称天柱山耸削无附，则又名实不符"，然"湘南之衡山"其主峰祝融峰实高于所谓"七十二峰"中其他诸峰，这难道就合于"大山宫小山"的描述吗？仍然不举证。（5）力驳汉之衡山国以衡山（天柱山）为地望，从而否定天柱山一名衡山之说。既以为"黄州距南阳约八九百里，而黄州距霍山亦约六百里"，其地望可能是今河南之衡山，而非天柱山，又以为"衡山（国）虽由

---

① 湖南省地方志编纂委员会编：《南岳志》，湖南出版社1996年版，第501—502页。

故淮南而分,亦必因故衡山之迹,固不必定以天柱为望矣"。辨析何其迂曲!论说何其牵强!殊不知《汉书·地理志》南阳为郡,下辖三十六县,而衡山国所在区域并不为其所属。(6)全文唯一的举证是,"夫衡之转声为霍,古者方言之一,或则呼衡,或则呼霍,此应氏之说,尤足为《尔雅》证明"。衡,上古音为匣纽阳韵;霍,上古音为晓纽铎韵。二者声母同属喉音,韵母主要元音相同,而韵尾不同,可谓阳入对转。二字确实可通,然而问题是,这一点不只是证明"湘南之衡山"可称为霍山的证据,在不能否定天柱山一名衡山的情况下,也是天柱山可称霍山的证据;同理,如果承认天柱山一名霍山,则又是霍山可称为衡山的证据。真是好不容易举出一证,还是为别人缝制了量身合体的嫁衣裳。此外,新编《南岳志》尚引有清荣锡勋《南岳形胜考》一文,所论基本与前引相同,所不同者仅有一则,兹引如下:

> 勋按,衡山为南岳,三代以上,皆无异辞。自楚考烈王徙寿春,仍施旧号为郢,而境内高山大川遂因之侨置。此九江、衡山之名,所以并移于江北也。《史记》项王立黥布为九江王都六,即今六安州,立吴芮为衡山王,都邾,即今黄州府。是皆以江北新域,而袭江南旧名,质诸《虞夏》《周书》所载,准其地望判若天渊。及汉武徙南岳之祭于潜霍,由是增诬益谬,众喙纷如,而衡山巍然巨镇几非荆州所有矣。至隋代考经据史,辨方正名,然后南岳明,始复炎黄虞夏商周之盛。①

但不知其说楚考烈王徙寿春后"侨置""九江、衡山之名"有何根据,究其语气大概是因为考烈王据楚故都名郢而依旧号寿春为郢,便延展思维,进而推测之。在众多辩说都于事无补的情况下,不得已只有发挥想象,着实难为了主张南岳自上古至现今均在今湖南的好事者。想来持此说者莫不如实事求是,只言其为隋唐以来朝廷命名的南岳,那便是铁打的事实,究其历史也有千年之久,大可不必强己所不能,做无谓之争。

下面再看霍山县与潜山县关于南岳归属之争。于此仅举两则主要的辩说为例。其一,清李蔚、王峻等《同治重修六安州志》卷五十九《杂类志·考

---

① 湖南省地方志编纂委员会编:《南岳志》,湖南出版社1996年版,第507页。

证》引《南岳考》曰：

《尔雅》霍山为南岳。郭璞注，霍即天柱山。《风俗通》衡山为南岳，在庐江潜县。考汉都关中，孝武南巡由江陵而东，至于盛唐，登潜天柱山。乃浮江。今六有武陟、指封、复览诸遗迹甚著，且所封衡山，国焉。皮袭美赋称，寿之骈邑曰霍山，故岳也。邑赘于趾，正与《汉志》潜县天柱山在南合。杨仪部《循吉记》六之水云白沙河，源天柱山归淮，正与《汉志》及《水经》天柱沘水所出，东北入于淮合。霍于汉魏晋宋俱称潜，而今皖之潜山旧本接境，元始析古潜、皖地置潜山县，彼亦有天柱，犹吾六之西百七十里别有天柱，皆以形得名，未可与霍之岳混。或云古南岳在湘南最远，特封此为副，因曰副衡。或云是即古南岳，虞舜南巡狩所至即此。隋开皇九年始定湘南衡山为南岳，要自汉以来班、马所纪，灼然表著不在湘南，亦非皖境。①

其二，清何绍基等《光绪重修安徽通志》卷二十四《舆地志·山川》"潜山"条引《江南通志》云：

或有疑天柱山有二，汉所称南岳乃霍山之天柱，与潜山之天柱无涉。而指霍之武陟、指封诸山为证，云霍有登封遗迹，潜则无之也。按，《汉书·郊祀志》元封五年行南巡狩，至于盛唐，登礼潜之天柱山，自浔阳浮江，亲射蛟江中获之，舳舻千里，薄枞阳而出，作《盛唐枞阳之歌》。《史记》及《纲目》亦同。盛唐在今安庆府治内，浔阳、枞阳乃潜山之上下境，向使武帝登礼天柱在霍，而胡不作"武陟指封之歌"，而独歌"盛唐枞阳"乎？山之北流曰沘水，亦名淠水，由霍入淮；山之南流曰皖水，曰潜水，由潜入江。今但云泛江而不云泛淮，则燔柴昭事必在今潜山境内可知矣。彼又云，六安霍山于汉魏晋宋俱称潜，所称潜之天柱，即以霍山言也。然历考诸史，六安本属六国，皖潜安庆境

---

① 李蔚、王峻等：《同治重修六安州志》，《中国地方志集成》（安徽府县志辑 19），江苏古籍出版社 1998 年版，第 580 页。

地，东汉时安庆属庐江郡，隶扬州，唐元和二年改为六安国。《续文献通考》云，唐以霍山县置霍州，后州废，仍为县。梁改潜山县，宋改六安军。据此则六安名霍山，又名潜山，潜山为六安，又为霍山。《皇舆图表》所云，安、六接壤，山川连跨，故诸书多互见之文是也。此潜彼霍，县虽分属，而天柱实无二山又可知矣。据邑人金燕记云，《尔雅》之霍，即天柱山，潜水所出。《水经》云，霍山为南岳，在庐江潜县西北。阅衡山别无霍山，则潜山亦名霍山矣。又按旧志，皖、潜、天柱为三山，燕曾亲陟山椒，见峭拔如柱、屹然独尊者一峰耳，曰潜，曰皖，曰天柱，即此山也。其飞来、三台等峰具有名称，且与此山绝不类从。古说山者，曰舒州潜山最奇绝；曰青冥皖公山，巉绝称人意；曰天柱一峰擎日月；此皆一山三峰之明证。说以中一峰为天柱，而以旁连者为潜为皖，乃县以潜得名，郡以皖得名，洞天以潜山名。周大夫称皖伯，舍其大而名其次，必不然矣。①

细读《同治重修六安州志》与《光绪重修安徽通志》，二者皆以汉武帝"登礼天柱山"之事为根据，前者举汉武遗迹武陟、指封、复览为证，认为今六安属县霍山县境内的霍山（今称小南岳山）是武帝当年登礼的天柱山；后者举汉武帝行经的盛唐、枞阳为证，认为今安庆属县潜山县境内天柱山即为武帝当年登礼之山。两相比较，我们认为《光绪重修安徽通志》的说法比较合理，更接近事实。即武帝登礼的天柱山只有一座，今在潜山县境内，古者在今霍山县南，潜山县北。若另立异说，指认霍山县境内的小南岳山为天柱山，一则其山相对矮小，难与其他四岳比肩；二则与古文献记载"天柱山，潜水所出"不合。其实，霍山县境内的小南岳山，很可能是古代南岳庙故址，汉应劭有"庙在庐江潜县"的说法，汉之潜县治所，即在今霍山县境内。又清秦达章修、何国佑纂《光绪霍山县志》卷七《祠祀志》说："南岳祠在岳顶。"此"岳"是霍岳的简称，旧志称为"霍山"，即今之小南岳山。《祠祀志》又于此句下注曰："《汉书·郊祀志》元封五年南巡狩，至于盛唐，

---

① 何绍基等：《光绪重修安徽通志》，《续修四库全书》，上海古籍出版社2002年版，第651册，第8—9页。

登潜天柱山。文颖曰天柱山潜县南，有祠。宣帝神爵七年五岳有常，礼南岳潜山于潜。旧志岳祠内有唐碑、元碑、彭不骞捐田碑，俱失。考，惟明进士吴兰碑尚存。"[1] 说明今霍山县小南岳山上确曾有过南岳祠的遗迹。

五、结束语

关于衡山的所指与地望，可谓是一个历史遗留下来的学案，即便在当代仍然是一个颇有争议的问题，所以我们用了相当大的篇幅，来讨论这一学案的发生、发展和不同意见者所持的立场与辩论依据。概括全文的讨论结果，我们认为安徽衡山即天柱山，符合《禹贡》关于衡山描述的方位与其提供的地理参照，是先秦秦汉文献所记述的衡山与南岳。而湖南之衡山，在东汉班固《汉书》中才被认为是《禹贡》所记之衡山，在《周礼·职方氏》东汉郑玄注中才被明确地指认为九山镇之一，在东晋郭璞《尔雅注》中才被视为"南岳"，在隋唐之际才被朝廷指认为南岳并加以崇祀。可见，湖南之衡山，被文献所记录，被指认为五岳四镇中的名山，是晚于安徽之衡山的。关于这一看法，在我们引录并加以点评的东汉以来有关的衡山争讼中，也可以得到证实。因此对于两座在历史上都曾称作衡山且都曾被指认为南岳的名山，我们有理由说，安徽衡山被文献记载最早，可以称之为隋唐以前的古南岳；而湖南衡山被文献记载相对要晚一些，可以称之为隋唐以来的南岳。当然，我们撰写本文的目的，是要考证宋玉《笛赋》中"衡山"的地望，在弄清了先秦衡山之所指与其地望的前提下，再回顾我们的实地调查，在小南岳山、天柱山和湖南衡山祝融峰、天柱峰、岣嵝峰五者中，只有天柱山与《笛赋》描写相吻合。这一调查结果，既证明了《笛赋》"衡山"是指安徽衡山，即今安庆市潜山县境内的天柱山，也为安徽衡山是《禹贡》所记述的衡山，提供了又一个有分量的佐证。我们的最终结论是，宋玉《笛赋》所描写的衡山，并不是南宋章樵以来注释者所说的湖南衡山，而是坐落于安徽西南的古有衡山、霍山之称的天柱山。

---

[1] 秦达章修，何国佑纂：《光绪霍山县志》，《中国地方志集成》（安徽府县志辑 13），江苏古籍出版社 1998 年版，第 129 页。

关于这一结论，还可以印证宋玉晚年在失职后由楚国的最后都城寿春南下至湖南临澧宋玉村的经历，同时也可以说明在这一经历中宋玉是到过安徽衡山即天柱山的，因为只有亲身到过那里的作者，才能如此形象而真实地描述安徽衡山特有的山势与景致。在对宋玉作品真伪的研究中，很多学者怀疑宋玉作《笛赋》的真实性，当他们读了本文后，了解了作品与描写对象的高度吻合后，怀疑过《笛赋》作者的学者们就应当怀疑自己曾经的怀疑了。

第五章　宋玉赋"章华台"所指综合田野调查与研究

关于古楚章华台故址，从古至今众说纷纭，北宋沈括曾记述了这种纷乱的情况，其《梦溪笔谈》卷四《辩证》说："天下地名错乱乖谬，率难考信。如楚章华台，亳州城父县、陈州商水县、荆州江陵、长林、监利县皆有之，乾溪亦有数处。……杜预注：'章华台在华容城中。'华容即今之监利县，非岳州之华容也，至今有章华故台在县郭中，与杜预之说相符。"① 以此可知，古之章华台故址有亳州城父（今属安徽）、陈州商水（今属河南）和荆州江陵、长林、监利（今属湖北）及岳州华容（今属湖南）等六种说法。查检沈括后之地志文献，江陵章华台有两说，一在沙市，一在东境；监利亦有两说，一在县治正北，一在县治东北。如此古楚章华台故址则有八种说法。20世纪80年代在湖北潜江市龙湾镇又发现了古楚宫殿建筑基址群，大多数专家认为是古楚章华台遗址，而潜江龙湾遗址实际上就是江陵东境说与监利正北说的共同所指，这就是说，古楚章华台故址归纳起来有七种说法。然而哪一种说法才是可信的呢？我们想通过田野调查、文献研究并充分利用现代考古发现的研究途径来提出自己的意见，并进一步去解决宋玉赋"章华"之所指的问题。兹将我们的田野调查与文献研究总结报告如下。

一、湖北潜江市龙湾镇章华台

（一）调查印象

龙湾遗址位于潜江市西南部，南与监利县接壤，西与江陵县毗邻，处在潜江、监利、江陵三市县的交界地带。东北距潜江市区约 30 千米，西北距

---

① 沈括撰，金良年点校：《梦溪笔谈》，中华书局 2015 年版，第 32 页。

古楚都纪南城约 56 千米，南距监利县城约 50 千米。龙湾遗址包括其东区今龙湾镇瞄新村、郑家湖村范围内的放鹰台古楚宫殿建筑基址群和其西区今张金镇华家湖村、巩新村、东湖村、西湖村范围内的黄罗岗古楚都城遗址。

我们所考察的是东区放鹰台遗址，该遗址经专家论证就是文献中记载的古楚章华台遗址，著名历史地理学家谭其骧先生为遗址题词说，"古章华台遗址在潜江龙湾"；著名考古学家邹衡先生亦为遗址题词说，"此处遗址应该就是楚灵王时兴建的章华台"。他们的结论得到了国家考古权威机构的认可和学术界绝大多数学者的认同，2001 年龙湾遗址被国务院审批公布为"第五批全国重点文物保护单位"。（图 5-1）据潜江市文物事业管理局编印的《全国重点文物保护单位——龙湾遗址》介绍，龙湾放鹰台遗址是春秋战国时期一处非常重要的楚国宫殿建筑遗址群，分为放鹰台、瓦屋场、打鼓台、娘娘坟、郑家台五个遗址区，已勘探出大型夯土台基 22 处，同时还发现了古河道、古楚湖、古井、古墓葬群等遗迹（图 5-2），出土了瓦当、吊线楔形砖、铜门环、铜矛、陶豆、陶盂、陶壶、陶鬲、漆木豆、漆木梳等大量的古楚文物。① 据此，专家初步判断，该宫殿的建筑时间，可能在春秋中晚期，使用至废弃时代，可能延至战国中期。②

在考察期间，我们着重参观了龙湾放鹰台遗址群 1 号基址。今 1 号基址已经修建成了保护性与展示性并重的正方形台基式展馆建筑（图 5-3），高约 9 米，边长近百米，周边是按照遗址的外部轮廓垒筑的梯形护坡土堤（图 5-4），建筑顶部露天部分是按 1:1 比例对 1 号基址发掘遗迹的模拟复原展示区；沿着周边的参观步道，展示区于东、南、西、北四方设置了五处观看平台，站在平台之上可以身临其境地观看 1 号基址挖掘遗迹，一层台的排水管道、廊柱洞，二层台环绕三层台的贝壳路，三层台的宫殿建筑遗迹等历历在目，特别是登上展示区北面高约 5 米的木架结构观看高台，俯瞰 1 号台遗址全貌（图 5-5），更让人感到这一遗址的壮观与神奇，不禁令人联想起当年楚国宫台建筑高耸入云、华美气派、巧夺天工的景象，如今的潜江人称此台为"天

---

① 潜江市文物事业管理局编：《全国重点文物保护单位——龙湾遗址》，2011 年 11 月内部发行，第 53 页。
② 荆州地区博物馆、潜江县博物馆：《湖北潜江龙湾发现楚国大型宫殿基址》，《江汉考古》1987 年第 3 期。

下第一台",真可谓名副其实。建筑内部是环绕基址的回廊式展厅,真实地保存了发掘遗迹。我们参观的是基址南面与东面的展厅,南面为宫殿基址南墙与柱子洞遗迹(图5-6),东面为宫殿基址东侧门遗迹和贝壳甬路遗迹(图5-7)。我们一边参观,一边赞叹,有如走进了历史,徜徉在当年楚王的高台宴饮、举目观猎、临雄风而饮马黄河、问鼎中原的畅想之中。

虽然我们看到的仅仅是现已探明的龙湾22座宫殿基址之一,但是在1号基址上骋目四望,近处有现已恢复的古河道与放鹰台等其他台基,远处是面积达18平方千米的遗址保护区,田野青青,池水缀绿,台基凸起于广袤的平原之上,如天上星辰,极其醒目。这里远古的冈阜河湖地貌,如今已是一马平川,在这片古老而平凡的土地上,为现代社会留存了两千多年前古代楚国曾经的历史、曾经的创造与曾经的辉煌。按照潜江市的规划,这里将要建成考古遗址公园,其中仅22处夯土基址面积就达0.54平方千米,并将建遗址陈列馆,待到考古遗址公园建成的时候,此处宫殿建筑基址群就会更方便于访古者参观胜览,亦会更为清晰地将其承载的古楚宫台建筑文化展现在世人面前。

(二)资料分析

古代的潜江于宋代才设立为县,设县较晚,面积也较小。就龙湾遗址所在的龙湾镇、张金镇而言,清代隶属于古江陵县,在未设县前或元明时期当一度隶属于古监利县,因此在古潜江县志中没有关于章华台的记载,而章华台的记载除古地理文献外,则见于古人编纂的江陵县志与监利县志中。

1. 古地理文献的有关记载

北魏郦道元《水经注》卷二十八《沔水》:"扬水又东入华容县,有灵溪水,西通赤湖水口,已下多湖,周五十里,城下陂池,皆来会同。又有子胥渎,盖入郢所开也。水东入离湖,湖在县东七十五里,《国语》所谓楚灵王阙为石郭陂,汉以像帝舜者也。湖侧有章华台,台高十丈,基广十五丈。左丘明曰:楚筑台于章华之上。韦昭以为章华亦地名也。"[①]

唐余知古《渚宫旧事》卷二《周代中》:"灵王与伍举登章华台"注,

[①] 郦道元著,陈桥驿校证:《水经注校证》,中华书局2007年版,第670页。

"台在江陵东百余里，台形三角，高十丈余，亦名三休台是也"。①

《大清一统志》卷二百六十八《荆州府》：（章华台）在监利县西北。《左传·昭公七年》楚子成章华之台，杜预注，台今在华容城内。《水经注》离湖侧有章华台，台高十丈，基广十五丈。左丘明曰，楚筑台于章华之上，韦昭以为章华亦地名也。《括地志》章华台在荆州安兴县东八十里。范致明《岳阳风土记》华容世传有章台，非也。古章台在今监利县离湖上。②

2. 江陵志书的有关记载

清孔自来《江陵志余·志陵陆》："章华台：郦道元云，在离湖侧，高十丈，广十五丈。左丘明曰，楚筑台于章华之上，韦昭以为章华亦地名也。《新书》云，楚夸翟使以章华之台。台甚高，三休乃至。今监利有台曰三休，亦云灵王所筑。袁小修云，章华台在今三湖之间，所云蒿台寺诸处或其遗址。近沙市者为豫章台。""阳云台：《荆州记》曰，江陵有章华台、阳云台，皆楚王所建。今惟传章华而兹台无考矣。"

又《志陵陆》："放鹰台，在龙湾市，土人云楚王呼鹰之地也。"

又《志宫室》："章华宫：《左传》云，楚灵王为章华之宫，纳亡人以实之。当在章华台上。任昉曰，灵王宫人数千，多愁旷，有囚死于宫中者，墓上生草氛氲红翠，曰宫人草。细腰之魂虽死犹迷也。"③

清倪文蔚等《光绪江陵县志》卷二十三《古迹》："章华台：左丘明曰，楚筑台于章华之上。韦昭以为章华亦地名也。《新书》，楚夸翟使以章华之台。台甚高，三休乃至。今监利有台曰三休，亦云灵王所筑。《明统志》在府境有二，一府城外，一监利东北。袁小修云，章华台在今三湖之间，所云蒿台诸处或其遗址。近沙市者为豫章台。""放鹰台：在龙湾市，世传楚王呼鹰之地。"④

---

① 余知古：《渚宫旧事》，《湖北地方古籍文献丛书》，湖北人民出版社1999年版，第62、63页。
② 穆彰阿、潘锡恩等：《大清一统志》，文渊阁《四库全书》，台湾商务印书馆1986年版，第480册，第229页。
③ 孔自来：《江陵志余》，《中国地方志集成》（湖北府县志辑30），江苏古籍出版社2001年版，第400、401、434页。
④ 倪文蔚等：《光绪江陵县志》，《中国地方志集成》（湖北府县志辑31），江苏古籍出版社2001年版，第90、92页。

3. 监利志书的有关记载

清林瑞枝、陈树菱等《同治监利县志》卷一《古迹》："章华宫，《左传·昭七年》'为章华之宫，纳亡人以实之'注，章华，南郡华容县。章华台，《左传·昭七年》'楚子成章华之台，愿与诸侯落之'注，台在今华容城内。《史记·楚世家》，灵王七年就章华台。贾子《新书》，翟王使之楚，楚王夸之，飨于章华之台，三休乃至。（按《名胜志》，章华台又名三休台）《水经注》扬水又东，入华容县。离湖，在县东七十五里。《国语》所谓楚灵王阙为石郭，陂汉以象帝舜者也。湖侧有章华台，高十丈，基广十五丈。左丘明曰，楚筑台于章华之上。韦昭以为章华亦地名也。王与伍举登之，举曰，台高不过望国之氛祲，大不过容宴之俎豆。盖讥其奢，而谏其失也。（沈括《笔谈》，天下地名错乱乖谬，率难考信，如楚章华台，亳州城父县、陈州商水县、荆州江陵、长林、监利皆有之。据《左传》，楚灵王七年，成章华之台，与诸侯落之。杜预注，章华台在华容城中。华容即今之监利，非岳州之华容也。至今有章华故台在县郭中，与杜预之说相符。）"

又卷一《古迹·附八景旧说》："李、郭二公《县志绘图》，章台在古容城之西，乾溪之北。则章台当在中汛，然其地无确据矣。……离湖，《水经注》云，在县东七十五里。旧《志》云，在县北百里。又云在县西六十里。旧《志》绘离湖图，在章台之西，申家垱之北。又按《志》称，杨家河会江陵三湖之水入离湖，历黄歇口注乾溪，则离湖当在黄歇口以上中汛之北，但淤塞既久，故不得其处耳。鹤泽，云羊祜镇荆州于泽中蓄鹤，故名。旧《志》云，在县西，或以为即白鹭湖，亦无确据。"①

王百川《民国沙市志略·山水第二》：程炌《寻章华台七古》（并序）"《左传·昭公七年》，楚子成章华之台。杜预注，台今在华容城内。按《汉书·地理志》，南郡华容注，应劭曰，春秋迁许于容城是也。故城在县西北。汉置华容县，三国属吴，曰监利，南齐侯城废，谓台在今县治南郭内，非也。《水经注》夏水出江，流于江陵东南，历章华台，台高十丈，广十五丈。《岳阳风土记》古章华台在今监利县离湖，台之故址班班可考。《明一统志》

---

① 林瑞枝、陈树菱等：《同治监利县志》，《中国地方志集成》（湖北府县志辑44），江苏古籍出版社2001年版，第53、54页。

章华有二,一在江陵沙市,一在监利。按《江陵志余》沙市为豫章岗,非章华台。每春时,极游冶之盛,寓公名流题咏甚多,殆与石首今华容之俱有章华台,同一附会矣。余庚午秋就馆监利署中,暇则历览山川,希拓见闻,漫作是诗,资考证、镜佚乐也"①。

分析上述文献资料,其标注章华台的地理位置方法有四:(1)承袭古说,以台址所在地古地名加方位标注。如《左传》杜预注"台今在华容城内";李、郭二公《县志绘图》,章台在古容城之西,乾溪之北。(2)引用古说,以遗址近处的古地名加方位为地理坐标。如《水经注》"(离)湖侧有章华台";《岳阳风土记》"古章台在今监利县离湖上"。(3)以志书撰写时代的州县治所为地理坐标并加注方位里程。如《括地志》云章华台在荆州安兴县东八十里;《渚宫旧事》卷二《周代中》"灵王与伍举登章华台"注,台在江陵东百余里;旧《志》(指《监利县志》)云在县北百里。(4)以志书撰写时代的遗址近处的地名为地理坐标加方位及里程。如袁小修云章华台在今三湖之间。由于古楚章华台及其所在地华容与可资参照的离湖已被历史淹没,难以确指其处,所以要寻求章华台的地理位置,只能根据古人留下的方位里程数据和从古沿用至今的古地名遗存或已确知古地的今址来做推测。首先,可以用古江陵治所为横向坐标点,《括地志》说,"章华台在荆州安兴县东八十里",唐代所设安兴县在江陵县治东三十里,二者相加等于一百一十里,《渚宫旧事》说,"台在江陵东百余里",与《括地志》的描述基本吻合。其次,可以用明清之际监利县治所为纵向坐标点,监利县旧《志》云,(离湖)在县北百里。于是在江陵坐标点横向向东百余里的延长线处,恰与监利坐标点纵向向北百里的延长线相交,而这个相交点正处在今潜江龙湾遗址的范围之内。再次,还可以将沿用至今的古地名作为参照,如"袁小修(即明袁中道)云,章华台在今三湖之间","三湖"的名称如今还在,今江陵县有三湖农场与三湖渔场的称谓,其地在古江陵县治东,今江陵县东北与潜江市西南交界处,距离龙湾遗址非常近。又如《水经注》曾用离湖作为标注章华台的坐标,而离湖在明清之际早已淤塞而垦为农田,难以确指。《同治监利

---

① 王百川:《民国沙市志略》,《中国地方志集成》(湖北府县志辑38),江苏古籍出版社2001年版,第6页。

县志》卷一说"按《志》称，杨家河会江陵三湖之水入离湖，历黄歇口注乾溪，则离湖当在黄歇口以上中汛之北"，"黄歇口"地名如今还在，称黄歇口镇，其在今监利县城北，与潜江西南部临接，那么其北的古离湖就距龙湾遗址非常接近了，正符合《岳阳风土记》"古章台在今监利县离湖上"的说法。而《水经注》说"（离）湖在县（古华容）东七十五里"，如以今龙湾遗址为汉之华容县治所来说，则相距太远了，并与《水经注》"（离）湖侧有章华台"的说法自相矛盾，疑"七十五里"的距离表述有误，或"七"为衍字，其说为"（离）湖在县东十五里"近是。总之，文献资料标注的古楚章华台，无论是以方向距离为说，还是以附近地名参证，都将坐标指向了今潜江龙湾遗址，这说明龙湾遗址就是古楚章华台的所在地，谭其骧、邹衡等专家的判断是非常正确的，是理据充分的，至于有一些学者对于"古章华台遗址在潜江龙湾"的质疑，则无法撼动这一结论。然而有一个问题必须加以强调，这就是我们目前还不能说龙湾放鹰台1号基址就是古楚章华台，也不能武断地说22座基址中哪一座是章华台，或许整个的基址群统称为章华台也有可能，要解决这个问题尚需得到进一步考古发掘的印证。

二、湖北荆州市沙市区章华台

（一）调查印象

湖北荆州市沙市区章华台，位于荆州市东南沙市区东，江津中路南，太师渊路北，红门路东，烈士陵园西。这里在古代是豫章岗的故址，如今已被现代城市建筑所覆盖，全然看不出往日的冈阜地貌。据地志资料记载，所谓的古楚章华台遗址就是今章华寺的基址。

章华寺始建于元代，是湖北省三大佛教禅林之一。以今天的建筑规模来说，章华寺坐东朝西，面积达两万平方米左右，其中轴线上的主要建筑依次为山门、钟楼、鼓楼、天王殿、大雄宝殿、玉佛殿；其南厢主要建筑依次为铁塔、罗汉堂、观音殿、甘露宝塔；其北厢主要建筑依次为客堂、居士楼、大悲殿。这些建筑均为本世纪初采用现代建筑材料重修或新建，尽管力尽仿古，但已不是真正意义上的古建筑。幸而寺中还有章华古梅

（碑刻曰章华台楚梅，图 5-8）、银杏古树（碑刻曰唐杏，5-9）、沉香古井（碑刻曰章华台沉香井，图 5-10）等古迹，证明此地以及古寺的历史沧桑，特别是沉香井，相传其所在地就是楚王之离宫故址。寺院范围以目测估计，接近方形，东西约 150 米，南北约 130 米。古寺的基址从西侧观察，高于山门前路面 2 米以上，从东侧玉佛殿后寺院后墙处观察，高于烈士陵园地面 2 米左右，似乎原本呈西略高而东略低的走势，然而今寺院基址已被填土垫平，在寺院中徜徉已看不出台地的原有样貌，但是有了古代地志文献的提示，我们还是依稀可以感觉得到这里原本是一处台地。由于我们目前尚未见到章华寺基址的考古资料，此处台地是人工夯筑、还是自然冈阜则不得而知，因此也就难以借考古发现确定此台地是否是古楚遗迹。

考章华寺所在台地，北魏时已见于记载，《水经注》卷三十四《江水》说："又东得豫章口（其遗址即今章华寺东太师渊公园中的太师渊），夏水所通也。西北有豫章岗，盖因岗而得名矣。或言因楚王豫章台名，所未详也。"①然郦道元称其为"豫章台"，是当为此台之古称。此台被称之为章华台，或简称为章台，大概始于唐代，王建《送从侄拟赴江陵少尹》云："沙头欲买红螺盏，渡口多呈白角盘。应向章华台下醉，莫冲云雨夜深寒。"②沙头为古代沙市的别称，诗中"章华台"无疑是指今之章华寺基址之处。元稹《答姨兄胡灵之见寄五十韵》有曰："巫峡连天水，章台塞路荆。"其自注"章华台去府（按：指荆州府治）十里"③，此诗章台亦指今之章华寺基址之处，不过将章华台简称为章台。唐代诗人为何执意称豫章台为章华台呢？想来不难理解：（1）章华台在历史上的知名度，要大大超过豫章台；（2）章华台承载的历史典故很多，而豫章台似乎没有留下诗人感兴趣的历史故事；（3）豫章台与章华台仅一字之差，而诗人需要的是借景抒情，而不是考证史实。于是因为唐代诗人的浪漫，豫章台有了章华台的别称；也因为唐代诗人的随意，带来了历史的误会。据此，今章华寺基址所指代的古台地，当称之为豫章台，而非章华台。此外，我们还要强调，因为豫章台早在北魏时期就已见于文献记载，而且历代相传，所以章华寺基址为古楚遗迹还是可以采信的。

---

① 郦道元著，陈桥驿校证：《水经注校证》，中华书局 2007 年版，第 798 页。
② 王建撰，尹占华校注：《王建诗集校注》，巴蜀书社 2006 年版，第 247 页。
③ 元稹撰，冀勤点校：《元稹集》，中华书局 2010 年版，第 142 页。

（二）资料分析

宋乐史《太平寰宇记》卷一百四十六《山南东道·荆州·江陵县》："章华台在县东三十三里……按《渚宫故事》云：'灵王所筑，台形三角。'"①

明李贤等《明一统志》卷六十二《荆州府》："章华台在府境有二，一在府城外沙市，一在监利县东北，皆传以为楚灵王所筑。其在监利者又名三休台。"②

清孔自来《江陵志余·志陵陆》："豫章台，楚故城址也。豫章岗在其西北，俗呼看花台。陈子昂诗'遥遥去巫峡，望望下章台'，元稹诗'草没章台北，隄横楚泽湄'，谓此台也。台前大道直接古隄，有老柳数十株，含烟弄月，牧宰群英多所游薄。"

又《志精蓝》："章台寺，台最古而寺最近，元泰定时乃建也。"③

清倪文蔚等《光绪江陵县志》卷二十三《古迹》："豫章台，《志余》楚故城址也。豫章岗在其西北，俗呼看花台。陈子昂诗'遥遥去巫峡，望望下章台'；元正（稹）诗'草没章台北，隄横楚泽湄'，谓此台也。台前大道直接古隄，有老梅数十株，含香弄月，牧宰群英多所游薄。"

又卷三《山川》："豫章岗，在沙津北，豫章口、豫章台皆因以名。游人登览凭吊以为古章华也。豫章口，今曰豫章渊。"

又卷五十三《艺文六·赋》："《章台赋》（并序）清胡在恪：'郡东南十余里之沙市，逦迤而连蜷者为章台，故楚灵王章华宫也。日往月来以化为寺。堤萦于台之左，面大江而曲，万家林荟蓊薆，称胜概焉。老梅一株，自先君子幼闻之于父老云，不知何时所植，兵燹樵苏，灭裂焚爇，菀枯屡见，更成佳话。岁次庚戌，月旅姑洗，时和昼长，众香发越。羌案衍以儴佯，乍歇欸而面邈。览迁四序，感纷万物。因思昔人兰台、高唐、神女、登楼诸赋，程才渺虑，每各备善。章台自边让外，罕见艺林，聊复援笔，谬为一赋。面旁比类，率本方闻，未尽雅训。鸟归鱼乐，所托者然，而岨峿踯躅，

---

① 乐史撰，王文楚等点校：《太平寰宇记》，中华书局 2007 年版，第 2839 页。
② 李贤等：《大明一统志》，文渊阁《四库全书》，台湾商务印书馆 1986 年版，第 473 册，第 296 页。
③ 孔自来：《江陵志余》，《中国地方志集成》（湖北府县志辑 30），江苏古籍出版社 2001 年版，第 400、431 页。

盖不自知之患也。其辞曰：……'"

又卷五十五《艺文八·杂体》："《章华台辨》清胡在恪：'左丘明曰，楚筑台于章华之上。韦昭以为章华亦地名也。《新书》云，台甚高，三休乃至。郦道元云，在离湖侧，高十丈，广十五丈。今监利有台曰三休，传为灵王所筑。袁中道云，章华台在今三湖之间，所云蒿台寺诸处或其遗址。是则近沙市者为豫章台矣。今即以袁说考之，江陵之离湖，正与三湖相接，而监利之离湖，相去固已甚远。陈子昂诗"遥遥去巫峡，望望下章台"；元稹诗"草没章台北，隄横楚泽湄"。千百年来，陵谷虽殊，而今台前大道直接古隄，景物尚如诗中，何得徒以名有互见，必求章台于蒹葭蘋莎之涯，而谓其不在都邑郊坰也。'"①

王百川《民国沙市志略·山水第二》："章华台（即豫章岗台），《志余》云，楚故城址。又云豫章岗在其西北，然看花台之名仍旧。而《水经注》云，在离湖侧。《左传》楚子筑台于章华之上。韦昭注，章台亦地名也。袁小修云，在今三湖间，疑蒿台寺为其故址，近沙市者为豫章台。《志余》故两存之，兹附胡在恪之辨及程炌寻访之诗于后，再纪以历代诗歌词，辩质诸博古者。"

又《寺观第六》："章华寺，《志余》称，为元泰定时建，即章华宫故址也。又据《皇明世法录》云，永乐癸卯建文帝与程济游楚，尝止此寺，帝吟曰：'楚歌赵舞今何在，惟见寒鸦绕树啼。'且云寺有古梅，崇祯甲申之变刊伐殆尽，庚寅以来转更蔚然，乃今又二百年矣。梅之根荄终归乌有，而寺之前后几里许皆以老梅园称。"②

分析上述文献资料，我们可以获得五条信息：（1）今荆州市沙市区章华台的地理位置是十分清楚的。因为元代建在故址上的章台寺（今名章华寺）还在；可资参照的地名坐标还在，如江陵县治所之县治坐标、故址所在地沙市、故址东的豫章渊、故址南面的古堤等参照坐标均确然可考。（2）故址被称为章华台，或豫章台、看花台。故址又被认为是楚古城址，即楚章华宫。

---

① 倪文蔚等：《光绪江陵县志》，《中国地方志集成》（湖北府县志辑31），江苏古籍出版社2001年版，第90、91、473、492页。
② 王百川：《民国沙市志略》，《中国地方志集成》（湖北府县志辑38），江苏古籍出版社2001年版，第5、28页。

(3) 古代对此处章华台的指认是存在分歧的。明袁中道认为,"章华台在今三湖之间,所云蒿台寺诸处或其遗址,是则近沙市者为豫章台矣",力辨其故址不是楚灵王建造的章华台。清胡在恪认为,"千百年来,陵谷虽殊,而今台前大道直接古隄,景物尚如诗中",力主其故址当称章华台。(4)《民国沙市志略》将袁、胡两家说并存,以"辩质诸博古者",对分歧意见不下断语,态度是谨慎的。(5)"台形三角",别具一格。其实沙市故址是古楚台基遗址,当可以认定。《读史方舆纪要》卷七十八引《荆州志》说:"'(章华台)故楚离宫也,楚灵王筑。'亦曰豫章台。今为章华寺。"此说与袁说可为互证。然而对于沙市故址绝不能认为是楚灵王所建之章华台,理由有三:(1) 晋杜预注"台今在华容城内",今之荆州市沙市区绝不是古华容故址。(2) 北魏郦道元《水经注》说,章华台建造时"楚灵王阙为石郭,陂汉以像帝舜",今沙市区远离汉水而临于长江,若于此"陂汉"则绝无可能。(3) 唐余知古《渚宫旧事》以为,"台在江陵东百余里"。而沙市区之故址与之方位和里程,不仅不能相符,而且差距极大,以南辕北辙说之,亦不为过。所以还是遵从袁中道之说为稳妥,称之为豫章台,而非楚灵王所造之章华台。

三、湖北监利县旧县治章华台

(一) 调查印象

世传湖北监利县旧县治有章华台遗址,是由于古人误以为汉华容县治故址在古监利县旧县治造成的,如《同治监利县志》卷一《古迹》说:"华容城,在县西北。《水经注》,县故容城。《春秋·鲁定公四年》,许迁于容城是也。《三国志·魏武帝纪》注,《山阳公载记》曰,公船舻为备所烧,引军从华容道步归。"[①] 这个说法肇始于北宋的《太平寰宇记》,而后多有主此说者。旧传今监利县东北 30 千米左右的周老嘴镇政府所在地一带就是监利县旧县治故址,亦即汉华容县治故址,而周老嘴镇政府北约 3 千米处的天竺山就是

---

① 林瑞枝、陈树菱等:《同治监利县志》,《中国地方志集成》(湖北府县志辑 44),江苏古籍出版社 2001 年版,第 53 页。

古楚章华台遗址。

周老嘴是一座历史悠久的古镇，目前镇中的古街——老正街及其相邻的街道，还保留着明清以及民国初年的民居建筑。（图 5-11）由于这里曾是土地革命战争时期湘鄂西革命根据地的省委、省政府与红二军团机关所在地，古街、古民居都保存完好，并本着古迹修旧如旧的原则进行了大规模的修复。虽然在周老嘴镇我们没有发现能证明其是宋代前监利旧县治的古代文物，但是参照古代地志文献的方位记述，从古街的样貌和规格看，说这里是宋代以前的监利县旧治，是可信的。然而若指认它是汉华容县治故址，则与古代文献记载不符。

周老嘴镇北的天竺山，据当地村民介绍本来只是一个非常小的土丘，今丘阜上部已是平坦的寺院地面，因而或可称之为台地，台地西有一个村庄叫天竺村，当是因原来的小丘而得名。天竺山上的寺庙，叫北洲寺，寺庙的院落占据了台地的整个面积，寺院的围墙就是环绕着台地四周边缘修建的。（图 5-12）北洲寺坐北朝南，山门为牌坊式建筑，有三个拱形门，正门较大，门上方题曰"天竺山北洲古寺"，题款为"佛历二五五二年，公元二零零九年"，门两侧有联，上联为"名著容城登八景"，下联为"寺由汉世立千秋"（图 5-13）；正门左右各有一小侧门，东侧门东墙壁中镶有水泥制作仿碑一方，题曰"容城八景之首章华晓霁"，下款曰"壬申岁孟夏月上浣"（图 5-14）；西侧门西墙壁中亦镶有水泥制作仿碑一方，题曰"追本为章华台遗址，溯源乃北洲寺前身"（图 5-15）。以正门上题字落款可知山门及院墙为当代所建，大门联语落款为"清代文人梁臣撰"，是借古人笔墨抒写今人胸臆，而两侧门题词为当代人所为，意在说明此处即古章华台遗址。寺内有前后两殿，从建筑材料与风格分析，前殿为当代仿古建筑，后殿颇有古意，建筑时间要远远早于前殿，寺院东厢为僧舍与斋堂，西侧新打有建筑地基，似在筹建之中。殿内殿外堆放散乱，缺乏管理，似曾一度荒废，尚未整理就绪，据说不久前从潜江新来了一位僧人居于寺中，此寺方略见起色。抛开寺院，以台地为说，台面与周边稻田的相对高度约有 3 米，南北长约 70 米，东西宽约 55 米（图 5-16），面积偏小，且孤单独处，想来无论如何也不能配得上楚灵王建造章华台震惊寰宇的大手笔。

离开北洲寺，我们又到了监利县博物馆，对曾经到北洲寺进行过考古调查的王馆长进行了采访,他说,(1)天竺山是自然的小丘,未见夯土层;(2)发现的古砖瓦多是唐代的遗存,现保留在博物馆中;(3)天竺山遗址不可能是古楚章华台遗址。根据我们的调查与王馆长的介绍,可以初步判定天竺山遗址不是古楚章华台遗址。

(二)资料分析

关于监利之章华台方位,旧有两说,一说在监利县治北即龙湾遗址,其说上文已论及,故不赘述;一说在监利县治东北即在西晋至北宋间监利旧治中。下面先引文献资料,然后再加以分析。

宋乐史《太平寰宇记》卷一百四十六《监利县》:"章华台在县郭内。"[①]

宋沈括《梦溪笔谈》卷四《辩证》:"天下地名错乱乖谬,率难考信。如楚章华台,亳州城父县、陈州商水县、荆州江陵、长林、监利县皆有之,乾溪亦有数处。据《左传》,楚灵王七年'成章华之台,与诸侯落之'。杜预注:'章华台在华容城中。'华容即今之监利县,非岳州之华容也,至今有章华故台在县郭中,与杜预之说相符。"

明李贤等《明一统志》卷六十二《荆州府》:"章华台在府境有二,一在府城外沙市,一在监利县东北,皆传以为楚灵王所筑。其在监利者又名三休台。"

分析上述文献资料,可以清楚地看到,章华台在今监利县治东北元明以前旧县治的说法,与晋杜预注"章华台在华容城中"有关。然而西晋乃至北宋监利的治所,并不在汉代华容县治旧址。清倪文蔚等《光绪荆州府志》卷一《沿革》引《通志》说:"监利县:春秋楚容城,汉置华容县,属南郡,后汉因之,三国吴析置监利县,寻省,晋太康五年复立,属南郡,永嘉中成都国建兴中还南郡,南北朝宋孝建元年改属巴陵,齐因之,梁以后废华容入监利,属荆州,隋属沔阳郡,唐属复州,五代梁属江陵府,宋因之,元属中兴路,明属荆州府,国朝(清)因之。"[②] 请注意:(1)三国时监利是由汉华容"析置"而设,与华容县同时存在;(2)南北朝梁时又"废华容入监利",即华容县故地并入监利县;(3)晋代华容属南郡,监利属巴陵郡,隶属不

---

① 乐史撰,王文楚等点校:《太平寰宇记》,中华书局2007年版,第2851页。
② 倪文蔚等:《光绪荆州府志》,《中国地方志集成》(湖北府县志辑36),江苏古籍出版社2001年版,第21页。

同。这说明监利县所辖区域虽曾隶属于华容,而曾经的汉华容辖区后来又并入监利,但华容县治所与监利县治所并不在一处。《光绪荆州府志》卷八《城池》又载"监利县旧治在上坊东村,五代梁徙置今所,宋端平间荆湖制置使孟珙改迁鲁洑口,元复今治",考《光绪荆州府志》卷四《乡镇·监利》"上坊东村,在县东六十里"①,这又进一步说明监利旧县治本非汉代华容县治。因此说"章华台在县郭内",实属因对汉华容县治故址的误认而导致的误判,而所谓章华台遗址更有后人附会的嫌疑。至于清林瑞枝、陈树菱等《同治监利县志》记述监利八景有"章华晓霁"一景,于卷首又有《章华晓霁图》及题诗,诗曰:"假日登临霁岫开,雨余抚屐上章台。细腰魂断春前柳,瘦蕊香残雪后梅。楚泽繁华歌鸟散,禅床寂历晓猿哀。伤心屈宋埋荒草,更与何人话劫灰。"今人又于旧县治所谓遗址北洲寺山门两侧立碑墙以志,这无疑是错上加错了。因而在监利县治东北即在西晋至北宋间监利旧治中所谓的章华台遗址,并不是真正的章华台遗址,而出于宋代或略早于宋代之好事者的附会。近年有监利人在网上撰文说,"监利周老嘴镇天竺村天竺山(实为土台)上有'百(为"北"字之误)洲寺',庙内有碑,题曰'古容城八景之首章台晓霁'",力主章华台在监利旧治说,其热爱家乡之情可嘉,但学术研究之科学态度不足。据方酉生《楚章华台遗址地望初探》一文所述,"监利县的天竺山遗址,经荆州地区博物馆颜平同志实地去调查考察过,他认为,遗址面积很小,而且只见到汉代的遗物,因此,不可能是章华台遗址。这个意见虽然不是最后定论,但应是值得我们重视的"②。其说以考古印证为依据,推论留有进一步深考的余地,这才是学术研究应有的谨严态度。

四、湖北荆门市章华台

(一)调查印象

关于湖北荆门市章华台,以现有的资料看,仅有宋沈括一人提及,说宋

---

① 倪文蔚等:《光绪荆州府志》,《中国地方志集成》(湖北府县志辑36),江苏古籍出版社2001年版,第106、58页。
② 方酉生:《楚章华台遗址地望初探》,《中原文物》1989年第4期。

人认为长林（今属荆门市辖区）有章华台，但并未指出章华台的具体地点。今人研究楚章华台者有两种说法，高介华认为是古地志记载的荆门州之放鹰台[①]，何光岳认为是古地志记载的荆门州之荆台[②]。其中哪一说法是宋人之所谓，还需进一步考辨。按照高介华的指认，查《湖广通志》《乾隆荆门州志》都说，"火炉山，州北百二十里"，有放鹰台。山名、方向、里程较为清楚，然而火炉山已不见于今荆门市之现有地名，据《州志》标注的清里里程与今存的古地名推测，"斑竹岗在州北一百里"，今名斑竹铺（属钟祥市双河镇）；"丽阳驿在州北一百二十里"，今名丽阳村（属钟祥市胡集镇）；因而可以断定古之火炉山在今丽阳村附近。今丽阳村近邻之山，西南有金钟山，正西有马鞍山、黑山，西北有木架山，其中黑山最高，海拔393米，我们推测黑山一带极有可能就是古之火炉山故址，理由是：（1）此山富藏磷矿，现有楚丰、金山、大峪口、楚钟多家企业在此开矿办厂。众所周知，磷在一定条件下可以自燃，若古时此山地表磷矿石燃起明火，人们称之为"火炉山"自然在情理之中。（2）黑山以北，地势平坦而广阔，适合于楚王举行大规模的田猎。至于何光岳指认的荆台，在有关荆门的地志文献中是以"荆台县古城"的记载出现的，然而古之荆台县隋大业元年置，不久即废，立县时间非常短，因而对于其故址记载说法不一：《读史方舆纪要》《乾隆荆门州志》以为在州（即今荆门市区）东六十里处，今荆门市东钟祥市石牌镇有荆台村；《同治当阳县志》以为在治（即今当阳市区）东六十里处，实际是在荆门市西，大约在当阳市香炉山林场西部一带，但未见有关于楚王"荆台"的记述；而《乾隆荆门州志》在记述古安居县时，又以为其治所在仙居（今荆门市有仙居乡），其地又在荆门市区西北临近宜城市西南刘猴镇的两市交界处，上文提到的可能是放鹰台所在地的古之火炉山今之黑山，则在仙居乡政府正东不足30千米的地方。据《荆门五千年》一书考证，晋隆安五年（401），于编县故城置长林县；唐德宗贞元二十一年析长林县北境置荆门县，唐末又改荆门县为长林县，其治所均在今荆门市仙居乡象河村。[③]（图5-17）我们在调查该村时，当地的村民也如是说，据说在1988年翻盖学校时还发现了

---

① 参见高介华：《楚国第一台——章华台》，《华中建筑》1989年第2期。
② 参见何光岳：《三湘掌故》第八章《章华台考辨》，湖南教育出版社2000年版，第106页。
③ 李柏武等：《荆门五千年》，中共党史出版社2004年版，第28、29页。

可资佐证的古县衙碑刻。象河村在仙居乡东南，距其东北的古之火炉山今之黑山也不超过 30 千米。可以判定今之黑山在古之长林县境内。结合上文对火炉山的推测，我们更加坚定了楚王放鹰台所在地——古火炉山即为今黑山之推测的信心。以此推之，北宋沈括所言其当时于文献所见的长林章华台亦当在今丽阳村西的黑山一带。

然而，我们在黑山一带调查时却大失所望，黑山及与之相连的几座山已被矿区与化工厂所占，山体因采矿已被破坏，劈开的山体，裸露的崖壁，堆砌的废弃山石，星罗棋布的厂房与工棚，随处可见，唯有几座山头依然如故。（图 5-18）以钟祥石牌镇荆台村放鹰台推测，"放鹰台在县南五十里薮泽间，巨石茂松，四望空阔，台居其中"，楚王放鹰立于高台即可，不可能登上山顶，那样则距猎场太远且不便追逐猎物，因而如若在黑山山麓上寻找当年楚王的放鹰台，实可谓无望之求。于是我们的调查只能临其故地而畅想古台之旧观、田猎之场景而已。

（二）资料分析

宋沈括《梦溪笔谈》卷四《辩证》："天下地名错乱乖谬，率难考信。如楚章华台，亳州城父县、陈州商水县、荆州江陵、长林、监利县皆有之，乾溪亦有数处。"

明李贤等《明一统志》卷六十《兴都·宫室》："放鹰台有二，一在府城南五十里薮泽间，四壁空阔，极目千里，而台居其中。一在荆门州北一百二十里。相传皆楚昭王放鹰之所。"[1]

清迈柱、夏力恕等《湖广通志》卷八《安陆府·荆门州》："火炉山，州北百二十里，有楚王放鹰台。"[2]

清顾祖禹《读史方舆纪要》："荆台城，在州东六十里。"[3]

清舒成龙、李法孟等《乾隆荆门州志》卷一《沿革》："安居，西魏于仙居置安居县，隋开皇十三年改安居为昭邱，属玉州，大业元年改昭邱为荆

---

[1] 李贤等：《明一统志》，文渊阁《四库全书》，台湾商务印书馆 1986 年版，第 473 册，第 231 页。
[2] 迈柱、夏力恕等：《湖广通志》，文渊阁《四库全书》，台湾商务印书馆 1986 年版，第 531 册，第 263 页。
[3] 顾祖禹撰：《读史方舆纪要》，《续修四库全书》，上海古籍出版社 2002 年版，第 607 册，第 613 页。

台,寻废,唐贞观八年以荆台地土归并荆门。"

又卷六《山川》:"火炉山,州北百二十里(早一图),有楚王放鹰台。明威宁伯王越谪居安陆时有诗,见文苑。"

又卷三十三《古迹》:"荆台城,在州东六十里。《隋书·地理志》梁置安居县,开皇十八年改曰昭邱,大业初又改曰荆台,寻废。入当阳县。"①

清阮恩光等《同治当阳县志》卷一《方舆志附沿革考》:"晋隆安时析当阳地置长宁县,长宁建于东,则当阳渐徙而西,厥后梁析安居,隋改为昭邱,其治皆在荆台乡地,今县治东境也。"

又卷二《方舆志·古迹》:"荆台县故城,在治东六十里,称荆台乡,今荆门交界处。"②

分析上述文献资料,仅《梦溪笔谈》记载荆州长林有章华台。宋之长林即属今之荆门。清舒成龙、李法孟等《乾隆荆门州志》卷一《沿革》载:"长林,隋开皇十三年置长林县于蒙山东,复武宁军领之。唐贞观八年改为荆门县,属长林军。二十一年复设长林县于藻湖西岸。宋熙宁元年废荆门军,复长林县于故城藻湖仓米千户所监押。咸淳三年长林县废,元至元二年复长林县于藻湖西。天历元年藻湖长林城圮,迁于广平港石垱内,建保盈仓于东塞。至元元年移仓于聚仙桥北岸。元末长林废。"③考隋唐宋元之长林与明清之荆门的地志资料,除沈括一家之言而外,并无章华台的记载,而涉及古楚台址的记载有放鹰台与荆台,火炉山放鹰台在荆门州北一百二十里,而荆台或曰在当阳县治东六十里,或曰在荆门州东六十里,或曰在古安居县治所仙居,四者以荆门治所而论,一在正北,一在西北,一在正东,一在西南,而且相距甚远,沈括之所谓章华台难以考实是指其中的哪一处,然而有一点我们可以确认,就是明清地志已不认为荆门存在章华台故址了。今人高介华《楚国第一台——章华台》一文认为:"荆门州(今湖北省荆门市)北亦有放鹰台,《志》云:'楚昭王放鹰之所。'台当

---

① 舒成龙、李法孟等:《乾隆荆门州志》,《中国地方志集成》(湖北府县志辑40),江苏古籍出版社2001年版,第29、58、302页。

② 阮恩光等:《同治当阳县志》,《中国地方志集成》(湖北府县志辑52),江苏古籍出版社2001年版,第73、86页。

③ 舒成龙、李法孟等:《乾隆荆门州志》,《中国地方志集成》(湖北府县志辑40),江苏古籍出版社2001年版,第28页。

系昭王作。"① 否认了荆门的放鹰台是楚灵王所建的章华台；何光岳《三湘掌故》第八章《章华台考辨》认为，所谓荆门之章华台，"其实这里已明明说是荆台，也并非楚灵王所筑的章华台"②。又否认了荆门的荆台是楚灵王所建的章华台。总之，荆门市章华台只是宋代曾经有过的一种说法而已，然而在当时乃至后世并不被人们所认可，就是沈括本人也对长林（即今荆门）说持否定的态度。

五、湖南华容县章华台

（一）调查印象

湖南华容之所谓章华台，位于今湖南岳阳市属县华容县的东北郊，在华容县烈士陵园北一华里处，属于胜峰乡清水村三组自然村所在地，当地村民称之为楚王台。据目测，此处楚王台处于一个不大的冈阜（亦可称小山）东南边缘，是一个相对独立的台地，台高若以其北边的稻田池塘为基准约有8米，若以环绕台地的自然村路面为基准则约有6米，台地呈长方形，南北略长于东西，占地面积据当地村民估计有10亩左右。如今环台地的四周缓坡上都建起了民房，鳞次栉比，将台地围绕在其中。（图5-19）台地上林木茂密，除小竹林与散落的杂木外，多为橘树，从树木主干粗细推测，树龄不超过10年，当是近年来所植，绝非古木。（图5-20）由于民房与林木遮蔽了视线，在台地周边很难看清楚台地本身的全貌。登上楚王台，台顶基本平坦，东部为橘园，治理井然郁郁葱葱，西部为荒地，杂草丛生略显荒芜（图5-21），宋代华容地方官所建之亭、所立之碑已无遗迹可寻，唯有几座当代墓葬及墓碑而已。循台基调查，于楚王台北面的缓坡上，可以明显地看到二层台基的痕迹（图5-22），一层高度距村边公路约3米，二层高度距一层约3米，但不知是当年宋胡绾（一作赵绾）筑台时的遗留，还是近年村民为耕植而修整台体所为。总之，华容楚王台台基地貌尚依稀可见，其为宋胡绾"筑台建亭"

---

① 高介华：《楚国第一台——章华台》，《华中建筑》1989年第2期。
② 何光岳：《三湘掌故》第八章《章华台考辨》，湖南教育出版社2000年版，第106页。

之处可以肯定，至于此楚王台是否是古楚章华台则缺少有说服力的证据。

江良发、江澄合著《华容章华台考》据华容县国土资源局和规划办公室提供的数据称，"这个土台目前高度41米，最高处42.56米"，这个高度应当是海拔高度，而不是基于地面的相对高度。台顶"高出南面稻田11米多"，土台西南的稻田地势非常低，要比土台北面稻田低2至3米左右，是书之作者选择这一角度描述土台，想来一定是在于突出土台的相对高度。"其中下一层高出地面7米多，占地面积3万多平方米；上层高出第一层约4米"，这也是以南面稻田为基准的，但在南面稻田已看不出明显的土台分层痕迹，此数据当是作者根据土台北坡遗址分层情况推导性的描述，不大可能是测绘队测绘的数据。"土台呈长方形，子午向，方方正正，边线整齐，台体规整。"此处描写"台呈长方形"基本属实，若说"方方正正，边线整齐，台体规整"，则不是事实；据我们实地调查，土台的四角呈弧形过渡，环台周边的自然村小路则呈椭圆形。"台面南北长102.5米，东西宽78.8米，面积8073平方米。"这组数据当是测绘所得，可以采信。文章此段数字化描写，意在将此台强化为其理想的台形，并突出其高大，而忽略了学术研究的客观求实精神，考古若带有主观倾向，其内涵中的结论性意义就会受到人们的质疑。该书又称："2009年5月19日，岳阳市文物考古研究所，对楚章华台遗址进行了初步调查勘探，在土台地表下1.5米处的土层中，发现了40—50厘米的文化层，找到了商周时期的陶鬲、豆柄、豆盘、大口罐等可辨器形的残存陶片，这些陶片以夹砂红陶、灰陶为主，纹饰有附加堆纹、压印纹、绳纹和弦纹等。专家组认定，陶片为殷商至东周的遗物，从而认定这座土台为东周时期遗址。"[①] 在这段文字里，考古专家根据出土文物做出的结论是正确的，这里是东周遗址是没有问题的，但是以此结论来证明这里是"楚章华台遗址"，不但显得证据不足，而且有失谨严，比如证明宫台遗址必须有的夯土台基，柱洞遗迹，建筑遗留文物等等必不可少的实证，缺少此类实证的结论是难以让人信服的。且注意，在真理面前再向前走一步就是谬误，这是大家都懂的道理。

---

① 江良发、江澄：《华容章华台考》，中国文史出版社2011年版，第16页。

（二）资料分析

宋王象之《舆地纪胜》卷六十九《岳州·古迹》："章华台，《岳阳志》云：在华容界中。《乙志》云：章华台有三，一在江陵沙津（按：沙市的别称）之东北，作佛寺；一在监利东北，又名三休台；一在岳之华容，杜预注以为华容县。"①

宋范致明《岳阳风土记》："华容，汉孱陵县也，或曰汉武陵县地。吴太皇帝分孱陵县地于今县东二里置安南县，或曰刘景升所置。《宋志》为晋武帝分江安县立也。隋平陈改安南为华容县，属罗州，取古容城名之。世传为章华台，非也。古章华在竟陵界，今监利县离湖上，与今邑相近耳。大业三年以州为巴陵郡，十年移县于今地，垂拱二年以犯武氏讳改为容城县，神龙元年又改为华容县。华容地皆面湖，夏秋霖潦，秋水时至，建宁南堤决，即被水患。中民之产不过五十缗，多以舟为居处，随水上下。渔舟为业者，十之四五所至为市，谓之潭户，其常产即湖地也。"②

明李贤等《明一统志》卷六十二《岳州府》："章华台，在华容县治北，相传春秋时楚灵王所筑。又江陵、监利俱有此台，监利乃古华容地。"③

清谢仲坑等《乾隆岳州府志》卷二十五《古迹》："章华台，在县东赵家湖上南安县故址，宋知县胡绾筑台建亭，引楚灵王事以为《台记》，后人遂以台东北一里为细腰宫址，又以陈石桥北为楚灵王墓。按：楚文王徙都在今湖北荆州郡城东北三里，章华台址在城外沙市，从来记载，及《明一统志》、今《县志》，台俱入荆州古迹，与华容无涉。而其讹灵王之墓，则明孙羽侯作《华容县志》已辩之云，《传》荆灵王为观从及公子弃疾辈所迫出奔江夏，将入鄢，缢于申亥之家。今鄢去华容甚远，灵王未必葬此。是县之有此台，止由于宋胡令所筑，而非古章华台之址。在是桥有墓，又由于因台附会，而非果灵王之实葬此丘，但相沿已久，故墓从罔，而存台以附辩之。"④

---

① 王象之：《舆地纪胜》，《续修四库全书》，上海古籍出版社2002年版，第584册，第587页。
② 范致明：《岳阳风土记》，《中国方志丛书》（华中地方·第三〇一号），台湾成文出版社1976年版，第34、35页。
③ 李贤等：《明一统志》，文渊阁《四库全书》，台湾商务印书馆1986年版，第473册，第312页。
④ 谢仲坑等：《乾隆岳州府志》，《中国地方志集成》（湖南府县志辑6），江苏古籍出版社2002年版，第340页。

清孙炳煜等《光绪华容县志》卷二《古迹》:"章华台:县东赵家湖上南安县故址。宋知县胡绾筑台建亭。""细腰宫:县东北一里。""章华八景附:章华早春,南山晚翠,禹庙来鹢,宝慈倒柏,石佛樵歌,渚塘渔笛,墨山胜迹,七女遗仙。""章华十景附:沱溪晓渡,石佛樵歌,板桥春涨,青湖夜月,驿路松风,东山霁雪,南山远翠,渚塘渔笛,靖庐瀑布,赤亭遗址。(正统前止八景,成化间更为十景)"

又卷十四上《文》:"《章华台记》宋胡绾:'按《史记》楚灵王七年章华台成,杜预注云,南郡华容县,台在城内。盖古建县水北,自隋徙于水南,以此观之,所谓章华台于斯,焉是杜公之言岂欺我哉!而荆州监利县亦有是名,无所依据,当以史为证也。予到官之明年,因与二三士考古访迹,得故基于篁竹蓁棘之间,而垣堑犹在,际天胜地可为一邑之望。士请筑为壮观以增河山之色,予辞县帑空虚,丁力不可役也,士则又曰愿无烦于公家,我辈各以耘耕余力而治之。于是有张左林者以石柱献,张雄飞者以榱栋来,李造、岩萃、张逢吉、陈諟、李承祖、蔡世南各使其庄宾锸夫鸟集雁到,芟除荒秽,洗埋松竹,越月而告成。远目增明,灵襟虚豁,如时雨生嘉禾,云烟消旭亭势,并于木杪湖光,远漾天涯,樵蓑渔艇,邑屋林居,宛入图画,风云百变,景象幽妍,直区中之伟观,楚地之雄瞻者也。是为记。乾光六年三月(按:此"乾光"当为"乾道"之误)。'"①

分析上述文献资料,自宋王象之《舆地纪胜》始记今湖南华容有章华台而后,除清末孙炳煜等《光绪华容县志》重采其说外,历朝历代质疑声一片。宋范致明《岳阳风土记》首先以古华容故址为据考辨说:"世传为章华台,非也。古章华在竟陵界,今监利县离湖上,与今邑相近耳。"宋沈括《梦溪笔谈》所言更为具体,"华容即今之监利县,非岳州之华容也,至今有章华故台在县郭中"。明李贤等《明一统志》虽存留岳州府华容县章华台的说法,但特别强调"监利乃古华容地",其言外之意则否定了今湖南华容之章华台为楚灵王所建之章华台。明孙羽侯作《华容县志》又否定了楚灵王墓的真实性,以批驳佐证的方式论证了湖南华容章华台是附会

---

① 孙炳煜等:《光绪华容县志》,《中国地方志集成》(湖南府县志辑11),江苏古籍出版社2002年版,第267、268、436页。

的产物。至于清谢仲坑等《乾隆岳州府志》，除以古华容故址辩说外，还特别指出伪造章华台的始作俑者是"宋知县胡绾"，这个喜欢附庸风雅的知县"筑台建亭，引楚灵王事以为《台记》"，硬生生地作假，仅因为他所任职之华容县与汉代所设之华容县名称相同而已。考其《记》，自称"当以史为证也"，然其所考于史不合，其言"垣堑犹在"，然凡有"垣堑"者即为章华之台乎！由于胡绾之孟浪和草率，又引发了作假的连锁反应，"后人遂以台东北一里为细腰宫址，又以陈石桥北为楚灵王墓"，颇有些以假乱真之势。然而假的就是假的，是经不起事实验证的。如今湖南华容当地的一些学者仍在"引经据典"，试图证明其地章华台的真实，其实是在走宋代那个县令不那么明智的老路，其目的老实地说不是为了学术与历史的考证，而是要挖掘或争取本地的文化旅游资源与知名度。我们以为明智的选择应当是，承认湖南华容章华台是宋知县胡绾依据东周一处遗址张冠李戴的伪作，而后再强调这个伪作也有近千年的历史，也是名副其实的古迹，加之此中又承载着一个颇有趣味的故事，你想这不也是个别具一格的文化旅游资源吗！

六、安徽亳州市城父镇章华台

（一）调查印象

安徽亳州市城父镇章华台，位于亳州市谯城区东南城父镇高卜村刘庄自然村，北距城父镇3.5千米，西临刘庄，东临乾溪沟。其故址南紧邻高卜村通往刘庄的村路，是一片南低北高呈缓坡地貌的长方形台地，最高处高出周边田地约3米，南北长约90米，东西宽约70米；四周有沟渠环绕，沟渠与乾溪沟相通，最大宽度约10米，最小宽度也有6米。（图5-23）台地南临村路一侧立有水泥制作的文物保护标志，其标志文字为"亳县重点文物保护单位——章华台遗址"，题款为"亳县人民政府一九八二年六月五日立"。（图5-24）台地上的标志物还有位于中部的两棵树，一棵是粗壮高大的银杏树，高约10米，树干需两人联手才能合抱，据说已有两千多年的树龄，树周围砌有方形的水泥护栏，护栏南还有小型的祭台，其上的香火痕迹说明时常有村民来此祭拜，古树有灵大概也是这里的民俗信仰；另一棵是柏树，据说是1984年种植的。（图5-25）台面现已成为耕地，西半部种的是冬小麦，东半部是已收割后的豆子地。据紧邻遗址居住的40岁上下的刘庄村长介绍（图5-26），遗址原为村小学的操场，为保护遗址，在1983年或1984年前后政府将学校从此地迁走了。刘村长又说，听他老父亲讲，章华台遗址不在今沟渠环绕之中，而在今标志的遗址北，原台有银杏树那么高，上面还有座叫作"龙台寺"的古庙，庙在"破四旧"的时候被拆毁了，台子也因为当时改良土壤的需要而被夷平（刘村长说是用台土做肥料），将台土分别扬撒在周围的田地之中，原台址之北是古代的练兵场，在练兵场范围内曾出土过青铜剑和护心镜（疑为古铜镜）。他还说，他在20世纪80年代曾亲身参加了遗址四周沟渠的挖掘，当时就挖出过青铜剑，有完整的，也有断了的，剑非常结实，他用剑劈砖竟能将砖斩断。调查后，我们参观了亳州市博物馆，在展柜中的确见到了城父镇一带出土的青铜剑和青铜镜。值得注意的是，博物馆展出的章华台遗址图片，是我们看到的沟渠围护之中包括保护标志与古银杏树在内的照片，而没有村民所说的原有高台与古庙的照片，可能亳州文物部门并没有采信当地村民的说法。然而清《光绪亳州志》的确有龙台寺的记载，其卷四《寺观》说："龙台庙，在城东南八十一里（旧《志》作七十里），城父南六里，临乾溪。"① 看来刘村长的说法并非无根之谈，应予以足够的重视，此地的章华台故址很可能在文物部门指认的遗址之北。

（二）资料分析

《春秋公羊传》卷二十三《昭公十三年》："灵王为无道，作乾溪之台，三年不成。"②

西汉陆贾《新语》卷下《怀虑第九》："（楚灵王）作乾溪之台，立百仞之高，欲登浮云窥天文，然身死于弃。"③

南朝宋范蔚宗《后汉书》卷三十《郡国志》："城父故属沛，春秋时曰

---

① 钟泰、宗能徵等：《光绪亳州志》，《中国地方志集成》（安徽府县志辑25），江苏古籍出版社1998年版，第118页。
② 何休解诂：《春秋公羊传注疏》，阮元校刻：《十三经注疏》，中华书局1980年版，第2322页。
③ 陆贾：《新语》，《诸子集成》本，中华书局1986年版，第7册，第15页。

夷，有章华台。"①

南朝梁萧统《文选》卷三《东京赋》薛琮注："《左氏传》曰，楚子成章华之台于乾溪。"②

唐李吉甫《元和郡县图志》卷八《亳州·城父》："章华台，在县南九里。"③

宋沈括《梦溪笔谈》卷四《辩证》："亳州城父县有乾溪，其侧亦有章华台，故基下往往得人骨，云楚灵王战死于此。商水县章华之侧亦有乾溪，薛琮注张衡《东京赋》引《左氏传》乃云，楚子成章华之台于乾溪，皆误说也，《左传》实无此文。章华与乾溪，元非一处。楚灵王十二年，王狩于州来，使荡侯潘子、司马督嚻、尹午陵、尹喜帅师围徐，以惧吴王，次于乾溪，此则城父之乾溪。灵王八年许迁于夷者，乃此地。十二年公子比为乱，使观从从师于乾溪，王众溃，灵王亡，不知所在。平王即位，杀囚，衣之王服而流诸汉，乃取葬之，以靖国人，而讣以乾溪。灵王实缢于芊尹申亥氏，他年申亥以王柩告，乃改葬之，而非死于乾溪也。昭王二十七年吴伐陈，王帅师救陈，次于城父，将战，王卒于城父。而《春秋》又云，弑其君于乾溪，则后世谓灵王实死于是，理不足怪也。"④

《大清一统志》卷八十九《颍州府》："章华台，在亳州东南。《后汉书·郡国志》城父县有章华台。《元和志》台在城父县南九里。按《左传》楚子成章华之台。杜预注，在今南郡华容县。《通典》云，古华容在竟陵郡监利县。今湖广荆州府属县也，去亳地远矣。旧《志》作楚王章华之台，误。"⑤

清钟泰、宗能徵等《光绪亳州志》卷二《舆地志·古迹》："章华台，在州东南七十二里，乾溪侧。"

又卷五《水利志·沟渠》："乾溪，《太平寰宇记》城父县乾溪水在县南五里。《新序》云，楚王起章华之台，为乾溪之役。又左氏谓，楚灵王败于乾溪，即此地也。按古乾溪，今名乾溪沟，去州七十里，在亳城之东，城父集之南，自中心集南流，至涡阳张村铺东、李门集西，乃入肥河。约长五十

---

① 范晔：《后汉书》，《二十五史》本，上海古籍出版社 1995 年版，第 70 页。
② 萧统编：《文选》，上海书店 1988 年影印本，第 32 页。
③ 李吉甫撰，贺次君点校：《元和郡县图志》，中华书局 1983 年版，第 186 页。
④ 沈括撰，金良年点校：《梦溪笔谈》，中华书局 2015 年版，第 32—33 页。
⑤ 穆彰阿、潘锡恩等：《大清一统志》，文渊阁《四库全书》，台湾商务印书馆 1986 年版，第 475 册，第 773 页。

余里，上接清游之水，下达于肥牛，毛河之注焉，各集之小沟亦注焉。其流最长而名更古，即《左传》楚子所次之乾溪也。"

又卷十九《杂类志·辨讹》："章华台，旧《志》章华台故址在亳州，据《左传》杜预注，在今南郡华容县，《通典》云，古华容在竟陵监利县，盖去亳远矣。今城父城故址侧高阜巍然，土人以为即章华台也。意当时楚氛甚恶，侵较中夏，两次乾溪，岂无离宫别馆，故去城父集不远又有楚殿集，相传亦久，或鬻熊之遗迹，有未尽泯者。"[1]

分析上述的文献资料，为我们提供了五则信息：（1）安徽亳州市城父镇章华台，战国秦汉时称乾溪之台，楚灵王时筑；（2）其地在亳州城父，即今安徽省亳州市城父镇；（3）参照地标为乾溪，今称乾溪沟（图5-27）；（4）据《文选》，薛琮注《东京赋》始称之为章华之台，后世多有因袭，《大清一统志》认为"旧《志》作楚王章华之台，误"；（5）《光绪亳州志》以城父近处有楚殿集和土人口传为据，认为城父理当有楚王离宫台馆。关于城父是否有楚王离宫台馆建筑，据文献记载，楚灵王、楚昭王两位楚王都曾驻跸于此，而且时间较长，在这里筑有离宫台馆等建筑当是毋庸怀疑的。关于此台之称谓，从文献记载来看，战国秦汉称之为乾溪台，唐代乃至后世称之为章华台，按学理似乎当以时代在前者为准，但也不能排除此处离宫原本就命名为章华台的可能。因为古楚王族有随居处迁徙而仍使用原居处地名的习惯，历史地理学家称这种现象为"地名迁徙"，如楚国立国之初的都城，曾迁徙过多次而均称之为"丹阳"，楚国从强盛至衰落之际，国都也多次迁徙而均称之为"郢"，至于离宫别馆同名的也有记载可寻，如湖北潜江市、荆门市、钟祥市均有传为楚王所建的放鹰台，因而作为离宫名称的"章华台"也当可以随之移建而迁徙名称。古代记述历史为了避免这类地名的混淆，或加当地地名以示区别，如裁郢、鄢郢、陈郢、寿郢；或加方位名词以示区别，如东不羹、西不羹、上蔡、下蔡；或另起别称以示区别，如楚国灭掉了在今湖北宜城的古罗国，先将其迁徙到今湖北枝江称罗邑，后又将其迁徙至湖南岳阳称罗侯城。因此楚灵王在今潜江筑章华台后，又在城父修建离宫，

---

[1] 钟泰、宗能徵等：《光绪亳州志》，《中国地方志集成》（安徽府县志辑25），江苏古籍出版社1998年版，第72、126、542页。

仍然称之为章华台是完全有可能的。古代史家称城父章华台为乾溪台,不过是表示两者的区别,乾溪之台当为城父章华台的别称。事实上潜江章华台近处也有乾溪,《同治监利县志》载:"杨家河会江陵三湖之水入离湖,历黄歇口注乾溪。"按"地名迁徙"理论,城父之乾溪也当是从潜江章华台附近的乾溪经"地名迁徙"而得名。所以,我们认为城父章华台原本就当称之为章华台。

七、河南商水县章华台

(一)调查印象

河南商水县章华台,位于河南周口市商水县城区,文献记载这里曾是汉魏时期的汝阳城故地。章华台故址在南北向老城路与东西向章华台路相交的十字路口西侧,东距路口50米左右,南面紧邻章华台路,现立有水泥制作的文物保护标志,其标志文字为"商水县重点文物保护单位——章华台遗址",落款为"商水县革命委员会一九七八年十二月卅一日"。(图5-28)遗址处正在施工建造一座六层民用楼房,已全然看不出往昔的台地样貌。(图5-29)建造中的楼房后居民住宅的门牌号是"章华台路,章华台26号"。我们在遗址附近采访了一位80岁的老人,他说:"路边的那块牌牌是县文化馆立的,不准确,章华台遗址在东边。"于是行动不大方便的老人推着老年车带领我们走过十字路口,沿章华台路向东走了100米左右,向北拐进了一条小巷,又向北走了100多米,他指着小巷西侧的民房说:"这里才是章华台遗址,后来在遗址上修了一座庙,叫'祖师庙'。"然而这里现在也同样看不出台地的样貌。在老人向我们介绍的时候,又来了一位在这条巷子里居住的60多岁的老者,他说:"这儿是祖师庙,章华台遗址在西边。"(图5-30)听起来与80岁老人的说法不一致,但这位老者提供了一个重要的信息,他说,这个地方原本是一片洼地,章华台遗址那里与祖师庙这里都是高于地面两米多的台地,后来人们把这片洼地垫平了,修了路,盖了房子。查《民国商水县志》卷六《河渠志》记载,"护城堤,旧《志》即河之北岸。旧堤卑薄,每遇沙河冲决,绕城四面悉为水乡。"①与老者提供的信息正可互相印证。这一信息让我们大致了解了往昔章华台遗址的地表情况。

由于两位老人介绍的章华台遗址意见不一,田野调查结束返回学校后,我们再一次查阅了徐家璘等修纂的《民国商水县志》,其卷十《寺观》载:"玄武庙:按元武又称真武,宋真宗时避讳改玄为真(按:此文有误,疑当为"唐玄宗时避讳改'玄'为'真',宋真宗时避讳又改'真'为'元'")。本祀北方七宿虚危之星,道家附会以祖师之说,谓系真武清乐王太子,诞妄甚矣。俗有玄武、真武、祖师之别,今并为一。……(玄武庙)一在章华台,今移八蜡庙右。……"本卷又载:"八蜡祠:旧《志》,先在城东郭外里许,后改置城北关外路东。"②以此知,老人们所说的祖师庙就是《县志》所载的玄武庙。祖师庙的确曾经建在章华台上,但后来(至少在民国七年[1918]《商水县志》刊行之前)移至八蜡祠右,而八蜡祠在"路东",迁移后的祖师庙的地址也应在"路东"。查《民国商水县志》卷首《北街地方图》所标示的南北向的由老县城通向章华台的道路,章华台被标在路西,就在路的旁边,那么老人们所说的祖师庙则与八蜡祠一样当在路东。从地理方位上看,《北街地方图》所标示的道路很可能就是现今与章华台路十字交汇的老城路,如果这一判断不误,那么那位80岁老人的说法,可能是只记得章华台上曾建有祖师庙,而忽略了祖师庙的搬迁,从而导致了他指认的错误。因此我们可以判定,县文化馆所立的文物保护标志的位置是正确无误的,商水县章华台遗址应当在文物保护标志所标示的位置。至于祖师庙和八蜡祠所在的台地,可能是文献记载的商水县乾溪台遗址(详见下节)。

(二)资料分析

北齐魏收《魏书》卷一百六中《地形志》:"汝阳(按:商水县汉魏时称汝阳),郡治。……有章华台。"③

---

① 徐家璘等:《民国商水县志》,《中国方志丛书》(华北地方·第四五四号),台湾成文出版社1975年版,第400页。

② 徐家璘等:《民国商水县志》,《中国方志丛书》(华北地方·第四五四号),台湾成文出版社1975年版,第507、502页。

③ 魏收:《魏书》,中华书局1974年版,第2534页。

唐李吉甫《元和郡县图志》卷八《溵水县》（按：商水县唐代一度称溵水）："乾溪台，在县北三里。《左传》楚灵王有乾溪之台，即此也。"①

宋乐史《太平寰宇记》卷十《河南道·陈州》："章华台，在县西北三里。《左传》昭公七年：'楚子成章华之台，愿与诸侯落之。'杜注云：'宫室始成，祭之为落。台在今华容城内。'是灵王所筑，《春秋后语》：'楚襄王二十年，为秦将白起所逼，北保于陈，更筑此台。'"②

宋沈括《梦溪笔谈》卷四《辩证》："天下地名错乱乖谬，率难考信。如楚章华台，亳州城父县、陈州商水县、荆州江陵、长林、监利县皆有之，乾溪亦有数处。……亳州城父县有乾溪，其侧亦有章华台，故基下往往得人骨，云楚灵王战死于此；商水县章华之侧亦有乾溪，薛琮注张衡《东京赋》引《左氏传》乃云'楚子成章华之台于乾溪'，皆误说也，《左传》实无此文。章华与乾溪元非一处。"

明李贤等《明一统志》卷二十六《河南布政司》："章华台，在商水县西北三里。初楚灵王筑章华台于华容城，及襄王为秦将白起所迫北保于陈，更筑此台。"③

清王士俊等《河南通志》卷五十二《古迹下·河南府》："章华台：在商水县城北二里。初楚灵王筑章华台于华容城，及襄王为秦将白起所迫，北保于陈，更筑此台。丛台：在商水县城北二十里。楚襄王因筑章华台并筑此台，以像华容之地。乾溪台：在商水县城北二里。春秋时楚灵王筑为游观之所。"④

徐家璘等《民国商水县志》卷五《地理志·古迹》："章华台：《通志》在商水县城西北二里。初楚灵王筑章华台于华容城，及襄王为秦将白起所迫，北保于陈，更筑此台。""乾溪台：《通志》在商水县北二里。春秋时楚灵王筑为游观之所。按《左传》杜预注，在谯国城父县南。""丛台：《通志》在县北二十里。楚襄王因筑章华台并筑此台，以像华容之地。按《读史方舆纪要》引《陈州图经考》，楚时有嘉禾丛生，故名。"⑤

---

① 李吉甫撰，贺次君点校：《元和郡县图志》，中华书局1983年版，第215页。
② 乐史撰，王文楚等点校：《太平寰宇记》，中华书局2007年版，第190页。
③ 李贤等：《明一统志》，文渊阁《四库全书》，台湾商务印书馆1986年版，第472册，第636页。
④ 王士俊等：《河南通志》，文渊阁《四库全书》，台湾商务印书馆1986年版，第537册，第157页。
⑤ 徐家璘等：《民国商水县志》，《中国方志丛书》（华北地方·第四五四号），台湾成文出版社1975年版，第357页。

分析上述文献资料，在商水县古楚台有三，即章华台、乾溪台、丛台。丛台在县北二十里，清代地志文献记载的方位里程一致，其得名是"楚时有嘉禾丛生，故名"，其建筑动机是"楚襄王因筑章华台并筑此台，以像华容之地"。而关于章华台与乾溪台则需要认真辨析。（1）方位里程的问题：关于章华台的方位里程，《太平寰宇记》《明一统志》说"在县西北三里"，清《河南通志》说在"城北二里"，《民国商水县志》引《通志》说在"城西北二里"，"西北"与"北"方位略有不同，"三里"与"二里"里程稍有差异，造成"不同"和"差异"的原因，可能是商水县城向西、向北的扩建造成的，至于《民国商水县志》所引可能有误，句中"西"当为衍字；关于乾溪台的方位里程，《元和郡县图志》说"在县北三里"，《河南通志》《民国商水县志》说在城或县"北二里"，这也说明了商水县城在明末清初向北有所扩建。（2）章华台与乾溪台是两个独立的台馆、还是一座台馆有两个名称的问题：以清代之前方志文献看，各文献只记其中的一个，好像是一台两名；然而以清代方志记述推测，章华台在西北，乾溪台在北，二者当是两个独立的台馆。据《民国商水县志》卷首《北街地方图》，章华台的位置已居于正北、里程接近两里，这既说明作为参照的商水县城向西、向北的扩建，也说明图中标注的章华台以及没有标注的乾溪台相对方位的东移，既然原西北的章华台相对东移至正北，原正北的乾溪台自然也要相对东移至东北。我们在商水县实地考察时，了解到商水县古县城北两里处有两块台地，一块即章华台遗址，另一块在章华台遗址东北200米左右的地方，那里想来当是乾溪台遗址。据《民国商水县志》记载和当地老人们的回忆，遗址台地上在民国初年曾有两座寺庙，即玄武庙和八蜡祠。据此，我们认为，今商水县有已知的三座古楚台馆遗址，即章华台、乾溪台和丛台。文献记载章华台与丛台为楚襄王所筑是没有问题的，而文献记载以为乾溪台为楚灵王所筑，恐怕是将记载中亳州城父的乾溪之台与此地的乾溪台混淆了，楚襄王既能仿今潜江之章华台在商水建造章华台，就有可能仿亳州城父之乾溪台在商水建造乾溪台。

八、章华台遗址调查与资料分析小结

通过七市县章华台遗址的调查与相关资料的分析，我们对各地章华台有了一个基本的认识：（1）湖北监利县老县城章华台和湖南华容县章华台，基本可以肯定是后人的附会，考古佐证与古代学者之考辨都可以证明这一点。（2）湖北荆州市沙市区章华台和湖北荆门市章华台，虽然可能是楚王曾经建造的离宫台馆，但前者叫豫章台，后者叫放鹰台，并不是章华台；前者虽于唐代就被称之为章华台，但是乃诗人所为，宋以来学者曾考定其非；后者仅为宋代之传闻，且为孤证，同时更被宋代引用此孤证的学者沈括所亲自否定。（3）湖北潜江市龙湾放鹰台宫殿基址群遗址，是有文献记载和考古证明的楚灵王前期建造的章华台；安徽亳州市城父镇章华台有先秦及汉魏文献记载，亦有考古佐证，是楚灵王后期建造的章华台；河南商水县章华台见于六朝与唐宋文献记载，虽缺乏考古证明，但符合历史事件的记述，是可以采信的，其台为楚襄王迁都陈郢后所建。这三处章华台遗址都得到了文物部门的认定，都有文物保护标志。

　　湖北潜江龙湾镇章华台、安徽亳州市城父镇章华台、河南商水县章华台三者虽然建造的时间有先有后，甚至相隔200余年，但却有着惊人的相似之处。首先是选址相似：三者之选址在今天看来都在广袤的平原之上，在先秦则均是低平的冈阜与湖泽地带，而且临近河道；其次是都将临近的河道命名为乾溪：潜江市龙湾镇章华台近处有乾溪，《同治监利县志》载，"乾溪，《太平寰宇记》在邑界。今名乾港"，现已淤塞。亳州市城父镇章华台紧邻乾溪，晋杜预注："乾溪，在谯国城父县南。"宋沈括《梦溪笔谈》载："亳州城父县有乾溪，其侧亦有章华台。"今河道尚存，名乾溪沟。商水县章华台亦有乾溪，宋沈括《梦溪笔谈》言"商水县章华之侧亦有乾溪"，今商水县章华台遗址东北有乾溪台遗址，按理先秦之际当有溪流经于此地，《民国商水县志》所记的长沟、三里桥沟往昔可能源出于乾溪台一带，今已被城市建筑覆盖，无踪迹可寻。值得引起思考的是，三者的相似，是偶然的巧合呢，还是建造者特意为之？以楚国中后期的都城选址、建制与命名来看，我们认为极有可能是建造者特意为之。如楚国中后期都城有三，湖北荆州北纪南城，古称南郢；河南淮阳陈楚古城，古称陈郢；安徽寿县楚城遗址，古称寿郢。三者的选址均为平原地带；都临河而建，并接引河水修建了环绕城墙的宽阔的护城河；除因陈国旧都而整修的陈郢外，楚人自己建造的南郢与寿鄀均有河道从城中通过,且在常规的旱门附近修有水门。① 楚国都城的选址与建筑形制,完全可以佐证潜江龙湾、亳州城父与河南商水三处章华台选址、建制、命名的相似是建造者有意而为之。既然有意为之,那么三者之间就应当存在着仿建与文化承继的关系。这就是说,潜江龙湾章华台是原始建筑,而亳州城父、河南商水章华台都是模仿潜江龙湾的建筑,按照楚王族"地名迁徙"的习俗,亳州城父与河南商水的建筑当时就称为章华台的可能性极大。至于亳州城父与河南商水的"乾溪",也当是因有着潜江龙湾之乾溪的参照,按照"地名迁徙"的习俗命名的,其目的即是"以像华容之地"。后世历史学家认为城父乾溪是真正的乾溪,而潜江龙湾与河南商水之乾溪是为附会。这可能是因为,城父乾溪在春秋楚灵王与楚昭王之际曾发生过重大历史事件而被史书记载,而在潜江龙湾以及河南商水之乾溪并没有发生值得史书记载的事件而未被史家采录,从而导致了后世历史学家的记载缺失或误解。总之我们认为,潜江龙湾、亳州城父、河南商水三处章华台在建筑之时就称之为章华台,至于其别称如亳州城父之章华台又被称为乾溪之台,当是史家为了与潜江龙湾章华台相区别而使用的别称而已。

九、关于宋玉赋"章华"所指的讨论

宋玉《登徒子好色赋》有"时秦章华大夫在侧"语,唐李善《文选注》卷十九说:"章华,楚地名。大夫,楚人,入仕于秦,时使襄王。一云,食邑章华,因以为号。"李善以"章华"为地名是有文献依据的,《国语·吴语》说,"乃筑台于章华之上",三国吴韦昭注:"章华,地名。"以此推测,楚灵王在今潜江龙湾始建章华台是用地名冠以台名,而后灵王于亳州城父、襄王于河南商水筑台名之为章华台,则是出于楚人"地名迁徙"的习俗。至于"秦章华大夫",李善以为是楚国章华人,以原籍为其称谓;或在楚时食邑于章华,以封邑为其称谓,其人后入仕于秦,为大夫。按照李善的注释,宋玉赋"章华大夫","章华"无论是以原籍为其称谓,还是以封邑为其称

---

① 参见曲英杰:《长江古城址》第二章第四节"荆州纪南城"、第三章第二节"寿县寿春城",湖北教育出版社 2004 年版,第 108、305 页。

谓，均当指古楚章华，即今湖北潜江龙湾宫殿建筑基址群所在地。然而李善之注未必就是确解，"秦"亦可指楚人之姓，先秦楚本有秦姓，《史记·仲尼弟子列传》"秦商，字子丕"，《集解》："郑玄曰楚人。""章华"亦可指封邑或任职之地，先秦楚官员有以封邑与职官为称谓者，《战国策·楚一》有"昭奚恤与彭城君章"，宋鲍彪注："彭城属楚，知为楚人。"此外鄢陵君、寿陵君、安陵君、州侯、夏侯等等皆有如此类。如此说来，宋玉赋"秦章华大夫"，"秦"亦可指姓氏，而"章华大夫"只能指其职官，即管理章华台的大夫。这是因为章华一带，自章华台修建伊始，既已被楚王辟为离宫台馆，绝不可能封给属臣作为封地或食邑。据此，宋玉赋"秦章华大夫"当不会指秦国人，理由很简单，秦国没有章华台或称作章华的地方。亦当不会如李善所说指原籍在章华后来仕秦的楚国人，文献记载楚章华地区是为楚王之田猎禁区（在云梦范围内），本无民人居住，楚灵王"为章华之宫，纳亡人以实之"，于是方有宫奴移居于此。这些宫奴大概是章华地区的第一代"居民"，宫奴们以及他们的后代本无人身自由，是不能随随便便离开离宫的；即便逃出章华之宫"入仕于秦"，也不会自暴身份，自称章华大夫，更何况宫奴们寄居的"章华"自他们先辈寄居伊始就已是楚王之离宫，离宫之名岂可作为一般人的祖籍之称谓。李善的注释实在是没有考虑到章华的这个特殊的文化背景。所以最合理的解释当是："秦章华大夫"是秦姓楚人，其官职为章华大夫，是管理章华台的官员。

明确了宋玉赋"秦章华大夫"的所指，下面再讨论宋玉赋"章华"即章华台之所指。上节已经论及，春秋战国之际楚章华台有三：一在湖北潜江龙湾，二在安徽亳州城父，三在河南商水。在三者中哪一处是宋玉赋所指呢？要解决这个问题，可以从宋玉《登徒子好色赋》的创作时间与地点入手。根据现当代学者研究，宋玉生活在楚襄王、考烈王及幽王时代，假设《登徒子好色赋》创作于楚襄王前期（前298—前279），即秦白起攻占郢都之前，楚襄王及宋玉的活动区域当以南郢为中心，"章华"所指当为潜江龙湾之章华台。楚襄王也是个喜欢淫游的君主，《战国策·楚策》说，楚襄王"左州侯，右夏侯，辇从鄢陵君与寿陵君，饭封禄之粟，而戴方府之金，与之驰骋乎云梦之中"。他游于云梦，驻跸于章华，当是常有的事情。潜江龙湾章华台的官员"秦章华大夫在侧"，自在情理之中。假设该赋创作于楚襄王后期

（前278—前263），楚都已迁至陈郢，楚襄王及宋玉的活动区域当以陈郢为中心，"章华"所指当为河南商水或亳州城父之章华台。因为，据史料记载，潜江龙湾章华台地区此时已被秦人占领，设南郡而统辖之，楚襄王不可能再游于此，此台的官员也不复存在。又据龙湾宫殿群基址考古发现，1号基址毁于火灾，专家们推测是秦人攻克章华台时所为，即便襄王想故地重游，也绝无可能。而比较河南商水与亳州城父之章华台，前者为楚襄王新建，后者自楚昭王而后史书中已无楚王游此的记载，想必久已废弃，所以宋玉赋"章华"所指非河南商水章华台莫属。然而，据我们的研究，《登徒子好色赋》当作于楚考烈王即位之初，理由是：（1）赋之文本只言"楚王"，不像《高唐赋》《神女赋》《大言赋》《小言赋》《风赋》《讽赋》等明言"楚襄王"。这是此赋非作于楚襄王之时的明显标志。（2）宋玉《讽赋》与《登徒子好色赋》谲短宋玉的内容相同，唐勒向楚襄王进谲言碰得灰头土脸，登徒子不可能自讨没趣向楚襄王进同样的谲言，按情理登徒子的谲言一定是说给新登基的考烈王听的。[①] 楚考烈王即位之初，楚都仍在陈郢，宋玉仍为文学侍从，因此，我们认为《登徒子好色赋》中的"秦章华大夫"应为楚考烈王的属臣，而宋玉赋"章华"所指则仍然是楚襄王所建的河南商水之章华台。

附录　方志载关于章华台的文学作品

清林瑞枝、陈树菱等《同治监利县志》卷十一《艺文志》

章华台赋　汉·边让

楚灵王既游云梦之泽，息于荆台之上，前方淮之水，左洞庭之波，右顾彭蠡之隩，南眺巫山之阿。延目广望，骋观终日，顾谓左史倚相曰："盛哉！斯乐可以遗老而忘死也。"于是遂作章华之台，筑乾溪之室。穷土木之技，单珍府之实，举国营之，数年乃成，设长夜之淫宴，作北里之新声。于是伍举知陈蔡之将生谋也，乃作斯赋以讽之：

胄高阳之苗胤兮，承圣祖之洪泽。建列蕃于南楚兮，等威灵于二伯。超

---

① 参见刘刚：《宋玉年世行迹考》，《宋玉辞赋考论》，辽海出版社2006年版，第216页。

有商之大彭兮，越隆周之两虢。达皇佐之高勋兮，驰仁声之显赫。惠风春施，神武电断。华夏肃清，五服攸乱。旦垂精于万机兮，夕回辇于门馆。设长夜之欢兮，展衷情之嬿婉。竭四海之妙珍兮，尽人生之秘玩。尔乃携窈窕，从好仇，径肉林，登糟邱，兰崎山，竦椒酒。渊流激元澧于清池兮，靡微风而行舟。登瑶台以回望兮，冀弥日而消忧。于是招宓妃，命湘娥，齐倡列，郑女罗。扬激楚之清宫兮，展新声而长歌。繁手超于北里，妙舞丽于阳阿。金石类聚，丝竹群分。被轻袿，曳华文，罗衣飘飖，组绮缤纷。从轻躯以迅赴，若孤鸿之失群。振华袂以逶迤，若游龙之登云。于是欢饮既洽，长夜向半，琴瑟易调，繁手改弹。清声发而响激，微音逝而流散。振弱支而纤绕兮，若绿繁之垂幹。忽飘飘以轻逝兮，似鸾飞于天汉。舞无常态，鼓无定节。寻声响应，修短靡跌。长袖奋而生风，清气激而绕结。尔乃妍媚遽进，巧弄相加。俯仰异容，忽兮神化。体迅轻鸿，荣曜春华。进如浮云，退如激波。虽复柳惠，能不咨嗟。于是天河既回，淫乐未终。清籥发微，激楚扬风。于是音气发于丝竹兮，飞响轶于云中。比目应节而双跃兮，孤雌感声而鸣雄。美繁手之轻妙兮，嘉新声之弥隆。于是众变已尽，群乐既考。归乎生风之广厦兮，修黄轩之要道。携西子之弱腕兮，援毛嫱之素肘。形便娟以婵媛兮，若流风之靡草。美仪操之姣丽兮，忽遗生而忘老。尔乃清夜晨，妙技单，收尊俎，彻鼓盘，惘焉若醒，抚剑而叹。虑理国之须才，悟稼穑之艰难。美吕尚之佐周，善管仲之辅桓。将超世而作理，焉沉湎于此欢。于是罢女乐，堕瑶台。思夏禹之卑宫，慕有虞之土阶。举英奇于仄陋，拔髦秀于蓬莱。君明哲以知人，官随任而处能。百揆时叙，庶绩咸熙。诸侯慕义，不召同期。继高阳之绝轨，崇成庄之洪基。虽齐桓之一匡，岂足方于今时。尔乃育之以仁，临之以明，致虔报于鬼神，尽肃恭乎上京。驰淳化于黎元，承历世而太平。

章华台　唐·李群玉

　　楚子故宫地，苍茫云水幽。我来览后事，落景空生愁。霸业没荆棘，雄图成古丘。沉吟问鼎语，但见波东流。征鸿引乡心，一去何悠悠。晴湖碧云晚，暝色空高楼。迢递趋远峤，微茫入孤舟。空路不堪望，西风白波稠。

章华台楚行宫　唐·张籍

　　章华宫中九月时，桂花未落红橘垂。江头骑火照辇道，君王夜从云梦归。霓旌凤盖到双阙，台上重重歌吹发。千门万户开相当，烛龙左右列成行。下辇更衣入洞房，满前侍女尽焚香。玉阶罗幕微有霜，齐言此夕乐未央。玉酒湛湛盈华觞，丝竹次第鸣中堂。巴姬起舞向君王，回身垂手结明珰。愿君千年万年寿，朝出射麋夜饮酒。

章华宫行　唐·鲍溶

烟渚南鸿呼晚群，章华宫娥怨行云。十二巫峰仰天绿，金车何处邀云宿。小腰嫔堕三十人，宫衣水碧颜青春。岂无一人似神女，忍使黛蛾长不伸。黛蛾不伸犹自可，春朝诸处门长锁。

章华怀古　唐·鲍溶

楚王意气吞九有，俯视荆衡若培塿。增城九重无足多，手指星躔开门牖。鲁侯奉觞翟使笑，举头常见云梦烧。蛾眉燕赵醉当房，鸠面巴庸泣远徼。翠被那知雨雪寒，诘鼎问田胡多端。剥圭未了当璧入，曩者丹雘何曾乾。呜呼倾宫既圮迷楼蠹，华清仍是阿房澳。秦人筑怨楚筑愁，漫向姑苏问麋鹿。

章华台　元·吴师道

灵王倾国崇台宇，按剑章华睨中土。弁裳伏地走诸侯，钟鼓凌空震三楚。骋骤不畏伍子谋，落成乞与吴兵游。孤舟竟走江上路，块土独枕山中愁。十年霸气终萧索，回首华容归不得。饥魂漂泊啼秋烟，细腰却舞新王前。

章华台　唐·韦庄

清瑟怨遥夜，绕弦风雨哀。孤灯闻楚角，残月下章台。芳草已云暮，故人殊未来。乡书不可寄，秋雁又南回。

访章华台故址　清·程藻

尚有离湖在，荒墟几度哀。细腰原化土，碧草不登台。气逐三休尽，悲从午夜来。屈骚堪日读，时见楚云回。

章华台怀古　清·朱玉峰

忘却荆山僻处时，章华高筑骋雄奇。三休已侈多含怨，大屈仍还肯受欺。长鬣添来新面目，亡人脱去旧藩篱。民罢财尽非良策，何不留心伍举辞。

章华台　唐·胡曾

茫茫衰草没章华，因笑灵王昔好奢。尘土未乾箫管绝，可怜身入野人家。

章华晓霁　清·李岱玉

新莺乍转曙初开，搓得鹅黄朴翠来。旧国高丘何处是，双柑斗酒坐莓苔。

清孔自来《江陵志余·志陵陆》

胡曾《吊古》诗：茫茫衰草没章华，因笑灵王昔好奢。尘土未乾箫管绝，可怜身入野人家。

自来《章华台怀古》诗：楚王意气吞九有，俯视荆衡若培塿。增城九重无足多，手指星躔开户牖。鲁侯奉觞翟使笑，举头常见云梦烧。蛾眉燕赵醉当房，鸠面已庸泣远徼。翠被那知雨雪寒，诘鼎问田胡多端。剥圭未了当璧人，曩者丹臛何曾乾。呜呼宫院既圮达楼蠹，华清仍是阿房澳。秦人筑怨楚筑愁，漫向姑苏问麋鹿。

清倪文蔚等《光绪江陵县志》卷五十三《艺文六·赋》

章华台赋　汉·边让（前志已录）

章台赋（并序）　清·胡在恪

郡东南十余里之沙市，迤逦而连蜷者为章台，故楚灵王章华宫也。日往月来以化为寺。堤萦于台之左，面大江而曲，万家林荟蓊荟，称胜概焉。老梅一株，自先君子幼闻之于父老云，不知何时所植，兵燹樵苏，灭裂焚爨，菀枯屡见，更成佳话。岁次庚戌，月旅姑洗，时和昼长，众香发越。羌案衍以仪伴，乍歊欻而面遨。览迁四序，感纷万物。因思昔人兰台、高唐、神女、登楼诸赋，程才渺虑，每各备善。章台自边让外，罕见艺林，聊复援笔，谬为一赋。面旁比类，率本方闻，未尽雅训。鸟归鱼乐，所托者然，而岨峿踌躅，盖不自知之患也。其辞曰：（省略）

又卷五十六《艺文九·诗》

登古阳云台　唐·张九龄

庭树日衰飒，风霜未云已。驾言遣忧思，乘兴求相似。楚国兹故都，兰台有馀址。传闻襄王世，仍立巫山祀。方此全盛时，岂无婵娟子。色荒神女至，魂荡宫观启。蔓草今如积，朝云为谁起。

登章华楼　唐·李群玉

楚子故宫地，苍茫云水幽。我来览后事，落景空生愁。霸业没荆棘，雄图成古丘。沉吟问鼎语，但见波东流。征鸿引乡心，一去何悠悠。晴湖碧云晚，暝色空高楼。迢递趋远峤，微茫入孤舟。空路不堪望，西风白波稠。

章华台（序）　清·宗湄

章台寺，其遗址也，去市头里许，僻在东隅，周十余亩。相传为楚宫旧基，故无租赋。尝散布寺门，断碑残碣偃卧于夕阳芳草间，台畔柳絮临风，令人想见细腰女争妍邀宠时，俄而疏磬数声，则又发人深省矣。（诗略）

楚宫行　唐·张籍（前志已录）

章华宫行　唐·鲍溶（前志已录）

章华台　元·吴思道（前志已录）

章台怀古　清·孔自来（前志已录）

过章华台　清·王酿

闻说灵王此建宫，宫残乱石自西东。野云衰草嘶征马，秋雨寒芦逐暮鸿。七泽大川秦土地，三湘怨鬼楚英雄。从来兴废凭谁道，还向江皋问钓翁。

登章华台　清·王酿

载酒荒亭问老梅，长堤看柳到章台。一时走马人何在，千古题诗客复来。画里烟开双鸟去，镜中云拥数帆回。可怜寂寞沈香井，曾见灵王辟草莱。

章华台　清·邓自松

楚王宫阙旧繁华，今日长堤几树鸦。故苑烟销余麦陇，野塘春尽有梨花。残雪落日孤亭迥，暮雨疏钟废寺斜。只有年年香井畔，月明犹似戏宫娃。

章台怀古　清·徐淮

长江环绕一峰斜，风景撩人寄慨赊。览胜原非新楚泽，登台岂是旧章华。倾城粉黛埋幽草，镇日笙歌冷暮鸦。可爱青青堤畔柳，春来犹自舞烟霞。

章华台吊古　唐·胡曾（前志已录）

豫章台　明·崔桐

沙市黄鹂啼暮春，落花残雨净轻尘。傍人指点章台路，烟草微茫认不真。

沙市章台寺　清·王酿

章华台上晚钟遥，章华台下草萧萧。柳条不解兴亡恨，又向东风舞细腰。

章华台　清·来谦鸣

长夏清幽萧寺中，章华人去古台空。当年游冶欢何极，此日江津万树风。

王百川《民国沙市志略·山水第二》

寻章华台七古（并序）　清·程炌

《左传·昭公七年》，楚子成章华之台。杜预注，台今在华容城内。按《汉书·地理志》，南郡华容注，应劭曰，春秋迁许于容城是也。故城在县西北。汉置华容县，三国属吴，曰监利，南齐侯城废，谓台在今县志南郭内，非也。《水经注》夏水出江，流于江陵东南，历章华台，台高十丈，广十五丈。《岳阳风土记》古章华台在今监利县，离湖台之故址班班可考。《明一统志》章华有二，一在江陵沙市，一在监利。按《江陵志余》沙市为豫章岗，非章华台。每春时，极游冶之盛，寓公名流题咏甚多，殆与石首今华容之俱有章华台，同一附会矣。余庚午秋就馆监利署中，暇则历览山川，希拓见闻，漫作是诗，资考证、镜佚乐也。

楚王大猎云梦回，干霄特起章华台。台高十丈撑朝晃，历级三休乃得上。台上美人颜如花，台下亡人纷如麻。乾溪旗靡鼓声歇，细腰长鬣皆虫沙。我来访古容城右，平芜绿到中夏口。夏水西折过章华，水经无讹为分剖。茫茫何处问楚宫，居人指点离湖东。离湖千顷接天白，曾飞楼观夸雄风。劫灰屡阅陵谷变，断础颓垣不可见。繁华洗尽开平田，禾黍年年自葱蒨。我家家近章华寺，寺悬银榜照流水。春风堤上桃花红，香吹游骑红云里。宫人草色最销魂，云是宫人魂化此。至今好事犹咨嗟，览古之情想尔尔。其地昔为豫章岗，呼作故宫殊荒唐。郦经杜传有确据，谁与考据求其详。沙头章华天下传，容城章华人茫然。大抵僻处昧实迹，遂令显晦相天渊。当年筑怨万人役，诸侯落成复何益。渚宫渐台总沧桑，楚水沉沉楚天碧。

按沈括《梦溪笔谈》辩证云，楚章华台，亳州城父县、陈州商水县、荆州江陵、长林、监利皆有之。据《左传》，楚灵王七年成章华之台，与诸侯落成之。杜预注，章华台在华容城中。华容即今监利，非岳州之华容也。至今有章华故台在县郭中，与杜预之说相符。亳州城父县有乾溪，其侧亦有章华台故基，台下往往有人骨云，楚灵王战死于此。薛琮注张衡《东京赋》引《左氏传》乃云，楚子成章华台于乾溪，皆误说也。《左传》实无此文，章华台原与乾溪非一处，前辈辩章华台者似未见此条，惟《楚宝·章华台考》曾引《笔谈》之说，然而文繁多骑墙语，中无定见，亦未实指章华台何在。

清孙炳煜等《光绪华容县志》卷十四下《诗》

章华台怀古　胥焯

落日丘陵出，荆王云雨空。柳知腰妒细，花忆面争红。亡国多因色，荒台剩有宫。犹疑猎云梦，野烧起西风。

章华台　明·何景明

别馆离宫纷纷罗，细腰争待楚王过。章华日软春游尽，云梦天寒夜猎多。废殿有基人不到，荒台无主鸟空歌。西江烟月长如旧，只有繁华逐逝波。

章华台古迹　黎溍
　　蒐苗几度启元戎,辇道崇台霸气雄。骑火夜归云梦泽,凤箫春宴细腰宫。长原兵合孤身走,故国家残块土空。千古饥魂无泊处,寒林疏雨泣秋风。

章华台　黄廷圭
　　子园倾国筑章台,惆怅功成霸业摧。珠翠已随鸾辂去,管弦都变鸟声哀。野花连陌来麋鹿,秋露垂园泣草莱。对景不须伤往事,柏梁铜雀总尘埃。

章华台　李蒿
　　百尺崇台据水乡,霸图谁似楚灵疆。西征徐子东吴子,外作禽荒内色荒。薜荔和烟生辇道,蘼芜泣露绕宫墙。訾梁师溃骄奢尽,国破家亡事何伤。

章华台　田九龄
　　落落荒丘一径通,当年霸业亦称雄。可怜白日来秦骑,从此红妆散楚宫。云雨漫随神女梦,楼台无复大王风。章华有尽江山在,迟暮登临感慨中。

章华台　曾可前
　　江树岩花半未雕,秋容华发总寥寥。山头霸迹台犹迥,座上雄风洒未消。伯始中庸询往事,时雍勋德忆前朝。艰难却顾沱西里,野店清霜渡板桥。

章台　严首升
　　章台小姑苏,游人歌且哭。当时乐生悲,后人悲处乐。

章华台故址　张召华
　　一啸西风万壑开,斜阳流水读登台。何缘断碣逢秋草,无数牛羊岭上来。

章华台　顾廷锡
　　湖上清风扑面来,踏莎人说古荒台。斜阳明灭东山翠,曾照当年猎骑回。

章华台　孙琪

沱水依依傍岸西，春山一带鸟空啼。宫中多少伤心事，尽入游人吊古题。

清钟泰、宗能徵等《光绪亳州志》卷十八《艺文志·诗》

亳城怀古五首（其一）　刘开

睢阳北望总沙尘，咫尺梁王迹已陈。涡曲园林天亦雪，乾溪云物楚余春。戎车中夏争雄志，野块君王独卧身。一死相从唯二女，细腰空瘦旧宫人。

清舒成龙、李法孟《乾隆荆门州志》卷三十六《文苑》

放鹰台　明·王越

妖狐狡兔兮眠荒台，秋草秋风兮鹰不来，我思楚王兮安在哉。

第六章　宋玉赋"郢中"所指综合田野调查与研究

宋玉《对楚王问》在著名的"曲高和寡"的"自况"式辩说中，起句为"客有歌于郢中者"。关于句中宋玉说的"郢"，唐宋的文人墨客多以为其地指唐宋间的郢州，即今之湖北省钟祥市。宋刘攽有诗云："汉江东流不复回，郢人唱和安在哉。巴词下曲满天下，刻商流徵成尘埃。但见苍山插霄汉，石城古木高崔巍。"诗中"石城"即唐宋间郢州今之钟祥在南北朝时的古称。然而宋代的学者却有人不这样认为，沈括《梦溪笔谈》辩之说："世称善歌者皆曰'郢人'，郢州至今有白雪楼，此乃因宋玉问曰'客有歌于郢中者，其始曰《下里》《巴人》，次为《阳阿》《薤露》，又为《阳春》《白雪》，引商刻羽，杂以流徵'，遂谓郢人善歌，殊不考其义。……以楚之故都人物猥盛，而和者止于数人，则为不知歌甚矣，故玉以此自况。《阳春》《白雪》皆郢人所不能也，以其所不能者明其俗，岂非大误也？""今郢州本谓之'北郢'，亦非古之楚都。""今江陵北十二里有纪南城，即古之郢都也，又谓之'南郢'。"①于是两说并存于世。今人注释"郢中"，多从宋沈括之说，然而考之宋玉生平又难以契合。《史记·屈原贾生列传》说："屈原既死之后，楚有宋玉、唐勒、景差之徒者，皆好辞而以赋见称；然皆祖屈原之从容辞令，终莫敢直谏。其后楚日以削，数十年竟为秦所灭。"②《汉书·艺文志》说："（宋玉）楚人，与唐勒并时，在屈原后也。"③"屈原既死之后"才崭露头角步入政坛的宋玉，能否在纪南城之郢都"对楚王问"颇令人怀疑，因为屈原卒年通行的说法是公元前277年，当时位于纪南城的楚郢都已为秦将白起所攻占，秦国以纪南城的楚郢都故地为中心设置了南郡，治所当在郢都南相距不远的纪南古城。当下还有一些钟祥本地的研究者，据古之"一说"认

---

① 沈括撰，金良年点校：《梦溪笔谈》卷五《乐律》，中华书局2015年版，第47、48页。
② 司马迁：《史记》，中华书局1959年版，第2491页。
③ 班固：《汉书》，中华书局1962年版，第1747页。

为"郢中"为表示地名的专有名词,举以《左传》中的"郊郢"附会之,以为"郢中"即为春秋时的郊郢,其所指即为湖北钟祥。殊不知"郢中"在宋玉赋中实为方位词组,意为"郢都之中","郢"实指楚国之都城,而非一般命名为"郢"的地名。近年来,战国楚简多有出土,称"郢"的地名很多,据清华简《楚居》统计有十四个以上,如湖北荆门十里铺镇王场村包山岗出土的"包山楚简"就有三例,[简12]有"栽郢",[简62]有"鄩郢",[简185]有"䣎郢"。① 这类名"郢"的地名,"郢"字前均冠以表示地名的专有名词,体例如《左传》中的"郊郢"、《史记》中的"鄢郢",而其表示的具体地望大多难以确考,研究者以为是楚王曾经驻跸之地,或以为"别都""行宫",这种推测正确与否有待进一步研究。值得注意的是,这些"地名＋郢"的专有名称,在传世文献和出土文献中未见有省其前面"地名"而单独称"郢"者,若省略了前面"地名"简称为"郢",那么其所指便不知所云了。以此知,楚人习惯上单独称"郢"者必指楚国都城,而绝非指楚王曾经驻跸之地或曰"别都""行宫"者。因而"郢中"之意一定指楚国都城之中,绝非其他。有鉴于此,且基于宋玉的生活时代可能贯穿于战国晚期楚国由衰而亡的始终,我们对楚国战国时的故都将逐一进行文献考证与田野调查,以厘清宋玉《对楚王问》中"郢"之所指的问题。

一、战国晚期楚都考索

据《史记·楚世家》记载:(1)"文王熊赀立,始都郢。"楚文王所都的这个"郢",是春秋前期的郢,童书业认为在汉水中游②;石泉、张正明认为在湖北宜城市之楚皇城③;郭德维认为在湖北当阳市之季家湖古城遗址④,其地望尚无定论,但它是楚人名都城为"郢"的开始。楚人何时由始都之郢迁至纪南城之郢,史无记载,张正明认为楚昭王始都于纪南城之郢⑤,而郭德维认

---

① 李学勤主编:《清华大学藏战国竹简》(壹),中西书局2010年版,第180页。
② 童书业:《春秋左传研究》,上海人民出版社1980年版,第231—233页。
③ 石泉:《古代荆楚地理新探》,武汉大学出版社1988年版,第5、419页;张正明:《楚史》,湖北教育出版社1995年版,第238、247页。
④ 郭德维:《楚史·楚文化研究》,湖北人民出版社2013年版,第49—51页。
⑤ 张正明:《楚史》,湖北教育出版社1995年版,第238、247页。

为楚惠王始都于纪南城之郢①。两说年代接近，两楚王均即位于春秋末期，二者所论本以纪南城考古资料立说，理据可信。（2）"（楚顷襄王）二十一年（前278），秦将白起遂拔我郢"，"楚襄王兵散，遂不复战，东北保于陈城"。这个陈城，本为陈国的都城，楚灭陈后置为楚县。楚襄王迁都于此后，称陈郢。（3）"（楚考烈王）二十二年（前241），与诸侯共伐秦，不利而去。楚东徙都寿春，命曰郢。"寿春在春秋时本为州来、下蔡故地，楚考烈王初年春申君黄歇封于淮北，以此地为采邑，寿春之称可能因寓意"祝颂春申君长寿"而得名。楚考烈王迁都于此后，称寿郢。（4）又据《资治通鉴》卷六《秦纪一》记载，"（周赧王）五十四年（前261）"，"楚迁于钜阳"。胡三省注："赧王三十七年，楚自郢东北徙于陈，今自陈徙钜阳；至始皇六年，春申君以朱英之言，自陈徙寿春。则此时虽徙钜阳，未离陈地也。"②关于钜阳的地望，今之学者均以为在安徽阜阳市以北，或曰在茨河东北沿岸的原墙集，或曰在原墙集东北的宫集镇，或曰在阜阳北20千米左右的腰庄古城遗址，大体范围都在阜阳市以北颍、肥二水之间。③（5）又据《战国策》卷十七《楚策四》记载："秦果举鄢、郢、巫、上蔡、陈（按：上蔡、陈当为衍文）之地，襄王流掩于城阳。"④今人黄盛璋考城阳地望为今河南省信阳市北长台关附近的两座毗邻的古城遗址⑤；《读史方舆纪要》对这两座古城遗址，一称为楚王城，一称为太子城。

综上所述，战国后期楚襄王及其以后直到楚为秦所灭，楚国的都城及楚王驻跸处与可能的别都共计有五处，如果结合现当代的考古发现与学者考证结论加以说明，它们是：（1）今湖北荆州城（一称江陵城）北纪南城之郢都，楚昭王或楚惠王时至楚襄王前期都此；（2）今河南信阳长台关之城阳，后世称之为楚王城与太子城，秦将白起攻占郢都后，楚襄王曾短时间地驻跸于此；（3）今河南淮阳故陈国都城，史称陈郢，楚襄王后期与楚考烈王前期都此；（4）今安徽阜阳北古钜阳（其具体地望尚待考证），据《资治通鉴》

---

① 郭德维：《楚史·楚文化研究》，湖北人民出版社2013年版，第51页。
② 司马光编著，胡三省音注：《资治通鉴》，中华书局1956年版，第196页。
③ 陈立柱：《楚考烈王"徙于钜阳"有充分事实根据——与陈伟、徐少华、杨玉彬等商榷》，《学术界》2012年总第174期。
④ 刘向：《战国策》，上海古籍出版社1985年版，第555页。
⑤ 参见黄盛璋：《楚王城》，《历史研究》1960年第1、2期合刊。

楚考烈王十年至二十一年迁于此，而《史记》不记迁钜阳事，钜阳很可能为考烈王时之别都；（5）今安徽寿县古城，史称寿郢，楚考烈王二十二年迁都于此，直至楚王负刍为秦所灭，是楚国的最后一座都城。在此五者之中，楚襄王为避秦将白起之兵锋临时驻跸之地城阳与可能为楚考烈王时之别都的钜阳，在历史文献中都没有将其称之为"某郢"或"某某郢"的记载，因而不可能将其简称为"郢"，可以断定城阳与钜阳不是宋玉赋《对楚王问》"郢中"之所指。所以我们的田野调查与研究将考察对象确定为湖北荆州纪南城之郢都、河南淮阳古城之陈郢与安徽寿县古城之寿郢。

二、战国晚期楚都调查研究

（一）纪南城之郢都

关于纪南城之郢都地望，早在汉代就见于记载，《史记》卷一百二十九《货殖列传》说"江陵故郢都"[①]；《汉书》卷二十八下《地理志》亦承《史记》之说；《说文·邑部》说："郢，故楚都，在南郡江陵北十里。"[②] 魏晋以后更明确指出郢都在江陵纪南城，如《左传·桓公二年》"始惧楚也"，西晋杜预注："楚国，今南郡江陵县北纪南城也。"[③] 刘宋盛弘之《荆州记》说："昔荆州城掘地得石函，有铁契云'楚都郢邑，代无绝'。"[④] 北魏郦道元《水经注》卷二十八《沔水》说："江陵西北有纪南城，楚文王自丹阳徙此，平王城之，班固言：楚之郢都也。"[⑤] 然而至宋以后，尤其是近现代人多有异说，概括起来，除纪南城说外，有以宜城为古江陵说（若指认宜城为古江陵，那么《史记》《汉书》所说的江陵则是宜城），有宜城西南故郢地、阴湘城、郢城（指江陵城东的郢城）说，有宜城故鄢地说，有汉水中游说，有枝江说，有当阳季家湖古城说，林林总总，不一而足。上述异说，如果就春秋时期楚郢都而

---

① 司马迁：《史记》，中华书局 1959 年版，第 3267 页。
② 许慎撰，徐铉校定：《说文解字》，中华书局 2013 年版，第 130 页。
③ 杜预注，孔颖达疏：《春秋左传正义》，阮元校刻：《十三经注疏》，中华书局 1980 年版，第 1743 页。
④ 盛弘之：《荆州记》，乐史撰，王文楚等点校：《太平寰宇记》，中华书局 2007 年版，第 2834 页。
⑤ 郦道元著，陈桥驿校证：《水经注校证》，中华书局 2007 年版，第 669 页。

言，尚有讨论价值，因为春秋时郢都的地望还没有足够的考古发现进行佐证，尚无定论；如果就战国时期楚郢都而言，则没有必要进行争论了，因为战国时的郢都地望已经发现了明确的考古证据。江陵纪南城凤凰山 168 号汉墓出土的木牍"告地策"记有"江陵丞敢告地下丞"之句，江陵纪南城东垣高台 18 号汉墓出土了四方"告地策"木牍，其中牍甲下端有"江陵丞印"。研究者所谓"告地策"，就是当地地方长官为死者给阴间地君所开的"通行证明"与"报到凭证"。① 按照这种葬俗推测，死者的埋葬地——纪南城一带——当属于汉江陵的行政辖区。 凤凰山 168 号汉墓墓主葬时为汉文帝前元十三年（前 167），纪南城东垣 18 号汉墓墓主葬时为汉文帝前元七年（前 173），二者上距秦将白起攻占楚郢都仅 105 年或 111 年，对于楚郢都地望有着不容置疑的说服力。众所周知，汉承秦制，足证汉江陵即秦南郡治所江陵，纪南城在汉初确属从秦时沿袭下来的今江陵，《史记》《汉书》与《说文》的记载弥足可信。更为让人信服的还有，在江陵北考古工作者发掘出了纪南城古城遗址（图 6-1），从而可以确认，江陵纪南城为战国时期楚郢都，毋庸置疑。

根据曾亲身参与纪南城考古发掘的郭德维所撰的《楚都纪南城复原研究》，我们可以全面地获知战国时纪南城之郢都的考古信息。② 下面据郭德维提供的考古资料概括如下。

1. 地理位置：古城遗址在现江陵城（属湖北荆州市，亦称荆州城）北，纪山南，八岭山东，雨台山西；南城垣距江陵城 5 千米，北城垣距江陵城 8.5 千米；东城垣大部分叠压于襄沙（襄阳至沙市）公路之下。在襄沙公路西侧古城南城垣东端树有遗址保护标志。（图 6-2）

2. 城垣：古城城垣全系土筑，城垣平面呈长方形。今保存下来的城垣情况是：北垣长 3547 米，最高处 7.6 米；西垣长 3751 米，最高处 4.1 米；东垣长 3706 米，最高处 5.6 米；南垣长 4502 米（包括为将凤凰山南端包含于城内而特意拐出一段长方形墙体的突出部位），最高处 3.9 米。（图 6-3）东南角有烽火台一座，位于南垣突出部位的西南角，比城垣高出 5—6 米（图

---

① 江陵纪南城凤凰山 168 号汉墓木牍，见《湖北江陵纪南城凤凰山一六八号汉墓发掘简报》，《文物》1975 年第 9 期；江陵纪南城高台 18 号汉墓木牍，见《江陵高台 18 号墓发掘简报》，《文物》1993 年第 8 期。

② 参见郭德维：《楚都纪南城复原研究》，文物出版社 1999 年版，第 45—56 页。

6-4），四面城垣上部现存宽度为 14 米、12 米、10 米不等。城垣周长 15506 米，城内面积约 16 平方千米。

3. 城门：城垣四周于考古勘探时存有缺口 28 处，已查明属于城门的有 7 处，其中南北水门各 1 处，西垣陆门 2 处，北垣、东垣、南垣陆门各 1 处。参考有关古代城制的古文献推测，古城当有城门 12 座，每面城垣各 3 座，其中陆门各 2 座，水门各 1 座。

4. 护城河：护城河的遗迹在城外一些低洼地带非常明显，经勘探，护城河距城垣外坡一般在 20—40 米之间，一般宽度为 40—80 米，一般深度在地表下 4—6 米。（图 6-5）

5. 城内交通：（1）城内河道。在现今的古城遗址城垣范围之内，有南流入城的新桥河和由北流入的朱河，两河的交汇处今称板桥。而考古勘探出的古河道有四条，南流入城的基本与新桥河重叠走向一致，北流入城的基本与朱河一致，西流入城的古河道入城处今称郭大口，入城后呈东北流向，在板桥与新桥河、朱河交汇，三条河在板桥交汇后，流入由板桥通向龙会桥的古河道，并流向城外。这样在城内就形成了近于"十"字形的水道，四面连接于东西南北四座水门，于城内则交汇于板桥。（2）城内干道。城内土路干道遗迹难以勘探与辨识，根据《考工记》"国中九经九纬"的记载，研究者推测，古城中有"井"字形的干道，连接于四面城垣 8 座陆门，且在城内交叉相连，相互交通，形成城市街区格局。

6. 城内布局：据古城内考古发现的宫城、建筑台基、古井、作坊及文物的分布，按"井"字形干道划分，古城可分为九个区。其中西北、西中、西南三个区，主要是平民生活区；中北和东北两个区，主要是作坊区；东北区西南角部分可能是贵族生活区；中中区和中南区，主要是宫殿区；东中区以宫殿城墙为界，西部仍是宫殿区，东部为作坊区；东南区距离宫城很近，亦当为贵族生活区。

我们调查小组曾于 2013 年和 2016 年两次到纪南城考察，一次重点考察北城垣，一次重点考察南城垣。由于古城内考古探方早已回填，只能看到横亘于田野之上的古城垣与护城河的遗迹，于是我们便按照考古报告的提示，寻找古城门遗址，体会古城研究者对城内布局的描述。即便如此，我们仍然可以感觉到纪南城古郢都宏伟壮观的风貌，站在古城遗址的最高处——南垣烽火台上举目眺望，浮想两千多年前的纪南城古郢都，那种"楚之郢都，车毂击，民肩摩，市路相排突，号为朝衣新而暮衣敝"①的繁华，仍油然而感慨万千。

（二）淮阳古城之陈郢

战国晚期楚陈郢故地，即为今河南省淮阳县古城遗址。（图6-6）郑康侯、朱撰卿等《民国淮阳县志》卷一《舆地上·沿革》记载："县为伏羲、神农二氏旧都，夏属豫州境，殷为虞遂封地，周复封妫满为陈侯，后为楚灭，地属楚。（注：《史记·陈杞世家》周武王克殷，求舜后，得妫满，封于陈，是为胡公。湣公二十四年，楚惠王复国，以兵北伐，杀湣公，遂灭陈而有之。《楚世家》顷襄王二十一年，秦将白起遂拔我郢，烧先王墓夷陵，楚襄王兵散，遂不复战，东北保于陈城。《通考·舆地考》楚灭陈为县，顷襄王自郢徙于此。战国时为楚、魏二国之境。）秦置陈县属颍川郡，汉初分颍川置淮阳郡，高帝十二年置淮阳国，陈县属焉。"②据《沿革》提供的线索，考之于《史记》，陈国始建于周初，楚惠王十一年（前478）灭陈置县，楚襄王二十一年（前278）楚为秦所败迁都于此，称之为陈郢。据《史记》"楚襄王兵散，遂不复战，东北保于陈城"的记载可以推测，楚襄王迁都于陈城，是就陈国故都亦即楚之陈县故城落脚，虽称之为陈郢，但于秦楚战事尚未平息的特殊形势下并未另筑新城。1980年，河南考古工作者对淮阳县古城垣做过探查与试掘，试掘显示，古城始建于春秋晚期或稍早，在战国、西汉、宋明时期曾经进行过5次增筑或修复。仅就战国时期的增修而言，第一次增筑当在楚惠王灭陈设县时，城墙外附加厚度为1.5米至2米，增高1.5米；第二次增筑在楚襄王迁都陈郢后，城墙外附加厚度达4.4米，在第一次增高基础上又加高1米，可谓是一次大规模的增修。③试掘证明，现在的淮阳古城遗址就是楚襄王迁都于陈城的陈郢。

淮阳古城址环绕在环城湖之中，所谓的环城湖是当代的淮阳人在原护城

---

① 桓谭：《新论》，虞世南撰《北堂书钞》引，天津古籍出版社1988年版，卷一二九第3页。
② 郑康侯、朱撰卿等：《民国淮阳县志》，《中国方志丛书》（华北地方·第四七○号），台湾成文出版社1976年版，第71—72页。
③ 参见曹桂岑：《楚都陈城考》，《中原文物》河南省考古学会论文选刊，1981年特刊。

河的基础上拓宽而成的。如今为了开发旅游资源，湖中种植了成片成片的大面积不同品种、不同花期的荷花，每逢荷花盛开的季节，县旅游部门就打出"淮阳荷花节"的品牌，迎接四方游客。我们调查小组2016年第二次到淮阳时，正值荷花节期间，湖光潋滟，波光粼粼，荷花摇曳，荷叶田田，放眼望去，美不胜收。环城湖中的古城城墙虽然在解放战争时期被人为拆除，但由于有护城河拓成的环城湖作为参照，城垣遗迹还依稀可见。（图6-7）在城垣遗迹中最为明显的是北垣、西垣与西南城垣拐角处，北垣、西垣高出地面约2米，宽约20米，从东到西的北垣与西垣北段遗址中间有一条2米宽的土路，路两边是单层的民房（图6-8）；西南城垣拐角处遗迹最为突出，距地面至少有5米以上，其上亦有单层建筑物，但看样子不是民房，好像古庙宇，青堂瓦舍，颇显高大。淮阳古城大致呈方形，面积不大，估计有七八平方千米。（图6-9）古城内被各种各样的建筑物所覆盖，由于未进行考古勘察与发掘，楚陈郢的城市布局不得而知。为了直观了解楚都陈郢，这里且引述《民国淮阳县志》卷四《城池》的记载，作为一个展开联想与样貌推测的参照。

城：延袤九里十三步，高二丈四尺，堞二千二百十一，望台四十九。（自乾隆二十七年知县汪圻重建，今仍之）

四门：东曰明化，西曰平信，南曰孝义，北曰永安。门楼三楹二层，月城顶有平台。

池：深一丈九尺五寸，广二丈六尺有奇。（明嘉靖间，知州郝璋、指挥王三锡复濬，视旧加十之三）

州城即古陈国，《九域志》云，陈胡公筑。《太平寰宇记》云，楚惠王筑。《水经注》云，南郭里有淮阳城，子产置。汉高祖十一年为淮阳国。杜氏《通典》云，汉淮阳郡故城在陈州宛邱县西南。《寰宇记》又云，陈州城枕蔡水，周围三十里，汉后修筑，莫稽嗣斁。东右徙东堞，即古西闉。城中十字街，形势崔嵬，识者指为西铭山之麓。明洪武驻跸于兹，命指挥贾齐等守焉。辛亥指挥陈亨易砖垣，延袤七里有奇，高三丈，址广五丈五尺，顶广不及十之三。四门各增瓮城，四隅各为角楼、敌台三十九，堞计二千七百，池深一丈五尺，广二丈有奇，外环护城堤。景泰间，指挥陈纪缮修，增巡警铺三十七。隆庆丁卯，知州崔南阳、指挥贾国桢，癸巳知州胡大成历修。崇祯十五年三月，闯贼陷陈，城毁。清顺治三年，知州赵炜复修。康熙十四年知州李景云，二十七年知州潘士瑞，二十八年、五十一年知州王清彦、顾班，雍正七年知州林贻熊相继修。乾隆十四年大水，城圮，二十七年知县汪圻请帑重建，又自为文记之。光绪十年，知县焦思瀜捐修四门、谯楼，补葺城垣。[1]

《民国淮阳县志》不仅介绍了民国时淮阳城的情况，而且记述了汉以来历代对淮阳城的修缮与重建情况，尤其对明清两代记述得颇为细致。对于增修则原址未动，可不必多虑，但两次城毁则不得不考虑城址是否变动迁移。一些古历史地理研究者，即有此虑，而且做出过种种推测；然而1980年的试掘已经证明城址从战国至明清历代城垣的叠压情况，战国楚陈县与陈郢城垣皆叠压在西汉增修的土层之下，西汉增修层又叠压在明清增修层之下，这种叠压说明城址未曾变动迁移，所以我们认为淮阳古城即为古楚陈郢的遗址。

（三）寿县古城之寿郢

《史记·楚世家》记载，楚考烈王二十二年，"与诸侯共伐秦，不利而去。楚东徙都寿春，命曰郢"。其故址当在今安徽寿县境内。今安徽淮河以南的寿县与淮河以北的凤台县隔河相望，一衣带水，毗邻接壤，二县在西周本为州来国疆域。春秋时楚穆王（前625—前614）灭州来，其地附属于楚；吴寿梦二年（前584）吴入州来，与楚争夺州来疆土，互有进退，故而吴、楚疆界势同犬牙交错；至吴王余昧二年（前529）"吴灭州来"，并屡败楚兵，最终于吴王余昧十五年（前515）占有了州来全境，封其弟季札于此，史称延州来季子；吴王夫差三年（前493）迁蔡昭侯于州来，史称下蔡，而州来与下蔡同处于故州来境内；蔡侯齐四年（前447）楚惠王灭蔡，州来故地复归于楚。楚承吴旧制在州来故地仍设置州来、下蔡二县，近年出土的属于楚

---

[1] 郑康侯、朱撰卿等：《民国淮阳县志》，《中国方志丛书》（华北地方·第四七〇号），台湾成文出版社1976年版，第245—246页。

怀王初年文物的包山楚简可证，[简121]记有"下蔡"，[简168]记有"州来"[①]，说明二县在怀王时代仍然同时存在。楚考烈王初即位（前262），春申君受封淮北十二县，以古州来、下蔡境内今寿县为采邑，名曰寿春；考烈王二十二年（前241）迁都于寿春，承袭楚都旧名仍曰郢，史称寿郢。追述楚迁都寿春及此前其地的历史，今寿县境内至少有州来、下蔡、春申君采邑、寿郢等四座先秦古城，考有关寿春和凤台的志书及新中国成立以来的考古发现，四座古城址不仅见于志书记载，而且都有考古发现的实证，其分布情况详见本书第一章《宋玉赋"阳城"与"下蔡"地望的田野调查与研究》。本文仅就楚寿郢加以论述。

　　1987年，安徽省文物考古研究所与安徽省地质科学研究所遥感站合作，经共同探测，曾划定过楚寿郢古城外郭的范围。认为寿郢故址以今寿县东南柏家台宫殿区为中心（参见图1-14），东垣从东津渡沿肥水延伸到王圩子一带，西垣从今寿县城南门延伸至范河村南，南垣从范河村南延伸至顾家寨一带，北垣从东津渡延伸至今寿县城东南部一带，全城南北长约6.2千米，东西宽约4.25千米，总面积约26.35平方千米。[②]这个遥感调查与解译结果于1988年公布后，一直被认为是研究楚寿郢的"可靠"信息依据。

　　然而1987年的遥感调查结果却被2001年至2003年安徽省文物考古研究所与北京大学考古文博学院的联合考古调查否定了，这是一件楚文化研究中的值得重视的大事件。北大考古专家孙华在《楚国国都地望三题》一文中指出："由于过去主持该项工作的研究者在发布工作报告时，将未确切验证的遥感解译结果当成了实际存在的考古遗迹，将自己对城墙位置的推测与考古实际发现混淆了起来，从而误导了城市史研究者和楚史研究者对楚都寿春的研究。"同时文章还郑重地发布了当时新的考古调查工作的结论："初步判定过去所判断的楚寿春外郭城墙的西城墙和南城墙都并不存在。为了给楚寿春城另外寻找一个外郭，我们又根据该遗址楚国重要文物的分布地域和遗址的地形地貌，在可能有城墙的位置进行了勘查和钻探，并在两处地表有土垄隆起的类似城墙的地点进行了小规模发掘。工作的结果表明，除了距离今寿

[①] 刘信芳：《包山楚简解诂》，台湾艺文印书馆2003年版，第108、186页。
[②] 杨则东、李立强：《应用遥感图像调查古寿春城遗址》，《遥感地质》1988年第2期。

县南城墙不远且与南城墙大致平行的被称作'牛尾岗'等土梁外，其他地点都没有城墙的迹象发现。""今寿县城的城墙向南外推约 300 米，其城池范围基本就是唐寿州城的范围，也就是汉寿春邑和楚寿春城的范围。""目前发现的战国晚期的楚寿春城的遗存都散布在城南及城东南的吴家嘴、周家油房、阎家圩、邱家花园、邢家庄、柏家台、东嘴子、二里桥、南关集、小长街、门朝西、史家圩、尹家孤堆一带（其中有多个地点都发现有大面积的带铺地砖的高等级建筑群），按照我们对楚寿春城范围的认识，这些楚国遗存大都分布在当时的城外而不在城内。我们认为，这些在当时城外的大型建筑群大都应当是楚国贵族和官僚宅第的遗迹。"据安徽省文物考古研究所和北京大学考古文博学院 2001 年至 2003 年的考古调查："今寿县城的城墙向南外推约 300 米，其城池范围基本就是唐寿州城的范围，也就是汉寿春邑和楚寿春城的范围。南宋嘉定七年以后的寿春县城周长 7800 米（图 6-10），南宋以前的寿州城规模更大一些，南北城垣距离约 2100 米，西门至东门距离约 2050 米，城垣大致成方形，四面城垣总长约 8500 米。"① 2001 年至 2003 年的考古调查，纠正了 1988 年遥感调查后发布的勘测结果，即城郭西垣从今县城南门向南至范河村，残存长度 4.85 千米，南垣从范河村向东至顾家寨一带，残存长度约 3 千米的所谓先秦城垣是不存在的；以此推测出的寿郢城区总面积约 26.35 平方千米的结论，是不科学的。

  据此，寿郢遗址位于今寿春城区的西北部，东南与近年兴建的新城区相连，南宋嘉定间留存下来的古城墙犹完整存在，是为调查楚寿郢的核心区域和参照地标。我们在调查中，除了对现存的四面城墙和四座城门做了调查之外（图 6-11），重点对南城垣外约 300 米处的与南城垣基本平行、沿护城河而屈曲的土梁进行了调查。这条土梁于中间被正对南门的大道——寿春南路分断，西段称为寿春镇南关村西岗队，俗称"牛尾岗"；东段旧称寿春镇南关村东岗队，俗称"牛尾巴岗"，如今已被推平，修建起住宅楼，新的名称是南关社区。（参见图 1-9、图 1-10）西段"牛尾岗"长近千米，距地面高约 5 米，上部宽约 4 米，两面斜坡丛生着杂草树木，上部中间已被踩踏成宽约 2 米的土路，路面到处布满现代的瓦砾。考古调查与勘探证明，这就是

---

 ① 孙华：《楚国国都地望三题》，《华中师范大学学报》2005 年第 4 期。

唐代及其以前的古城垣南垣遗址。《光绪寿州志》说："罗城，即寿春外郭，一曰南城。"指的就是这段城垣遗址。以此推测，唐代以前的古城护城河当在南垣遗址之外。

三、宋玉赋"郢中"所指考辨

了解了战国后期楚国的三座以"郢"为中心语素称谓的都城，我们就可以考辨宋玉《对楚王问》中"郢中"之"郢"的所指了。

首先，从宋玉赋文本内证来说，《对楚王问》开篇明言"楚襄王问于宋玉曰"，以此知，此赋作于楚襄王时代，因此可以排除文中所言"郢中"之"郢"所指为今安徽寿县之古寿郢的可能。然而楚襄王的时代，由于为秦所迫迁都于陈郢，事实上楚襄王元年（前298）至二十年（前279）在湖北荆州纪南城之郢都，而楚襄王二十一年（前278）至三十六年（前263）在河南淮阳之陈郢。宋玉赋"郢中"之"郢"是指纪南城之郢，还是指陈郢，尚需进一步考辨。

其次，从宋玉步入政坛或文坛的时间来说，上文已言及，《史记》说"屈原既死之后，楚有宋玉"，《汉书》说宋玉"在屈原后也"，这是最早也是最可信的宋玉年世资料，据此可以认定宋玉是在屈原死后入仕为楚襄王文学侍从的，宋玉的文学创作也应在此时起步。关于屈原的卒年，最通行的说法是公元前277年，即楚纪南城之郢都沦陷之后仅一年，这是判断"屈原既死之后"的一个时间节点。关于宋玉的生年，通行的说法是公元前296年或公元前290年，前者是游国恩提出的，后者是陆侃如提出的。① 二位先生的依据最主要的就是《史记》与《汉书》关于宋玉年世的记述，因而其说可信。以屈原的卒年和宋玉的生年推算，屈原沉汨罗时，宋玉刚满19岁或只有13岁。而屈原的卒年恰是楚襄王迁都于陈郢的那一年，结合楚迁陈郢之年，不难做出如下的判断：宋玉在纪南城之郢都被秦兵围攻而导致沦陷前只有17岁甚或13岁，其入仕为楚襄王文学侍从的可能性几乎为零，这就是说宋玉

---

① 游国恩：《楚辞概论》，北京学述社1926年版，第272页；陆侃如：《宋玉评传》，《小说月报》第17卷号外，1927年6月。

《对楚王问》不可能作于纪南城之郢都,"郢中"之"郢"亦固然不能指纪南城之郢都;以楚迁都陈郢时宋玉的年龄推断,宋玉入仕或步入文坛的时间必在屈原死后,亦即楚迁陈郢之后,"郢中"之"郢"当指陈郢无疑。

再次,《对楚王问》中楚襄王问宋玉曰:"先生其有遗行与?何士民众庶不誉之甚也?"宋玉既被楚襄王称为"先生",至少当在其成年以后(即按古礼20岁行冠礼之后),且要有一定的宦游资历;宋玉被指责"士民众庶不誉之甚",则当在官场和社会上有了一定的知名度,即使评价颇有微词,但也为人所熟知,这是需要一段较长的时间的。这两种现象说明宋玉作《对楚王问》时不仅已入仕为官,而且已经有了一段较长的从被认识到熟悉的时间,至少已经不是一个初来乍到、鲜为人知的"新人"了。这是《对楚王问》作于陈郢、"郢中"之"郢"指陈郢的有力的佐证。

再其次,陈郢为古陈国故地,其民风能歌善舞。《诗·陈风·宛丘》:"坎其击鼓,宛丘之下。无冬无夏,值其鹭羽。坎其击缶,宛丘之道。无冬无夏,值其鹭翿。"《诗·陈风·东门之枌》:"东门之枌,宛丘之栩。子仲之子,婆娑其下。"足见陈地歌舞之俗由来已久。楚人本是能歌善舞的民族,有屈原的《九歌》为证,兼并陈国后,两个歌舞之邦的文化渗透与交流,一定会使两地歌舞取长补短,更加精彩纷呈。楚襄王迁都于陈郢之际,故陈国已并入楚国成为楚县整整200年,可想而知,陈楚之间有了这200年的渗透、交流与融通,谁能说,陈歌舞不受楚歌舞的影响,楚歌舞不被带入陈国故地,那《下里》《巴人》《阳阿》《薤露》《阳春》《白雪》等楚歌没有传入这个新的楚国都城呢?宋玉在这样别具特色的歌舞之乡作《对楚王问》,信手拈来赛歌会上"其曲弥高,其和弥寡"的斗歌场景为喻,可谓既接陈楚风俗之地气,又迎合襄王"识音"的个人喜好,真是再自然不过了,完全符合陈地设为楚县后又成为楚都的故有的文化底蕴与时下的文化情势。这也是《对楚王问》作于陈郢、"郢中"之"郢"指陈郢的很好的佐证。

综上所述,宋玉赋"郢中"之"郢"所指可以肯定是战国时期楚国的第二座都城——陈郢。

中编

第七章　五市县宋玉宅遗迹综合田野调查与研究

在古代文献中，明确记载有宋玉宅的地方有湖北宜城、荆州、秭归、钟祥与湖南临澧等五处。为此，我们在 2013 年和 2014 年间对上述各地进行了田野调查，并依据文献资料做了深入细致的比较研究，兹将调查与研究结果报告如下。

一、宜城宋玉宅

（一）调查印象

关于湖北宜城宋玉宅，据清程启安等撰《同治宜城县志》记载，宋玉宅与宋玉墓在一处，位于今宜城市南郊腊树园村四组。我们 2013 年第一次去考察的时候，其遗址为一片菜地。（图 7-1）据宜城宋玉研究者退休干部余建东介绍，当地流传着一首民谣："宜城县，东南角，宋玉墓在那里落。宋玉本是楚大夫，《九辩》千古绝调歌，生养死葬在楚国。"民谣中提及的宋玉宅方位与《县志》"宅在县南三里""墓在县南三里，宋玉宅后"的记载基本一致。遗址的具体位置，据目测，西距南北向观光路约 120 米，北距东西向自然村水泥路约 100 米，东距南北向自然村土石路约 60 米，南距东西向通往"襄大饲料"公司的南环二路约 240 米。遗址的东北角和北面是四组村民民宅，西南方向有许多种植蔬菜的塑料大棚，遗址上种着瓠瓜等时令蔬菜。据当地村民介绍，宋玉宅早已无存，宋玉墓被破坏的时间是"文化大革命"期间的 1966 年和 1967 年，有着"破四旧、立四新"的文化背景。然而村民说，与"文化大革命"时为"破四旧"而"打砸抢"无关，但分析当时的情势，可能与宋玉墓被视为"四旧"而失去了相关保护有关。遗址被破坏的直接原因是拆墓取砖，而拆墓取砖的目的起初是为了解决生产队建库房与磨房等缺少用砖的问题。以此推测，起初拆墓取砖可能是当时腊树园村四队有组织的集体行为。集体拆完后，村民有了需要就自己来挖，断断续续，持续了相当长一段时间。如今已看不出宋玉宅及宋玉墓的任何迹象，只有当年从墓上拆取的墓砖还残留在废弃的库房与磨房的残垣断壁中，或散落在田间地头的矮墙上。2014 年 9 月，我们又一次考察了宜城腊树园村，现今遗址周围已经砌起了围墙，据宜城市博物馆馆长说，围圈的面积有五亩地左右，目的是计划重修宋玉墓与宋玉宅，目前正在请有关专家做规划与设计。

然而《宜城县志》记载的宋玉宅遗址受到了当地文物部门的质疑，在宜城市博物馆关于宋玉故里的文字说明中有这样的表述："宋玉，战国晚期楚国鄢郢（今宜城市）人，据《水经注》卷二八《沔水篇》的记载，宋玉故里应在今楚皇城古城址以南，而清同治间编修的《宜城县志》则据省志的记载，将其向北移至今宜城市区南的腊树园村。"① 这个说明关于宋玉故里的方位虽没有明确下断语，但还是可以看得清楚，意思是说，宋玉宅应在楚皇城遗址以南，而不是在今宜城市区以南，即根据《水经注》的记载认为《同治宜城县志》的记述是错误的。这个质疑是有一定道理的，《水经注》在叙述"城故鄢郢之旧都"和城中汉代"秦颉墓"后说："城南有宋玉宅。"② 明确说明了"宋玉宅"的方位，但所谓"城南"不当是"在今楚皇城古城址以南"，而应在今楚皇城古城址城垣内的南部区域。郦道元所谓的"鄢郢"即是宜城市博物馆宋玉故里说明中所说的"楚皇城"，位于今宜城市东南约 15 千米的郑集镇南。（图 7-2）我们在考察楚皇城时，只能看见四围城垣与城垣外护城河的遗迹，而城垣内外均是稻田，已没有了宫殿和房屋的遗迹，曾经的考古探方也已回填。据曲英杰《长江古城址》介绍，宜城楚皇城"城址所在为一高岗东部阶地边沿。据考古资料可知，其四面城垣保存较为完整，除东垣蜿蜒曲折外，其余三面城垣均较平直，平面略呈矩形，方向约为 20°，偏于东南。城内面积 2.2 平方千米，周长 6440 米，东垣长 2000 米，南垣长 1500 米，西垣长 1840 米，北垣长 1080 米"。"四面城垣各有两处缺口，自北、东、南、西依次被称为大北门、小北门、小东门、大东门、大南门、小

---

① 见宜城市博物馆展板"宋玉故里——腊树园"文字说明。
② 郦道元著，陈桥驿校证：《水经注校证》，中华书局 2007 年版，第 668 页。

南门、大西门、小西门。""其原东垣北门、南门当与西垣北门、南门互相对应，由此而形成八座城门两两相对之势，而城门所连通之路呈井字形交叉，中央为宫城所在。与郢都相比，其规模显然小些，而形制更为方正，城内布局则类同。"① 宋玉宅就应当在这"井"字形城市格局的南城区，然在考古发掘中并没有发现有关宋玉宅的直接文物证据。

（二）文献记载

晋习凿齿《襄阳耆旧记》载："宋玉者，楚之鄢人也，故宜城有宋玉冢。"② 这是最早的宋玉籍贯的记载，但仅以宋玉冢为证，并未言及宋玉宅。最早言及宋玉宅的是北魏的郦道元，其《水经注》卷二十八《沔水》说："（鄢郢）城南有宋玉宅。玉，邑人。"宋玉既为古之鄢今之宜城人，那么此地有宋玉宅自然合于情理，故后世地志多从之。

清迈柱、夏力恕等《湖广通志》卷七十七《古迹志·宜城县》："宋玉宅，在县南三十里，宋玉墓之南。"③

清穆彰阿、潘锡恩等《大清一统志》卷二百七十《襄阳府·古迹》："宋玉宅，在宜城县南三十里。《水经注》：宜城县南有宋玉宅。按宋玉宅有三，此其里居也；一在归州，从屈原游学时所居；一在江陵，则服官郢都时居之。"④

清程启安等《同治宜城县志》卷一下《方舆志·宅墓》："宋玉宅在县南三里，宋玉墓南。《道志》《省志》俱误云三十里。县南有宋玉宅（《水经注》）。按宋玉宅有三，此其里居也；一在归州，从屈原游学时所居；一在江陵，则服官郢都时居之（《一统志》）。按：《渚宫故事》庾信因侯景之乱，自建康遁归江陵，居宋玉故宅。《哀江南赋》所谓'诛茅宋玉之宅'是也。又归州东二里相公岭上有宋玉宅；《郢州》又纪，洪武中建安陆州学于兰台，即宋玉宅旧址，又不但如《一统志》所言三者已也。盖名贤所至，人争艳

---

① 曲英杰：《长江古城址》，湖北教育出版社2004年版，第196、199页。
② 习凿齿：《襄阳耆旧记》，《续修四库全书》，上海古籍出版社2002年版，第548册，第349页。
③ 迈柱、夏力恕等：《湖广通志》，文渊阁《四库全书》，台湾商务印书馆1986年版，第534册，第41页。
④ 穆彰阿、潘锡恩等：《大清一统志》，文渊阁《四库全书》，台湾商务印书馆1986年版，第480册，第280页。

之,昔日居停之所,后世莫不以故宅目之。然玉乃宜产,宅又在墓侧,自当以在宜城者为确(《采访记》)。"①

又卷一下《方舆志·宅墓》:"楚大夫宋玉墓在县南三里,宋玉宅后,有三冢并列。明嘉靖中建祠其旁(《省志》)。今宅已废,墓大及亩,或合三冢而并于一耶?明正德中知县朱崇学立碑识之,嘉靖间都御史路迎建祠堂于墓前,自为记勒于碑。祠堂已圮。今尚书赵宏恩观察襄郧时题诗勒石,与路碑俱存(《府志》)。嘉庆间邑令方策周缭以垣,植所宜木其中,兼置守冢者畀以田,立碑记之(《采访记》)。"

又卷九《艺文志上》:"明路迎《宋玉墓祠记》:鄢郢之墟,衢道之交,有封若堂,巍然独存,曰此楚大夫宋玉之藏也。呜呼邈矣,巧尽于器,习数则贯,道系于神,人亡则灭,而况于所藏耶。是故通川过日,甄陶改岁,在城郭则夷之,在穷谷则遗之,其有存焉幸也。防山之麓,仲尼诧其未明,涡水之尾,西北改其故处,存而信者亦幸也。若明天地之数,用智于支反甲穷之间,则樗里景纯亦能为之,故墟阴寄居,先沧海而后桑田,渭南化台,左长乐而右武库,殆不可常论者,乃有名公高士,瘗玉埋香,青鸟成其邱陇,白马启其石函,怀古思贤,有识有记,乱离兵火,弗薙弗发,是能随阴阳以蜎冶,集不朽之良图者,其大夫之谓欤?夫《高唐》《神女》,讽襄王之佚荡,不忘君也;《九辩》《招魂》,哀屈原之放逐,不背本也;无失为故,待景差于蒲骚,能笃友也;近则唐勒,祖其从容;远则少陵,述其儒雅;因云洒润,芬泽易流;乘风载响,音徽自远;盖绝节高唱,而肆义放芳讯者。观阳春之台,因文而建;稽巫山之祀,以赋而成。览影偶质,犹或丽之;指迹慕远,亦或张之。然则名与藏而俱存,虽千百世无惑矣。而混淆邱界,五侣上留,樵采弗禁,耕牧同施,吾感焉。是故屋而垣之,礼也。又惧流于简者弗将,而垂于是者难继,微以昆著,瓒以助洪,其大夫之灵,山川之所拱卫,典守者之攸司也。仆又何知焉。"

又卷九《艺文志上》:清方策《修楚大夫宋玉墓垣碑》言:"古者太史陈诗亦观民风,而楚无诗,韩昌黎曰:'楚大国也,以屈原鸣。'太史公曰:

---

① 程启安等:《同治宜城县志》,《中国方志丛书》(华中地方·第三三〇号),台湾成文出版社1975年版,第175页;下引依次为第182、803、881页。

'屈原死，楚有宋玉、唐勒、景差之徒，皆祖屈原之从容词令，而以赋见称。'骚坛屈宋谁昔然矣。予籍闽南，往觉有三才子、十才子之曰，居恒仰止乡先生，而骚赋则规抚屈宋，屈宋固骚赋之祖也。乙亥二月，摄官宜城。今考邑志，城南三里有宋玉宅，宅后不数武，冢与毗连。以冢证之，《渚宫故事》谓宅在江陵者，是甆言也。予春行县，问其宅，星移物换，冢独孑然，道周蓬颗蔽之。《志》载前明正德间，邑令朱崇学櫆其墓，历曰楚大夫宋玉之墓，大书特书，冢即不为堙冢抗言。自昔嘉靖间，抚治路迎置守冢一家，今已人事代谢矣。建祠宇三楹，荒草中隐隐剩石磲二，败瓦颓垣无有矣。过此以往，又乌知冢外周遭壖地不犁为田也，牧人蹰躅而咿嚶。予亦低回留之不忍去。去岁嘉平月既望，予捐赀鸠工，胡不辇山石，石有时以泐，终为他人柱下石也；胡不以属搏埴之工，中唐有甓，范土火烁而成质，火气尽而质坏，土偶所谓仍然故我也。惟荒度土功，规墓而抚之，周于四隅堵墙，方而围之，墙高与冢埒，墙围广袤七十五丈有奇，护墓羡也。墙内树其土之所宜木若干柯，不必白杨萧萧也。料工再徙月而工竣，又置其旁良田若干亩给守冢，捍牧圉、禁樵采也。国稞粮注曰宋田可久，则贤人之业也。废扫而更，息张而相。予适墓而跨踌四顾，旷如也，奥如也。予因之有感矣，宋大夫生而宅于宜，及殁而抱磨于宜，始终固宜人也；三闾大夫生于秭归，归之北土，人犹有指其里居者，而泊怀南徂土沙，投于长沙之汨罗以死，两人之所遭固有幸不幸也。予令宜邑岁一周，宋大夫之里居邱墓旦暮迁之；三闾大夫琐尾流离，之生之死，两湖南北，地角天涯，以予宦途所未经，亦如宋玉之赋《招魂》，想象于无何有之乡，则予之景仰于二人者所迁又有幸不幸也。古人数千百年后之遗踪，予今曰数千百里外之凭吊，我不见古人，古人不见我，魂归来些，感慨系之矣。"

　　古代文献向我们传递的宋玉宅信息是：（1）《水经注》说宋玉宅在古之鄢郢南；（2）《湖广通志》《大清一统志》说宋玉宅在县南三十里，宋玉墓之南；（3）《同治宜城县志》说宋玉宅在县南三里，宋玉墓南；（4）在清同治年间宋玉宅已废。在这些信息中，关于宋玉宅位置的描述并不能相互吻合：首先，《水经注》的地标参照是鄢郢，其遗址今称之为楚皇城，而《湖广通志》《大清一统志》《同治宜城县志》的参照是清代的宜城县治所，亦即今之宜城市市区。其次，《水经注》未描述宋玉宅与其参照的距离，《湖广通志》《大清一统志》说宋玉宅在县南三十里，《同治宜城县志》说宋玉宅在县南三里。再次，《襄阳耆旧记》只言宋玉墓，《水经注》只言宋玉宅，并未说二者是比邻的关系，《湖广通志》于此说的比较含混，仅说在墓之南，至于是否比邻没有明确的表述，而《同治宜城县志》却明确说宋玉宅与宋玉墓比邻，位置在墓之南。那么，谁的说法是可信的呢？按学理当然是以早出者为是，亦即《襄阳耆旧记》与《水经注》是可信的。以此为前提推论，《湖广通志》《大清一统志》以宜城为参照说宋玉宅在县南三十里，并没有错，并不像《县志》所说"俱误云三十里"，因为宜城南三十里恰是古鄢郢遗址楚皇城的位置。《湖广通志》《大清一统志》的错误在于将本不比邻的宋玉宅与宋玉墓捏合在一起了。至于《同治宜城县志》说宋玉宅在县南三里，则是承继了《湖广通志》《大清一统志》将宋玉宅与宋玉墓捏合在一起的错误，以为宋玉墓的位置就是宋玉宅的位置。宜城市博物馆关于宋玉故里的文字说明只是发现了问题，但对于这个问题并没有搞清楚。

（三）问题讨论

我们认为，宋玉宅与宋玉墓当如《襄阳耆旧记》与《水经注》所言，并不毗连，宋玉宅当在今宜城市西南15千米古鄢郢遗址楚皇城中，宋玉墓则在今宜城市南郊腊树园村。其理由是：（1）《襄阳耆旧记》与《水经注》分别记述宋玉墓与宋玉宅，并未说二者毗连，如若比邻，二书则当一并记述；（2）按照先秦楚人的丧葬习俗，都城居民是不会把墓地安置在城中住宅附近，也不会安葬在城市之中。关于这一点，我们可以从已经勘探明确或部分发掘的战国楚都纪南城外墓葬、云梦楚王城南的珍珠坡、季家湖古城周围的丘陵地带等楚墓考古发掘报告中得到证明。关于宋玉墓，按照战国以及秦汉的政区地理，当在鄢郢故城城外的北方。这个葬地完全符合先秦楚人的葬俗葬制。（3）宋玉墓本在先秦鄢郢、汉之宜城、今之楚皇城以北，清代志书标示宋玉墓在宜城南，是由于宜城治所由南向北迁移所致。宜城，战国为楚之鄢郢；秦置鄢县；汉时始名宜城，《寰宇记》说汉属鄢，《元和志》说汉属邔；南北朝宋时于宜城地立华山郡指定郡治为大堤村（后称大堤城）；南北朝魏时又改华山郡为宜城郡。其后虽时有易名，或称郡或称县，但治所未变，始终在古之大堤城，亦即今之宜城市区。这就是宋玉墓被《县志》标示在县之南的原因。(4)宜城县治迁徙之后，旧城逐渐被废弃，"宜城"之地名也因作为新县治名称而旧城仅以"故城"称之，更有甚者五代后梁时梁太祖为避其父名讳"诚"而更其名为"故墙"，明清之际又因音近而讹"墙"为"襄"，复加"城"字称"故襄城"，致使鄢郢在地名沿革变易中，距离其历史称谓愈来愈远，甚或面貌全非。这样一来，人们就将文献中记载的宜城故城南的宋玉宅与宜城新城南的宋玉墓联系起来，错放在以新地名为坐标的遗址方位表述之上。关于上述理由，本书下编《湖北省宜城市宋玉遗迹传说田野调查与研究》中还要详细论述，于此仅概述其要而已。

二、荆州宋玉宅

（一）调查印象

湖北荆州宋玉宅，据《江陵县志》记载其遗址有三处，一在城北三里，一在城西池小洲上，一在城东部的承天寺故址。三处遗址哪一处是所谓的宋玉宅遗址，至今尚无定论。

所谓城北三里的宋玉宅遗址，据1990年新编的《荆州县志》，在今荆州古城北三里的宋家湾西南。此地在今天新城市建设的背景下仍然是个比较偏僻的所在，不通公交车，甚至如今的荆州古城内与古城周边的居民大都不知晓宋家湾这个地名。我们在调查时，按照《荆州市城区图》的指示，一路询问当地的老年人，步行近一个小时，才最终找到了宋家湾。原来宋家湾是个老地名，今已经被改称为红光村一组。在宋家湾，我们走访了许多老年人，然而没有人知道宋玉宅遗址的事情，后来我们在村子最南边询问时提到了宋玉是屈原的弟子，一位热心的村民才指点着东南方田间的一幢房子告诉我们，那里有座"三闾祠"，传说是屈原弟子宋玉建的。此祠按照其匾额的全称叫"三闾古祠"（图7-3），坐落在田间一块台地上，台地略呈正方形，边长约20米，比周边田地高出约1.5米（图7-4），与新编《荆州县志》所述相吻合，然而其方位与新编《荆州县志》记载却有出入，其不在宋家湾村的西南，而是位于东南。于是我们又沿着田间小路绕着村子从东南向西南察看，几乎绕了大半个村子，再没有发现类似的台地，因此我们觉得三闾古祠就应当是新编《荆州县志》记述的宋玉宅遗址，而《荆州县志》的方位表述可能有误。据村民介绍，现在的红光村一组旧称宋家湾，红光村二组旧称潘家台。三间古祠位于宋家湾的东南，潘家台的西南，由于宋家湾与潘家台两个村子今已连为一体，而《荆州市城区图》中又没有了潘家台的名称，于其地只标示宋家湾的地名，新编《荆州县志》才错将潘家台当作了宋家湾，因此便出现了"宋玉宅，在县城北三里宋家湾西南"的误记，而其正确的表述应该是：宋玉宅，在县城（即荆州古城）北三里宋家湾东南，潘家台西南。关于三间古祠，是一座坐北朝南的单体建筑，长约15米，宽约5米，高约6米，居中开门，门两边各开一窗，门前是一个南北约14米、东西约16米的小广场，小广场中立有一座香炉，整个建筑颇为简陋。值得注意的是，祠中供奉的不是屈原或宋玉，而是三尊不知名的神像（图7-5），据村民说是关公等文武财神，但看上去却与常见的文武财神不那么相像。这座三间古祠历史颇为久远，据那位热心的村民讲，他86岁的父亲说，父亲小时候就有这座古祠了，原本供奉屈原与其弟子宋玉，原祠在"文革"时被毁，现存的建筑是"文革"后村民们集资重建的。从"三间古祠"的题名与民间传说分析，当与古人认为宋玉宅在此地有一定的联系。

所谓城西池小洲上的宋玉宅遗址，是依据《晋书·罗含传》做出的推测，原传并没有记载"城西池"的里程，而《大清一统志》却说"在江陵县城西三里"，《光绪续修江陵县志》更演绎《罗含传》说"于城西三里小洲立茅屋"。如此的表述很可能是受"城北三里"之说的影响而致误；或以为"城北三里"说方位有误，便依据"城西池"的方向，将"北"改写为"西"，致使误记。考《同治江陵县志》，城西有西湖，距城十里；城西北有赤湖，距城十五里，二湖均与所谓"城西三里"之湖的里程记述差距太大。然城内西部亦有二湖，一在西北角城墙下，名后湖，一名北湖；一在西南角城墙下，称西湖。我们认为《罗含传》所说的"城西池"当指此二湖之一。于是我们实地考察了这两处湖，西湖面积较小，水中并无小洲；后湖水面颇大，水中有两处可视为岛屿的小洲，所以我们认为这里当是《罗含传》所说的"城西池"。后湖，如今当地人称之为北湖，20世纪末曾被开辟为以"三国"为主题内容的公园，今虽已废弃，其处仍然称"三国公园"。其位置在大北门与西门之间，湖为半月形，呈从西南向东北倾斜的走向，西北湖岸沿城墙走势而倾斜，东南岸为弧形，南临荆州博物馆，东临西城街道办事处。其最大长度约 1000 米以上，最大宽度约有 400 米。湖中的两处小洲，接近湖心者，呈椭圆形，最大直径约有百米，其上修建的三层仿古建筑（图 7-6），主体工程已经完成，据说是文物部门的办公楼；位于湖西部者，呈长方形，长约 120 米，宽约 80 米，其上曾是公园的儿童游乐场，现已废弃。两处小洲均有堤路与湖岸相连，小洲之间也有一北一南两条架有石桥的堤路相接。水面波光潋滟，堤岸树木成荫，环境堪称优雅，当年罗含择居于此，确实可以实现其躲避喧嚣的情志。

所谓城东承天寺故址的宋玉宅遗址，今已无遗迹可寻。承天寺为荆州历史最为悠久的寺庙，相传此地原为晋罗含的廨舍，罗含致仕后将这一廨舍捐给了寺庙，但对于这一说法同治与光绪《县志》均已提出怀疑，以为传闻与事实不符。据《光绪续修江陵县志》载"旧有古舍利七，唐画罗汉十六尊"，可知至少在唐代此寺业已存在。寺之大殿在抗日战争中虽遭日军破坏，但在新中国建立之初寺中钟鼓楼尚在，20 世纪 50 年代末期因扩建"荆州东路"才被拆除。其故址即在今荆州东路路段内，20 路等近十路公交车在其故址处设有"钟鼓楼"站点。此路为东西向，西与屈原路十字相交，东直通古城东门，属于古城内最为宽敞的街路。现街路两旁都是现代城市建筑，多为商铺，也有政府机关，一派繁华景象。"钟鼓楼"站点北侧有一规模颇大的酒店，名曰"鼓楼宴"，很可能就是承天寺的故址。（图 7-7）考之承天寺的老照片，20 世纪三四十年代承天寺的所在地并不像如今这样繁华（图 7-8），虽地处古城内，但是显得相对的偏僻、荒凉。晋罗含居住时，其景象如何，则不得而知。

（二）文献记载

今湖北荆州市江陵县有宋玉宅，源于南北朝庾信《哀江南赋》中"诛茅宋玉之宅"的描写，后又有唐杜甫"庾信罗含俱有宅，春来秋去作谁家"的诗句为佐证，因而宋以来文献言荆州宋玉宅即以此为据。

宋姚宽《西溪丛语》卷上："《李君翁诗话》：'《卜居》云："宁诛锄草茅以力耕乎？"诗人皆以为宋玉事，岂《卜居》亦宋玉拟屈原作耶？庾信《哀江南赋》云："诛茅宋玉之宅。"不知何据而言？'此君翁之陋也。唐余知古《渚宫故事》曰：庾信因侯景之乱，自建康遁归江陵，居宋玉故宅。宅在城北三里，故其赋曰：'诛茅宋玉之宅，穿径临江之府。'老杜《送李功曹归荆南》云：'曾闻宋玉宅，每欲到荆州'是也。又在夔府《咏怀古迹》云：'摇落深知宋玉悲。''江山故宅空文藻。'然子美《移居夔州入宅》诗云：'宋玉归州宅，云通白帝城。'盖归州亦有宋玉宅，非止荆州也。李义山亦云：'却将宋玉临江宅，异代仍教庾信居。'"①

宋祝穆《方舆胜览》卷二十七《江陵府》："宋玉，有故宅。杜甫诗：'曾闻宋玉宅，每欲到荆州。'"②

明彭大翼《山堂肆考》卷一百七十一《居宋玉宅》："梁庾信，字子山，肩吾之子，居宋玉故宅，信《哀江南赋》所谓'诛茅宋玉宅'是也。"③

明蒋一葵《尧山堂外纪》卷二十《六朝》："庾信，字子山，梁散骑常侍。侯景乱，自建康遁归江陵，居宋玉故宅。故其赋曰：'诛茅宋玉之宅，穿径临江之府。'老杜《送李功曹归荆南》云：'曾闻宋玉宅，每欲到荆州。'李义山亦云：'却将宋玉临江宅，异代仍教庾信居。'信后为周轻骑将军，开府。"④

清倪文蔚、顾嘉蘅等：《光绪荆州府志》卷七《古迹·宅附》："宋玉宅，在城北三里。杜少陵诗云：'曾闻宋玉宅，每欲到荆州。'按，宋玉宅有三：一在宜城城南，见《水经注》。一在归州，杜诗所谓'宋玉归州宅，云通白帝城'是也。其一则在江陵。"⑤

清孔自来《江陵志余·志古迹》："宋玉宅，在渚宫内。杜甫送人之荆州诗：'曾闻宋玉宅，每欲到荆州。'《渚宫故事》云，庾信亦居之。故其赋曰：'诛茅宋玉之宅，穿径临江之府。'李义山亦云：'却将宋玉临江宅，异代仍教庾信居。'今秭归、安陆、宜城皆有宋玉宅，尽附会耳。"⑥

清孔自来《江陵志余·志古迹》："庾信宅，在城北三里。庾楼，其别墅

---

① 姚宽撰，孔凡礼点校：《西溪丛语》，中华书局1993年版，第14页。
② 祝穆：《方舆胜览》，文渊阁《四库全书》，台湾商务印书馆1986年版，第471册，第780页。
③ 彭大翼：《山堂肆考》，文渊阁《四库全书》，台湾商务印书馆1986年版，第977册，第440页。
④ 蒋一葵撰：《尧山堂外纪》，《续修四库全书》，上海古籍出版社2002年版，第1194册，第194页。
⑤ 倪文蔚等：《光绪荆州府志》，《中国地方志丛书》（华中地方·第一一八号），台湾成文出版社1975年版，第83页。
⑥ 孔自来：《江陵志余》，《中国地方志集成》（湖北府县志辑31），江苏古籍出版社2001年版，第420页；下引为第421页。

也。信因侯景之乱，自建康遁归江陵。子美诗：'庾信罗含俱有宅，春来秋去作谁家。'又云：'荒林庾信宅，为仗主人留。'信有《小园赋》云：'余有数亩敝庐，寂寞人外，聊以拟伏腊，聊以避风雨。虽复晏婴近市，不求朝夕之利；潘岳面城，且见闲居之乐。'所云宋玉宅者，即其地矣。"

清张英、王士禛等《渊鉴类函》卷三百四十五《居处部》："《西溪丛语》曰：梁庾信，字子山，肩吾之子，居宋玉故宅。信《哀江南赋》所云'诛茅宋玉宅'是也。"①

清姚培谦、张云卿、张隆孙《类腋》卷六《荆州府·古迹》："宋玉宅：庾信《哀江南赋》：'诛茅宋玉之宅。'注：宋玉旧宅在江陵城北。《渚宫故事》：庾信因侯景之乱，自建康遁归江陵，居宋玉故宅。《入蜀记》：宋玉宅今为酒家。"②

清迈柱、夏力恕等《湖广通志》卷七十七《古迹志·江陵县》："罗含宅，在城内，今承天寺即其故址。庾信亦居之，唐杜甫诗：'庾信罗含俱有宅，春来秋去落谁家。'按李义山诗：'却将宋玉临江宅，异代仍教庾信居。'宋玉宅亦在此。"③

清沈复《浮生六记》卷四《浪游记快》："又访宋玉故宅于城北。昔庾信遇侯景之乱，遁归江陵，居宋玉故宅，继改为酒家，今则不可复识矣。"④

清穆彰阿、潘锡恩等《大清一统志》卷二百六十八《荆州府·古迹》："宋玉宅，在江陵县城西三里，北周庾信居之。庾信《哀江南赋》'诛茅宋玉之宅'。"⑤

清倪文蔚等《光绪续修江陵县志》卷二十五《名胜》："宋玉宅，在城北三里。杜少陵诗，曾闻宋玉宅，每欲到荆州。按宋玉宅有三：一宜城城南，见《水经注》；一归州，杜诗所谓'宋玉归州宅，云通白帝城'也；一江陵，

---

① 张英、王士禛等撰：《渊鉴类函》，文渊阁《四库全书》，台湾商务印书馆1986年版，第991册，第271页。
② 姚培谦等：《类腋》，《续修四库全书》，上海古籍出版社2002年版，第1249册，第11页。
③ 迈柱、夏力恕等：《湖广通志》，文渊阁《四库全书》，台湾商务印书馆1986年版，第534册，第33页。
④ 沈复：《浮生六记》，人民文学出版社1999年版，第65页。
⑤ 穆彰阿、潘锡恩等：《大清一统志》，文渊阁《四库全书》，台湾商务印书馆1986年版，第480册，第230页。

是罗含宅。《晋书·罗含传》：含为桓温别驾，以廨舍喧扰，于城西三里小洲立茅屋，伐木为床，织苇为席以居。《渚宫记》云：安成王在镇，以罗含故宅借录事刘朗之。尝见一丈夫衣冠甚伟，惊问，失之，朗之俄以罪见黜。人谓君章有神。即今承天寺基。"①

分析上述文献关于荆州宋玉宅的记述，自宋至明虽言荆州江陵有宋玉宅，但尚未言及具体位置，自明末清初《归州志》始方着意言说宋玉宅在荆州江陵的位置，然而所记存有分歧，《归州志》《类腋》《荆州府志》言在江陵城北，《光绪续修江陵县志》亦存城北说；《江陵志余》言在渚宫之内，亦存"在城北三里"之说；《湖广通志》言在城内承天寺，《光绪续修江陵县志》言在城东承天寺；《大清一统志》言在城西三里。归纳起来实为三说，即城北说、城东说与城西说。至于"渚宫之内"说可归入城东说，因为据文献记载渚宫遗址就在古之江陵城东南；而"城内承天寺"说亦同城东说，《江陵志余》载"承天寺在城东，晋罗含之廨舍也"，这里说的"城东"是城内东部的意思。前已言及，寺之大殿在抗日战争中虽遭日军破坏，但在新中国建立之初寺中钟鼓楼尚在，20世纪50年代末期因扩建"荆州东路"才被拆除，可证寺址确在城内东部。值得注意的是，三种说法推理的前提是相同的，他们根据庾信《哀江南赋》"诛茅宋玉之宅"和杜甫《舍弟观赴蓝田取妻子到江陵喜寄三首》（其三）"庾信罗含俱有宅，春来秋去作谁家"，认为罗含、庾信先后在宋玉宅居住过，故以之为据判断宋玉宅的位置。这个思路是可行的，然而文献中有关罗含宅、庾信宅的记载本身就存在不同的说法，因而对宋玉宅的推测必然产生分歧。如据《江陵志余》庾信宅有二，一在城北三里，一在城东五里，近处有庾楼。城北说即据"城北三里"立论。又如《晋书·罗含传》说："（罗含）转州别驾，以廨舍喧扰，于城西池小洲上立茅屋，伐木为材，织苇为席而居，布衣蔬食，宴如也。"②《江陵志余》说罗含宅有三，一在城东承天寺，一在城西池小洲上，一在城南三里。城东说是据其"廨舍"之宅，城西说是据其"于城西池小洲上立茅屋"之宅。倘若江陵果真有宋玉宅，按照相关方志的推理逻辑，我们认为推测时还应满足一

---

① 倪文蔚等：《光绪续修江陵县志》，《中国地方志集成》（湖北府县志辑31），江苏古籍出版社2001年版，第97页。

② 房玄龄等：《晋书》，中华书局1974年版，第2403页。

个条件，这就是晋之罗含、南北朝之庾信都曾居住过的地方才可能是宋玉宅遗址。《明一统志》卷六十二："罗含宅在府城内，今承天寺即其故址，庾信亦居之。唐杜甫诗：'庾信罗含俱有宅，春来秋去作谁家。'"①庾信《小园赋》云："余有数亩敝庐，寂寞人外，聊以拟伏腊，聊以避风雨。虽复晏婴近市，不求朝夕之利；潘岳面城，且见闲居之乐。"庾信之居即"近市"又"面城"，显而易见描写的是城内街市环境，而不是城外村野田园风光。因此我们赞同《江陵志余》《湖广通志》《光绪续修江陵县志》的说法，所谓宋玉宅遗址当在承天寺基址范围内。湖北省江陵县志编委会 1990 年编撰的《江陵县志》说："宋玉宅，在县城北三里宋家湾西南。为战国时著名辞赋家宋玉居宅。南朝侯景之乱时，著名文学家庾信到江陵附梁元帝，居宋玉宅。杜甫有诗'曾闻宋玉宅，每欲到荆州'。宅早毁，今存边长 20 米、高 1.5 米的正方形台基。"② 这个推断承旧之"城北说"，不足为信；其台基虽为古遗址，然当属他人或它用。

（三）问题讨论

清孔自来《江陵志余·志古迹》："宋玉宅，在渚宫内。""今秭归、安陆、宜城皆有宋玉宅，尽附会耳。"此断言未免武断。清穆彰阿、潘锡恩等《大清一统志》云："在宜城县南三十里。《水经注》：宜城县南有宋玉宅。按宋玉宅有三，此其里居也；一在归州，从屈原游学时所居；一在江陵，则服官鄢都时居之。"似有纠正《江陵志余》之意。然江陵宋玉宅也有可疑之处：（1）依据来源于文人庾信与杜甫的文学创作，较之史部文献其可信度自然要打些折扣。况且对于庾信"诛茅宋玉之宅"的描写，杜甫用"曾闻"来表述，似将庾信之说当作传闻来对待，并未将其传达出的宋玉宅信息看作信史。（2）宋玉《对楚王问》提及楚都"鄢"，这是唯一可以证明宋玉曾居处于"鄢"的证据，然而这个"鄢"是不是指南鄢（荆州城北之纪南城楚都遗址）尚有待研究，因为在宋玉生活的时代称"鄢"者还有陈鄢和寿鄢。这就是说宋玉是否"服官鄢都"是个有待考证的问题，假如宋玉不曾"服官鄢都"，那么

---

① 李贤等：《明一统志》，文渊阁《四库全书》，台湾商务印书馆 1986 年版，第 473 册，第 294 页。
② 湖北省江陵县志编委会编：《江陵县志》，湖北人民出版社 1990 年版，第 639 页。

荆州的宋玉宅就值得怀疑了。（3）传世的宋玉赋，大多描述宋玉从楚襄王游，奉楚襄王之命而作赋，说明宋玉在楚襄王朝的确在朝为官。然而楚襄王从公元前298年即位到公元前262年去世，在位37年，前21年在南郢，后16年在陈郢。宋玉何时入仕侍王也是一个值得研究的问题，假若宋玉在楚襄王迁都陈郢后才成为小臣或大夫，那么荆州的宋玉宅也是值得怀疑的。（4）按照地志的凡例，凡生于其地的历史名人或在其地居处过的文化名流，都要在《人物志》中记载其事迹或在《艺文志》中著录其诗文，而顺治《江陵志余》与《光绪续修江陵县志》均没有关于宋玉的事迹记载或诗文著录。这似乎说明二志之作者对于宋玉"服官郢都"的问题也不是那么坚信不疑。

三、秭归宋玉宅

（一）调查印象

古代文献资料记载湖北秭归宋玉宅在相公岭下，明张尚儒《归州志》卷一《山川》言："相公岭在州东五里，下有宋玉宅旧址。"然而如今的秭归地图上却找不到相公岭的标识，询问当地的楚辞研究者，他告诉我们因长江大坝蓄水被废弃的秭归屈原祠所在地就是相公岭的大致位置。于是我们在面的司机的帮助下找到了秭归镇屈原祠遗址。屈原祠遗址位于新移建的秭归镇西约5千米的向家坪，遗址主体已被上涨的江水淹没，尚残留于江北缓坡上的屈原祠遗址，被圈在一座柑橘加工厂的围墙中，位置在厂区的东部。残留的屈原祠建筑坐北朝南，最北边的原屈原纪念馆是座二层堂馆式建筑（图7-8），纪念馆门前大约两米高的台阶下是一颇为开阔的长方形庭院，庭院中央残留着屈原塑像的基座，两侧为碑廊，其中碑已被迁走，只存有尚未拆除的碑廊建筑（图7-9），庭院的南端是石砌的围栏，围栏下便是江水了。（图7-10）据方志与屈原祠的搬迁情况推测，宋玉宅遗址就在这围栏西南1.5千米的江水之中。据今三峡大坝西秭归县县政府所在地新建的屈原祠内展示的图片及文字说明，我们如今看到的秭归镇屈原祠并不是清代屈原祠的旧址，而是在葛洲坝建设期间1977年动工1982年建成的，由相公岭下清代原址移迁至此的基址，清代原址在葛洲坝蓄水后早已淹没了。以葛洲坝蓄水后水位130

米、长江大坝蓄水水位 175 米计算,清代屈原祠遗址至少在水下 45 米的地方。找到清代屈原祠旧址的位置,对于寻觅传说中的秭归宋玉宅非常重要,因为据《嘉庆归州志》记载:"屈沱,州东五里。《闻见后录》:'屈沱,屈原故里也。'今沱北岸上有屈公祠、三闾大夫墓。"① 此则记载与方志中"相公岭在州东五里""楚宋大夫宅,州东五里相公岭下"的记载在方位与距离上正相吻合,说明宋玉宅就在清代屈原祠遗址附近。令人遗憾的是,屈沱北岸的清代屈原祠与相公岭下的宋玉宅遗址都已淹没在江中,放眼望去唯江水茫茫,悠思茫茫而已。

(二)文献记载

唐杜甫在夔州有《咏怀古迹》诗:"摇落深知宋玉悲,风流儒雅亦吾师。怅望千秋一洒泪,萧条异代不同时。江山故宅空文藻,云雨荒台岂梦思。最是楚宫俱泯灭,舟人指点到今疑。"② 此诗即面对秭归宋玉宅有感而发。后世言秭归宋玉宅当源本于此。

宋范成大《石湖诗集》卷十:"宋玉宅,相传秭归县治即其旧址。县左旗亭,好事者题作宋玉东家。"③

宋范成大《吴船录》卷下:"秭归县亦传为宋玉宅,杜子美诗云'宋玉悲秋宅',谓此。县旁有酒垆,或为题作宋玉东家。"④

宋陆游《渭南文集》卷四十八《入蜀记》:"十九日,群集于归乡堂,欲以是晚行,不果。访宋玉宅,在秭归县之东,今为酒家,旧有石刻'宋玉宅'三字,近以郡人避太守家讳去之,或遂由此失传,可惜也。"⑤

宋黄震《黄氏日抄》卷六十七《读文集九·范石湖文》:"秭归县治,世传宋玉宅,旗亭题宋玉东家。"⑥

明李贤等《明一统志》卷六十二《荆州府·古迹》:"宋玉宅,在归州旧

---

① 李炘辑:《归州志》,同治丙寅增修,本衙藏板,第一卷第 27 页;亦见沈云骏光绪八年补纂本,《中国方志丛书》(华中地方·第三三五号),台湾成文出版社 1976 年版,第 18 页。
② 杜甫著,仇兆鳌注:《杜诗详注》,中华书局 1979 年版,第 1501 页。
③ 范成大:《范石湖集》,上海古籍出版社 1981 年版,第 272 页。
④ 范成大:《吴船录》,文渊阁《四库全书》,台湾商务印书馆 1986 年版,第 460 册,第 866 页。
⑤ 陆游:《渭南文集》,《四部丛刊初编》本,上海书店 1989 年版,卷十八第 13 页。
⑥ 黄震:《黄氏日抄》,王水照编:《历代文话》,复旦大学出版社 2007 年版,第 1 册,第 806 页。

治东五里。唐杜甫诗：'摇落深知宋玉悲，风流儒雅亦吾师。江山故宅空文藻，云雨荒台岂梦思。'"①

明张尚儒《归州志》卷一《古迹》："宋玉宅，在州东隅。""宋陆游曰：宋玉宅在秭归县之东，今为酒家。旧有石刻'宋玉宅'三字。近以郡人避太守家讳去之，可惜也。"②

清王士禛《带经堂诗话》卷十三《遗迹类·二五》："归州山水粗劣，与巴东略似，三闾大夫实产是乡，屈原宅、女嬃庙、女嬃砧皆在。其里有宋玉宅，放翁入蜀时尚见石刻。"③

清迈柱、夏力恕等《湖广通志》卷十《归州》："相公岭，州东二里，上有宋玉宅址。"④

清迈柱、夏力恕等《湖广通志》卷七十七《古迹志·归州》："宋玉宅，按《水经注》，城南有宋玉宅。玉，邑人。《通志》：在归州旧治东五里。"

清穆彰阿、潘锡恩等《大清一统志》卷二百七十三《宜昌府·古迹》："宋玉宅，在归州东二里，相公岭上。陆游《入蜀记》：'宋玉宅在秭归县之东，今为酒家垆矣，旧有石刻"宋玉宅"三字。'"⑤

清陈诗《湖北旧闻录》卷二十二《坛庙》："三闾大夫庙，在归州东二里相公岭。祀楚屈平，以宋玉配。"

清胡凤丹《青冢志》卷一《古迹》："明妃庙、县傍有酒垆，或为题作宋玉东家，属邑兴山县，王嫱生焉。(《吴船录》)"

清聂光銮、觉罗桂茂等《同治宜昌府志》卷二《疆域下·古迹》："楚宋大夫宅，州东五里相公岭下，旧址犹存。《入蜀记》宋玉宅在秭归县东，今为酒家垆矣，旧有石刻'宋玉宅'三字。"⑥

清李炘等《光绪归州志》卷八《古迹》："楚大夫宋玉宅，州东五里相公

---

① 李贤等：《明一统志》，文渊阁《四库全书》，台湾商务印书馆1986年版，第473册，第294页。
② 张尚儒：《归州志》，中国国家图书馆藏明万历元年刻本，卷一第33页。
③ 王士禛著，张宗柟纂集，戴鸿森校点：《带经堂诗话》，人民文学出版社1963年版，第333页。
④ 迈柱、夏力恕等：《湖广通志》，文渊阁《四库全书》，台湾商务印书馆1986年版，第531册，第310页；下引同此版本，第534册，第46页。
⑤ 穆彰阿、潘锡恩等：《大清一统志》，文渊阁《四库全书》，台湾商务印书馆1986年版，第480册，第337页。
⑥ 聂光銮、觉罗桂茂等：《同治宜昌府志》，《中国地方志集成》（湖北府县志辑49），江苏古籍出版社2001年版，第112页。

岭下，旧址犹存。《入蜀记》，宋玉宅在秭归县东，今为酒家垆矣，旧有石刻'宋玉宅'三字。"①

阅读上引文献，宋代的说法是一致的，均以当时的县治（即县衙）为宋玉宅遗址。明代的说法也是一致的，均言在归州县治（指县衙所在地）东五里。宋代与明代标示的不同，较好理解，是治所的迁移造成的。《光绪归州志》卷一《沿革》记载："州治，秭归故城南临大江，故老谓刘先主故城，盖征吴所筑也。宋端平三年，元兵至江北，遂迁治于江南屈沱，次新滩，又次白沙、南浦。（见《元史》）""明洪武初，治丹阳城。四年徙长宁与千户所同城。""明嘉靖十四年始迁今治。"②然而初读清代的说法比较混乱，《同治宜昌府志》《光绪归州志》言在"州东五里相公岭下"；《大清一统志》言"在归州东二里，相公岭上"，《湖北旧闻录》承其说；《湖广通志》存两说，一言"相公岭，州东二里，上有宋玉宅址"，一言"在归州旧治东五里"；至于《带经堂诗话》《青冢志》是转述宋人之说，可以不计。仔细分析，清代诸说虽然所标示的距离不同，但都说旧址地处相公岭，参照的地标是相同的。这就说明在清代初期，秭归县治又由明代嘉靖间的治所向东迁徙了三里。故而雍正《湖广通志》存两说，以清代新治说为"州东二里"，以明代治所说"在归州旧治东五里"。然而晚于雍正十年刊《湖广通志》和乾隆五十四年刊《大清一统志》的《同治宜昌府志》《光绪归州志》又承明人说，言在"州东五里相公岭下"，这又似乎是说至迟同治时秭归治所又迁回到明代嘉靖之旧治。然《清史稿》未记秭归县治迁徙事，故有待详考。

（三）问题讨论

关于秭归宋玉宅，自有记载以来便是以一种不十分肯定的语气落笔的，唐杜甫言之有"舟人指点到今疑"之语，宋范成大、黄震言之有"相传""亦传""世传"等词语的限定，陆游更记述了"郡人避太守家讳去之""旧有石刻'宋玉宅'三字"等当时郡人对古迹宋玉宅毫不介意的事例。

---

① 李炘辑，沈云骏补纂：《光绪归州志》，《中国方志丛书》（华中地方·第三三五号），台湾成文出版社1976年版，第18页。

② 李炘辑，沈云骏补纂：《光绪归州志》，《中国方志丛书》（华中地方·第三三五号），台湾成文出版社1976年版，第2页。

直至明代后期以后，明清人才将秭归宋玉宅旧址坐实，且以为是宋玉"从屈原游学时所居"。（清恩联、王万芳等《光绪襄阳府志》注，此语来源是清《通志》所引《明一统志》）因此关于秭归宋玉宅问题可从屈原居于秭归和宋玉与屈原之关系考之。关于屈原居于秭归：秭归被认为是屈原故里源于北魏郦道元的《水经注》，《水经注》说："（秭归）县北一百六十里有屈原故宅，累石为室基，名其地曰乐平里。"其书又引袁山松《宜都山川记》为证："秭归盖楚子熊绎之始国，而屈原之乡里。"① 其实当下研究者提出的屈原故里说至少有秭归、郢都、南阳三种不同的说法，我们且不讨论屈原故里到底在哪里，权就秭归为说。然而史料与屈原辞赋中没有屈原在秭归的记载或描述，有关屈原在秭归的一些事都来源于民间传说，比如今屈原镇乐平里的香炉坪宅基、照面井、读书洞等承载的，都是屈原青少年时期的故事。有关屈原成年后在秭归的事，仅有《水经注》引袁山松曰"父老传言，原既流放，忽然暂归，乡人喜悦，因名曰归乡"②。就是这些不大可信的传说，也不能证明屈原在秭归带过学生和宋玉从屈原游学。关于宋玉为屈原弟子：此说虽见于汉王逸的《楚辞章句》，但据《史记·屈原传》"屈原既死之后，楚有宋玉、唐勒、景差之徒者，皆好辞而以赋见称"的记载，现当代学者都认为王逸说有误，屈原与宋玉之间并没有师生关系。以此推之，秭归宋玉宅是因为秭归为屈原故里而宋玉又为屈原弟子附会出来的。近人吴郁芳以为宋玉在楚郢都被秦攻占后避难于此，亦为缺乏历史实证的臆说。③

四、钟祥宋玉宅

（一）调查印象

湖北钟祥，唐代称郢中，明代称承天。钟祥宋玉宅遗迹已不复存在，只有传说中的宋玉井经清人修缮保留至今，所以我们的调查是以宋玉井为地标进行的。

---

① 郦道元著，陈桥驿校证：《水经注校证》，中华书局 2007 年版，第 791 页。
② 郦道元著，陈桥驿校证：《水经注校证》，中华书局 2007 年版，第 792 页。
③ 浦士培主编：《屈原生地论集》，武汉工业大学出版社 1994 年版，第 36 页。

传说的宋玉井，位于钟祥城区石城中路中段与崇岵街交叉路口东南方约50米处，北与钟祥市实验小学隔着石城中路而南北相对。我们考察时，宋玉井正在维修。井上原有亭，已被拆除，亭之基址约3.5米见方，基址处已下挖至距地面0.3米左右的深度，基址周边暴露出六根因拆除井亭而折断的水泥亭柱的基础部分。井在亭址的正当中，井口有圆形青石井圈，当为整石凿穿打磨而成。清李堂馥《重修宋玉井记》云：清顺治初，署守娄镇远重修此井，"至口则穿石为盘栏"。① 此青石井圈是为清初遗物。井口被人用一方古建筑遗留的石柱础倒翻过来压盖着（查《走进钟祥》一书的宋玉井照片已然）（图7-11），其所为意在保护古井，防止游人向古井内投放杂物，然而从景观形象的角度说，实在是有伤观瞻，且使人无法探看井之内壁、深度与水质，无法进一步了解古井。据清李堂馥《重修宋玉井记》曰："捐俸鸠工，先架水车辘轳以洩其积，凿可四丈许，得泉有四，其一窍出西北，适当井肋，一自东来稍下之，最下二窍，自底上涌，胥清流涓涓，弗克遏也。乃命匠师钉木镇石，纵横围砌，实以鍊土，层累而上，如建浮级于九渊中，至口则穿石为盘栏，有亭覆其上。"② 此盖清初重修宋玉井时井内、井外之大概。此井是为古井无疑，但是否是战国时的遗物，只凭目测难以断定。虽然我们没有看到重修前宋玉井的旧貌，也没有时间等待一睹重修后的宋玉井新颜，但是我们看到了宋玉井地表下的一部分，也可谓颇有机缘。在此次重修前，1983年钟祥县政府曾重建宋玉井亭，据1990年版《钟祥县志》记载："其形为六角歇山顶建筑，盖以绿色琉璃瓦，斗拱木结构，六柱由水泥混凝土浇灌而成，柱间水泥栏干相连。"③ 此次重修，据工人们介绍，是要建成亭柱与斗拱全木质结构。这反映了当代钟祥人"遵史仿古"与"修旧如旧"的文物修缮与保护意识。

传说的宋玉宅遗址，据说在宋玉井的正北面，即石城中路北侧的钟祥市实验小学校园中。据文献记载，宋玉宅遗迹早已不复存在。宋王象之《舆地纪胜》于《郢州·人物》内称："宋玉，郢人。"《古迹》载："宋玉石，凡二，唐李昉守郡日得之榛莽间，今移在白雪楼前。"又载："楚贤井，在城

---

① 赵鹏飞、李权等：《民国钟祥县志》，民国二十六年（1937）刻本，卷四第16页。
② 赵鹏飞、李权等：《民国钟祥县志》，民国二十六年（1937）刻本，卷四第16页。
③ 湖北省钟祥县县志编纂委员会编纂：《钟祥县志》，湖北人民出版社1990年版，第785页。

东。旧传即宋玉宅,俗名琉璃[井],亦名宋玉井。"① 可见唐代因"旧传"而被指认的宋玉宅遗址已是一片榛莽,宋玉宅遗物也仅存两方石柱础而已。唐以后这里曾是"郡学宫"所在地,如今更覆盖于现代公路与校园建筑之下。在宋玉井边寻觅宋玉宅遗址,茫茫然惟油然而生怀古之思。

(二)文献记载

钟祥宋玉宅,是源于唐代郡守李昉在此地发现了宋玉宅遗址上遗留的两墩石柱础而流传开来的。相关的佐证还有,相传此地有"兰台"的地名和被命名为"宋玉井"的古井。宋王象之《舆地纪胜》于《郢州·人物》中称"宋玉,郢人";《古迹》中载:"宋玉石,凡二,唐李昉守郡日得之榛莽间,今移在白雪楼前";又载"楚贤井,在城东。旧传即宋玉宅,俗名琉璃[井],亦名宋玉井";又载"兰台,在州城龙兴寺西北。旧传即玉侍楚襄当风处","又有阳春楼诸名胜"。后世地志即承其说。

宋祝穆《方舆胜览》卷三十三《郢州·古迹》:"宋玉石,凡二石,李昉守郡日得之于榛莽间,今移在白雪楼前。"②

明李贤等《明一统志》卷六十《承天府》:"楚贤井,在橘木山下,楚宋玉凿,亦名宋玉井。宋郡守张孝曾建亭,名曰楚贤。"③

清迈柱、夏力恕等《湖广通志》卷二十二《学校志·安陆府》:"安陆府儒学,旧在府城东南隅,橘木山西。……洪武十五年,知县梁栋徙建兰台,即宋玉宅旧址。"④

清迈柱、夏力恕等《湖广通志》卷一百六《艺文志》载石才孺《郢州土风考古记》:"若夫宋玉之宅,两石竞秀;梅福之庐,炼丹有井,龟鹤有池;兰台避暑之宫,雄风自若,《阳春》《白雪》之歌,余韵莫传。"⑤

清许光曙、孙福海等《同治钟祥县志》卷三《古迹》:"宋(玉)井在府

---

① 王象之:《舆地纪胜》,《续修四库全书》,上海古籍出版社 2002 年版,第 584 册,第 682 页。
② 祝穆:《方舆胜览》,文渊阁《四库全书》,台湾商务印书馆 1986 年版,第 471 册,第 820 页。
③ 李贤等:《明一统志》,文渊阁《四库全书》,台湾商务印书馆 1986 年版,第 473 册,第 229 页。
④ 迈柱、夏力恕等:《湖广通志》,文渊阁《四库全书》,台湾商务印书馆 1986 年版,第 531 册,第 720 页。
⑤ 迈柱、夏力恕等:《湖广通志》,文渊阁《四库全书》,台湾商务印书馆 1986 年版,534 册,第 706 页。

学泮池侧，相传泽宫即玉故宅也。泉味异于他水，上有亭，顺治十年荆西道李棠馥重建，康熙五年大风坏亭，郡守张崇德复修。今亦废。"①

清程启安等《同治宜城县志》卷一下《方舆志·宅墓》："《郢州》又纪，洪武中建安陆州学于兰台，即宋玉宅旧址。(《采访记》)"

赵鹏飞、李权等《民国钟祥县志》卷四《古迹上》："清李堂馥记云：郢学宫为楚大夫宋玉故第，去泮水数武，有泉冷然，相传为宋玉井云。玉盖古词赋祖，地以人传，匪诬评也。"②

又《民国钟祥县志》卷五《古迹下·宋玉宅》："按《史记·屈原列传》但称宋玉楚人，王逸《楚辞注》亦同。楚地广，玉所居属荆属归，迄未能详，惟郦道元《水经注·沔水》篇宜城县南有宋玉宅。玉，邑人，隽才辩给，善属文而识音云云。据是，则玉所居之地在后魏时为宜城县南。然石才儒《郢州土风考古记》有云：宋玉之宅，两石竞秀；王象之《舆地纪胜》于《长寿县·人物》内称：宋玉，郢人；《古迹》内载：宋玉石二，唐李昉守郡日得之榛莽间，今移在白雪楼前；又载：楚贤井在城东，旧传即宋玉宅，俗名琉璃井，亦名宋玉井；又载：兰台在州城龙兴寺西北，旧传即玉侍楚襄当风处，又有阳春楼诸名胜。据是，则玉所居之地，在宋时为长寿，而后魏时之宜城县南，宋时之长寿在今则钟祥也。窃尝考之钟祥，北接宜城，在西汉为郢县，自东汉郢省县，无专称，逮宋明帝泰始六年始立长寿，中经四百余年并入何县，虽无明文，然以《陈志·马良传》考之，殆以一大部分划入宜城。按马良所居地，今称马良山，在县境西南，《志》称良为宜城人，实东汉并郢入宜城之确证。《水经注》谓宜城县南有宋玉宅，既称'县南'，故决其在今钟祥也。当道元时苌寿甫立，其名未著，道元北人，未及深悉，故仍以宜城称之。前《志》谓郡学宫即玉故宅，盖沿唐宋以来之旧说，其由来固已久矣。"③

钟祥宋玉宅遗址，因为相传的宋玉井尚在，所以其位置比较明确，无须考辨。然而钟祥宋玉宅的真实性却值得怀疑，因为其最早的记载依据的仅仅

---

① 许光曙、孙福海等：《同治钟祥县志》，《中国地方志集成》（湖北府县志辑39），江苏古籍出版社2001年版，第57页。
② 赵鹏飞、李权等：《民国钟祥县志》，民国二十六年（1937）刻本，卷四第16页。
③ 赵鹏飞、李权等：《民国钟祥县志》，民国二十六年（1937）刻本，卷五第2页。

是传闻。宋王象之《舆地纪胜》的记述是："楚贤井，在城东。旧传即宋玉宅，俗名琉璃［井］，亦名宋玉井。""兰台，在州城龙兴寺西北。旧传楚襄王与宋玉游于兰台之上，清风飒然而至，王披襟当之，即其地。""宋玉石，凡二，唐李昉守郡日得之榛莽间，今移在白雪楼前。"请看，宋玉宅遗址是根据"旧传"；兰台遗址也是根据"旧传"（图7-12）；而宋玉石只是唐人在榛莽中的发现，作为佐证也缺乏公信力，因为石柱础本身是无法证明发现者为其命名的可靠性的。更何况传闻若要证明它的真实可靠，则需要考古发现的支撑。《民国钟祥县志》试图以钟祥古属宜城，且在宜城南，其地符合《水经注》"宜城县南有宋玉宅"的记载，来证明宋玉宅的可靠性，然而却在操作上，为其立论的需要，将原文"城南有宋玉宅"改为"宜城县南有宋玉宅"，进而将"城南"之本意"鄢郢城内南部"说成是宜城地区的南部，这无疑是违反学术规范的做法。退一步说，即便将郦道元所说的"城南"理解为宜城南部，宜城与钟祥相距有百里之遥，立论也显得牵强，因为按照《水经注》文字说明的体例，它对于距治所较远处的古迹说明，是一定要标示其里程的，而《民国钟祥县志》却忽略了这个最基本的常识。

（三）问题讨论

其实在钟祥出现宋玉宅以及宋玉井、宋玉石、兰台的说法，是因为其地在唐宋被命名为郢州，今钟祥成为郢州的治所，于是便引起了当时当地人的误解，误以为唐宋之郢州就是古楚之郢都，从而有关宋玉宅等附会的说法便应运而生。关于郢州是否是郢都的问题，古人早有考论，如宋沈括《梦溪笔谈》卷五《乐律一》辩说："世称善歌者皆曰'郢人'，郢州至今有白雪楼，此乃因宋玉问曰'客有歌于郢中者，其始曰《下里》《巴人》，次为《阳阿》《薤露》，又为《阳春》《白雪》，引商刻羽，杂以流徵'，遂谓郢人善歌，殊不考其意。其曰'客有歌于郢中者'，则歌者非郢人也。其曰'《下里》《巴人》，国中属而和者数千人；《阳阿》《薤露》，和者数百人；《阳春》《白雪》，和者不过数十人；引商刻羽，杂以流徵，则和者不过数人而已'，以楚之故都人物猥盛，而和者止于数人，则为不知歌甚矣，故玉以此自况。《阳春》《白雪》皆郢人所不能也，以其所不能者名其俗，岂非大误也？""今郢州本谓之'北郢'，亦非古之楚都。""今江陵北十二里有纪南城，即古之郢都也,又谓之'南郢'。"又如明王世贞《弇州四部稿·宛委余编五》辩说:"郢本楚都,在江陵北十二里纪南城,所谓南郢也。《阳春》《白雪》之倡在是矣。今之承天,初为安陆,萧梁、唐、宋为郢州,所谓北郢也。其在楚非都会地,然则郢曲仍当归之江陵,乃为当也。"[①] 我们对郢州的相关问题,在本书第十二章《湖北钟祥市宋玉遗迹传说田野调查与研究》中将做出详尽考辨,可以参读,于此则不展开论述。钟祥之古称"郢州"既非古楚之郢都,钟祥之宋玉宅也就失去了存在的依托。"皮之不存,毛将安傅。"据此,钟祥之宋玉宅不需多辨而明之矣。

五、临澧宋玉宅

(一) 调查印象

湖南临澧有宋玉城,据称是因宋玉曾居住于此而得名。以此推理,宋玉城中当有宋玉宅。于是我们在考察了临澧宋玉墓后,在宋玉墓守墓人肖老汉的引领下考察了宋玉城。

宋玉城位于临澧县城东,公路里程 4 千米左右的望城乡宋玉村(此村名为近年当地政府所命名)。其地表上的遗迹绝大部分被农舍和田地遮蔽或覆盖,可见几处高于地面的台地,是否是城垣遗址因无标识实难确定,而村庄与田地中水塘随处可见,哪里是护城河遗址,也不敢冒然指认。宋玉村的中心是村委会所在地(图 7-13),村委会办公小楼的北侧是望城乡宋玉小学(图 7-14),村委会的对面有一方很小很薄却很精致的石碑,是当地文物管理部门树立的文物保护标志(图 7-15),碑正面刻有"省级文物保护单位——宋玉城遗址"等文字,背面刻着"说明",其内容是强调保护区的范围。据此,我们知道这一带就是宋玉城遗址了。据 1992 年版《临澧县志》第五章《文物·古城址》介绍:"宋玉城亦名楚城,因宋玉在此城居住而得名。城址在县城东南 3.5 公里的望城乡宋玉村,面积约 6 万平方米。四周尚

[①] 王世贞:《弇州四部稿》,文渊阁《四库全书》,台湾商务印书馆 1986 年版,第 1281 册,第 564、565 页。

残留城墙，高约 4 米、宽约 5 米，城址四周有护城河环绕，水面最宽处达 20 米，城址临近道水，四周约 10 公里间，有多处大型楚墓群。"① 又据 1995 年版《湖南省志·文物志》介绍："临澧县宋玉城：位于望城乡宋玉村，东西长 240 米，南北宽 220 米，夯土墙残存五段，残高约 5 米，护城河遗迹尚存。城内出土大量战国时筒瓦、板瓦、泥质红陶罐、盆等。"② 这两种介绍至少是 18 年前或早至 20 世纪 80 年代中期文物普查时的宋玉城遗址情况，如今夯土墙已难觅旧貌，询问当地年长的村民，也只能指出护城河遗址的大致方位，而哪处水塘是具体的护城河遗址，则不能确定。甚至有的村民说："别找了，什么（指地表遗迹）都没了。"这样的话，可能是对遗址保护不利的怨词，然而却着实让人颇感失望。我们极尽可能依据县博物馆展示的宋玉城遗址平面图来寻找其踪迹，但依然四望茫然。我们毕竟不是专业的考古人员，于茫然中也只好无奈地作罢。

据记载，宋玉城中曾有宋玉庙和九辩书院等后世纪念宋玉的建筑，今已荡然无存。在临澧县博物馆参观时，我们曾见到一口铁钟、一方宋玉庙碑与一墩石鼓状的磉礅（柱础），据其文字说明介绍，三者均为宋玉庙中的遗物。其中铁钟上铭文有"湖南澧州直隶州安福县观音庵金火匠欧肖，咸丰乙王占李口三娃敬献"字样，宋玉庙碑的落款也有"咸丰四年"的记载，这个纪年，说明了重建宋玉庙与创建九辩书院的时间。宋玉庙，《太平寰宇记》无载，而《舆地纪胜》始记之，据此推断，当始建于北宋太平年间以后。据《舆地纪胜》"宋玉城内有宋玉庙"，据《安福县志·县境图》标示，庙原在宋玉城南垣外，后废。清代在宋玉城内建九辩书院，同时重建了宋玉庙并移至城内，与九辩书院连为一体。这说明宋玉庙于宋代始建时本在城内，后徙迁城外，清代又移建于城内。据当地老人们回忆，在解放前与解放后很长一段时间内，于清代重建的宋玉庙与九辩书院中都开办过学校，还一度做过将军乡（解放初此地隶属该乡）乡政府办公的场所，后在 20 世纪 70 年代中期被拆毁。临澧县博物馆展有清代宋玉庙与九辩书院的复原模型，可弥补访古者之遗憾，然而无法弥补的遗憾是，我们在博物馆中没有看到宋玉宅的相关

---

① 临澧县史志编纂委员会编：《临澧县志》，中国社会出版社 1992 年版，第 596 页。
② 湖南省地方志编纂委员会编：《湖南省志·文物志》，湖南出版社 1995 年版，第 54 页。

介绍。但古人推测宋玉宅在宋玉城中，是可信的。

（二）文献记载

临澧宋玉城见于载记，当源于宋玉城的地面遗存。宋玉城遗址在今天尚依稀可见，在唐宋时代其古城遗址一定保存得比之今天更加完好。这样既古且相对完好的古城，被地志编者采访获得并录入，自然是顺理成章的事。据传世的文献，最早记录宋玉城的是宋王象之的《舆地纪胜》，其记曰："宋玉城内有宋玉庙有铜昏堰，皆以铜冶为之，今亩收三十种（钟）。"[1] 后世地志记此除增标方位里程外，皆遵从其说。

明李贤等《明一统志》卷六十二《岳州府·古迹》："宋玉城，在澧州南六十里长乐乡。有宋玉庙，又有铜昏堰，以铜冶为之，亩收三十钟。"[2]

清姚培谦、张云卿、张隆孙《类腋》卷六《澧州·古迹》："宋玉城，州西南长乐乡。"[3]

清迈柱、夏力恕等《湖广通志》卷七十九《古迹志·直隶澧州》："宋玉城，在州西南六十里长乐乡，有宋玉庙。"[4]

清穆彰阿、潘锡恩等《大清一统志》卷二百八十七《澧州·古迹》："宋玉城，在州南六十里长乐乡。《舆地纪胜》：宋玉城内有宋玉庙及铜昏堰，皆以铜冶为之，今亩收三十种。"[5]

清褚维恒、尹龙澍等《同治安福县志》卷七《城池·古城》："宋玉城，在县东十二里长乐乡，原澧州境，今拨入安福。或称宋王城者，误。详《古迹志》。《舆地纪胜》：宋玉城内有宋玉庙及铜涽堰，皆以铜冶为之，亩收三十种（种一作钟）。《通志》：在州南六十里。按：旧志以玉乃词客，所居不应名城，或者古有此城，宋玉尝居之，故后人即以玉名，亦未可定，犹新

---

[1] 王象之：《舆地纪胜》，《续修四库全书》，上海古籍出版社2002年版，第584册，第595页。
[2] 李贤等：《明一统志》，文渊阁《四库全书》，台湾商务印书馆1986年版，第473册，第314页。
[3] 姚培谦等：《类腋》，《续修四库全书》，上海古籍出版社2002年版，第1249册，第16页。
[4] 迈柱、夏力恕等：《湖广通志》，文渊阁《四库全书》，台湾商务印书馆1986年版，第534册，第108页。
[5] 穆彰阿、潘锡恩等：《大清一统志》，文渊阁《四库全书》，台湾商务印书馆1986年版，第480册，第609页。

城有车武子宅,后人遂名车城也。此语近是。"①

由于宋玉城遗址尚在,并经过考古调查认证为古城,其坐落方位准确明晰,不存在问题。所存在的问题,是宋玉城因何得名的。清《湖南通志·辨误三》曾有一个推测,以为"且玉词客,所居不应名城。或者古有此城,玉尝居之,故后人以名。犹新城有车武子宅,后人遂名车城"②。《安福县志》赞同此说,且说"此语近是"。古人的这一推测得到了现代考古的证实,据1995年版《湖南省志》第二十八《文物志》,调查者根据出土文物的时代鉴定认为,宋玉城应为东周时期的城址。③ 这就是说,在宋玉生活时代之前,这个后人名之为宋玉城的古城早已存在了,这个古城址之所以名为宋玉城,可能是为了纪念宋玉曾居住于此。根据此说,有些文章认为,宋玉在得到楚襄王赏赐"云梦之田"后,在这里建造了宋玉城,因而得名,以考古认定的建城时间推算是没有根据的。④ 另则宋玉在《九辩》中自称"贫士",甚至贫穷到"无衣裘以御冬"的程度,他即便在临澧有"云梦之田",也不会有宋玉城么大、且可以让他衣食无忧的面积。因此,宋玉城以及其佐证的资料——如宋玉后人曾生活于此等,只能证明宋玉曾经居住在这里,而不能证明宋玉修建了宋玉城。因此我们认同《湖南通志》《安福县志》的说法,"古有此城,玉尝居之,故后人以名"。

(三) 问题讨论

关于宋玉尝居于临澧宋玉城的推测,目前尚无直接证据,但可资佐证者很多:(1) 可资为证的文献资料,有清梁绍壬的《两般秋雨盦随笔》,其书卷三"宋玉"条说:"有客至澧州,见宋氏家牒,言宋玉字子渊,号鹿溪子。可补记载之缺。"⑤ 又《诸子汇函》所收有《鹿溪子》一书,其书曰:"鹿溪子,姓宋名玉,字子渊。"⑥《诸子汇函》旧题明归有光撰,《四库全书提要》

---

① 褚维恒、尹龙澍等:《同治安福县志》,《中国地方志集成》(湖南府县志辑79),江苏古籍出版社2002年版,第131页。
② 陈宏谋等:《湖南通志》,见注①《同治安福县志》第131页引《湖南通志》语。
③ 湖南省地方志编纂委员会编:《湖南省志》,湖南出版社1995年版,第54页。
④ 临澧宋玉学会:《宋玉生平考析》,《华人论坛·宋玉城专刊》,华人论坛杂志社2008年元月号。
⑤ 梁绍壬:《两般秋雨盦随笔》,《续修四库全书》,上海古籍出版社2002年版,第1263册,第97页。
⑥ 归有光:《诸子汇函》,《四库全书存目丛书》,齐鲁书社1996年版,子部第126册,第344页。

疑为后人伪托，清康熙间人陈厚耀《春秋战国异辞》曾引《鹿溪子》一书中一段文字①，说明明代或清初已有称宋玉字子渊、号鹿溪子的说法。不知梁绍壬所闻"宋氏家牒"是家谱编者本于《诸子汇函》，还是《诸子汇函》本于先于其书传世的"宋氏家牒"。此两则资料不足以证明宋玉字"子渊"、号"鹿溪子"，但是可以证明在明代或清初，在临澧有宋玉的后人或宋姓人家存在。今之临澧人江从镐于《宋玉·鹿溪子·临澧人》一文中说："宋玉的后人就住在宋玉城附近，当地农民还租种过他们的田地，直到清朝末年才迁往津市，后又从津市迁往湖北。"②这证明宋玉的后人在临澧至少生活了明与清两个朝代。（2）可资为证的文物资料，有临澧博物馆馆藏的宋玉庙碑、铁钟、磉礅，这些文物是清代宋玉庙中的遗物，而关于宋玉庙始建的时间则可追溯到宋代。古代某地为某位文化名人立庙，或因其生于该地，或因其官于该地，或因其流寓于该地，或因其死于该地，实与立神庙不同，总是因其与该地有某种地缘关系方才有立庙之行为。这证明宋代人已认为宋玉与临澧存在地缘关系了。（3）可资为证的民俗资料，有六朝无名氏的《黄花鱼儿歌》，其歌词曰："年年四月菜花黄，黄花鱼儿朝宋王。花开鱼儿来，花谢鱼儿去。只道朝宋王，谁知朝宋玉。"这首民歌关乎临澧的宋玉墓，证明六朝时临澧就有了宋玉葬于此地的说法。《同治安福县志》又说："（宋玉墓）向有墓碑，人误称宋王坟，唐李群玉辨之，有'雨蚀玉文旁没点，至今错认宋王坟'之句。"③两则民俗资料相互印证，说明宋玉葬于此地的传说由来甚久。虽然当地文物部门经勘探，认为县志标示的位于县东二十里浴溪河南岸的世传之宋玉墓是自然土丘，不是墓葬，但是也未排除宋玉墓在浴溪河南岸的可能性，并推测宋玉墓可能在浴溪河南岸的看花山上。④这个推测是有道理的，因为：其一，古之时即本存有宋玉墓地理方位的异说，《同治直隶澧州志》记载，宋玉墓"一云畲溪河岸，或呼宋王坟"，"畲溪河，县东三十里，入道

---

① 详见陈厚耀：《春秋战国异辞》，文渊阁《四库全书》，台湾商务印书馆1986年版，第403册，第654页。
② 江从镐：《宋玉·鹿溪子·临澧人》，吴广平、史新林主编：《徜徉宋玉城》，湖南人民出版社2011年版，第267、268页。
③ 褚维恒、尹龙澍等：《同治安福县志》，《中国地方志集成》（湖南府县志辑79），江苏古籍出版社2002年版，第388页。
④ 临澧县史志编纂委员会编：《临澧县志》，中国社会出版社1992年版，第597页。

水。岸有宋玉墓"①；其二，现代的考古普查已发现，这一带确有先秦楚墓的遗存。所以我们仍不能据此完全否认宋玉葬于临澧的传说。据宋玉《九辩》的描述，宋玉晚年"失职"，据《汉书》关于宋玉曾居于寿春（今安徽寿县）的记载，可以推知，宋玉失职后即在楚国最后的都城寿春，不久又逢秦军逼近，宋玉很有可能渡江南下到了临澧，并终老于此。这个推理完全可以与上两则民俗资料相印证。依据上述的佐证资料，我们认为宋玉晚年居于临澧是可能的。

六、调查总结

对于多地记载存有宋玉宅的现象，古人不仅注意到了，而且也表述了他们的看法，例如：

明周圣楷《楚宝》卷十五《文苑·宋玉附》考辨说："《水经注》：襄阳宜城县南有宋玉宅。按宜城地原属鄢都，今承天、荆州，具有宋玉宅，当以荆州为是。《渚宫故事》云：庾信因侯景之乱，自建康遁避江陵，居宋玉故宅，故其赋曰：'诛茅宋玉之宅，穿径临江之府。'杜子美《送人赴荆州诗》亦云'曾闻宋玉宅，每欲到荆州'是也。又子美《移居夔州入宅诗》云：'宋玉归州宅，云通白帝城。'然则归州亦有宋玉宅，非止荆州。大抵昔贤徙落，安知有宅，以贻后人。文士栖迁，乃托江山而留永慨。李商隐诗云：'何事荆台百万家，惟教宋玉擅才华。楚辞已不饶唐勒，风赋何曾让景差。落日渚宫供观阁，开年云梦送烟花。可怜庾信寻荒径，犹得三朝托后车。'其怀抱故可想矣。"②

清孔自来《江陵志余》："宋玉宅，在渚宫内。""今秭归、安陆、宜城皆有宋玉宅，尽附会耳。"

清穆彰阿、潘锡恩等《大清一统志》卷二百七十《襄阳府·古迹》："宋玉宅，在宜城县南三十里。《水经注》：宜城县南有宋玉宅。按宋玉宅有三，此其里居也；一在归州，从屈原游学时所居；一在江陵，则服官鄢都时居之。"

---

① 何璘等：《同治直隶澧州志》，《中国地方志集成》（湖南府县志辑78），江苏古籍出版社2002年版，第128、155页。

② 周圣楷：《楚宝》，《续修四库全书》，上海古籍出版社2002年版，第548册，第659页。

清程启安等《同治宜城县志》卷一下《方舆志·宅墓》考辨说："《渚宫旧事》庾信因侯景之乱，自建康遁归江陵，居宋玉故宅。《哀江南赋》所谓'诛茅宋玉之宅'是也。又归州东二里相公岭上有宋玉宅。《郢州》又纪，洪武中建安陆州学于兰台，即宋玉宅旧址。又不但如《一统志》所言三者已也。盖名贤所至，人争艳之，昔日居停之所，后世莫不以故宅目之。然玉乃宜产，宅又在墓侧，自当以在宜城者为确。（《采访记》）"

清恩联、王万芳等《光绪襄阳府志》卷五《古迹·宜城县》："宋玉宅在城南三十里。县南有宋玉宅。（《水经注》）按：宋玉宅有三：此其里居也；一在归州，从屈原游学时所居；一在江陵，则服官郢都时居之。（《通志》引《一统志》）"①

分析上引"考辨"：其提到存有宋玉宅的地方有宜城、荆州、承天（今钟祥）、归州（今秭归）四处。其中未提及临澧，大概是因为过于拘泥"宋玉宅"的概念内涵，而将宋玉城内的宋玉居处排除在外。像宋玉这种一人有多处故宅遗址的现象，与许多古代名贤有多处故宅一样，可称之为"故宅多地现象"。上引"考辨"对于这种多地现象各有不同的思考，假若将他们的思考综合在一起，则其思考还是比较合乎学理的。首先，认为名贤之出生并成长的居所是不容置疑的"里居"故宅，这种故宅是可以作为遗产传承的。其次，人之"徙落"与"居停"之居所，或无意留与后人，或无权留与后人，这种故宅的认定需要考实其人的行径，才能坐实。再次，故宅多地现象的出现，特别是"徙落"与"居停"的居所，是出于"名贤所至，人争艳之"的动机与"托江山而留永慨"的目的。这种动机和目的与史家实录精神是有很大区别的，往往代表着文人意识。纵观地志的古迹记述，在这种动机与目的影响下被载录的古迹，不在少数。然而，由于上引"考辨"各执一端，他们考定宋玉宅所在地的结论各不相同。《楚宝》认为"荆州为是"，《宜城县志》认为"宜城者为确"，都是强调宋玉的出生并成长的居所，只不过《楚宝》认为宜城古属郢都，郢都明属荆州，所以将宜城纳入荆州的辖属。《江陵志余》认为在荆州"渚宫内"，强调宋玉游宦之地的居所。《清一统志》《光绪

---

① 恩联、王万芳等：《光绪襄阳府志》，《中国方志丛书》（华中地方·第三六二号），台湾成文出版社1976年版，第446页。

襄阳府志》认为宜城、归州、荆州三者均是，不过居处时期不同。这是既强调宋玉的出生并成长的居所，又注意到了宋玉的行经。如果说诸家考辨也有相同之处，那么就是他们一致否定或不采信钟祥宋玉宅，这是因为他们接受了宋沈括和明王世贞的论证，认为明之承天、清之安陆、今之钟祥在唐宋虽称郢州，但史称"北郢"，并非是楚襄王时的楚都——南郢，亦并非宋玉行经所及。上引具有代表性的"考辨"基本代表着明清两朝考辨者的共识。

　　我们赞同古人肯定宜城宋玉宅与否定钟祥宋玉宅的结论，但对于古人认定荆州、秭归宋玉宅是有不同看法的。对于荆州、秭归宋玉宅的质疑，我们在各节"问题讨论"中已据其各自的疑点做出了阐述，这里就其共同的疑点进行讨论。荆州与秭归的宋玉宅都属于传说中的宋玉行经之居所，文人们出于"名贤所至，人争艳之"的动机与"托江山而留永慨"的目的，将其采用于自己的文学创作之中，采用时并不介意"传说"是否可信，也无需考证"故宅"是真是伪，信手拈来以抒发"艳之"之心境、"永慨"之情怀。其实，由于文人们出于"名贤所至，人争艳之"的动机与"托江山而留永慨"的目的，在诗词歌赋中采录传说中的名胜古迹，是把双刃剑，一方面的确有一些真正的名胜古迹借之闻名遐迩，另一方面一些附会出来的古迹也借之鱼目混珠。以钟祥的古迹白雪楼为例，在唐代诗人中多有吟咏，如白居易《登郢州白雪楼》云："白雪楼中一望乡，青山簇簇水茫茫。朝来渡口逢京使，说道烟尘近洛阳。"汪遵《郢中》云："莫言白雪少人听，高调都难称俗情。不是楚词询宋玉，巴歌犹掩绕梁声。"许棠《陪郢州张员外宴白雪楼》云："高情日日闲，多宴雪楼间。洒槛江干雨，当筵天际山。带帆分浪色，驻乐话前班。岂料羁浮者，尊前得解颜。"如此一来，致使白雪楼名声大噪。宋沈括有见于此，特考其真伪，他在《梦溪笔谈》卷五《乐律一》辩驳说："世称善歌者皆曰郢人，郢州至今有白雪楼。""今郢州本谓之北郢，亦非古之楚都。""今江陵北十二里有纪南城，即古之郢都也，又谓之南郢。"于是郢州白雪楼即遭冷落。白雪楼废后，清代初年因其被质疑即不再重建，而是在其遗址附近另建了巢云亭。钟祥宋玉宅，也因钟祥之古称郢州非是楚都南郢，而被清代志书所否定。那么，荆州与秭归的宋玉宅是真是伪呢？古人对于宋玉的生平行迹没有深入的研究，依据宋玉作品中有宋玉从侍楚襄王的记述，认为荆州宋玉宅是其"服官郢都时居之"；遵从王逸"屈原弟子"说，认为秭归宋玉宅是其"从屈原游学时所居"。这是依据当时的宋玉研究认知做出的判断，反映了历史或曰时代的局限性。随着时代的发展，宋玉研究有了更为深入、更为接近历史的新进展。按照近当代宋玉研究的新成果，我们可以用几个数字来讨论这个问题：游国恩推测宋玉生于公元前296年，陆侃如推测宋玉生于公元前290年；陆侃如推测屈原卒于公元前278年，游国恩推测屈原卒于公元前277年；以屈原卒年前推9年即公元前287年或公元前286年屈原被楚襄王放逐；秦将白起攻占楚之郢都在楚襄王二十一年即公元前278年。以此推测，屈原被放时宋玉约10岁或4岁，楚郢都沦陷时宋玉约18岁或12岁。明眼人一看便知，10岁或4岁的宋玉不可能"从屈原游学"，况且屈原被放江南直至沉江并不在秭归；18岁或12岁的宋玉不可能在郢都即今荆州"服官"并奉旨为楚襄王作赋，宋玉出仕从侍楚襄王必在楚迁都陈郢而后。据此，荆州和秭归的宋玉宅均为"艳之"者附会。至于临澧宋玉宅，古人虽未将其纳入视野，但最有可能为宋玉晚年的居处。其论证我们在"临澧宋玉宅"一节中已做出了阐述，此不赘述。总之，我们认为宜城宋玉宅是宋玉里居，临澧宋玉宅是宋玉晚年居所，而荆州、秭归及钟祥的宋玉宅是为附会。

附录　湖北秭归县屈原故里田野调查与研究

关于屈原出生地的说法有多种：其一，"秭归说"（西汉置秭归县，唐武德二年置归州，辖秭归、巴东二县，治所在秭归县。后大部分时间秭归隶属归州，直到民国元年废州为秭归县，新中国成立后，仍设秭归县，归州为其治所。所以实际上，"秭归说"和"归州说"是同一种说法），这是一种传统的说法，为大多数现当代学者所认可。其二，"郢都说"（也称"江陵说"），其首倡者是已故著名学者浦江清先生，他在《祖国十二诗人·屈原》中说："屈原的出生地是楚国的都城——郢（在今天的荆州）。"其三，"夔州说"，南宋朱熹据杜甫《最能行》作于旅居夔州之时而称"屈原生于夔峡而任于鄢郢"。其四，最近又出现一种新的说法"南阳说"，黄崇浩先生认为南阳之南屈乃屈氏始封地，进而提出"屈原生于南阳说"。此外，还有"常德说""溆浦说""汨罗说"等，但证据显得不太充分，在此不一一赘述。经过实地考察，我们赞同传统的说法，认为屈原的出生地当为秭归。

一、屈原故里调查印象

(一) 茅坪镇新屈原祠

我们调查小组于 2013 年 10 月 23 日上午在秭归新县城茅坪镇参观了屈原祠。屈原祠位于茅坪镇东南的凤凰山风景区，进入景区，步行约 10 分钟，我们便看见了屈原祠。屈原祠三面环山，一面临水，气势雄伟，正门牌坊上除"屈原祠"三字外，还有郭沫若先生题的"光争日月"四字。(图 7-16) 屈原祠内左手边有一个办公室，挂有"秭归县屈原文化研究会"的牌子。经过与会长陈国新的交流 (图 7-17)，我们了解到屈原庙、老屈原祠都在江 (长江) 北，老县城 (归州古镇) 仍有一部分遗迹没有被淹没。告别陈会长，我们拾级而上，依次参观了"天地齐光""万世景仰""千秋绝卓"等几个展厅，展厅内陈列了清代清烈公祠、20 世纪 70 年代屈原祠以及如今的屈原祠的模型，此外还有历代屈原画像，以及与屈原相关的各地景点的图片和简介。移建后的屈原墓在屈原祠东，位于半山腰上，此墓实为"衣冠冢"，清《同治归州志》中辑录的道光七年湖北学政王赠芳写的《重封屈清烈公墓碑记》载："古有招魂而葬之礼，凡体魄不可得，及道远难以返榇者，往往具衣冠而葬之。……大夫既沉之后，魄虽葬于湘浦，魂宜返其故乡。宋玉、景差诸人，遂赋《大招》，奉衣冠而安厝于此耶。"衣冠冢原处于老屈原祠后，位于老县城 (归州古镇) 东 5 里江边"屈原沱"的山地缓坡上，1976 年因长江葛洲坝水利枢纽工程而随祠同迁到老县城 (归州古镇) 东 3 里的向家坪，后又因三峡工程而于 2008 年搬迁至茅坪镇凤凰山。登上 89 个台阶，绕过一间空房，移建后的屈原墓就在我们的上方。墓不大，墓门朝着东南方向。墓前有三幅对联，一道墓门上的对联是"汨水怀沙千古遗恨，归山枕岫万世流芳"；二道墓门上有两幅对联，依次是："崔巍丰碑矗大地，凛然浩气贯长虹""千古忠贞千古仰，一生清醒一生忧"。(图 7-18) 参拜完屈原墓，我们来到了屈原故里牌坊，牌坊上书"屈原故里"四个大字。在牌坊左侧有两个石碑，分别为"汉昭君王嫱故里"碑和"楚大夫屈原故里"碑，两个石碑皆为清朝光绪十二年正月立。(图 7-19) 这两块石碑及牌坊，都是 2008 年随老屈原祠从归州镇整体移建过来的。

（二）乐平里屈原庙、屈原宅、屈原田

2013 年 10 月 23 日下午，我们调查小组抵达了秭归县屈原镇三闾乡，开始了对屈原庙、屈原宅、屈原田等屈原遗迹的调查。三闾乡又称屈原乡、屈坪、落脚坪，古称乐平里，位于大山深处，四面环山，天然形成了这块钟灵毓秀的山间小盆地。在当地人的指引下，我们一眼便看见了高高坐落在"钟堡"上的屈原庙。据了解，屈原庙是 1982 年移建重修的，建筑面积 264 平方米。整个建筑由山门、配房、大殿组成，是仿清代民居式建筑复原的。攀上山坡首先映入眼帘的是屈原的雕塑，雕塑下面是屈原镇人民政府于 2012 年立的"屈原庙记"。（图 7-20）屈原庙坐北朝南，位于雕塑的正前方，"屈原庙"三字为郭沫若先生 1965 年的手迹。（图 7-21）进入屈原庙，守庙人徐正端老先生热情地为我们讲解了屈原庙的移建原因和移建过程。（图 7-22）庙的大殿内立着一尊屈原的塑像，塑像前还设有祭台，祭台的右侧摆放着几块关于屈原庙的古碑，整个大殿两侧的墙壁上都嵌入了镌有屈原 25 篇著作的碑刻。据徐老先生讲，屈原庙最早建在乐平里的水池湾，建筑面积 132 平方米。由于常年失修，庙宇倾斜，秭归县政府于 1980 年批拨专款，将庙迁移到了香炉坪后的磨岭山上，建筑面积 60 平方米。1982 年因滑坡震动，庙基下陷，又于 1982 年底重建，1984 年 9 月竣工，重建后的屈原庙就位于如今的"钟堡"之上。

乐平里牌坊据了解是建于 1983 年 1 月，四柱三门（图 7-23），周围是一片橘林，其旁有郭沫若夫人于立群女士题写的"三闾大夫屈原故里""乐平里"两块石碑（图 7-24）。

乐平里伏虎山盘山公路的半山腰上，竖有"屈原照面井"的标志，于此下行，依次有照面井（图 7-25）、读书洞（图 7-26）、响鼓岩（图 7-27）三个传说中的屈原遗迹。相传屈原每天会从香炉坪到伏虎山来，在照面井洗脸，在读书洞读书，在响鼓岩听潺潺流水，这条小溪即是响水溪。（图 7-28）过溪即是屈原故宅所在地——香炉坪，站在伏虎山腰眺望，对面那月牙形的坪坝（俗称"半月"）酷似一个立着的檀香炉，这便是"香炉坪"的来由，屈原故宅的遗址就在香炉坪之上，据了解，在屈原故宅前有一块田，俗称"屈原田"。（图 7-29）当地人为了纪念这个地方，在这里立了一个标牌，以此来标识屈原故宅的位置。从我们的实地考察看，建在伏虎山麓的照面井、读书洞

等遗迹当为后世附会之说，因为伏虎山和香炉坪中间是一条由山顶绵延而下的山涧，山涧两边树木茂密，杂草丛生，山势陡峭，且中间还有一条响水溪阻隔，屈原每天从香炉坪到伏虎山来洗脸读书，似乎不大可能，然而屈原故宅遗址还是具有一定可信度的。

（三）归州镇原屈原祠

2013年10月24日中午，我们调查小组抵达了秭归县归州镇原屈原祠遗址。据记载原屈原祠始建于唐元和十五年（820），迄今已有1200来年的历史，其原本坐落在秭归老县城（归州古镇）东5里江边"屈原沱"的山地缓坡上，1976年，因兴建葛洲坝水利工程，老屈原祠迁到秭归老县城（归州古镇）东3里的向家坪（位于如今的秭归县归州镇境内，归州镇是一座移民新镇，因三峡工程建设，于2002年6月建成并实施整体搬迁，其坐落于屈原庙村陶家坡），占地14000平方米，倚山面江，坐北朝南，与对岸的楚台山、牛角山、芙蓉山、笔架山隔江相峙，整体建筑由山门、大殿、左右配房等组成，1980年正式对外开放。后又因建三峡大坝，屈原墓和老屈原祠建筑群于2008年7月搬迁至茅坪镇凤凰山。据我们的实地考察，老屈原祠位于现归州镇的一个柑橘加工场场区内，整个场地杂草丛生，原山门、大殿、左右配房，以及屈原墓的位置已经被淹没了，左右两侧碑廊和屈原铜像的台基犹存，只是"九歌图""名人诗文"石刻和屈原铜像早已迁至凤凰山景区。纪念屈原陈列馆依旧耸立，馆分上下两层，当时一楼展厅是纪念屈原的图片展览，二楼展厅展出的是秭归境内出土的文物，如今馆门紧锁，四顾一片凄凉，屈原祠旧址呈现出被废弃的景象。至于始建于唐代的屈原祠早已淹没于滔滔江水之中。

二、屈原故里文献资料分析

（一）屈原故宅以及与故宅相关的遗迹

晋庾仲雍《荆州记》载："秭归县有屈原宅、女嬃庙。捣衣石犹存。"[①]

北魏郦道元《水经注·江水注》载："（秭归）县，故归乡。《地理志》曰：归子国也。《乐纬》曰：昔归典叶声律。宋忠曰：归即夔，归乡，盖夔

---

① 欧阳询：《艺文类聚》引《荆州记》，上海古籍出版社1999年版，第108页。

乡矣。古楚之嫡嗣有熊挚者，以废疾不立，而居于夔，为楚附庸，后王命为夔子。《春秋·僖公二十六年》，楚以其不祀，灭之者也。袁山松曰：屈原有贤姊，闻原放逐，亦来归，喻令自宽。全乡人冀其见从，因名曰秭归，即《离骚》所谓女嬃婵媛以詈余也。县城东北依山即坂，周回二里，高一丈五尺，南临大江，故老相传，谓之刘备城，盖备征吴所筑也。（秭归）县东北数十里有屈原旧田宅，虽畦堰縻漫，犹保屈田之称也。县北一百六十里有屈原故宅，累石为室基，名其地曰乐平里，宅之东北六十里有女嬃庙，捣衣石犹存。故《宜都记》曰：秭归盖楚子熊绎之始国，而屈原之乡里也。原田宅于今具存。指谓此也。……熊挚始治巫城，后疾移此，盖夔徙也。《春秋左传·僖公二十六年》，楚令尹子玉城夔者也。服虔曰：在巫之阳，秭归归乡矣。江水又东迳归乡县故城北。袁山松曰：父老传言，原既流放，忽然暂归，乡人喜悦，因名曰归乡。抑其山秀水清，故出俊异，地险流疾，故其性亦隘。《诗》云：惟岳降神，生甫及申。信与。余谓山松此言可谓因事而立证，恐非名县之本旨矣。"①

清《乾隆归州志·地舆志·山川》："香炉山：州南一百四十里，其形如香炉。"②

清《乾隆归州志·地舆志·古迹》："屈原宅：州东八十里在三闾乡，今存旧迹。"

清《乾隆归州志·地舆志·古迹》："女嬃砧：亦在三闾乡。"

清《乾隆归州志·地舆志·古迹》："响鼓溪：屈原宅边涧水与石相击其声如鼓。"

清《乾隆归州志·诗词》："杜甫《艓舲峡》云：峡中丈夫绝轻死，少在公门多在水。富豪有钱驾大舸，贫穷取给行艓子。小儿学问止论语，大儿结束随商旅。欹帆侧柂入波涛，撇漩捎濆无险阻。朝发白帝暮江陵，倾来目击信有征。瞿塘漫天虎须怒，归州长年行最能。此乡之人器量窄，误竞南风疏北客。若道士无英俊才，何得山有屈原宅。（按：这首诗在《全唐诗》及各种杜诗集中都题作《最能行》。）"

---

① 郦道元著，陈桥驿校证：《水经注校证》，中华书局2007年版，第791、792页。
② 佚名：《乾隆归州志》，故宫博物院编：《故宫珍本丛刊》，海南出版社2001年版，第143册，第122页；下引依次为第124、125、148页。

清《同治归州志·地舆志·古迹》:"屈田:《水经注》县东北数十里有屈原旧田,虽畦堰弥没,犹保屈田之名也。"①

清《同治归州志·地舆志·古迹》:"屈左徒宅:《水经注》县北一百六十里有屈原故宅,累石为屋基,名其地曰乐平里,故《宜都记》曰秭归盖楚子熊绎之始国而屈原之乡里也。"

清《同治归州志·地舆志·古迹》:"女嬃砧:《水经注》屈宅东北六十里有女嬃庙,捣衣石犹存。"

清《同治归州志·地舆志·古迹》:"响鼓溪:屈原宅边涧水与石相击其声如鼓。"

清《同治归州志·祠祀志·宫庙》:"女嬃庙:屈左徒有贤姊,闻左徒放逐乃归,喻令自宽,因名秭归,唐元和中立女嬃庙于左徒之故宅,在三闾乡,今存旧址。"

清《同治归州志·艺文志·传记》:"《屈原外传》唐沈亚之:《江陵志》又载原故宅在秭归乡,北有女嬃庙,至今捣衣石尚存,时当秋风夜雨之际,砧声隐隐可听也,嘻异哉。"

清《同治归州志·艺文志·赋》:"《楚三闾大夫屈先生祠堂铭并序》,元和十五年王茂元撰:元和十五年,余刺建平之首岁也,考验图籍则州之东偏十里而近先生旧宅之址存焉,爰立小祠凭神土偶,用表忠贞之所诞,卓荦之不泯也。"

清《同治归州志·艺文志·赋》:"黄清老《清烈公庙记碑》:旧宅在今州治西偏十里江之北。"

清《同治归州志·艺文志·赋》:"吴省钦《修楚屈左徒庙碑记》:左徒之宅若墓若塔,后之人皆举其字。塔在今忠州,墓在湘阴,其方七顷,累石为屋(按:原文可能错简,此二句当在下句"八十里"后),宅在归州东乡八十里,田曰屈田,沱曰屈沱。唐天宝间诏立古忠臣义士祠宇,而长沙郡立楚三闾大夫屈原庙受封清烈公,宋封忠洁侯,前明复其号曰楚三闾大夫,屈平氏之神,有司以岁五月五日致祭,左徒死汨罗而生于归,归之庙元至正间

---

① 余思训、陈凤鸣等:《同治归州志》,《中国元志丛书》(华中地方·第三三四号),台湾成文出版社1975年版,第139页;下引分别为第140、144、207、367、416、423、453、546、552、594页。

湖广提学黄清老记,谓元和十五年刺史王茂元始立,移建无征,耿耿也。"

清《同治归州志·艺文志·诗词》:"王十朋《屈原庙》:自古皆有死,先生死忠清。故宅秭归江,前山熊绎城。眷言怀此都,不比异姓乡。六经变离骚,日月争光明。"

清《同治归州志·艺文志·诗词》:"陆游《三峡歌》:我游南宾春暮时,蜀船曾系挂猿枝。云迷江岸屈原宅,花落空山夏禹祠。"

清《同治归州志·艺文志·诗词》:"杨怪曾《谒屈大夫祠口占》:扁舟一叶抵原沱,路转新滩水不波。旧宅久埋荒草径,新祠卓立楚山阿。寒潮终古流三峡,幽愤千秋述九歌。为谒墓门绿石蹬,白云深处几扪萝。"

(二)屈原故里以及与故里相关的传说

清《同治龙阳县志·人物》:"屈平,字原。……平,实归州人。"①

明陈洪谟《嘉靖常德府志》卷十七《寓贤》说:"史称(屈)原行吟泽畔,遇渔父歌《沧浪》。今龙阳有沧浪水,郡中有屈原巷、招屈亭,盖尝侨寓于此云。"②

又卷二十《拾遗》说:"屈原,旧志为武陵人,然于史传无据,或因相传有屈原巷、屈原祠,故云。又长沙(指古长沙府属县湘阴)亦有祠有墓,盖原往来于湘沅间,吾郡称为'寓贤'为宜。又《一统志》归州有屈原故宅,旁有女嬃祠,盖原之姊也。观此则非武陵产明矣。"

清《同治归州志·地舆志·古迹》:"归乡县:《水经注》袁崧曰:父老传言原既放逐忽然暂归,乡人喜悦因名归乡,余谓袁崧此言因事立证恐非名县本旨,县城南面重岭,北背大江,东带乡口,溪谷源出县东南数百里,西北入县,径狗峡崖。按:狗峡在鸡笼山下乡口,溪由山东南发源,西北下注至旧州治前,又东流入江出归乡峡。《一统志》按:此非梁陈时归乡地,疑梁以后迁徙也。"③

清《同治归州志·艺文志·赋》:"湖北学政王赠芳《重封屈清烈公墓碑

---

① 瑞塪等:《光绪龙阳县志》引旧志说,《中国地方志集成》(湖南府县志辑77),江苏古籍出版社2002年版,第286页。
② 陈洪谟:《嘉靖常德府志》,《天一阁藏明代方志选刊》,上海古籍出版社1964年版,卷十七第1页;下引为卷二十第14、15页。
③ 余思训、陈凤鸣等:《同治归州志》,《中国方志丛书》(华中地方·第三三四号),台湾成文出版社1975年版,第135页;下引分别为第525、552页。

记》：归州古夔子国亦名秭归，春秋战国时为楚地，三闾大夫屈清烈公之乡里也，州东北五十里有三闾乡，田曰屈田，沱曰屈沱，州东十里有庙倚山临江，庙之后有墓。……以守礼经而安先贤，因并放其墓之可疑，而不必疑之故。"

清《同治归州志·艺文志·诗词》："陆游《归州重五》：斗舸红旗满急湍，船窗睡起亦闲看。屈平乡国逢重五，不比常年角黍盘。"

清《乾隆归州志·地舆志·古迹》："玉米坵：屈原耕此田，米白似玉故名，在三闾乡。"①

清《同治归州志·地舆志·古迹》："独醒亭：在州东，范成大集《早发周坪驿过清烈祠下》有独醒亭。"②

清《同治归州志·地舆志·古迹》："玉米坵：在今三闾乡，屈左徒耕此，其米似玉，视他米独长，至今出不一处，见《左徒外传》。"

清《同治归州志·地舆志·古迹》："归乡沱：有大鱼伏焉，长数丈，相传系腹中出屈原者。"

（三）屈原墓、屈原祠与屈原庙

清《乾隆归州志·地舆志·古迹》："屈原沱：州东五里。"③

清《同治归州志·地舆志·古迹》："屈沱：州东五里。《闻见后录》：'屈沱，屈原故里也。'今沱北岸上有屈公祠、三闾大夫墓。"④

清《同治归州志·祠祀志·陵墓》："楚屈原墓，在州东五里庙后。"

清《乾隆归州志·建立志·坛祠》："屈公祠：州东五里。重修维新。"⑤

清《乾隆归州志·建立志·宫庙》："屈原庙，即清烈公庙，离州五里在江滨，经兵火后又成荒土，知州王景阳以载在祀典，捐俸重修，端阳祭祀。雍正十一年。"

---

① 佚名：《乾隆归州志》，故宫博物院编：《故宫珍本丛刊》，海南出版社2001年版，第143册，第124页。
② 余思训、陈凤鸣等：《同治归州志》，《中国方志丛书》（华中地方·第三三四号），台湾成文出版社1975年版，第138页；下引为第142、144页。
③ 佚名：《乾隆归州志》，故宫博物院编：《故宫珍本丛刊》，海南出版社2001年版，第143册，第124页。
④ 余思训、陈凤鸣等：《同治归州志》，《中国方志丛书》（华中地方·第三三四号），台湾成文出版社1975年版，第140页；下引为第209页。
⑤ 佚名：《乾隆归州志》，故宫博物院编：《故宫珍本丛刊》，海南出版社2001年版，第143册，第126页；下引为第127页。

清《同治归州志·地舆志·八景》："屈沱野渡：州东五里北岸为屈公祠，祠后有墓，每岁端午，竞渡赛祭，常时两岸往来游人胥从此过渡云。"①

清《同治归州志·祠祀志·宫庙》："屈左徒庙：城东五里，在江滨，经兵火后，已成荒土，知州王景阳以载在祀典，捐俸重修，端阳祭祀，雍正十一年湖北学政凌如焕率领捐修齐整。按：其地名屈公沱又名乐平里。"

清《同治归州志·艺文志·赋》："《重修楚左徒屈大夫祠记》，知州李炘：唐天宝间，诏立古忠臣义士庙，长沙郡立楚三闾大夫祠，诏封清烈公，命有司岁以五月致祭。元和十五年，秭归刺史王茂元始建祠于墓侧，其神像章服悉遵唐制，由宋以迄。……任其湮废，何以励薄俗振颓风哉，且秭归为大夫桑梓之地，神像之体貌冠裳尤宜复古，以安大夫之心。"

（四）屈氏封地与屈姓乡贤

东汉王逸《楚辞章句·离骚注》："熊绎事周成王，封为楚子，居于丹阳。周幽王时，生若敖，奄征南海，北至江、汉。其孙武王求尊爵于周，周不与，遂僭号称王。始都于郢，是时生子瑕，受屈为客卿，因以为氏。"②

唐林宝《元和姓纂》："屈：楚公族芈姓之后。楚武王子瑕食采于屈，因氏焉。屈重，屈建，屈到，三闾大夫屈平字原，屈正，并其后也。"③

清《乾隆归州志·人物志·乡贤》："屈到：字伯庸，楚武王子瑕之后，食采于屈，因姓焉，性嗜芰，临卒曰，祭我必以芰。"

清《乾隆归州志·人物志·乡贤》："屈原：名平，字灵均，伯庸之子，仕楚为司徒，怀王尝命原造宪令，属草未定，上官大夫心害其能，见而欲夺之，原不与，因谗于王曰王使屈大夫为令，每一令出，原伐其功，谓非我莫能为也，王怒，被放焉，后屡谏怀王而终不悟，行吟泽畔，投于汨罗江而死，著有《离骚经》传于世。"

清《同治归州志·人物志·乡贤》："周，鬻子，按：鬻熊，帝颛顼之苗裔，为文王师，成王举文武勤劳之后嗣，而封鬻熊之孙熊绎于荆蛮，胙以子男之田，后熊绎元孙熊挚有疾楚人废之，别封为夔子而居丹阳，即秭归地

---

① 余思训、陈凤鸣等：《同治归州志》，《中国方志丛书》（华中地方·第三三四号），台湾成文出版社 1975 年版，第 147 页；下引分别为第 206、489 页。
② 洪兴祖撰，白化文等点校：《楚辞补注》，中华书局 1983 年版，第 3 页。
③ 林宝撰：《元和姓纂》，文渊阁《四库全书》，台湾商务印书馆 1986 年版，第 890 册，第 741 页。

也，据此则鬻熊为楚开国之始祖。《志》《乘》不可无故节略其始末而列焉，余详沿革志中。僖公二十六年夔子不祀祝融与鬻熊，楚人帅师灭夔以夔子归。(《左传》)"①

清《同治归州志·人物志·乡贤》："楚，屈到：字伯庸，楚武王子，瑕之后，食采于屈，因姓焉，性嗜芰，临卒曰，祭我必以芰。按：楚语屈到嗜芰菱，《武陵记》云四角三角曰芰，两角曰菱。"

清《同治归州志·人物志·乡贤》："楚，屈原：名平，字灵均，伯庸之子，仕楚为司徒，怀王尝命原造宪令，上官大夫心害其能，因谗于王，王怒，被放焉，屡谏王而终不悟，行吟泽畔，投于汨罗江而死，著有《离骚》传于世。"

分析上述资料，我们可以得出以下信息：(1) 由于秭归县州治地理位置变动的原因，古籍中记载的屈原故宅的地理方位有些许不同，但总而言之，古籍中记载屈原的旧田宅是在秭归。(2)《龙阳县志》直接指出屈原实际为归州人；《常德府志》否定了屈原为武陵人，而指出屈原实际为归州人；《同治归州志》辑录的湖北学政王赠芳的《重封屈清烈公墓碑记》载，归州是屈原的乡里，屈原墓虽可疑，但对屈原故里不必有疑问。(3) 秭归存在有屈田、响鼓溪、独醒亭、玉米垞、归乡沱等与屈原故里传说相关的遗迹。(4) 州东五里江边有屈原墓和屈原祠，屈原祠是唐元和十五年秭归刺史王茂元始建，以此祭祀并怀念屈原，其后，历代都有人维护修缮，甚或重建。(5) 古诗词中有一些诗句明确提及屈原的乡国是归州，屈原宅位于秭归，以及屈原祠位于秭归江边。(6) 熊绎居于丹阳（丹阳的地理位置尚无定论）；熊挚封于夔（今湖北秭归县附近有夔子城，即夔国故地）②；屈原的先祖屈瑕是楚武王熊通时人，封于屈（屈的地理位置尚无定论）；屈瑕的后人屈到食采于屈；屈重、屈建、屈到、屈原、屈正都是屈瑕的后人。这六点信息可以作为屈原故里"秭归说"的佐证，至少可以证明古之人特别是秭归人对屈原故里"秭归说"的认同。

---

① 余思训、陈凤鸣等：《同治归州志》，《中国方志丛书》（华中地方·第三三四号），台湾成文出版社1975年版，第257页；下引为第258页。

② 谭其骧主编：《中国历史地图集》，中国地图出版社1982年版，第1册，第29页。

三、屈原故里主要说法平议

(一) 荆州说、南阳说、夔州说驳议

根据我们调查小组的系列调查，春秋战国时期楚国的郢都，即今荆州北纪南城一带所遗存的关于屈原的古迹仅仅有"三闾古祠"一处。此外，在如今的荆州市内有一条以屈原命名的道路——屈原路，屈原路从小北门起，分别与荆州北路、荆州中路、迎宾路、荆州南路等街路相交，这个命名是当地人为了纪念屈原而设置的，不能视之为屈原的遗迹。"三闾古祠"在宋家湾，据当地村民介绍，其在建立之初是为了纪念屈原的，但如今，经过我们一路的询问，知道屈原是三闾大夫、三闾古祠是为了纪念屈原的当地居民，仅有一户，且如今三闾古祠中供奉的三位神像从左到右依次是财神、关公、观音（见图7-4），三闾古祠已成为当地人民求财祈福之所在。以此推测，此地当初修建三闾古祠，可能仅仅因为崇拜屈原的品德，而并不认为屈原生于此地。出于这种心理而修建的屈原庙或祠，据我们掌握的资料，不在少数，甚或屈原从未去过的广东、台湾也有纪念屈原的庙宇。由此看来，与秭归的屈原宅等遗迹相比较，"郢都说"就相对缺乏说服力了。

其次，据刘刚教授对河南南阳的实地考察，南阳如今存在的与屈原相关的古迹有两处：屈原岗碑亭和屈原庙。有人认为："据民间传说，其所以此处有屈原岗之地名，乃是因为屈原曾于此处劝阻楚怀王入秦；又说此前屈原曾在三户（在今淅川境）居住过一段时间，而此处北距屈原岗不过30公里。"① 但是据《史记·屈原贾生列传》记载："时秦昭王与楚婚，欲与怀王会。怀王欲行，屈平曰：'秦虎狼之国，不可信，不如毋行。'怀王稚子子兰劝王行：'奈何绝秦欢！'怀王卒行。入武关，秦伏兵绝其后，因留怀王，以求割地。"《索隐》按："《楚世家》昭睢有此言，盖二人同谏王，故彼此各随录之也。"② 据正史记载，屈原应是在朝廷之上劝谏楚王的，由此看来，南阳的"屈原岗"应属于后人附会，标识屈原岗所在地的屈原岗碑亭也是附会的产物。至于位于屈原岗的屈原庙，当是因此地古称屈原岗而建，据庙内墙

---

① 黄崇浩：《屈原生于南阳说新证》，张俊伟主编：《屈原南阳颂歌》，河南人民出版社2012年版，第88页。

② 司马迁：《史记》，中华书局1959年版，第2484页。

壁上镶嵌的碑文，其建造时间为民国，并且与娘娘庙、财神庙连为一体，显得不伦不类。屈原岗是否在古代就建有屈原庙不得而知，即便有之，也如同上文所述，全国纪念屈原的祠庙有很多，不能成为证明屈原出生地的有力证据，相比之下，同样是秭归的屈原故宅遗址更具有说服力。

至于"夔州说"，是南宋朱熹据杜甫《最能行》作于旅居夔州之时所做出的"屈原生于夔峡而仕于鄢郢"的推测，然而细读此诗我们会发现，杜甫此诗是写三峡地区男人们的职业习尚与性格特点，诗中不仅涉及瞿塘峡，还写了归州，归州则属于西陵峡，可见杜甫此诗实际上涵盖了长江三峡的全段，以此来表现行船者"朝发白帝暮江陵"的行船生活，诗中并没有局限于夔州这一个地方。朱熹根据杜甫作诗时的所在地来判断屈原出生地，恐怕是没有透彻的理解杜甫此诗的诗意，因此"夔州说"也不足以令人信服。

（二）秭归说得到了现当代学者的普遍认同

游国恩先生说："屈原的故乡是在秭归大概是没有疑问的。因为秭归本是楚国最初建国的地方，楚国的先公先王和一切姓芈的公族都可以算是秭归人。这样看来，现今湖北省的秭归县就是屈原的老家。"① 据现代考古发现证明，秭归境内的丹阳不可能是熊绎的始封之国，"在其（东门头古城）北垣东段存在宋代及唐以前共三个时期依次叠压的城墙体和相关遗迹。最早的城墙体用黑色土夯筑而成，土层硬结，但未发现夯窝，可见长度约11.5米、宽3.8~4.8米、高约1.2米，东西向。其直接叠筑在商代文化层之上，因发掘面积小，整体结构还不清楚，从所包含的少量泥质和夹砂灰陶看，年代可能早到春秋战国时期"②。熊绎是西周时人，而秭归境内所谓的"丹阳"，即东门头城址，其建造年代最早也只能推到春秋战国时期，因此不可能是熊绎的始封之地，因而游国恩的说法不免失去了一个支撑点，但是，屈原的先祖屈瑕的封地"屈"到底在哪里，至今尚无定论，即便不在秭归，也不能否定屈原出生于此地，因为从屈瑕到屈原已历经了360年左右，屈瑕的后裔屈原所属的一支，出于某种原因从屈瑕当初的封地流寓到秭归，也是有可能的。依据古代文献资料以及我们的调查发现，"秭归说"这个传统的观点还是相

---

① 游国恩：《屈原》，生活·读书·新知三联书店1953年版，第14页。
② 曲英杰：《长江古城址》，湖北教育出版社2004年版，第94页。

对可信的。

詹安泰先生说："屈原究竟是哪里人？也有多种的说法：一说在秭归县北的乐平里；……一说在夔州（今四川奉节县）。郭沫若、游国恩两先生均从秭归之说。浦江清先生另有新的意见，认为屈原的出生地点是楚国的都城——郢。我觉得上面几种说法虽不同，如果从屈原曾住过的地方说，可能都是有根据的，但说到他原来的老家，还是秭归一说比较可靠。"①詹先生的话，说得十分妥帖，屈原肯定在郢都呆过，他也肯定去过汨罗，而且他的确有可能去过巴陵、常德、溆浦……也许他住过的房子都可以称作屈原故居，那里的人民崇拜他、敬仰他，于是纷纷以他的名字命名一些建筑物以此来世代纪念他，但是詹先生说，"说到他原来的老家，还是秭归一说比较可靠"，这是十分中肯的，也是十分令人信服的。

（三）当代人口普查与考古发现为秭归说提供了新的佐证

如果屈原出生于秭归，那么即使他离开了故乡，秭归也会存在屈原一族的后人，屈原也会有自己的后人。郭沫若先生说："屈原的后人大约会是有的。据《长沙府志》，称屈原有子。虽不知其何所据，但他的故乡还有屈姓存在，至少螟蛉也是应该有的。"②郭氏的说法是根据他当年在屈原故里秭归的调查提出的，因而很有说服力，并且得到了新中国建立后人口普查的证实。"据秭归《第三次全国人口普查表（底表）》和《秭归县地名志》，1982年，秭归居住着屈氏家族近 1000 户，4000 人，占全县人口的 1%。有以屈命名的地名 18 处，7 户以上屈姓聚居点 38 处，计 794 户，3165 人（含屈姓娶妇，不含嫁女）。这些村点中的屈氏家族，以香溪镇黄阳畔村为最。1982年，这个村有 342 户，其中屈姓 229 户，占 67%，有 1335 人，其中屈姓 911人，占 68%。1982 年，秭归居住着熊氏家族近 1200 户，4800 人，占全县人口的 1.2%。有以熊命名的地名 13 处，7 户以上的熊姓聚居点 34 处，计 926户，3864 人（含熊姓娶妇，不含嫁女）。"③屈姓在秭归的大量存在与居民聚落以屈或熊命名，应该说反映了屈氏家族的传承。这一现象不仅与古代文献的记载相吻合，也得到了现代考古发现的证实。如轰动中外的国宝失窃案，

---

① 詹安泰：《屈原》，上海人民出版社 1957 年版，第 38—39 页。
② 郭沫若：《屈原研究》，群益出版社 1950 年版，第 18 页。
③ 王健强：《屈原故里江陵辨》，《广东社会科学》1990 年第 3 期。

那只精美的战国铜敦，于1974年10月30日在秭归江南沙镇溪镇树坪村的屈家坪出土，树坪村有古墓群，为周代至汉代墓葬。这样看来《水经注》说秭归有"楚子先王陵墓在其间"并非无根之谈，但此处古墓群，当不是"先王陵墓"，《史记》明言，楚先王陵墓在夷陵，近年考古发现的荆州西北熊家冢已被专家认定为楚王墓，亦证明了《史记》的记载，因此树坪村屈家坪的古墓当是楚贵族墓。由此进一步推测，楚国有贵族生活在秭归是有可能的。再如越王州勾剑，1980年在秭归香溪镇出土，经考证，这把青铜剑是战国时期越王勾践侄孙的一把宝剑，1984年8月1日曾调京参加"全国重大考古新发现珍品展览"。越王剑是如何流传到秭归的呢？约公元前323年，楚灭越（《史记·越王勾践世家》）。越王剑很有可能是楚王赏赐给屈氏家族的战利品，由屈氏将领带回家乡光宗耀祖。再如，"湖北秭归屈氏聚居的万古寺村（三峡工程移民前名为黄阳畔村）发现一座'大清光绪十四年孟夏月吉日立'的墓碑，其墓葬完好，碑名为'清故显考屈公讳真字尚朴老大人之墓'，碑文曰：'予乡有真公者，楚灵均之裔也。'墓主人屈真（字尚朴）生于嘉庆二十四年（1826年。按：当为1819年），卒于光绪十四年（1889年。按：当为1888年）。此外，该地屈氏村民保存的民国十二年（1924年。按：当为1923年）《屈氏宗谱》亦自称是屈原后裔"[①]。考古发现有力地证明了屈原的出生地极有可能在秭归，否则怎么解释当地存在大量的屈姓人口呢？而据屈原宅所在地乐平里的村民黄琼所说，他通过阅读了黄氏族谱知道，黄姓家族是在明洪武二年因为"填籍"从江西迁移到乐平里的，乐平里目前存在的另外三大姓谭、李、向，也都是因为"填籍"从江西迁移过来的，而当年那些本地人大多都迁到别的地方去了，因此如今的乐平里基本没有屈姓存在。明代"填籍"的国家行为，迫使屈姓家族离开了祖居之地，在当时"江西填湖北，湖北填四川"的大移民中，乐平里的屈氏家族迁往何处虽然不见于文献记载，但有屈姓人家不愿远离故土躲避到祖居地近处是有可能的，在当今的秭归仍然存在如此多的屈姓人便是一个有力的证据。这就使得屈原故里"秭归说"更具有说服力。总而言之，与其他各种说法相比，屈原的出生地还是以"秭归说"最有可能。

---

① 郑之问、谭家斌：《屈原后裔探考》，《职大学报》2010年第1期。

第八章　四市县宋玉墓遗址综合田野调查与研究

据文献记载，湖北宜城市、湖南临澧县、河南唐河县与安徽萧县均有宋玉墓。一人有多处墓葬，这种情况对于古代之名贤来说并不让人诧异，例如略早于宋玉的屈原，在其沉江处汨罗有墓，在其故里秭归又有衣冠冢。然而宋玉墓的情况颇为特殊，四处墓葬所在地均以之为真身墓，而回避说是纪念性的衣冠冢，这便给后人留下了一个历史悬念。我们宋玉遗迹传说调查小组于2013年和2014年间先后实地考察了四处宋玉墓，并依据文献资料与新世纪以来宋玉研究的新成果对四处宋玉墓进行了认真的研究，兹报告如下。

一、湖北宜城市宋玉墓

（一）调查印象

湖北宜城市宋玉墓位于今城区东南郊腊树园村，其遗址在腊树园村四组村民的耕地中。其墓冢已被夷平，遗址的具体位置，据我们的目测，西距南北向观光路约120米，北距东西向自然村水泥路约100米，东距南北向自然村土石路约60米，南距东西向通往襄大饲料公司的柏油路约240米，遗址的东北角和北面是四组村民民宅，西南方向有许多种植蔬菜的塑料大棚，遗址上种着瓠瓜等时令蔬菜。遗址被破坏的时间是"文化大革命"伊始的1966年和1967年期间，有着"破旧立新"的文化背景。然而据村民说，挖取宋玉墓墓砖与"文化大革命"时"破四旧"无关，但分析当时的情势，可能与宋玉墓被视为"四旧"而得不到相关保护有关。（图8-1）遗址被破坏的直接原因是拆墓取砖，而挖墓取砖的目的，起初是为了解决生产队建库房、磨房等公用设施缺少用砖的问题。以此推测，起初拆墓取砖可能是当时腊树园村四组有组织的集体行为。集体挖完后，村民有了需要就自己来拆挖，断断续续，持续了两年左右。挖墓取砖前宋玉墓的地上情况是，墓之封土占地面积有一亩左右，封土顶端大约相当于当地民房的高度，至少有5米多。这一情况与明路迎《宋玉墓祠记》"有封若堂，巍然独存"和《县志》"墓大及亩"的记载相吻合。据当年参与拆墓的村民介绍，封土挖开后，该墓地表下砖墙的俯视平面呈一长方形连接着一个圆形的乒乓球拍形状，长方形的宽相当于圆形直径的二分之一，即长方形的长有2米多，宽1.5米左右，圆形墓圹的直径在3米以上。当时村民取砖的下挖深度为3米左右，因挖到巨大的石板无法搬动而停止。村民讲述时，将这巨大的石板称为石门。其是墓门，还是石棺顶板，已难以考定。如村民讲述的情况属实，则说明该墓墓室还没有因挖墓取砖而被扰动，应当还有文物遗存于其中。村民的挖墓所见除大量的墓砖外，还于长方形砖墙范围内的泥土中见到一些红色的土陶制品，大小若双手拇指与食指合围，为动物造像，由于当时村民没有文物保护意识，现已没有遗存。当时村民挖取的墓砖，在当年建造的房屋残垣和地头矮墙中随处可见，其墓砖以青砖为主，有一些还带有菱形几何图案，还有个别的带有菱形几何图案的墓砖呈陈旧性暗淡的橘色或粉红色。（图8-2）遗址在村民挖墓取砖时尚存十几方石碑，与我们根据《县志》对墓碑数量的推断非常接近。当时绝大多数石碑被砸碎烧制成石灰用于建房，今仅存清陈廷桂《修宋玉墓垣》诗碑刻，宜城市博物馆展有该碑的拓片，原碑则暂存于博物馆正门右门房后墙下。（图8-3）

（二）资料分析

晋习凿齿《襄阳耆旧记》卷一《人物·周》："宋玉者，楚之鄢人也。故宜城有宋玉冢。"

宋叶廷珪《海录碎事》卷二十一《政事礼仪·冢墓门》："宋玉墓：宋玉墓在宜城县。"[①]

明李贤等《明一统志》卷六十《襄阳府·陵墓》："宋玉墓，在宜城县东南二十二里。"[②]

---

① 叶廷珪撰：《海录碎事》，文渊阁《四库全书》，台湾商务印书馆1986年版，第921册，第876页。
② 李贤等：《明一统志》，文渊阁《四库全书》，台湾商务印书馆1986年版，第473册，第243页。

明王麟等《嘉靖宜城县志》卷中《古迹》："宋玉宅，在县南三里，宋玉墓南。"①

又卷中《古迹》："宋玉冢，在县南三里。有三冢，在宋玉宅后。正德九年知县朱崇学为立碑，曰楚大夫宋玉之墓。嘉靖十七年知县马文祥奉抚治路迎重立。"

清迈柱、夏力恕等《湖广通志》卷八十一《陵墓志·襄阳府》："宋玉墓，在宜城县南六里。"②

清穆彰阿、潘锡恩等《大清一统志》卷二百七十一《襄阳府·陵墓》："宋玉墓，在宜城县南三十里，宋玉宅后，有三冢并列。明嘉靖中，建祠其旁。"③

清程启安等《同治宜城县志》卷一下《方舆志·宅墓》："楚大夫宋玉墓在县南三里，宋玉宅后，有三冢并列。明嘉靖中建祠其旁（《省志》）。今宅已废，墓大及亩，或合三冢而并于一耶？明正德中知县朱崇学立碑识之，嘉靖间都御史路迎建祠堂于墓前，自为记勒于碑。祠堂已圮。今尚书赵宏恩观察襄郧时题诗勒石，与路碑俱存（《府志》）。嘉庆间邑令方策周缭以垣，植所宜木其中，兼置守冢者畀以田，立碑记之（《采访记》）。"

又卷九《艺文志上》："明路迎《宋玉墓祠记》：鄢郢之墟，衢道之交，有封若堂，巍然独存，曰此楚大夫宋玉之藏也。呜呼邈矣，巧尽于器，习数则贯，道系于神，人亡则灭，而况于所藏耶。……然则名与藏而俱存，虽千百世无惑矣。而混淆邱界，五侣上留，樵采弗禁，耕牧同施，吾感焉。是故屋而垣之，礼也。又惧流于简者弗将，而垂于是者难继，微以昆著，瓒以助洪，其大夫之灵，山川之所拱卫，典守者之攸司也。仆又何知焉。"

又卷九《艺文志上》："清方策《修楚大夫宋玉墓垣碑》：……予春行县，问其宅，星移物换，冢独孑然，道周蓬颗蔽之。《志》载前明正德间，邑令朱崇学椔其墓，历曰楚大夫宋玉之墓，大书特书，冢即不为堙冢抗言。自昔

---

① 王麟等：《嘉靖宜城县志》，《中国地方志集成》（湖北府县志辑66），江苏古籍出版社2001年版，第271页。
② 迈柱、夏力恕等：《湖广通志》，文渊阁《四库全书》，台湾商务印书馆1986年版，第534册，第148页。
③ 穆彰阿、潘锡恩等：《大清一统志》，文渊阁《四库全书》，台湾商务印书馆1986年版，第480册，第283页。

嘉靖间，抚治路迎置守冢一家，今已人事代谢矣。建祠宇三楹，荒草中隐隐剩石礎二，败瓦颓垣无有矣。过此以往，又乌知冢外周遭墙地不犁为田也，牧人蹢躅而咿嚶。予亦低回留之不忍去。去岁嘉平月既望，予捐赀鸠工，胡不辇山石，石有时以泐，终为他人柱下石也；胡不以属搏埴之工，中唐有甓，范土火烁而成质，火气尽而质坏，土偶所谓仍然故我也。惟荒度土功，规墓而抚之，周于四隅堵墙，方而围之，墙高与冢埒，墙围广袤七十五丈有奇，护墓羡也。墙内树其土之所宜木若干柯，不必白杨萧萧也。料工再徙月而工竣，又置其旁良田若干亩给守冢，捍牧圉、禁樵采也。……"

分析上述资料，可以了解明清时期宋玉宅与宋玉墓的诸多情况：（1）宋玉宅、宋玉墓的地理位置有不同的说法，《明一统志》说："在宜城县东南二十二里。"《湖广通志》说："在宜城县南六里。"《大清一统志》说："在宜城县南三十里。"《同治宜城县志》说："在县南三里。"由于较早记录宋玉墓的《襄阳耆旧记》与《海录碎事》没有标注宋玉墓距县治的距离，则无法依据地志资料判定哪一种说法是正确的。不过，以明人方尚贇《宋玉墓》"大夫遗墓水边村"的诗句和现存遗址判断，当以"在县城南三里"说为是。（2）宋玉宅与宋玉墓比邻，宅在墓南，墓在宅北。以墓位于"宋玉宅后"推断，宋玉宅为坐北朝南的建筑，墓之墓门亦当为南向。（3）据"墓大及亩"的描述和路迎《宋玉墓祠记》"有封若堂，巍然独存"的记载，其墓封土占地面积在一亩左右，覆碗状封土最高处相当于当地一层起脊房屋的高度，应是一个规格可观的墓葬。（4）明正德中，知县朱崇学依据民间口传，并证以古文献，认为宋玉墓可谓"存而信者"（路迎《宋玉墓祠记》中语），始为墓立碑，碑文为"楚大夫宋玉之墓"。（5）明嘉靖间，都御史路迎建祠堂于墓前，据方策《修楚大夫宋玉墓垣碑》"建祠宇三楹"的记述，其形制为三间。又据路迎《宋玉墓祠记》"是故屋而垣之""典守者之攸司也"的记载，路迎建祠的同时，还修有围墙，并"置守冢一家"（方策《修楚大夫宋玉墓垣碑》中语），安排专人守墓。（6）清嘉庆间，方策《修楚大夫宋玉墓垣碑》记述说："建祠宇三楹，荒草中隐隐剩石礎二，败瓦颓垣无有矣。"以此可知，路迎所建"墓祠"及垣墙当时已无所存，仅有两个石柱础遗证其迹。因而邑令方策"周缭以垣，植所宜木其中，兼置守冢者畀以田，立碑记之"。考之方策《修楚大夫宋玉墓垣碑》，其墙为砖墙，"方而围之，墙高与冢埒，墙围广袤七十五丈有奇"，以此知墓园墙为方形，高与墓之封土高度相近，周长约250米；"墙内树其土之所宜木若干柯，不必白杨萧萧也"，知其所植为柯树，又明方尚赟《宋玉墓》诗曰"大夫遗墓水边村，无数垂杨带雨痕"，似墓地本多杨树，清方策《修宋玉墓垣》诗又有"表阡种得树团栾"句，知其所植或又有栾华树；"又置其旁良田若干亩给守冢"，为守墓人提供了较为优裕的生活保障。（7）清同治五年重修《县志》时，"今宅已废"，宋玉故宅不复存在；"祠堂已圮"，明人所修祠宇也夷为平地；唯宋玉墓尚存而已。（8）宋玉墓园墓碑，据《县志》载有4方，而今存墓碑为陈廷桂《修宋玉墓垣》诗，且有《县志》"今尚书赵宏恩观察襄郧时题诗勒石，与路碑俱存"佐证，据此，墓碑之计算应将此类题诗刻石计算在内，若此，则墓碑当在10方以上。

二、湖南临澧县宋玉墓

（一）调查印象

湖南临澧县宋玉墓，位于临澧县城东10千米左右（以公路里程计算）的望城乡看花山村北，浴溪河南岸。县公路与村道交叉处的路标称"宋玉陵园"（图8-4），这大概是当地政府的建设规划，目前尚未完全建成，由看花山村村委会通向墓地的道路还在建设中，"陵园"内仅有修整后的宋玉墓，以及新建的宋玉亭、新立的墓碑和五方记事性碑刻。新近整修的墓冢呈圆锥形，墓高约7—8米，墓下部最大直径约30米，环墓修有水泥路面的甬道，四围有稀稀疏疏的几棵自然生长的树木，看样子还没有进行人工绿化。墓西立有题曰"楚大夫宋玉之墓"的墓碑，碑前为水泥铺筑的小广场和简单的祭台。（图8-5）广场的西北角为宋玉亭，亭为六柱重檐式仿古建筑，亭西与亭东挂有木制抱柱联，西面为唐杜甫歌咏宋玉的诗句，东面为唐李白赞颂宋玉的诗句。（图8-6）亭北隔一堰塘为守墓人的住房，是典型的临澧现代农村二层楼式建筑，与墓、亭不甚协调。宋玉亭东，宋玉墓北立有五方石碑，按从西至东的顺序，依次为"宋玉传说"被批准列入湖南省非物资文化遗产保护项目纪念碑、重修宋玉墓记、宋玉生平简介、重修宋玉墓功德碑、宋玉《对楚王问》碑刻。(图 8-7)据守墓人肖老汉介绍,原墓比现在的要大得多,"墓冢"直径比现在要大 7～9 米;墓之南北各有一座较小的堰塘,墓西即墓前有一较大的堰塘,古时有民谣说:"左手一杯茶,右手一杯酒,前边是个洗脸盆。"今只有北面的堰塘还在。考之《安福县志》清同治年间绘制的《县境全图》,宋玉墓作圆形,有一弧形堰塘自西经南至东绕墓大半周,据此肖老汉所说的三个堰塘在早些时候可能连成一片,后来一分为三,因此肖老汉所说的民谣产生的时代,当在清同治之后。据 20 世纪 90 年代编撰的《临澧县志》记载:"墓冢高约 8 米,长 50 米,宽 40 米。"①与肖老汉所说基本吻合。关于湖南临澧的宋玉墓,在 20 世纪 80 年代文物普查中已被考古专家认定为自然土丘,而非真墓。1992 年版的《临澧县志》也承认了这一考古结论,《县志》说:"进入 80 年代,据省考古专家认定,墓冢系自然土堆,非宋玉真墓,真墓可能在看花山上。"②这里有一个问题必须要强调,这就是考古专家和《县志》的编撰者,为什么在现有墓冢被证实为自然土堆的情况下,还要补充说明"真墓可能在看花山上"呢?其用意十分明显,就是因为宋玉墓在临澧还有着极大的可能性。我们也赞成这一推测,理由有五:一是南北朝无名氏的《黄花鱼儿歌》(见下文"资料分析"),可以说明此地古代既相传存有宋玉墓;二是晚唐李群玉"雨蚀玉文旁没点,至今错认宋王坟"的诗句,支持了《黄花鱼儿歌》此地古有宋玉墓的记述;三是临澧地区流传的"地悯天怜葬宋玉"的民间传说,也是《黄花鱼儿歌》之记述的佐证;四是《同治直隶澧州志》所记宋玉墓本存有异说,浴溪河南岸者即为自然土丘,畬溪河岸者则有可能是其墓址,而看花山正在浴溪河南,畬溪河西(详见下节);五是在湖南临澧的确存有先秦楚国的古墓群。应国斌《宋玉终于临澧考》一文介绍:"1985 年湖南省博物馆一考古掘墓专家到墓地考察说,历代公认的宋玉墓可能不是真墓,真正的墓地可能在附近的看花山上或者在距县城更近的道水北岸的九姊妹堆。看花山和九姊妹堆已发现楚墓数百座。"③有了考古普查的依据,《县志》才据此推测。不过,推测终究是推测,学术研究是不能根据推测去做肯定性的结论的。因此,在这一前提下,

---

① 临澧县史志编纂委员会编:《临澧县志》,中国社会出版社 1992 年版,第 597 页。
② 临澧县史志编纂委员会编:《临澧县志》,中国社会出版社 1992 年版,第 597 页。
③ 应国斌:《宋玉终于临澧考》,《华人论坛·宋玉城专刊》,华人论坛杂志社 2008 年元月号。

我们根据现有的资料推测，只能说临澧地区可能有宋玉墓的存在。这个推测是否能够被证实，还要等待将来考古的实证。

（二）资料分析

清褚维恒、尹龙澍等《同治安福县志》卷二十八《古迹·古墓》："楚大夫宋玉墓，在县东二十里浴溪河南岸，即澧长乐乡。向有墓碑，人误称宋王坟，唐李群玉辨之，有'雨蚀玉文旁没点，至今错认宋王坟'之句。"[1]

清何璘等《同治直隶澧州志》卷二《陵墓》："宋玉墓，在县东二十里浴溪河南岸。一云畬溪河岸，或呼宋王坟。"[2]

又卷三《山川》："畬溪河，县东三十里，入道水。岸有宋玉墓。"

又卷二十七《杂识志·辨讹》："宋玉墓、宋玉城：《旧志》《岳志》昔人记皆云，在澧之长乐乡，有宋玉庙。又载归州《旧志》，东五里有宋玉宅。杜子美诗'江山故宅空文藻'，宋玉归州宅是也。宜城有宋玉墓，在城南二十里。《渚宫故事》则云'宋玉宅在江陵城北三里'，庾子山赋'诛茅宋玉之宅，穿径临江之府'，杜子美诗'曾闻宋玉宅，每欲到荆州'。陈明卿谓，承天府学泮池侧有宋玉井。昔人记，'楠木山下井，宋玉凿'。玉本归州人，仕宦游历所在，宅或以人传，而墓不应有数处。据指浴溪河南岸（注：即澧长乐乡道水别名。一云在畬溪河岸，溪入道水，今俱属安福境）有墓碑，人或称宋王坟。李群玉辨之，因有'雨蚀玉文旁没点，至今错认宋王坟'之句。然宋玉不应有坟在此。且玉词客，所居不应名城。或者古有此城，宋玉尝居之，故后人以名。犹新城有车武子宅，后人遂名车城。凡古名流，轶事辄多影响附会，好辨者又未免迂凿矫异，俱不足以存真也。"

《同治安福县志》卷三十三《艺文四》："六朝无名氏《黄花鱼儿歌》：年年四月菜花黄，黄花鱼儿朝宋王。花开鱼儿来，花谢鱼儿去。只道朝宋王，谁知朝宋玉。"[3]

---

[1] 褚维恒、尹龙澍等：《同治安福县志》，《中国地方志集成》（湖南府县志辑79），江苏古籍出版社2002年版，第388页。

[2] 何璘等：《同治直隶澧州志》，《中国地方志集成》（湖南府县志辑78），江苏古籍出版社2002年版，第128页；下引依次为第155、611页。

[3] 褚维恒、尹龙澍等：《同治安福县志》，《中国地方志集成》（湖南府县志辑79），江苏古籍出版社2002年版，第480页。

分析以上资料可知：关于临澧宋玉墓所在方位有两种说法，一云在县城东二十里浴溪河南岸，一云在县城东三十里畲溪河岸边。关于临澧宋玉墓的真实性有两种态度：《安福县志》对于宋玉墓的存在说得比较肯定，而《直隶澧州志》则认为"宋玉不应有坟在此"。《直隶澧州志》怀疑临澧宋玉墓的理由非常简单，即"宅或以人传，而墓不应有数处"。这种理由若指人之真身墓而言，无疑是正确的，但若将人之纪念性衣冠冢以及为防盗挖而建的疑冢考虑在内，则有失于偏颇了。然而令人遗憾的是，古人与今人都将关注点集中于县城东二十里浴溪河南岸的宋玉墓，而忽略了县城东三十里畲溪河岸边的宋玉墓，甚至在考古普查确认浴溪河南岸为自然土丘后，当地人仍在围绕那个自然土丘修建宋玉陵园。考其原因应当受到了六朝无名氏《黄花鱼儿歌》的影响，把具有传奇色彩的黄花鱼儿朝宋玉处，当作了定位宋玉墓的参照。其实黄花鱼儿朝宋玉是洞庭湖黄花鱼儿回游产卵的自然现象，而其产卵的地方就在那个被称作宋玉墓的自然土堆北侧百米左右。古今人的误断，实是为猎奇所害。根据临澧考古部门宋玉"真墓可能在看花山上"的推测，以及《直隶澧州志》宋玉墓"一云畲溪河岸，或呼宋王坟"与"畲溪河，县东三十里，入道水。岸有宋玉墓"的记载，临澧宋玉墓很可能在南北走向的看花山东麓接近畲溪河西岸的某个地方。我们期望临澧地区未来在这一地段的考古发现。其实，黄花鱼儿既能回游到浴溪河产卵（即所谓的朝宋玉），它们也有可能到浴溪河支流畲溪河去产卵，如此，畲溪河畔的宋玉墓也可享受黄花鱼儿的拜谒，同样符合民歌的写作环境。

三、河南唐河县宋玉墓

（一）调查印象

河南省南阳市唐河县宋玉墓，位于县城东 18 千米古城镇温庄村大樊庄东北九冢华严寺后。我们调查小组冒雨从唐河县城出发，沿 G312 国道东行，至温庄村转行乡村沙石路，大约历时 30 分钟便抵达了九冢华严寺。华严寺本为一座古寺庙，据说在"文革"后期因被废弃而毁，今寺为 1990 年于旧址重建。寺坐北朝南，为四合院式建筑，寺为"凸"字型山门，凸出部分为门轩，其前为两个红漆门柱，上擎歇山式重檐，是为仿古建筑，颇显庄严。（图8-8）寺庙周围可见四座高大的古冢：（1）在寺北，紧邻寺庙大殿后墙，冢顶已被铲平，建起了一栋两间并为一体的仿古式庙堂建筑，左为"玉皇殿"，右为"祖师殿"。以殿名可知，是为道家殿堂，与佛家寺庙华严寺虽毗邻，但并不隶属华严寺，至玉皇殿与祖师殿不经华严寺通过，而要于华严寺西院墙外绕行。冢残存高度高于华严寺大殿脊顶，约6米，以此推测原高大概接近8米，由于冢在修建时被部分损毁，今墓之封土底部已不是圆形，以其最大长度推测，原冢直径至少有40米。（图8-9）1993年版《唐河县志》记载"大樊庄东最大一冢底径50米，高8.5米"，当是此冢未被损毁前的样貌。（2）在庙南稍偏东，距庙门约40米，处于麦田之中。（图8-10）冢基呈椭圆形，高约4米，最大直径长接近40米。冢上封土已被开垦，看样子好像有人在此耕作。冢底西北有一段红砖墙护坡，是保护墓葬，还是为了利于耕种，不得而知。（3）在庙东北，约百余米处的麦田中，形制大小与庙南者略同。（图8-11）冢上一部分封土亦被开垦。（4）在庙东南千余米处，由于距离较远，又在雨雾迷蒙之中，其高度与直径无法估计，但可以隐约看到冢上亦有建筑，是庙宇，还是民房，因未能到其近前难于断定。（图8-12）据1993年版《唐河县志》介绍，华严寺南与东南还有五座墓冢，具体位置在寺东南小樊庄北一座、西北一座、西南一座，我们所见的庙东南千余米处的墓冢，即为小樊庄北的墓冢。华严寺南吴庄东一座，沟北一座。九座古冢中，吴庄东一座早年被毁，大樊庄北一座在1976年遭破坏，其余七座保存完好。正因为此寺周围有九座古冢，寺庙才被称作"九冢华严寺"。据《乾隆唐县志》记载，华严寺北、大殿之后的古冢即为宋玉墓。既然已寻得宋玉墓，我们便没有再去查看其他的五座古冢。据当地人传言，宋玉墓前些年曾被盗掘，案件一直没破；或言有个财主在解放前逃离时于宋玉墓附近埋下了一批数量可观的金条，然后逃到国外，改革开放以后，让孩子回来挖取，于是被当作了盗墓者。但如此之传言，未见官方的公开报道。唐河县的所谓宋玉墓应当还保存完好。

（二）资料分析

宋乐史《太平寰宇记》卷一百四十二《山南东道一·唐州》："比阳

县……唐贞观元年改为唐州,今县理即州故城。……宋玉冢,楚大夫。"①

明李贤等《明一统志》卷三十《南阳府·陵墓》:"宋玉墓,在唐县东,葬楚大夫宋玉。"②

清田文镜、孙灏等《河南通志》卷四十九《陵墓·南阳府》:"宋玉墓,在唐县城东,华岩寺后。"③

清穆彰阿、潘锡恩等《大清一统志》卷一百六十六《南阳府·陵墓》:"宋玉墓,在唐县东,华严寺后。"④

清吴泰来等《乾隆唐县志》卷二《坊表附茔墓》:"宋玉墓,县东华严寺后。"⑤

清吴泰来等《乾隆唐县志》卷十《艺文志下》:"清黄文莲《宋玉墓》:一径寻兰若,萋萋古墓门。云寒疑入梦,天远欲招魂。丽藻申微咏,雄怀感大言。不堪摇落后,钟梵又黄昏。"⑥

分析上述资料,非常单纯,尽管《太平寰宇记》《明一统志》没有详细标注宋玉墓的具体位置,但清代地志却标注得非常具体,一致标明在唐县城东,华岩寺后。清黄文莲《宋玉墓》"一径寻兰若,萋萋古墓门",也能说明宋玉墓在寺庙之后。然而令人遗憾的是,在这些资料中没有提供与宋玉墓有关的其他信息,因而让人无从知晓此地存有宋玉墓的原因以及其指认宋玉墓的理由。

四、安徽萧县宋玉墓

(一)调查印象

古地志记载,萧县宋玉墓在县城"西南三十里",然而仅记述了方位、

---

① 乐史:《太平寰宇记》,文渊阁《四库全书》,台湾商务印书馆1986年版,第470册,第361页。
② 李贤等:《明一统志》,文渊阁《四库全书》,台湾商务印书馆1986年版,第472册,第762页。
③ 田文镜、孙灏等:《河南通志》,文渊阁《四库全书》,台湾商务印书馆1986年版,第537册,第69页。
④ 穆彰阿、潘锡恩等:《大清一统志》,文渊阁《四库全书》,台湾商务印书馆1986年版,第477册,第355页。
⑤ 吴泰来等:《乾隆唐县志》,《中国方志丛书》(华北地方·第四八八号),台湾成文出版社1976年版,第148页。
⑥ 吴泰来等:《乾隆唐县志》,《中国方志丛书》(华北地方·第四八八号),台湾成文出版社1976年版,第565、566页。

里程，而没有标明其所在地的地名；至于 1989 年新编《萧县志》则全无宋玉墓的记载，其他相关的现代资料也找不到萧县宋玉墓的任何信息。为此，我们调查小组首先来到了萧县博物馆寻找线索。在博物馆我们见到了一位姓王的主任，向她询问了三个问题：（1）是否知道萧县西南三十里有宋玉墓的事情；（2）在以往文物普查时萧县西南三十里一带是否发现有战国墓；（3）新编《萧县志》为何没有记载包括宋玉墓在内的古代墓葬记述。然而得到的答复是，没听说，不知道，不清楚。（图 8-13）于是我们只好乘车去位于萧县西南三十里的瓦子口村寻访。（图 8-14）古时瓦子口村是萧县西南通往宿州乃至皖中南的要道，其北有虎山、五洞山、灵山、老虎山、岱山、凤凰山等山峦连绵不断，向东北延伸约 20 余千米，南有程蒋山、黄山、方山、相山等山峦绵延伸展，向南延伸近 10 千米，而瓦子口所在地数里无山，宛若缺口。此种形势，南北山峦若有如天然长城，则平缓的瓦子口村就有如天然长城的门户，因此南朝宋曾于此设有关口，史称瓦关。我们到了瓦子口村，见其田野平缓，房舍错落，绿树环绕，东有岱河贯村而过，西有沙河绕村而流。其形势景象与清初许作楫描写的萧县宋玉墓周围环境 —— 宋大夫佳城，伏萧西鄙，平畴绿水，村树杳然 —— 完全吻合（许氏之描写见下节《康熙萧县志跋》）。（图 8-15）在瓦子口村，我们先后拜访了原村采石场厂长 72 岁的张先生和原村支书 82 岁的高先生。（图 8-16、图 8-17）二位老先生都说，他们没有听说过瓦子口一带有宋玉墓，或许因为《嘉庆萧县志》认为萧县存有宋玉墓理据不足，此后官修县志便不再提及宋玉墓，民间有关宋玉的传说也随之为历史所淹没。不过，我们在二位老先生的谈话中还是得到了一些可供参考的信息：（1）瓦子口旧有一座古寺，解放前就早已荒废了，在 20 世纪末曾多次有不法分子来此寺遗址盗挖宝藏，均因当地村民报警而未果。（查《嘉庆萧县志》，此寺名延寿寺）（2）十二年前，瓦子口北山一采石场曾挖出过带有石雕画像的墓椁条石，被采石场承包人偷偷卖掉了。此地之画像石流落到何处，不得而知。我们在考察徐州楚王陵时，听一位自称为徐州画像石研究会会员的卖画像石拓片的老人说，他们研究会的人就曾收购了许多画像石，不知瓦子口出土的画像石是否成为他们的收藏。（3）瓦子口村北山东坡有些不大的古墓，考古部门曾进行过发掘，出土有青铜剑及怀表大小的圆形铜器。（4）瓦子口原来地势非常低，1958 年修筑村中岱河桥之际，在打桥墩基础时发现了古桥的石板桥面。据我们目测，古桥桥面至少要比现在的地面低 5 米以上。翻检《嘉庆萧县志》，埋在河底的古桥，县志称岱山河瓦口桥。这些信息说明，瓦子口村历史久远，瓦子口一带曾存有古墓，也有可能存有战国墓。于是我们登上了毗邻瓦子口村的北山，山之南坡可见大大小小四五处废弃的小规模采石场遗址，而东坡与西坡仍在采石，并建有规模较大的水泥厂，以至于运送水泥的大货车常常造成道路堵塞，瓦子口的天空与地面更弥漫着粉尘，到处灰蒙蒙一片，北山山体已被东西掘进接近山脊，东西挖掘面则有如悬崖峭壁。在访谈与观察之后，我们的调查印象是，假如此地有宋玉墓，其墓冢也早已不复存在。因为如果墓在山下平缓地带，早已被古往今来之洪水（包括历史上几次古黄河泛滥）带来的淤泥所掩埋或冲毁；如果墓在瓦子口北山上，则早已被如今的开山采石所破坏。至此回想起在萧县博物馆的谈话，我们似乎理解了博物馆那个主任不愿意谈及宋玉墓的苦衷。

（二）资料分析

明李贤等《明一统志》卷十八《徐州·陵墓》："宋玉墓：在萧县西南三十里。玉，楚大夫。"①

清赵弘恩等《江南通志》卷四十《舆地志·徐州府》："楚大夫宋玉墓，在萧县西南三十里。"②

清潘镕等《嘉庆萧县志》卷七《冢墓》："宋玉墓：《明一统志》在萧县西南三十里。按：《广舆志》襄阳有宋玉墓，似较此处为是。"③

又卷十七《艺文志三》："清许作楫《宋玉墓》：赋才空楚国，一冢寄荒塍。西望平原渺，幽寻古木凭。《离骚》谁后续，《九辩》忆修能。感尔悲秋调，杼秋不可登。"

又卷十八《原序原跋》："清许作楫《康熙萧县志跋》：予萧人也。考楚迁都寿春，时萧人亦楚人。楚有不得志于时之人，为屈为宋，创而成调，

---

① 李贤等：《明一统志》，文渊阁《四库全书》，台湾商务印书馆 1986 年版，第 472 册，第 407 页。
② 赵弘恩等：《江南通志》，文渊阁《四库全书》，台湾商务印书馆 1986 年版，第 508 册，第 302 页。
③ 潘镕等：《嘉庆萧县志》，《中国地方志集成》（安徽府县志辑 29），江苏古籍出版社 1998 年版，第 353 页；下引分别为第 542、569—570 页。

哀艳千古。宋大夫佳城，伏萧西鄙，平畴绿水，村树杳然，时欷歔西望而已。幽居，思少撰述，上敌《天问》，起数椽，寄湖上，日课儿《左氏传》，茧足山樊，隔城市如天上。邑侯祖公，聚训二载，俯仰千秋，有修志之令，询于刍荛，予不觉怃然曰：'此平生之约也。'……康熙庚寅五日许作楫天船氏识。"

清李宗羲等《同治徐州府志》卷十八中《古迹考·萧县》："宋玉墓：《明一统志》：在萧县西南三十里。《县志》按：《广舆志》襄阳有宋玉墓，似较此处为是。"①

分析上述资料，关于萧县宋玉墓的方位与相对距离，各种地志均无异议，都记载说"在萧县西南三十里"。值得注意的是，《嘉庆萧县志》《同治徐州府志》与《康熙萧县志》对宋玉墓是否在萧县地区的判断颇有分歧。这从《嘉庆萧县志》《同治徐州府志》对"宋玉墓"一则所下的按语和《康熙萧县志》参编者许作楫所作的《跋》中，可以明显地看出其端倪。许作楫之《跋》说："宋大夫佳城，伏萧西鄙，平畴绿水，村树杳然，时欷歔西望而已。幽居，思少撰述，上敌《天问》，起数椽，寄湖上，日课儿《左氏传》，茧足山樊，隔城市如天上。"《跋》中"佳城"为墓圹之代名词，故知此直言宋玉葬于萧县"西鄙"。而"时欷歔西望"一语，有两层含义，一是寄寓了作者对宋玉一生不得志的感慨，二是透露了作者居处在宋玉墓之东。至于"起数椽，寄湖上""日课儿《左氏传》""茧足山樊，隔城市如天上"之描述，当是许作楫自述其生活情状，字里行间透露出他的居处距宋玉墓不远。《康熙萧县志》虽今不可见，但读其《跋》则知其对宋玉墓在萧县的认可。许作楫是康熙时萧县本地人，虽为布衣，但也是地方知名学者，而所居又临近宋玉墓，萧县宋玉墓实为许氏所亲见。而《嘉庆萧县志》则因"襄阳有宋玉墓"的记载，认为萧县存有宋玉墓的理据不足，于是对萧县宋玉墓提出了怀疑。此后《同治徐州府志》认同其说，以至于当代人在1989年编撰的《萧县志》中对于宋玉墓只字不提。

---

① 李宗羲等：《同治徐州府志》，《中国地方志集成》（江苏府县志辑61），江苏古籍出版社1991年版，第524页。

五、问题讨论

按照常理，宋玉真身墓只能有一个；而在真身墓之外，按照习俗，还可以有纪念性的衣冠冢；至于为防范盗掘的疑冢，对于晚年失职、穷戚独处的宋玉而言，大概没有什么必要。就以上四处宋玉墓而言，见于文献记载都要远远晚于宋玉辞世的年代：宜城宋玉墓最早见于晋人习凿齿的《襄阳耆旧记》；临澧宋玉墓最早见于六朝无名氏的《黄花鱼儿歌》以及晚唐李群玉的诗句，而记载两则资料的却是清代的《同治安福县志》；唐河宋玉墓最早见于宋人乐史的《太平寰宇记》；萧县宋玉墓最早见于明李贤等人的《明一统志》。加之古人修地志出于借名人而突显地方历史文明的动机，多有附会者。所以四处宋玉墓中孰是孰非、孰真孰假，实在难以确断，最为可靠的办法就是等待将来考古发掘的证明。因此，我们目前讨论宋玉墓是非真假的问题，只能根据眼下已知的资料作一个大致的推测。

其一，关于宜城宋玉墓。晋习凿齿《襄阳耆旧记》言："宋玉者，楚之鄢人也。故宜城有宋玉冢。"习凿齿为襄阳人。习凿齿之先人习郁（从《太平寰宇记》说）为襄阳侯时曾于宜城筑有别业，方志中称为"习郁宅"，可证习凿齿对于宜城耆旧的记述不仅有文献依据，而且很可能有身临其境的了解。因此，其说最为可信。然而，宜城宋玉墓是真身墓还是衣冠冢，则难以确定。因为按现当代宋玉研究的观点，宋玉当卒于秦灭楚之际[1]，自其在楚幽王时于寿郢（今安徽寿县）失职直至终老一直漂泊在外，即如《九辩》所言"去乡离家兮来远客"。这就是说，宋玉卒时并不在其故里宜城，且其故里至迟在楚襄王二十一年（前278）即已被秦军占领，归入秦国之版图，设为南郡[2]，因而宋玉归葬故里几乎没有可能。所以假如宜城果真有宋玉墓，则很有可能是宋玉故里人们为纪念这位楚国文化名人而修建的衣冠冢。

其二，关于临澧宋玉墓。记载临澧宋玉墓的早期资料应当慎重对待，虽然说《黄花鱼儿歌》是六朝民歌，并有唐李群玉诗句佐证，但两则资料最早见于清代的《同治安福县志》，被文献所记载甚晚，所以不能不让人生

---

[1] 参见游国恩：《楚辞概论》，商务印书馆1934年版，第223—224页；陆侃如：《宋玉评传》，《小说月报》第17卷号外，1927年6月。

[2] 司马迁：《史记》，中华书局1959年版，第213页。

疑。既然两则资料的产生时代有待于深考，那么临澧宋玉墓也有待于考古证明。这里权且以临澧存有宋玉墓来推测，宋玉卒时很有可能是在临澧，因为临澧的宋玉城遗址已得到了考古证实，其堆积层与出土文物都证明宋玉城为战国中晚期的城址，而此城即因宋玉曾居住于此而得名。关于这一推测，也可以从宋玉作品、古代文献以及遗迹传说中得到证明。现当代宋玉研究者普遍认为宋玉《九辩》作于其晚年失职而后，写作的地点当在古之寿郢、今之安徽寿县，《汉书·地理志》亦有关于宋玉在寿春、合肥一带的记载，可为佐证。[①] 宋玉《笛赋》提到了"衡山"，而这个衡山据考证是为安徽境内的古南岳衡山、今之天柱山，其地位于寿春之南。[②] 清吕肃高等《乾隆长沙府志》《大清一统志》与清郭嵩焘《光绪湘阴县图志》中均记载古之湘阴、今之汨罗有宋玉招魂处、招屈亭，据研究宋玉确有到屈原墓地祭奠屈原、为屈原招魂的可能。[③] 而宋玉作《九辩》《笛赋》，以及到汨罗祭奠屈原，这一系列事件都应发生在宋玉失职以后，秦重兵大举进攻楚之退守云梦之东的疆域之际（以楚都论即相继以陈郢、巨阳、寿郢为中心的地区）。假如我们把寿春、天柱山、汨罗与临澧宋玉城四个地点联系起来，就会发现，这是一条宋玉躲避秦军兵锋，到江南避难的路线，而其终点即是今之临澧。汨罗在洞庭湖之东，临澧在洞庭湖之西，两地仅一湖之隔，距离并不太远。这就是宋玉在晚年落脚于湖南临澧的佐证。所以假定临澧果真存有宋玉墓，则很可能是宋玉死后的葬身之地。据史料分析，秦灭楚之寿郢后，临澧地区还在楚人手中至少控制了一年有余，而宋玉故里宜城早已沦为秦人统治区，因而宋玉归葬故里的可能性几乎为零。

其三，关于唐河宋玉墓。唐河县宋玉墓被记载始见于宋乐史的《太平寰宇记》，出现得比较晚。更值得注意的是，《太平寰宇记》以及而后的《明一统志》《河南通志》《大清一统志》《乾隆唐县志》都没有提及确认唐河县存有宋玉墓的理由，也没有提及有关的宋玉传说。为此，我们对宋玉行迹做了一番考证，在史料文献中，诸如《汉书》提及了寿郢（即今安徽寿县），《列士传》提及了蒲骚（即今湖北应城），《襄阳耆旧记》提及了宜城，明清方志

[①] 班固：《汉书》，中华书局1962年版，第1668页。
[②] 刘刚：《衡山考》，《宋玉辞赋考论》，辽海出版社2006年版，第257—267页。
[③] 刘刚等：《宋玉遗迹传说田野调查报告（八）》，《汨罗江》2014年第3期。

提及了巫山、秭归、荆州、郢中（即今湖北钟祥）、临澧、汨罗，而没有提及与河南唐河境内地名有沿革关系的古地名；在宋玉作品中，诸如《招魂》提及了庐江（当在今皖南地区）、《高唐赋》《神女赋》提及了云梦以及巫山高唐与阳台、《风赋》提及了兰台、《对楚王问》提及了郢中、《登徒子好色赋》提及了阳城与下蔡以及章华台、《笛赋》提及了衡山，也没有提及与河南唐河境内地名有沿革关系的古地名。这说明了三个问题：1.唐河不是宋玉的故里；2.宋玉的行迹没有经历过唐河；3.唐河不是宋玉终老之地，宋玉为什么葬于唐河是个历史之迷。而依据上文对宋玉临终落脚之地的推测，宋玉的葬身之地应该不是唐河。另则，河南唐河县紧邻湖北襄阳东之枣阳，距襄阳南之宜城并不太远，而且在秦攻占楚郢都（今荆州北纪南城）前早已先后为秦所占领，宋玉若卒于秦人管辖下的唐河，完全有条件归葬于同样为秦人管辖下的故里宜城。所以唐河宋玉墓极为可疑，附会的可能性极大。

其四，关于萧县宋玉墓。萧县宋玉墓始见于明李贤等人的《明一统志》，比唐河宋玉墓被记载还要晚。依据上文对宋玉故里、行迹及临终居处的考辨；加之秦军灭楚的进军路线是，先攻占了陈郢（即今河南淮阳），再东进淮北，而后才南下江淮平原，直指寿郢[1]；可知当时之萧县正处于战乱之中，宋玉当不会迎着兵锋去萧县的。因此，宋玉的葬身之地不可能在安徽萧县。然而古萧县地志将某个古墓附会为宋玉墓，事出有因，以古代宋玉研究资料推测，很可能是受到了宋玉"本为宋人说"的影响。关于宋玉为楚人本无异议，到了宋代突然出现了异说，宋章定《名贤氏族言行类稿》卷四十二"宋"字条引《姓纂》说："宋，子姓。殷王帝乙长子微子启，周武王封之于宋，传国三十六代，至君偃为楚所灭，子孙以国为氏。楚有宋玉、宋义、宋昌。"[2] 于是便有了宋玉本宋国人，楚灭宋后，流落于楚的说法。考之《史记·宋微子世家》："王偃立四十七年（前322），齐湣王与魏、楚伐宋，杀王偃，遂灭宋，三分其地。"[3] 又考之《汉书·地理志》："（宋）亦为齐、楚、魏所灭，三分其地。魏得其梁、陈留；齐得其济阴、东平；楚得其沛，故今

---

[1] 司马迁：《史记》，中华书局1959年版，第1735—1737页。
[2] 章定：《名贤氏族言行类稿》，文渊阁《四库全书》，台湾商务印书馆1986年版，第933册，第636页。
[3] 司马迁：《史记》，中华书局1959年版，第1632页。

之楚彭城，本宋也。"① 以此知，三国灭宋后，楚所得宋之沛地，汉称彭城，今之安徽萧县（春秋时为宋之附属国萧国、战国时为宋之萧邑）即包括于其中。如此说来，若以宋玉本为宋国后裔而论，方志于先秦宋国之萧邑故地附会出一个宋玉墓来，并非凭空臆想，若出于对文化名人的景仰，更是情有可原。不过，宋玉并不是宋国后裔，章定《名贤氏族言行类稿》所引的《姓纂》当为唐林宝的《元和姓纂》，其原文为："宋，子姓。殷王帝乙长子微子启，周武王封于宋，传国三十六世，至君偃为楚所灭，子孙以国为氏。楚有宋义、宋昌。"② 原文宋姓历史人物举例中本没有宋玉的名字，将宋玉的名字加入其中，实是章定根据自己的主观臆测，不顾史实的妄为。说到底就是，宋玉根本不是宋国后裔，萧县宋玉墓可断定为好事者附会的产物。正因为如此，清潘镕等《嘉庆萧县志》在引《明一统志》所说"（宋玉墓）在萧县西南三十里"后，加按语说："《广舆志》襄阳有宋玉墓，似较此处为是。"也认为说萧县有宋玉墓，有失于理据不足。

---

① 班固：《汉书》，中华书局 1962 年版，第 1664 页。
② 林宝撰：《元和姓纂》，文渊阁《四库全书》，台湾商务印书馆 1986 年版，第 890 册，第 688 页。

第九章　湖北应城市宋玉遗迹田野调查与研究

我们宋玉遗迹传说调查小组，于2013年10月8日抵达湖北省应城市，对古蒲骚遗址与宋玉在应城的行迹做了田野调查，返校后又根据调查所得对相关问题进行了深入的学术研究。兹报告如下。

一、宋玉确到过蒲骚

据文献记载，宋玉曾到过蒲骚。为详尽地说明问题，兹将相关文献依时代次序征引如下。

宋祝穆《古今事文类聚》前集卷二十四《人道部·故交》"重见故人"条载："景差至蒲骚，见宋玉曰：'不意重见故人，慰此去国恋恋之心。昨到梦泽，喜见楚山之碧，眼力顿明；今又会故人，闭心目足矣。'"①

明彭大翼《山堂肆考》卷一百六《人品》"喜会故人"条载："景差至蒲骚，见宋玉曰：'不意重见故人，慰此去国恋恋之心。昨到梦泽，喜见楚山之碧，眼力顿明；今又会故人，开心目足矣。'"②

明董斯张《广博物志》卷二十《人伦三》载："景差至蒲骚，见宋玉曰：'不意重见故人，慰此去国恋恋之心。昨到梦泽，喜见楚山之碧，眼力顿明；今又会故人，闭心目足矣。'（《列士传》）"③

明周圣楷《楚宝》卷十五《文苑·景差》载："景差，楚同姓也，与宋玉同师事屈原。尝至蒲骚见宋玉曰：'不意重见故人，慰此去国恋恋之心。昨到梦泽，喜见楚山之碧，眼力顿明。今又会故人，闲心日足矣。'屈原死，

---

① 祝穆：《古今事文类聚》，文渊阁《四库全书》，台湾商务印书馆1986年版，第925册，第376页。
② 彭大翼：《山堂肆考》，文渊阁《四库全书》，台湾商务印书馆1986年版，第976册，第146页。
③ 董斯张：《广博物志》，文渊阁《四库全书》，台湾商务印书馆1986年版，第980册，第424页。

赋《大招》一篇。"①

　　清陈诗《湖北旧闻录》卷三十四《文献一·景差》载："景差至蒲骚，见宋玉曰：'不意重见故人，慰此去国恋恋之心。昨到梦泽，喜见楚山之碧，眼力顿明；今又会故人，间（闭）心日（目）足矣。'（《列士传》）"②

　　以上自宋至清五种文献所记基本相同，至于《山堂肆考》之"开（開）心目足矣"、《楚宝》之"闲（閒）心日足矣"、《湖北旧闻录》之"间（間）心日（目）足矣"中"開""閒""間"均为转写传抄中因与"閉"形近而讹，而《古今事文类聚》与《广博物志》作"闭心目足矣"，切合文意，当不误。这五种文献所载宋玉事，当同出于一书，《广博物志》《湖北旧闻录》本注言出自《列士传》，即为五种文献引事之元典。此外，清李可寀等《雍正应城县志》卷七《古迹》，清赓音布等《光绪德安府志》卷三《地理志·古迹》，清罗缃、陈豪等《光绪应城县志》卷十《人物·流寓》亦载此事。或云引自《列士传》，或云引自《楚纪》，考明廖道南《楚纪》所载宋玉、唐勒、景差事，并无宋玉在蒲骚遇景差之内容，恐方志所引为另一本《楚纪》。《光绪应城县志》卷一《舆地志·沿革》于"（应城）战国时属楚。宋玉在蒲骚，景差被放至蒲骚，见玉曰：'不意重见故人，慰此去国恋恋之心。'"一语下，自注说："《楚纪》引《列士传》。"③可见，方志转引之《楚纪》所载宋玉在蒲骚事亦出自《列士传》。《隋书·经籍志》言："《列士传》二卷，刘向撰。"④今是书已佚，考之古文献中引录的《列士传》佚文，笔法、风格及写作旨趣与诸书所引宋玉在蒲骚事相类，可以判定宋玉在蒲骚事确出自西汉刘向所撰之《列士传》。这就是说，宋玉在蒲骚事是可以征信的。关于这一点，也可以在宋玉的作品中得到佐证，如《小言赋》说楚襄王赐宋玉以云梦之田，就与蒲骚有关（参见下文）。同时也与秦占领楚郢都（今湖北荆州北之纪南城）后，楚襄王迁都陈郢（今河南淮阳），收复江旁十五邑拒秦，又用黄歇计"复与秦平"，而后直至楚襄王卒，秦与楚无战事的历史背

---

① 周圣楷：《楚宝》，《续修四库全书》，上海古籍出版社2002年版，第548册，第660页。
② 陈诗原著，姚勇等点校：《湖北旧闻录》，湖北人民出版社1999年版，第1457—1458页。
③ 罗缃、陈豪等：《光绪应城县志》，《中国地方志集成》（湖北府县志辑11），江苏古籍出版社2001年版，第149页。
④ 魏徵等：《隋书》，中华书局1973年版，第976页。

景相吻合。[①] 因为，一度被秦人攻占的云梦东部重为楚国所有，秦与楚关系缓和且无有战事，宋玉随楚襄王去云梦一带才能成为可能。

二、蒲骚遗址调查与考辨

除传世的宋玉作品外，汉代文献中记录宋玉行迹的资料极少，据我们掌握的资料，只有此则与《汉书·地理志》所记的宋玉在寿春事，因而弥足珍贵。这一则资料以及对这则资料所涉地名与事件的深入考辨，很可能对宋玉及其作品研究产生重要影响。

古蒲骚在今湖北省应城市境内。唐李吉甫《元和郡县图志》卷二十七《江南道·鄂州》载："应城县，本汉安陆县地，宋（按：指南朝宋）于此置应城县。""故浮城县，在县西北三十五里。即古蒲骚城也，《左传》'莫敖狃于蒲骚之役'，'郧人军于蒲骚'，是也。后魏于此置浮城县，隋废。"[②] 自《元和郡县图志》这一认定而后，历代地理类文献和该地志书均未有异辞，仅是在距离里程表述方面略有出入。清李可棻等《雍正应城县志》卷一《沿革志》描述应城设县之始时说："应城属《禹贡》荆州之域，历夏及商未有著名，入周春秋称蒲骚地。《左氏传》'郧人军于蒲骚'，又'屈瑕败郧师于蒲骚'，杜氏注：蒲骚，郧邑也。"

"南朝宋孝武帝孝建元年，析江夏置安陆郡，始徙江夏郡治夏口，而以安陆县为安陆郡治。析安陆县东境置孝昌县，北境置安蛮县，南境置应城县，并属安陆郡。应城为县自此始。（注：县名应城，或云当时以为此地应作城，故名。或云冈阜周环隐隐如城，故名。未知孰是。）"[③]

清罗绱、陈豪等《光绪应城县志》卷七《名迹·城址》综合历代考辨指定古蒲骚遗址时说："蒲骚故城，一名蒲骚垒，一名蒲骚台，在今县西北三十里，崎山团古城畈。居民常于耕作时拾败瓦零砖残戈断戟，古色斑驳。离城址三里曰沈家湖，今没为平畴，故老谓即古城之池也。（李《志》）"

[①] 刘刚：《宋玉年世行迹考》，《宋玉辞赋考论》，辽海出版社2006年版，第213页。
[②] 李吉甫撰，贺次君点校：《元和郡县图志》，中华书局1983年版，第651、652页。
[③] 李可棻等：《雍正应城县志》，《中国地方志集成》（湖北府县志辑11），江苏古籍出版社2001年版，第12页。

"故浮城县，在县西北三十五里，即古蒲骚城也。《左传》'莫敖狃于蒲骚之役'，'郧人军于蒲骚'，是也。后魏于此置浮城县，隋废。(《元和志》)《郡国志》云，吉阳县东有蒲骚城，今谓之浮城，即《左传》所谓"郧人军于蒲骚"是也。(注：《舆地纪胜》。按《元和郡县图志》，吉阳县本汉安陆县地，梁于此置平阳县，西魏改为京池县，隋大业二年改为吉阳县。在今汉阳府孝感县北。)旧《志》云，治西浮城县，西魏置。考《魏书·地形志》，治境未尝置浮城也，今治北三十里有浮城畈，俗称故城畈。(《肇域志》)《一统志》并谓蒲骚城今在治北三十里，方隅相同，岂昔人称其地为蒲骚，后讹为浮城，亦慕容步摇之类与？（注：樊《志》。明周良《蒲骚台》诗：古垒荒凉望眼迷，断碑无字草离离。牧童不管兴亡事，一曲升平笛里吹。国朝程大中《蒲骚故城》诗：初日照寒溪，远风落深树。漠漠故城阴，隐隐苍苔路。郧人昔军此，州蓼纷相聚。抗楚亦何愚，要盟毋乃误。群鸟散惊弦，安能复回顾。空闻宋玉悲，讵解莫敖怒。往迹已苍凉，游人自来去。举觞对秋天，黯然立风露。)"①

综合《光绪应城县志》所记，古蒲骚，南北朝西魏称之为浮城，后俗称浮城畈、故城畈，地处应城西北，明人曾在此地见过断碑，清人曾在此地拾得败瓦零砖残戈断戟，言之凿凿。据悉，应城治所自南朝宋建县以来，虽在20世纪由县改制为市，但地址从未迁徙。又北朝西魏在今应城境内曾置浮城县，但县治与南朝宋所置应城县治并不在一处。因此以应城市区为参照，古地志关于西魏所置之浮城亦即先秦之蒲骚的空间方位描写是非常清楚的：方位是应城市区西北，距离为三十五或三十华里，清光绪年间的地名是属于崎山团所辖的浮城畈。然而由于崎山团和浮城畈这两个地名在近代已经不复存在，古蒲骚的所在便成了待解之谜。在2007年出版的《应城名胜》一书中，李怡南所撰《蒲骚故城遗址》一文认为，蒲骚遗址在今应城地区田店、巡检、杨河之间。② 据《应城市全图》，三个地点均在应城市北：田店在西北，位于与京山县交界处，距市区约20千米；杨河在东北，位于与安陆市交界处，距市区约25千米；巡检在正北，距市区约15千米；三个地点呈钝角三

---

① 罗轼、陈豪等：《光绪应城县志》，《中国地方志集成》（湖北府县志辑11），江苏古籍出版社2001年版，第257、258页。

② 朱木森主编：《应城名胜》，中国文化出版社2007年版，第10页。

角形分布，而田店与杨河又相距约 20 千米。这个范围实在太大了，难以令人满意。为此，在应城调查时，我们采访了《应城名胜》一书的主编应城市原政协主席朱木森先生。（图9-1）他认为：（1）蒲骚本无城垣遗址，可能有军事工事，所以叫蒲骚垒；（2）蒲骚本为周代卿大夫封国，受郧国保护，相当于郧国的附属国，李文所言是其封地范围；（3）蒲骚之役是一场大战，范围很大，因而其遗址不应限于某一点。朱先生所说有一定的根据，即在20世纪文物考古普查时，在这个地方确实没有发现古城遗址，但现今没有考古发现不等于其地古时不曾存在。我们认为，《蒲骚故城遗址》一文的表述是不符合古代地理以治所为方国城邑标识的学术规范的，按学理即便是卿大夫的封国也当有其治所，即便其治所没有城垣也不能否认治所的存在。因此，寻找蒲骚的治所还是非常必要的。其实，古代地理文献与该地志书所说的"蒲骚故城""故浮城县"就是指其治所而言，而不是封地范围或城邑范围。于是，我们按照已知的故浮城即古蒲骚城、古蒲骚城后讹为故浮城、清末仍有浮城畈的线索，进一步考索浮城畈的具体位置。清罗绁、陈豪等《光绪应城县志》卷一《舆地志·山川》在描述富水流经时说："（富水）又东南流，至应城西为西河。（《京山县志》）西河至走马滩东经田店、王店、李家渡、严家渡、彭家畈，又十里至浮城畈、团山渡。渡为京、潜往来要道，邑人宋成美设义渡于此。（据采访补）西河至浮城畈，又二十里过宋家坡、三吉堰，港水注之。港自崎山发源，东南曲折至何家冲约七里泛为三吉堰，又五里经晏家桥，又十一里至严家濑，经龙潭龙坑，旧传有龙蛰此，故名，又二里至宋家坡入河。（同上）"[①] 这段描述是光绪年间县志编纂者根据实地采访撰写的，可信度极高。描述说："东经田店、王店、李家渡、严家渡、彭家畈，又十里至浮城畈、团山渡。""又二十里过宋家坡、三吉堰，港水注之。"这就为我们的调查提供了具体的地理坐标与里程依据。其中田店、王店、严家渡（今名严家河）、宋家坡等四个地名在《应城市全图》中还能找到，以严家渡"又十里至浮城畈、团山渡"的指示，按图向东检索，地图上标示的今名"何家垮"，而由此再向东检索就是"又二十里"的宋家坡，相距里

---

① 罗绁、陈豪等：《光绪应城县志》，《中国地方志集成》（湖北府县志辑11），江苏古籍出版社2001年版，第156、157页。

程也与县志描述基本相符。在采访 65 岁的朱木森先生时，他曾经谈到了团山渡，他说团山渡是个很古的渡口，从河边到坡堤上曾有 360 级石阶，这是他亲眼所见；石阶在 1958 年"大跃进"时被破坏，这是他曾经经历的事情；在团山渡一带曾出土一件珍贵的青铜文物提梁卣，他曾被邀参与该文物的鉴定，现藏于湖北省博物馆，此件文物证明此地历史久远，为春秋时蒲骚故地。我们在团山村进行田野调查时，又特意询问过两位村民，他们都说在团山村委会北面不太远的富水河边就是团山渡。（图 9-2）而何家塆就在团山正北两三千米处，团山渡应当就在其附近。虽因道路太窄、冈阜路面又凸凹不平，出租车难以通行，司机也不愿前往，我们终未能抵达团山渡，但是对于团山村西临燕子山水库、东临黄毛水库、东北接近李咀水库，有冈阜南北向横亘、蜿蜒迤逦的地形地貌，还是有了身临其境的了解。其地所谓的山，不过是小小的土丘，山形多半球样貌（图 9-3），而原野虽有起伏，但也可谓平旷（图 9-4），原上老旧的民居也显得格外的古朴。找到了团山渡，也就等于找到了浮城畈，因为县志描述富水流经时是团山渡与浮城畈并提的，说明二者距离不会太远。又据清李可寀等《雍正应城县志》卷二《乡户志·村市》载："城西北：巡检司十五里，团山庙二十里，浮城畈二十里（按：两处"二十里"当是"三十里"之误），车埠头三十里，马家店三十五里。"[①] 按这一描述，团山与浮城几乎就在一地，但为何要分别表述呢？又考《光绪应城县志》卷一《舆地志·乡镇》，在其介绍以"团"为县属下级行政区的描述中方知，应城"西向为团十六""十五"曰团山"；"北向为团十五"七"曰崎山"。[②] 原来团山渡隶属团山团，浮城畈隶属崎山团，虽地理位置相同，但属于不同的"团"管辖，所以要分别表述。再查《光绪应城县志》卷首《县境经纬图》，崎山、团山之间隔有西河（即今大富水），而大富水由京山县入应城境后，经田店曲折南流，自严家渡至宋家坡段转为由西向东的走向，因而崎山在河之北，团山在河之南。[③] 这就是说团山渡与浮城畈隔河相对，隶

---

① 李可寀等：《雍正应城县志》，《中国地方志集成》（湖北府县志辑 11），江苏古籍出版社 2001 年版，第 22 页。

② 罗绀、陈豪等：《光绪应城县志》，《中国地方志集成》（湖北府县志辑 11），江苏古籍出版社 2001 年版，第 165、166 页。

③ 参见罗绀、陈豪等：《光绪应城县志》，《中国地方志集成》（湖北府县志辑 11），江苏古籍出版社 2001 年版，第 142 页。

属崎山团的浮城畈在河北,而隶属团山团的团山渡在河南,故而描述时方位、里程相同。据此,我们可以判定,古团山渡在今何家塆附近,而浮城畈就在古团山渡的对岸,也就是说古蒲骚治所遗址就在古团山渡对面的大富水(亦称西河)之北岸。遗憾的是,一则由于交通工具的限制,二则由于我们在田野调查时还不能完全确定古蒲骚遗址的准确地点,虽近在咫尺,但未能亲临。惋惜之余,我们下决心找时间重访应城市团山村团山古渡与其对岸的浮城畈,以了却一桩心愿。然而,我们更为期待的是,对于古蒲骚的考古发现与考古文物的进一步证明。

三、宋玉到蒲骚的原因与相关问题

考定古蒲骚遗址,对于宋玉及其作品的研究关系重大。我们知道,宋玉的故乡在湖北宜城市,他入仕以后一直在朝中为楚王的文学侍从,当随着为秦人所逼迫的楚国朝廷不断迁徙而迁徙,路线当是由陈郢而至巨阳(今安徽太和北),再由巨阳而至寿郢(今安徽寿县东南)。① 为什么他曾在一段时间里逗留于蒲骚呢?甚或《光绪应城县志》强调说:"宋玉,楚人,屈原弟子。隽才辩给,善属文,事楚襄王为大夫。尝侨居蒲骚。"② 这就不禁让人自然地联想到宋玉《小言赋》中提到的"赐以云梦之田"的问题,以及《讽赋》中提到的其"休归"时因路途颇远而"仆饥马瘦"的问题。

《小言赋》说,宋玉"小言"倍得襄王赏识,被"赐以云梦之田",明确交待了所赐之田的范围在云梦之内。而位于今应城市西北的古蒲骚,恰在古楚云梦田猎区中③,这当不是巧合,而是说明宋玉之《大言赋》《小言赋》确有源于史实的"缘事而发"的创作动因,也说明刘向《列士传》所记亦有其整理文献时所见的史实依据,否则二者不会如此契合。因此可以推断,宋玉所得的襄王赐予的"云梦之田",就是古之蒲骚,或在蒲骚境内。其实,早在唐代,大诗人李白就认为应城地区有宋玉获赏的云梦之田,他的《安州

---

① 参见刘刚:《宋玉年世行迹考》,《宋玉辞赋考论》,辽海出版社2006年版,第220页。
② 罗缃、陈豪等:《光绪应城县志》,《中国地方志集成》(湖北府县志辑11),江苏古籍出版社2001年版,第370页。
③ 参见谭其骧:《云梦与云梦泽》,《复旦学报》1980年第8期。

应城玉女汤作》一诗说:"神女没幽境,汤池流大川。阴阳结炎炭,造化开灵泉。地底烁朱火,沙傍歊素烟。沸珠跃明月,皎镜函空天。气浮兰芳满,色涨桃花然。精览万殊入,潜行七泽连。愈疾功莫尚,变盈道乃全。濯缨气清泚,晞发弄潺湲。散下楚王国,分浇宋玉田。可以奉巡幸,奈何隔穷偏。独随朝宗水,赴海输微涓。"李白所咏之汤池,今仍水源充沛,被辟为汤池旅游度假区,然而汤池并不在古蒲骚境内,而在其西南约 25 千米的汤池镇。《雍正应城县志》说汤池"南流为汤池港,入五龙河",五龙河亦南流"入三台湖"。① 可见,汤池水是不能"分浇宋玉田"的,但诗歌创作可以夸张、想象,超跃时空而为之。据《李白年谱》,李白曾居安陆十年②,对安陆与其周边地区的历史典故与民间传说当非常了解,他在诗中提到应城的宋玉田,自当有他的根据。有了李白诗的佐证,古蒲骚有宋玉田的推断就更加具有可信度了。这就是为什么宋玉曾到古蒲骚的原因所在。

然而必须说明的是,《光绪应城县志》说宋玉"尝侨居蒲骚",可能有托名贤圣而光耀地方的嫌疑,与事实尚有出入。楚襄王赐宋玉以云梦之田,后世简称为"赐田",并作为典故被古之文人墨客广泛使用。赐田,就是赏田,《周礼》郑注说:"赏田者,赏赐之田。"③ 按先秦礼制,为官者的俸禄是以田来兑现的,宋卫湜《礼记集说》言:"三公则受百里之地,六卿则受七十里之地,大夫则受五十里之地,而元士三等,亦视附庸而受田。夫田者,禄之所自出;而居官之禄,即田也。"④ 宋玉仕楚当自有其"禄之所自出"的禄田,《周礼》:"以宅田、士田、贾田任近郊之地;以官田、牛田、赏田、牧田任远郊之地。"⑤ 以此言之,宋玉之禄田,当在楚都城近郊。而赐田是襄王的额外赏赐,亦即《礼记集说》所说的"禄外之田也",这种赏田按理当在远郊,然宋玉所得之赐田,是襄王游"阳云之台"时即兴而赐,即在襄王所游的云

---

① 李可亲等:《雍正应城县志》,《中国地方志集成》(湖北府县志辑 11),江苏古籍出版社 2001 年版,第 16、15 页。
② 王履谦等《道光安陆县志》卷三十一《寓贤》引宋薛仲邕《李白年谱》,李白"还息云梦,故相国许圉师家以孙女妻之,遂留安陆者十年",《中国方志丛书》(华中地方·第三二四号),台湾成文出版社 1975 年版,第 1349 页。
③ 郑玄注,贾公彦疏:《周礼注疏》,阮元校刻:《十三经注疏》,中华书局 2009 年版,第 1561 页。
④ 卫湜:《礼记集说》,文渊阁《四库全书》,台湾商务印书馆 1986 年版,第 117 册,第 487 页。
⑤ 郑玄注,贾公彦疏:《周礼注疏》,阮元校刻:《十三经注疏》,中华书局 2009 年版,第 1561 页。

梦之地，距离楚都可以用"遥远"形容之。因而宋玉是不会常年定居在他的赐田的，也就是说宋玉不会定居于蒲骚。退一步说，宋玉会不会经常到他在蒲骚的赐田，也是个难以确定的问题。所以我们认为，说宋玉"尝侨居蒲骚"，是不准确的；如果说宋玉在楚襄王朝借休假之机，曾去蒲骚打理赐田的相关事宜，或许更接近事实。

  宋玉的《讽赋》就谈到了休假的事情，《讽赋》先说"楚襄王时，宋玉休归。唐勒谗之"，接着又说"玉休还"对唐勒所谗"出爱主人之女"事进行了一番辩解。这里说的就是一次休假中发生的事情。古代休假有多种情况，《渊鉴类函》载：（休假）"书记所称曰休归，亦曰休急、休澣、取急、请急，又有长假、并假"①。《讽赋》谈的"休归"，当是一次长假。文中交待宋玉走了一天的路，"仆饥马瘦"，途中还需住宿驿站，若是到"近郊"的禄田，大概不会如此；若是去远离都城的蒲骚赐田，就合乎逻辑了。其实，从楚都（宋玉作《讽赋》时的楚都当在陈郢，即今河南淮阳）到蒲骚尚不止一天的路程，以乘马车计，恐怕也要走上三五天。而官员请长假须要国君亲批，汉律有"予告""赐告"之称，即是因请长假须皇帝批准而得名。"予告者，在官有功最，法所当得者也。""赐告者，病满三月当免，天子优赐其告。"②所以说告长假并不是一件容易的事，宋玉在楚襄王朝近十年间③，能获准两三次长假就当算做幸事了，岂能长时间地"侨居"于此！这又是宋玉"尝侨居蒲骚"说不准确的一个证明。

  还有一个需要说明的事，也很重要。清罗缃、陈豪等《光绪应城县志》卷十《人物·流寓》说："（宋玉）尝侨居蒲骚。闵其师屈原忠而被放，作《九辩》以述志。"④《县志》如此说，从介绍宋玉其人、其事、其代表作的角度讲，并无错误，而其错误在于交待有失明确，给读《县志》者造成了误解，让人以为宋玉的《九辩》是在古之蒲骚、今之应城所作。《应城名胜》一书中李怡南的《宋玉蒲骚著〈九辩〉》一文就受到了《县志》的误导。⑤《九

---

  ① 张英、王士禛等撰：《渊鉴类函》，文渊阁《四库全书》，台湾商务印书馆1986年版，第985册，第305页。
  ② 参见班固：《汉书》，中华书局1962年版，第3303页。
  ③ 参见刘刚：《宋玉年世行迹考》，《宋玉辞赋考论》，辽海出版社2006年版，第213页。
  ④ 罗缃、陈豪等：《光绪应城县志》，《中国地方志集成》（湖北府县志辑11），江苏古籍出版社2001年版，第370页。
  ⑤ 朱木森主编：《应城名胜》，中国文化出版社2007年版，第12页。

辩》是宋玉晚年之作，其作品中有"岁忽忽而遒尽兮，老冉冉而愈驰""年洋洋以日往兮，老嶚廓而无处"可证；宋玉作《九辩》时，由于秦人的东进，他已失去了所有，无官、无家、无田，作品中"坎廪兮，贫士失职而志不平""去乡离家兮来远客，超逍遥兮今焉薄"可证；宋玉晚年不可能在蒲骚，《史记·楚世家》载"考烈王元年（前262），纳州于秦以平"①，州在湖北原沔阳县（今仙桃市）东南，属古云梦的东部。这说明由于楚考烈王的进献，秦国已拥有了整个云梦，即楚襄王当年收复的江南十五邑，当然也包括宋玉的蒲骚赐田，业已纳入了秦国的版图。宋玉自然不会在那里甘心做亡国之臣；作《九辩》时的宋玉当在寿郢（今安徽寿县）。《汉书·地理志》说："粤既并吴，后六世为楚所灭。后秦又击楚，徙寿春，至子为秦所灭。……始楚贤臣屈原被谗放流，作《离骚》诸赋以自伤悼。后有宋玉、唐勒之属慕而述之，皆以显名。"②按《汉书·地理志》体例，凡在某地区提及某人，其人一定在那一地区生活过。这便是宋玉晚年在寿春的证据。因此说，宋玉作《九辩》是在失职之后的寿郢，而不可能在古之蒲骚、今之应城。与蒲骚相关的宋玉作品，从其传世的作品分析，当为《大言赋》《小言赋》《高唐赋》《神女赋》《讽赋》五篇。当时宋玉随楚襄王游云梦，作《大言赋》《小言赋》后，得到了蒲骚的赐田，这是与蒲骚有直接关系者。游赏而后，宋玉追忆楚襄王于云梦祠神女事，作《高唐赋》《神女赋》；后又因休归去蒲骚赐田引来唐勒的谗言，为自我辩解，作《讽赋》；此外，如果《舞赋》是宋玉所作，那么也应是创作于楚襄王游云梦之际。这些是与蒲骚颇有些许关联者。

学术研究是严肃的，且不可为了某种利益驱使而牵强立论，附会演说，从而混淆视听。

附录 关于《登徒子好色赋》"臣里"之所指

宋玉《登徒子好色赋》曰："天下之佳人莫若楚国，楚国之丽者莫若臣里，臣里之美者莫若臣东家之子。"句中"臣里"，乃宋玉所居之里，因其

---

① 司马迁：《史记》，中华书局1959年版，第1736页。
② 班固：《汉书》，中华书局1962年版，第1668页。

易于理解，一向无注，然而若进一步发问，宋玉所居之里在哪里？在楚国都城——郢城之中吗？若果然如此，文本中章华大夫何以称之为"南楚陋巷"？章华大夫若如李善注是为"楚人入仕于秦，时使襄王"[①]，其如此藐视楚都，岂不唐突，有失于外交礼仪！若如李善存疑之注"一云食邑章华，因以为号"，其即为楚人楚臣发此狂言，岂不对楚王大为不敬！仔细体会文本中章华大夫的进言心态本是谦卑谨慎的，仅"若臣之陋""唯唯"数语就表现出这种敬畏之心，因之可以看得出其言说"南楚陋巷"绝不是指楚国郢都的里巷。又以宋玉言之，夸说天下佳人，若将"臣里"置于都城之中，对楚王宫中如云美女，又作何说？岂不让楚王大失颜面！擅于曲谏的宋玉岂能如此不避嫌疑！这存在于文本内的诸种矛盾如何解释呢？只有认为"臣里"并不在楚都城内，才能合于情理。然而，以往虽有所思，苦无佐证，不敢立言。今读包山楚简，大有启发。包山楚简中作为最基层行政区的"里"凡23见。《周礼·地官·遂人》说："五家为邻，五邻为里。"[②] 是为政区划分的单位，也指民户居处。而楚人的里当不局限于"五邻为里"的居户编制，有研究者认为楚国的"里"与州、邑平级，三者之间无领属关系。以"里"的表述方式分析可分为三类：（1）某地之某里，或某地某里。如简90记有"繁丘之南里"，简121记有"下蔡山阳里"。这种"里"强调其所属之某县或某封邑。（2）某人之某里，或某人之里。如简182记有"阴郹之东穷之里"，简92记有"陈午之里""登令尹之里"。这种"里"强调其属于某君或某人的封地或食邑。（3）某里。如简7记有"郢里"。这种"里"强调其地处于某地，与1接近。比照可知，《好色赋》之"臣里"相当于包山楚简中某人之里，其称谓不仅符合先秦楚人的地区称谓习俗，而且有寄寓其为宋玉食邑的内涵。以"里"所在地行政级别分析亦可分为三类：（1）隶属都城的里。如上举简7之"熹之子庚一夫，居郢里"。（2）隶属县或封邑的里。如简128记有"羕陵之州里"。（3）隶属于县或封邑而地处其治所之外某聚落的里。简121记有"下蔡之黄里"。（《书签》第410页收有"黄里贡玺"一枚，该玺为安徽阜阳地区博物馆于1975年征集于插花庙乡，战国时其地隶

[①] 萧统编，李善注：《文选》，上海古籍出版社1986年版，第893页。
[②] 郑玄注，贾公彦疏：《周礼注疏》，阮元校刻：《十三经注疏》，中华书局2009年版，第1595页。

属于楚国之下蔡,是下蔡县治所以外辖属的一个聚落。)据此,《好色赋》之"臣里",既可能属于楚都城中之里,也可能属于某县某封地治所城中之里,还可能属于某县治所以外辖属的某聚落之里。在这三种可能中,以文中内证"南楚陋巷"即楚国南部地区鄙陋之里的街巷来判断,楚襄王后期亦即宋玉生活时代,楚国西部即云梦以西、汉水中游流域已被秦人占领,并设立了南郡,余下的半壁河山的都城——陈郢位于当时楚国版图的北部,西邻秦,北近韩魏,东接齐,"臣里"若指陈郢中的宋玉居里,陈郢是不能称为"南楚"的,更不能称为"陋巷"。于是《小言赋》所记楚王赐予宋玉的"云梦之田"引起了我们的注意,那里是宋玉的赐田所在,在那里宋玉所居之聚落当然也可以称作"臣里",而这个"臣里"又恰好在陈郢之南,称之为"南楚陋巷"恰如其分。包山楚简中也有关于云梦泽周边田地的记述,简 151 "左御番戌食田于鄢翼(域)□邑"所记,即是番戌受封在鄢地的食田。可证楚王赐云梦之田予臣下并非孤例。考之清陈诗《湖北旧闻录》卷三十四《文献一·景差》引汉刘向《列士传》(原书已佚)说:"景差至蒲骚见宋玉曰:'不意重见故人,慰此去国恋恋之心。昨到梦泽,喜见楚山之碧,眼力顿明;今又会故人,间(闭)心日(目)足矣。'"这里所说的蒲骚就是楚王赐予宋玉"云梦之田"的具体所在,战国时地处于古云梦泽范围之内。唐李白《安州应城玉女汤作》有"散下楚王国,分浇宋玉田"句,可证。清李可寀等《雍正应城县志》卷七《古迹》载:"蒲骚城:《一统志》云,在邑北三十里;旧《志》云,城北三里;《左传》郧人军此。《楚纪》云,宋玉在蒲骚,景差被放至蒲骚,见玉曰:'不意重见故人,慰此去国恋恋之心。'即此地。"[①] 我们曾亲临湖北应城考察,其地在今湖北应城之团山集。其地即古之蒲骚,亦即楚王赐予宋玉的云梦之田的所在地。宋玉《好色赋》之"臣里"当指此处曾经的聚落。"臣里"若做如此解读,上述的种种矛盾就可以迎刃而解了。

---

① 李可寀等:《雍正应城县志》,《中国地方志集成》(湖北府县志辑 11),江苏古籍出版社 2001 年版,第 66 页。

第十章　湖北云梦县宋玉遗迹田野调查与研究

湖北省云梦县有一处古城遗址，世传为"楚王城"。我们宋玉遗迹传说调查小组，于2013年10月5日和6日，对楚王城遗址进行了实地调查，并采访了云梦县图书馆张馆长和当地的一些老同志，兹将我们的调查情况与调查后进一步的学术思考和研究，报告如下。

一、古地志记载与现代考古简报中的楚王城

在古代文献中，明李贤等《明一统志》卷六十一《德安府》载："楚王城在云梦县治东。按《左传·定公四年》，吴入郢，楚昭王奔郧，盖筑此城以自保也。"[①] 清张岳崧等《道光云梦县志略》卷一《古迹》载："楚王城：吴入郢，昭王奔云梦所筑。今环县城东北一带犹有废址形势。（旧志）"[②]

新中国建立后，经1958年的考古探查确认楚王城为楚古城遗址。此后，1986年，以湖北省文物考古研究所为主体的考古队，对楚王城进行了有选择的探方试掘，1992年又对城址中城垣、南城垣与其结合部位进行了发掘，基本上探明了城址的形制结构和建筑使用年代。

据考古资料，楚王城遗址城垣结构在东西轴线上呈"日"字形格局。城垣周长约9700米，东西最大长度约1900米，南北最大宽度约1000米，城址总面积约1.9平方千米。南垣基本呈东西走向，东段较西段向南凸出约百米有余，凸出的城垣西部与南垣西段、东部与东垣的连接部分均呈弧形，因而实际长度大于东西最大长度，约为2050米。西垣、北垣、东垣基本为直线，呈正南北或正东西走向。东北、西北、西南三处城角接近于90度直角。

[①] 李贤等：《明一统志》，文渊阁《四库全书》，台湾商务印书馆1986年版，第473册，第266页。
[②] 张岳崧等：《道光云梦县志略》，《中国地方志集成》（湖北府县志辑3），江苏古籍出版社2001年版，第364页。

城址内中垣两端分别与南垣和北垣相接，呈南北向约偏 5 至 8 度，因而实际长度大于南北最大宽度，约为 1100 米。城址四面各发现一座城门遗址，城址东北角发现一座烽火台遗址。环城址断断续续发现有护城河遗址，最大宽度 40 余米。（图 10-1）以 1992 年发掘南垣、中垣与其结合部位时城垣墙体遗存情况来说，南垣保存较好的墙体，断面为梯形，上部宽 9.5 米，下部宽 12.5 米，残高 1.7 米；中垣保存较好的墙体，断面亦为梯形，上部宽 15 米，下部宽 18 米，残高 2.1 米。发掘中发现，南垣墙体下压有战国中期文化层，而南垣墙体上发现了一座西汉墓；中垣墙体下压有战国中晚期及西汉早期文化层，南端压于南垣之上，墙体上发现一座东汉早期砖室墓；在北垣墙体下压有春秋时期文化层；而西城区域发现了秦汉时期大型建筑台基遗址，出土有石柱础等建筑遗物，下压有东周文化层。基于古墓葬、古建筑台基、出土文物和文化层叠压的情况，发掘者推断，南垣是与整座城同时修建的，其修筑年代当不会早于战国中期，最晚又不会晚于战国晚期。而中垣的修建年代要晚于整座城修建的年代，当在西汉初期。该城废弃的时间当在东汉早期或稍早。[①] 在考古推断中，我们可以获知，在战国中晚期楚王城的形制当是长方形，而不是"日"字形。

二、楚王城遗址调查印象

今天的楚王城遗址的地表情况，与 1992 年考古队发掘时相比，已发生了很大的变化。总体的情况是，随着云梦县城区的扩建，在楚王城大道以西的部分，楚王城城垣遗址全部被城市建筑所覆盖，已无遗迹可寻。因楚王城大道的修建，城址中垣也不复存在。在楚王城大道的东面，城垣则被保护起来，在东垣与其护城河外还建有围墙。据悉将要在保护区内兴建楚王城公园，而新城建设选址则在楚王城遗址以东。

我们调查小组在对楚王城遗址调查时，先在楚王城大道东侧的云梦县气象站内采访了一位老同志，在他的指点下，我们又一路询问，才得以沿着

---

① 根据曲英杰《长江古城址》第二章第二节"云梦楚王城"整理，湖北教育出版社 2004 年版，第 219 页。

从中部横穿楚王城遗址的建设东路进入了楚王城保护区。（图10-2）保护区内，除位于路东北的上丁字口村和路西南颇远处的下丁字口村两个不太大的自然村落外，放眼望去，大都野草丛生，还时常可见零星分布的小块农田与水塘。（图10-3、图10-4）保护区中的农田，大概是遗址内或遗址外的居民借楚王城公园尚未开工建设之机，自行开垦的。走过上丁字口村，我们见到了楚王城东垣遗址，路两边城垣截面为梯形，残高当在2米以上，顶部宽4.5米左右，底部宽10米左右，顶部与两面护坡草树格外茂密，野草甚或高过人头，无路可登。（图10-5、图10-6）东垣外，即县图书馆，文化馆、非遗保护中心也设在这里。我们在图书馆采访了张馆长，他在调到图书馆前曾在考古部门工作，对楚王城遗址及其发掘情况所知颇详，他在办公室墙上所挂的楚王城公园保护区示意图前（图10-7），为我们详细地讲解了现存遗址和遗址保护及开发规划等情况。采访后，我们沿图书馆东侧的东垣路向南继续调查，这一段墙垣遗址已砌起了保护围墙，而围墙时有缺口，可能是墙外居民为种地方便而私自拆开的。我们亦从缺口进入，观察了残存的东垣南段和东垣与南垣弧形交接处。（图10-8）这一段墙垣高低不等，最高处可达3米以上，低处仅1米左右，而宽度要大于我们在建设东路上所见到的东垣中段墙体遗址截面，其上部有10米以上，下部有16（或17）米，城垣上草树丛生，有些地段还被开垦，种上了蔬菜或其他农作物。东垣东侧地势低洼，现多被开垦为稻田，目测从墙垣外侧到保护围墙的距离约40（或50）米，这一带状地带应是古护城河遗址。（图10-9）实地调查结束后，我们去了云梦公园东南端新建成的云梦祥山博物馆，准备进一步了解楚王城遗址及遗址出土的相关文物。博物馆建造得非常雄伟，仿古造型也独具特色，只可惜尚未正式对外开放，虽能够进入博物馆正厅，但工作人员却不允许进入馆内展厅。据值班的工作人员讲，关于楚王城遗址，馆藏没有什么文物，展示的挂图多是荆州明代古城的照片。工作人员所讲，如果不是搪塞之词，对此着实让人匪夷所思。

三、楚王城遗址现状说明

返校后，我们根据《长江古城址》一书介绍的楚王城遗址示意图，在调查时拍摄的楚王城公园保护区示意图，网络上查到的云梦县城区图和所掌握的楚王城遗址的考古发掘资料，经过反复研究，基本可以描述清楚当下云梦县楚王城遗址的地理概况：楚王城遗址位于今云梦县城区之中，即西为老城区，东为新城区，城址西垣西距涢水约2000米。西垣在南北向的西大路东侧；北垣西段与祖师殿巷平行，东段与北垣路平行；东垣在东垣路西侧；南垣西段呈内凹式弧形，按由西而东的顺序，紧邻南正街、东正街、珍珠大道北段，走向与三条街道相同，南垣东段在曲湖路北侧并与之平行，南垣东端与东垣南端交接处位于江郭村北，亦呈弧形。在楚王城中接近城址中心的位置，是南北向从城址纵穿的楚王城大道与东西向从城址横穿的建设路相交叉的十字路口。以南北纵向穿过城址的楚王城大道为界，城址可分为东西两大部分：西部面积较大，已被城市建筑所覆盖，遗址上高楼林立，道路纵横；东部面积略小，为楚王城遗址保护区。保护区北以北垣路为限，长1099.4米；东以东垣路为限，长977.3米；南以曲湖路为限，长768.3米；西以楚王城大道为限，长1323.2米；总面积1088993平方米。（图10-10）

四、楚王城与楚襄王游云梦

清张岳崧等《道光云梦县志略》卷一《舆地》援引各种相关文献，概述了与云梦有关的历代楚王，以及对云梦城的考辨。

"楚庄王猎于云梦，射科雉得之，申公子倍攻而夺之。（《说苑》）

"周成王封鬻熊之后熊绎于楚，锡以子男之田。数传至熊渠，甚得江汉间民和，乃立长子康为句亶王；中子红为鄂王；少子执疵为越章王。章，即今云梦地。（《云梦十书》）

"周敬王十四年，吴入郢，楚子涉雎济江入于云中。

"初，平王闻列国兵至，又闻伍员奔吴，乃命昭王筑城云梦。吴与楚战于柏举，三战入郢。君王身出，大夫悉属，百姓离散。蒙縠结斗于官塘之上，舍斗奔郢，曰：'若有孤，楚国社稷其庶几乎！'遂入大宫负鸡次之典以浮于江，逃于云梦之中。

"楚襄王二十年，秦将白起拔西陵。西陵即云梦地，襄王复取之。

"宋玉赋，王尝游云梦之台，望高唐之观，其上独有云气。

"宋玉、唐勒、景差尝从襄王于云梦之台。王曰：'能为寡人大言者，上座。'唐勒曰：'壮士愤兮绝天维，北斗戾兮泰山夷。'景差曰：'校士猛毅皋陶嘻，大笑至兮摧罘罳。'玉曰：'方地为车，圆天为盖，长剑耿耿倚天外。'王曰：'未也。有能为小言者，赐以云梦之田。'景差曰：'载氛埃兮乘飘尘。'唐勒曰：'馆蝇须兮宴毫端。'玉曰：'超于太虚之域，出于未兆之庭。视之眇眇，望之冥冥。'王曰：'善！'赐之以田。

"楚宣王游于云梦，结驷千骑，旌旗蔽天。

"二王所游之台与夫宋玉之田、高唐之观，皆不可考。《一统志》载，邑有楚襄王庙，今亦废。然《志》载，云梦于邑，而荆州、竟陵（谨按：竟陵，即今天门县），皆有云梦泽。《志》载，平王沈棺云梦，而荆州有平王冢。云梦阔衍，必欲以一邑当之，非。阙疑之义也。（《云梦十书》）

"按，《史记索隐》曰：'张揖云，云梦，楚薮也，在南郡华容。'郭璞曰：'江夏安陆有云梦城，南郡枝江有云梦泽，华容又有巴邱湖，俗云即古之云梦泽也。'则张揖谓在华容者，指此湖也。今据安陆南现有云梦城、云梦县，而枝江亦有者，盖县名远取，此泽故有城也。华谓不然，鄾夫人弃子文于梦中，於菟乳之，是梦在鄾境，即今县地。县本为梦，又有於菟乡，非远取枝江之泽而袭称之也。若云在江南、梦在江北，本二泽而兼称之者，以其壤地相接，彼此互称之乎！按《史记·楚世家》，吴入郢，昭王出亡至云梦，云梦人不知其王也，射伤王，王走鄖。《括地志》注，鄖即安州安陆县城。《左传》记'王入云中'，《史记》'王至云梦走鄖'，较《左》益为燎然。（张奎华《旧志》）"①

《道光云梦县志略》所列举的西周时期的楚王有：熊渠封其"少子执疵为越章王。""章，即今云梦地。"但未必是后来的云梦之楚王城遗址。春秋时期的楚王有：楚庄王"猎于云梦"，此"云梦"指云梦狩猎区，范围非常之大，不一定指云梦之楚王城。楚昭王"涉雎济江入于云中"，"筑城云梦"。这是传说中云梦之楚王城筑城伊始。战国时期有：楚宣王"游于云梦"。此"云梦"亦指云梦狩猎区，亦未必指云梦之楚王城。楚襄王"二十年，秦将

---

① 张岳崧等：《道光云梦县志略》，《中国地方志集成》（湖北府县志辑3），江苏古籍出版社2001年版，第352、353页。

白起拔西陵。西陵即云梦地,襄王复取之","宋玉、唐勒、景差尝从襄王于云梦之台"。排查上述历代楚王,只有春秋后期的楚昭王与战国后期的楚襄王真正与云梦之楚王城相关,然而发掘者的推测是,"楚王城的修筑年代当不会早于战国中期",便又将"楚昭王奔郧,盖筑此城以自保也"的记述否定了,余下的仅有楚襄王一位楚王了。《道光云梦县志略》指出了楚襄王在云梦之楚王城的三个事例,除上面提到的襄王收复该城及曾游该城外,还有"《一统志》载,邑有楚襄王庙,今亦废"一事。(1)收复云梦事,于史有证,《史记·楚世家》载:"襄王乃收东地兵,得十余万,复西取秦所拔我江旁十五邑以为郡,距秦。"① 云梦城即在收复之列。襄王收复江旁十五邑,而后便形成了在长江以北与秦国隔云梦而治的格局。②(2)游云梦事,于史亦有证,《战国策·楚四》载,庄辛劝谏楚襄王说:"蔡圣侯之事其小者也,君王之事因是以。左州侯,右夏侯,辇从鄢陵君与寿陵君,饭封禄之粟,而戴方府之金,与之驰骋乎云梦之中,而不以天下国家为事。"③ 这一劝谏发生在秦将白起攻陷楚郢都(今湖北荆州纪南城)的前一年(前279),从州侯(州在今湖北仙桃东南)与夏侯(夏在今湖北武汉)均以云梦附近的楚地方长官身份提供游赏所需的"粟"与"金"来看,其所游赏的地方是云梦狩猎区的东部,很可能以云梦之楚王城为驻跸之地。④ 至于宋玉赋的佐证,《大言赋》《小言赋》提到的在"阳云之台""赐以云梦之田",《高唐赋》提到的"云梦之台",《神女赋》提到的"云梦之浦",《舞赋》提到的"既游云梦",《风赋》提到的"兰台之宫",都可能在云梦之楚王城,或其附近地区。可见楚襄王游云梦之东部地区是他的一个情结,这个情结大概与古楚王族在云梦祭祀高禖的传统有关,而楚高禖女神所在地即在云梦东部。当然宋玉作品的佐证,证明的是楚襄王迁都陈郢(今河南淮阳)后云梦之游。这也有历史背景的支持,楚襄王自公元前273年,用黄歇计"复与秦平",又于公元前272年,"入太子为质于秦",于是换来了直至楚襄王卒将近九年时间的安定,这便为楚襄王游云梦创造了前提条件。⑤(3)云梦之楚王城古有楚襄王庙,此

---

① 司马迁:《史记》,中华书局1959年版,第1735页。
② 参见刘刚:《宋玉年世行迹考》,《宋玉辞赋考论》,辽海出版社2006年版,第212页。
③ 刘向集录,范祥雍笺证:《战国策笺证》,上海古籍出版社2006年版,第560页。
④ 参见刘刚:《宋玉年世行迹考》,《宋玉辞赋考论》,辽海出版社2006年版,第210—214页。
⑤ 参见刘刚:《宋玉年世行迹考》,《宋玉辞赋考论》,辽海出版社2006年版,第213页。

记载最早见于南宋王象之的《舆地纪胜》，其曰："楚襄王庙，《皇朝郡县志》云：在云梦县东。《郧城志》云：秦尝拔西陵，襄王复之，故立庙。"① 这实际表现了古来民间对襄王在云梦事的认可。云梦人将云梦古城遗址称为"楚王城"，可能也与楚襄王到云梦事有关。因此，基本可以肯定楚襄王是到过云梦之楚王城的。

此外，宋玉将云梦古城称为"云梦之台"，也当有所依据。我们知道，楚国的都城无论迁徙到何处均称"郢"，这是楚人的一个恒定的习惯。据曲英杰《说郢》一文研究，"郢"字为楚武王所造，本作"呈"，意为王者所居之地，后加"邑"旁写成"郢"字。楚人称"郢"之义有如《越绝书》所言，"郢者何，楚王治处也"。② 其实楚人还有一个地名称谓的恒定的习惯，这就是称君王出游所驻跸的离宫为"台"。据历史文献记载：楚庄王以前有强台，楚庄王时有鲍居台、五仞台、层台、钓台，楚宣王时有小曲台，楚康王时有五乐台、九重台，楚灵王时有荆台、章华台、乾溪台，楚昭王时有渐台、附社台、放鹰台，楚怀王时有中天台，楚襄王时有云梦台，等等。以已发掘的湖北潜江市龙湾镇章华台遗址为例，据高介华、刘玉堂《楚国的城市与建筑》一书介绍，目前勘探出的龙湾东周文化遗址，东西广约 2000 米，南北长约 1000 米，面积 200 万平方米。其总体布局是一台、二湖、三陵（郭），总面积不会小于北京的颐和园；其建筑有层台、殿寝、府库、歌台舞榭、馆舍、营房、廛肆，以及亭、垒、楼一类防御工程等等，俨然就是一座城市。③ 因而，有理由推测，"云梦台"很可能就是楚襄王游云梦时的称谓，后世人们的语言习惯改变了，不再用"台"称呼楚离宫了，这一城址才被称之为楚王城。至于"兰台"，明董说《七国考》卷四《楚宫室》说："兰台之宫：《风赋》：'楚襄王游于兰台之宫。'《楚世家》：'楚人有谓顷襄王曰："王缯缴兰台，饮马西河。"'兰台一名'南台'，时所谓楚台者也。"④ 明陈耀文《天中记》卷十五《台》也说：兰台，"一名南台，时所谓楚台者也"。章

---

① 王象之：《舆地纪胜》，《续修四库全书》，上海古籍出版社 2002 年版，第 584 册，第 633 页。
② 根据曲英杰《长江古城址》第二章第一节"荆州纪南城"释说整理，湖北教育出版社 2004 年版，第 112 页。
③ 参见高介华、刘玉堂：《楚国的城市与建筑》第八章《楚国宫室建筑》，湖北教育出版社 1996 年版，第 253—259 页。
④ 董说撰：《七国考》，中华书局 1956 年版，第 161 页。

华台在郢都（今湖北荆州北）东南，可称兰台或南台；云梦台在陈郢（今河南淮阳）之南，当然也可称为兰台或南台。这完全符合楚人固有的"地名迁徙"的习俗，楚襄王在失去郢都迁至陈郢之后，就在陈郢附近的今河南商水建造一处离宫，也命名为章华台。徐家璘等《民国商水县志》卷五《地理志·古迹》载："章华台：《通志》在商水县城西北二里。初楚灵王筑章华台于华容城，及襄王为秦将白起所迫，北保于陈，更筑此台。""丛台：《通志》在县北二十里。楚襄王因筑章华台并筑此台，以像华容之地。"这就是一个很好的证明。

五、楚王城与宋玉行迹及辞赋创作

如果我们对楚襄王曾到过云梦城，或曾以云梦城为驻跸地游赏云梦的推测可以成立，那么与宋玉的行迹和辞赋创作联系起来看，在宋玉研究中的一些长期未能解决的问题，就可以得到一个比较合理的解释。

其一，如果楚襄王曾驻跸古之云梦城、今云梦县之楚王城，那么宋玉在随王伴驾时游赏云梦的落脚点也当在这里。从而宋玉《小言赋》提到的"赐以云梦之田"，《高唐赋》与《神女赋》提到的"于云梦之台，望高唐之观""于云梦之浦，使玉赋高唐之事"以及二赋所涉及的"巫山"等一系列地望问题，都能够得到合于情理的解释。在《湖北应城市宋玉遗迹田野调查与研究》中，我们认为古蒲骚治所遗址在应城市杨岭镇团山村团山古渡的对岸，即清代尚存有的浮城畈。[①] 这个地方在云梦县之楚王城西，距离仅25千米左右。宋玉被赐予的"云梦之田"在蒲骚，完全符合楚襄王游云梦就近封赏的背景条件。刘刚曾写过《宋玉赋——〈高唐〉〈神女〉二三考》与《巫山考》两篇文章，认为宋玉赋中所描写的巫山当为湖北汉川市内的仙女山。最近我们又实地调查了宋玉研究者提出的可能是宋玉赋所描写之巫山有关的两个地点，即湖北随州市大洪山与湖北汉川市仙女山，调查之后，我们更加相信汉川仙女山当是宋玉赋所描写的巫山（关于仙女山古有巫山之称以及其地望，详见本书第三章《宋玉赋"巫山"所指综合田野调查与研究》）。这个

---

① 参见本书第九章《湖北应城市宋玉遗迹田野调查与研究》。

地方在云梦县楚王城南，距离也不过 45 千米左右，且地貌平旷。若天气晴好，楚襄王"于云梦之台，望高唐之观，其上独有云气"的望中所见，是完全可以做得到的。

其二，如果宋玉在随王伴驾时游赏云梦的落脚点是古之云梦城，今之云梦县楚王城，那么对宋玉有关云梦的辞赋创作语境也可以获得比以往更为深入的认识。宋玉有关云梦的辞赋创作，有《风赋》《高唐赋》《神女赋》《大言赋》《小言赋》《讽赋》，以及在著作权上尚有争议的《舞赋》。《风赋》《大言赋》《小言赋》以及《舞赋》，当是宋玉在云梦台（即今之楚王城）离宫中所作，因而篇幅多较为短小，符合应制而作、即兴命笔的特点。《高唐赋》与《神女赋》，当是宋玉随楚襄王离开云梦台（即今之楚王城），返回陈郢后的追述之作，因而篇幅可谓宏大。对高唐之描写，铺排名物极尽所知，夸张体物形象细腻；对神女之描写，形神兼备，以铺张笔法写形，层层摹画有如见其人之感，以动作与语言写神，活现了神女之精气与品格。如此的创作，是即兴命笔所难以完成的。《讽赋》之创作与宋玉休归云梦赐田有关，唐勒所谗宋玉"出爱主人之女"，当发生在宋玉休归途中的驿站里，虽未免望风扑影，但未必没有蛛丝马迹；宋玉的辩解，虽具有文学创作的成分，但也未必全无生活原型。以往对于"出爱主人之女"的附说，多以为是宋玉之寓言，对此研究者可能需要重新思考。

下 编

第十一章　湖北宜城市宋玉遗迹传说田野调查与研究

2013年5月7日至9日，我们宋玉遗迹传说调查小组，对宜城地区进行了为期3天的调查。7日下午走访了宜城市档案局；8日上午走访了宋玉墓遗址所在地腊树园村，并观看了市区以宋玉命名的道路、商场、旅社、画院等；8日下午参观了宜城市博物馆和楚皇城遗址；9日上午在宜城市广播电视局会议室参加了由宜城市委宣传部组织召开的，由宣传部、文联及宜城当地学者参加的有关宋玉研究与地区文化建设的讨论会，听取了宜城宋玉研究会关于当地宋玉研究情况的报告（图11-1）。我们调查小组的系列活动，得到了宜城市委宣传部的大力支持与相关同志的热情帮助，实现了预期目的，取得了圆满成功。特此将所获悉的有关宋玉遗迹传说的情况与研究结果报告如下：

一、宋玉墓、宋玉宅资料分析

我们调查小组首先在档案局查阅了宜城市收集的各种版本的《宜城县志》，而后与何全国同志（原文联主席）、张志富主任进行了座谈。何全国同志介绍了宜城市档案局2011年6月翻刻的清同治五年重修、光绪九年续修的合订本《宜城县志》中有关宋玉的记述（图11-2），并将该《县志》赠送给调查小组；张志富主任介绍了关于《宜城县志》版本的检索调查与整理出版情况。

根据何全国同志的介绍，返校后，我们通读了《宜城县志》，获得有关宋玉的研究资料20条：

1.《县志》卷一下《方舆志·宅墓》：宋玉宅在县南三里，宋玉墓南。《道志》《省志》俱误云三十里。县南有宋玉宅（《水经注》）。按宋玉宅有三，此其里居也；一在归州，从屈原游学时所居；一在江陵，则服官郢都时居之(《一统志》)。按:《渚宫故事》庾信因侯景之乱,自建康遁归江陵,居宋玉故宅。《哀江南赋》所谓"诛茅宋玉之宅"是也。又归州东二里相公岭上有宋玉宅;《郢州》又纪,洪武中建安陆州学于兰台,即宋玉宅旧址;又不但如《一统志》所言三者已也,盖名贤所至,人争艳之,昔日居停之所,后世莫不以故宅目之。然玉乃宜产,宅又在墓侧,自当以在宜城者为确(《采访记》)。

2.《县志》卷一下《方舆志·宅墓》:楚大夫宋玉墓在县南三里,宋玉宅后,有三冢并列。明嘉靖中建祠其旁(《省志》)。今宅已废,墓大及亩,或合三冢而并于一耶。明正德中知县朱崇学立碑识之,嘉靖间都御史路迎建祠堂于墓前,自为记勒于碑。祠堂已圮。今尚书赵宏恩观察襄郧时题诗勒石,与路碑俱存(《府志》)。嘉庆间邑令方策周缭以垣,植所宜木其中,兼置守冢者畀以田,立碑记之(《采访记》)。

3.《县志》卷二《建置志》:楚昭王庙在故襄城内,昭王井南。今庙井皆废。(笔者按:故襄城即今之楚皇城。见《县志》卷一下《古迹》"故襄城"条。)

4.《县志》卷二《建置志》:楚襄王庙在故襄城内,久废。

5.《县志》卷七《耆旧志》:宋玉,楚鄢人也,屈原弟子,隽才辨给,善属文,为楚大夫。闵其师屈原忠而放逐,乃作《九辩》以述志。唐勒谗之于襄王,复著赋以自见。后世修辞者称之(《湖北通志》)。

6.《县志》卷九《艺文志·书目》:(周)宋玉撰:赋十六篇(《汉书·艺文志》);《宋玉子》一卷录一卷;《宋玉集》二卷(《唐书·艺文志》)。

7.《县志》卷九《艺文志》:(周)宋玉《对楚王问》

楚襄王问于宋玉曰:先生有遗行欤?何士民众庶不誉之甚也?宋玉对曰:唯,然,有之。愿大王宽其罪,使得毕其辞。客有歌于郢中者,始曰《下里》《巴人》,国中属而和者数千人;其为《阳阿》《薤露》,国中属而和者数百人;其为《阳春》《白雪》,国中属而和者数十人;引商刻羽,杂以流徵,国中属而和者不过数人而已;是其曲弥高,其和弥寡。故鸟有凤而鱼有鲲:凤凰上集九千里,绝云霓,负苍天,翱翔乎杳冥之上,夫藩篱之鷃岂能与之料天地之高哉?鲲鱼朝发昆仑之墟,暴鬐于碣石,暮宿于孟诸,夫尺泽之鲵岂能与之量江海之大哉?故非独鸟有凤而鱼有鲲也,士亦有之。夫圣人瑰意琦行，超然独处，世俗之民又安知臣之所为哉！

按：宋大夫嗣响灵均，其忠君爱国之意，因事纳谏之诚，真有沆瀣一气者，著作几于等身。谨登其一，以觇吉光片羽。下选王叔师亦此志也。

8.《县志》卷九《艺文志上》：（明）路迎《宋玉墓祠记》

鄢郢之墟，衢道之交，有封若堂，巍然独存，曰此楚大夫宋玉之藏也。呜呼邈矣，巧尽于器，习数则贯，道系于神，人亡则灭，而况于所藏耶。是故通川过日，甄陶改岁，在城郭则夷之，在穷谷则遗之，其有存焉幸也。防山之麓，仲尼诧其未明，涡水之尾，西北改其故处，存而信者亦幸也。若明天地之数，用智于支反甲穷之间，则樗里景纯亦能为之，故墼阴寄居，先沧海而后桑田，渭南化台，左长乐而右武库，殆不可常论者，乃有名公高士，瘗玉埋香，青乌成其邱陇，白马启其石函，怀古思贤，有识有记，乱离兵火，弗薶弗发，是能随阴阳以蜗治，集不朽之良图者，其大夫之谓欤？夫《高唐》《神女》，讽襄王之佚荡，不忘君也；《九辩》《招魂》，哀屈原之放逐，不背本也；无失为故，待景差于蒲骚，能笃友也；近则唐勒，祖其从容；远则少陵，述其儒雅；因云洒润，芬泽易流；乘风载响，音徽自远；盖绝节高唱，而肆义放芳讯者。观阳春之台，因文而建；稽巫山之祀，以赋而成。览影偶质，犹或丽之；指迹慕远，亦或张之。然则名与藏而俱存，虽千百世无惑矣。而混淆邱界，五侣上留，樵采弗禁，耕牧同施，吾感焉。是故屋而垣之，礼也。又惧流于简者弗将，而垂于是者难继，微以昆著，瓒以助洪，其大夫之灵，山川之所拱卫，典守者之攸司也。仆又何知焉。

9.《县志》卷九《艺文志上》：（清）方策《修楚大夫宋玉墓垣碑》

古者太史陈诗亦观民风，而楚无诗，韩昌黎曰："楚大国也，以屈原鸣。"太史公曰："屈原死，楚有宋玉、唐勒、景差之徒，皆祖屈原之从容词令，而以赋见称。"骚坛屈宋谁昔然矣。予籍闽南，往党有三才子、十才子之日，居恒仰止乡先生，而骚赋则规抚屈宋，屈宋固骚赋之祖也。乙亥二月，摄官宜城。今考邑志，城南三里有宋玉宅，宅后不数武，冢与毗连。以冢证之，《渚宫故事》谓宅在江陵者，是鼆言也。予春行县，问其宅，星移物换，冢独孑然，道周蓬颗蔽之。《志》载前明正德间，邑令朱崇学樆其墓，历曰楚大夫宋玉之墓，大书特书，冢即不为堌冢抗言。自昔嘉靖间，抚治路迎置守冢一家，今已人事代谢矣。建祠宇三楹，荒草中隐隐剩石磉二，败瓦颓垣无有矣。过此以往，又乌知冢外周遭壖地不犁为田也，牧人踯躅而咿嚶。予亦低回留之不忍去。去岁嘉平月既望，予捐赀鸠工，胡不辇山石，石有时以泐，终为他人柱下石也；胡不以属搏埴之工，中唐有甓，范土火烁而成质，火气尽而质坏，土偶所谓仍然故我也。惟荒度土功，规墓而抚之，周于四隅堵墙，方而围之，墙高与冢埒，墙围广袤七十五丈有奇，护墓羡也。墙内树其土之所宜木若干柯，不必白杨萧萧也。料工再徙月而工竣，又置其旁良田若干亩给守冢，捍牧圉、禁樵采也。国稞粮注曰宋田可久，则贤人之业也。废扫而更，息张而相。予适墓而踌躇四顾，旷如也，奥如也。予因之有感矣，宋大夫生而宅于宜，及窆而抱磨于宜，始终固宜人也；三闾大夫生于秭归，归之北土，人犹有指其里居者而泊怀南徂土沙，投于长沙之汨罗以死，两人之所遭固有幸不幸也。予令宜邑岁一周，宋大夫之里居邱墓旦暮迁之；三闾大夫琐尾流离，之生之死，两湖南北，地角天涯，以予宦途所未经，亦如宋玉之赋《招魂》，想象于无何有之乡，则予之景仰于二人者所迂又有幸不幸也。古人数千百年后之遗踪，予今日数千百里外之凭吊，我不见古人，古人不见我，魂归来些，感慨系之矣。

10.《县志》卷九《艺文志下》：（明）徐学谟《宋玉墓》

岭度千盘下郢都，孤坟寥落古城隅。阳台神女无消息，残碣犹书楚大夫。

11.《县志》卷九《艺文志下》：（明）王世贞《宋玉墓》

此地真埋玉，何人为续招。秋风吊师罢，暮雨逐王骄。万事才情损，千秋意气消。仍闻封禅草，遗恨右文朝。

12.《县志》卷九《艺文志下》：（明）方尚赟《宋玉墓》

大夫遗墓水边村，无数垂杨带雨痕。一代文章谁继作，千秋陵谷此空存。楚云易识荆王梦，湘水难招屈子魂。九辩余音悲不尽，高天摇落正黄昏。

13.《县志》卷九《艺文志下》：（原阙朝代）颜鲸《宋玉墓》

曾于骚赋见高才，秋本无心人自哀。江树不知词客意，年年霜叶下荒台。

14.《县志》卷九《艺文志下》：（清）赵宏思《题宋玉墓》

慨古乘风夜泊舟，高唐托讽写绸缪。襄王心有巫云梦，神女情无暮雨秋。小雅诗人余派别，大招弟子亦风流。一抔古墓荒烟老，声冷松涛满驿楼。

15.《县志》卷九《艺文志下》：（清）郑家禹《宋玉墓》

千古文章伯,渊源自楚滨。风流师杜甫,骚雅祖灵均。志以悲秋苦,诗传白雪神。凤衰鲲已化,遗躅寿贞珉。

16.《县志》卷九《艺文志下》：（清）方策《修宋玉墓垣》（三首）

其一

三年邻女独窥墙,谁托微词讽楚王。一自雨云工谲谏,至今梦寐总荒唐。

其二

九辩辞成彻九阍,巫阳何处更招魂。年来愁作悲秋客,泪向西风洒墓门。

其三

表阡种得树团栾,怀古情深发咏叹。千载阳春歌绝调,瓣香依愿拜衙官。

17.《县志》卷九《艺文志下》：（清）陈廷桂《修宋玉墓垣》

儒雅风流妙一时,左徒弟子少陵师。阳春白雪千人废,暮雨朝云万古疑。九辩至今歌绝调,一抔何处听微辞。断肠我亦悲秋客,落日招魂为涕洟。

18.《县志》卷九《艺文志下》：（清）徐夔生《修宋玉墓垣》

孤坟楚国大夫尊,久阙离骚读墓门。凭吊汨罗哀已尽,长眠巫峡梦无痕。一生口过微词在,三载心香古道存。封树今烦贤令尹,更胜九地乱招魂。

19.《县志》卷九《艺文志下》：（清）苏士甲《宋玉宅怀古》（二首）

其一

招魂曾拟续新词,楚国先贤撮系思。一赋荒唐神女梦,千秋儒雅少陵师。

其二

白杨风撼凄危垅,碧苏霜侵读断碑。此日云霓翔凤杳,何来雏鹦笑藩篱。

20.《县志》卷十《杂类志·摭闻》

《楚辞》者,屈原之所作也。自周时衰乱,诗人寝息,谄佞之道兴,讽刺之辞废。楚有贤臣屈原被谗放逐,乃著《离骚》八篇,言己离别愁思,申抒其心,自明无罪,因以讽谏,冀君觉悟,卒不省察,遂赴汨罗死焉。弟子宋玉痛惜其师,伤而和之。其后贾谊、东方朔、刘向、扬雄,嘉其文彩,拟之而作。盖以原楚人也,谓之楚辞。然其气质高丽、雅致、清远,后之文人咸不能逮。始汉武帝命淮南王为之章句,旦受诏,食时而奏之,其书今亡。后汉校书郎王逸,集屈原以下,迄于刘向,逸又自为一篇,并叙而注之,今行于世。隋时有释道骞善读之,能为楚声,音韵清切,至今传《楚辞》者皆祖夐公之音(《隋书·经籍志》)。①

这些资料,一方面反映了古代宜城人对先贤宋玉人品、文品的歌颂,具有宋玉批评史研究的史料价值;一方面反映了明清两代宋玉遗迹即宋玉宅、宋玉墓的存留与修缮情况,具有宋玉遗迹考古的参考价值。仅就其考古参考价值而言,我们可以根据《县志》提供的信息,了解到明清时期宋玉宅与宋玉墓的相关情况:(1)宋玉宅、宋玉墓的地理位置在县城南三里。(2)宋玉宅与宋玉墓比邻,宅在墓南,墓在宅北。以墓位于"宋玉宅后"推断,宋玉宅为坐北朝南的建筑,墓之墓门亦当为南向。(3)据"墓大及亩"的描述和路迎《宋玉墓祠记》"有封若堂,巍然独存"的记载,其墓封土占地面积在一亩左右,覆碗状封土最高处相当于当地一层起脊房屋的高度,应是一个规格可观的墓葬。(4)明正德中,知县朱崇学依据民间口传,并证以古文献,认为宋玉墓可谓"存而信者"(路迎《宋玉墓祠记》中语),始为墓立碑,碑文为"楚大夫宋玉之墓"。(5)明嘉靖间,都御史路迎建祠堂于墓前,据方策《修楚大夫宋玉墓垣碑》"建祠宇三楹"的记述,其形制为三间。又据路迎《宋玉墓祠记》"是故屋而垣之""典守者之攸司也"的记载,路迎建祠的同时,还修有围墙,并"置守冢一家"(方策《修楚大夫宋玉墓垣碑》中语),安排专人守墓。(6)清嘉庆间,方策《修楚大夫宋玉墓垣碑》记述说:"建祠宇三楹,荒草中隐隐剩石磉二,败瓦颓垣无有矣。"以此知,路迎所建"墓祠"及垣墙当时已无所存,仅有两个石柱础遗证其迹。因而邑令方策"周缭以垣,植所宜木其中,兼置守冢者畀以田,立碑记之"。考之方策《修楚大夫宋玉墓垣碑》,其墙为砖墙,"方而围之,墙高与冢埒,墙围广袤七十五丈有奇",以此知墓园墙为方形,高与墓之封土高度相近,周长约250米;"墙内树其土之所宜木若干柯,不必白杨萧萧也",知其所植为柯树,又明方尚赟《宋玉墓》诗曰"大夫遗墓水边村,无数垂杨带雨痕",似墓地本多杨树,清方策《修宋玉墓垣》诗又有句"表阡种得树团栾",知其所植或又有栾华树;"又置其旁良田若干亩给守冢",为守墓人提供了较为优裕的生活保障。(7)清同治五年重修《县志》时,"今宅已废",宋玉故宅不

---

① 宜城市地方志编纂委员会:《宜城县志》(同治五年重修、光绪九年续修合订本),2011年影印本(内部出版物)。

复存在；"祠堂已圮"，明人所修祠宇也夷为平地；唯宋玉墓尚存而已。（8）宋玉墓园墓碑，据《县志》载有4方，而今存墓碑为陈廷桂《修宋玉墓垣》诗，且有《县志》"今尚书赵宏恩观察襄郧时题诗勒石，与路碑俱存"佐证，据此，墓碑之计算应将此类题诗刻石计算在内，若此，则墓碑当在10方以上。

《县志》所记的宋玉宅、宋玉墓情况，反映的是明清之际宋玉遗迹的情况，所记内容大多可信，唯关于宋玉宅的记述与《水经注》之记载的地理方位颇有不符，疑为当时传闻如此，而撰《志》者未加深考所致。（"考辨"详见下文）

二、宋玉墓、宋玉宅调查印象

我们调查小组在宜城作家何志汉、宜城市宣传部原副部长余建东和宣传部张科长及工作人员的陪同下，考察了宋玉墓遗址所在地——腊树园村四组，实地观察了宋玉墓遗址与遗物，走访了当地村民，听取了当时任村支书的时兴中老人以及当年参与挖墓取砖的社员对昔日旧事的回顾。根据村民的讲述，兹将我们的调查印象整理如下。

1. 遗址位于今宜城南郊腊树园村四组，宋玉宅的基址与宋玉墓的封土已不复存在，早已被村民开垦为耕地。据余建东介绍，当地流传的民谣说："宜城县，东南角，宋玉墓在那里落。宋玉本是楚大夫，《九辩》千古绝调歌，生养死葬在楚国。"与《县志》"宅在县南三里""墓在县南三里，宋玉宅后"的记载基本一致。

2. 遗址的具体位置，据我们的目测，西距南北向观光路约120米，北距东西向自然村水泥路约100米，东距南北向自然村土石路约60米，南距东西向通往襄大饲料公司的南环二路约240米，遗址的东北角和北面是四组村民民宅，西南方向有许多种植蔬菜的塑料大棚，遗址上种着瓠瓜等时令蔬菜。这种情况当由来已久，宜城市博物馆展出的"宋玉故里"挂图中"宋玉墓址"就是一片农田。（图11-3）

3. 遗址被破坏的时间是"文化大革命"期间的1966年和1967年，有着"破四旧、立四新"的文化背景。然而村民说，与"文化大革命"时为"破

"四旧"而"打砸抢"无关；但分析当时的情势，可能与宋玉墓被视为"四旧"而失去了相关保护有关。（图11-4）

4. 遗址被破坏的直接原因是挖墓取砖，而挖墓取砖的目的，起初是为了解决生产队建库房与磨房等缺少用砖的问题。现今当年用墓砖建造的库房还残留着部分墙体。（参见图8-2）以此推测，起初挖墓取砖可能是当时腊树园村四组有组织的集体行为。集体挖完后，村民有了需要就自己来挖，断断续续，持续了相当长一段时间。

5. 挖墓取砖前宋玉墓的地上情况是，墓之封土占地面积有一亩左右，封土顶端大约有当地民房的高度。这一情况与明路迎《宋玉墓祠记》"有封若堂，巍然独存"和《县志》"墓大及亩"的记载相吻合。

6. 封土挖开后，该墓地表下砖墙的俯视平面呈一长方形连接着一个圆形的乒乓球拍形状，长方形的宽相当于圆形直径的二分之一，即长方形的长有2米多，宽1.5米左右，圆形的直径在3米以上。

7. 当时村民取砖的下挖深度为3米左右，因挖到巨大的石板无法搬动而停止。村民讲述时，将这巨大的石板称为石门。其是墓门，还是石棺顶板，已难以考定。如村民讲述的情况属实，则说明该墓墓室还没有因挖墓取砖而被扰动，应当还有文物遗存于其中。

8. 村民的挖墓所见除大量的墓砖外，还于长方形砖墙范围内的泥土中见到一些红色的土陶制品，形体有若双手拇指与食指合围大小，为动物造像，由于当时村民没有文物保护意识，现已没有遗存。当时村民挖取的墓砖，在当年建造的房屋残垣和地头矮墙中随处可见，其墓砖以青砖为主，有一些还带有菱形几何图案，还有个别的带有菱形几何图案的墓砖呈陈旧性暗淡的橘色或粉红色（图11-5）。

9. 遗址在村民挖墓取砖时尚存十几方石碑，与我们根据《县志》对墓碑数量的推断非常接近。当时绝大多数石碑被砸碎烧制成石灰以用于建房，今仅存清陈廷桂《修宋玉墓垣》诗刻碑，宜城市博物馆展有该碑的拓片（图11-6），原碑则暂存于博物馆正门右门房后墙下。

经过对宋玉故里腊树园村宋玉墓的田野调查，引起了我们对宋玉墓相关问题的重新思考，刘刚教授曾根据他对宋玉生平事迹的研究，推测湖南临澧的宋玉墓是宋玉死后的真身葬，而湖北宜城的宋玉墓是家乡人民为纪念宋玉而建造的衣冠冢，如果宋玉墓遗址所在地村民讲述的在挖墓取砖时发现巨大石板的情况属实，那么这个推测就需要修正，同时宋玉晚年的行迹问题也需要重新研究。我们期待着宋玉墓的发掘，那将是宋玉研究中的一个重大事件，到那时，一系列宋玉研究中的历史学案和当代学者关注的问题，都将会有所突破或需要重新认知。

附录一

《宋玉故宅·墓冢·题吟诗选》序

宋玉宅、墓在习郁宅正北二里多，宅院大门朝东正对古代通往钟祥的古驿道，面积约六七亩，进门迎面有三块碑一字排开，五十年代房子已经破旧不堪，房子后面有三座墓。传说是其父母和宋玉墓。碑有石帽，分别为明襄阳府官，路迎和淮东陈廷桂、方策诸人，具体情况可参以后附文，此墓毁于文革中，墓为卷拱、汉砖，拱内乃是土，出土有一鹿（实为麒麟），似为后人多次复修过，而文革中破坏者主要是拆走墓砖，也未深挖。拆墓经历了很长时间，我在校读书因回家经常路过此地，亲睹此事。故记此存志。①

按：此文标点多误，句子也有语病。为存原貌，未作校改。又按，其记述与《县志》及村民口述多不符合：（1）其言"五十年代房子已经破旧不堪，房子后面有三座墓"，方策《修楚大夫宋玉墓垣碑》言"建祠宇三楹，荒草中隐隐剩石磉二，败瓦颓垣无有矣"，《县志》言"今宅已废，墓大及亩，或合三冢而并于一耶""祠堂已圮"；村民言，虽有小墓但在大墓南相距至少百米有余，并不毗连。（2）其言"有三块碑一字排开"，《县志》言有明朱崇学、路迎，清赵宏恩、方策等人所立碑四方，今尚存陈廷桂诗碑，而村民言有十余方。（3）其所言"宅院"当为清嘉庆间方策所建，方策本人称之为"墓垣"，而方策所言"墙围广袤七十五丈有奇"（若以此周长换算约六亩左右）与其言"面积约六七亩"还算接近。（4）其言"宅院大门朝东"，"进门迎面有三块碑"，其表述碑之方向似有不妥，《县志》言："宋玉宅在县南

---

① 金光定、杨兆明：《景宋诗抄》，湖北人民出版社2005年版，第293、294页。

三里,宋玉墓南。"墓与宅皆为南向,墓碑亦当南向,而重修题记、题诗等碑当立于墓道东西两侧,故其人从东入门,可见"迎面有三块碑"。而宅院之门当是方策修墓垣时所留之门,非墓与宅之旧制,甚或非路迎建造墙垣之旧。(5)宋玉宅及路迎所建祠堂,清方策嘉庆二十一年作《宋玉墓垣碑》记时已无存,未闻后又重修之记载。其所言"房子"可能是方策为守墓人所建,绝非宋玉宅或宋玉祠也。疑金氏所述参合幼时所见所闻与他后来了解到的《县志》中的有关内容,但未理清《县志》引述前志或省志、府志之时代顺序,以致叙述舛乱,故虽言之凿凿,然所述多可商榷。

附录二

宋玉故里访谈记录(据录音整理)

2013年5月8日上午,宋玉墓遗址所在地腊树园村四组实地调查采访记录。老乡说遗址中发现过鹿角、陶俑,值得注意:古楚葬俗镇墓兽头插鹿角,亦多用陶俑陪葬,说明该墓反映出古楚葬俗。然而墓用砖砌墓室,用石为墓门,则是汉代或汉以后的葬俗。

(宋玉墓遗址前)

腊树园村时书记(指着遗址)说:就在这儿,就在这个瓜秧当中,就这个地方。

宜城宋玉研究者余建东:大概92年或93年我来过一次,就在这个地方唻,是我们宜城文联重新搞了这么高的桩桩(边说边用手比画高矮),高头(上头)好像写了一个宋玉墓的遗址,写了这几个字,但现在这个桩桩在不在,就搞不清楚了。我来看已经是92年或93年了,他们或者是八几年搞的。我们92年曾经搞过一次"宜城人文资源研讨会",研讨会上大概是龙头乡或龙头公社的书记杨明林跟当时的一个文化站长,他们写了一篇文章,专门写宋玉墓:宋玉墓大概有亩把大,里面也是跟老何说的,挖的有什么这个鹿角啊、砖头啊一些什么东西,再吧整个规子(规模)有好大,刚好描述了一下。那个资料我回去找一下,找不找得到(难说)。这篇文章我还保管的了,就是92年我们开了一次"人文资源研讨会",他们写的这篇文章。

调查组负责人刘刚:那个文章,现在找不到了是吧?

余建东：文章我现在可以回去找去，找得到找不到弄不清楚，但是最后我们宜城文联一个秘书长金光定，他编了一本那个《景宋诗抄》，就是专门（收集）古代呀名人歌颂宋玉的一本诗，诗集，叫《景宋诗抄》，在《景宋诗抄》后头咪，他专门写了一个他所看到的宋玉墓，当时他从那个金铺地儿下住，来宜城读书，回回去呀来呀都看得到，写了在宋玉墓附近，这个习郁，也就是习凿齿的嫡祖，修习家池的习郁，在宋玉墓附近修了个习郁宅，习郁宅曾经上过《水经注》，就是郦道元的《水经注》曾经专门写了的，这个习郁在宜城有个宅子，离宋玉墓大概没有一两里路远，宅子旁边也有一个水池。《水经注》是郦道元写的，金光定介绍的时候咪，说的是习郁敬慕宋玉，故意把宅子修在那儿，那可能是他推测的。

刘刚：这个也可能。

余建东：那个公社书记，现在在，他写的文章可能是久了，我找下哈。我刚才说的金光定的那本书，我可以找得到。

宜城市宣传部张科长（女）：刘教授，我们请时站长到时候给我们找两个年龄大点的，哎，到外面我们再出去看哈。

刘刚：好好好。

（遗址东土石路上等着一位叫时兴中的老先生和一些村民）

调查组成员张法祥：你跟我们谈谈挖墓的情况，

时兴中：挖到地下咪，有那个像娃儿啊，像泥巴那样烧的那个东西。

刘刚：哦，陶瓷的？

宜城作家何志汉：陶瓷的？

刘刚：是陶瓷的？你说泥巴烧的。

时兴中：还不像陶瓷的，还像是泥巴一样，不是像陶瓷样碗样的是吧，没有那么精致。

张法祥：你说的那些就是像那个什么，秦始皇那秦陵那个地方，兵马俑那样，陶俑。

时兴中：嗯，那样的东西，哎，没得像这个瓷砖呐很精致的，没有那样的东西。

何志汉：现在有，那时候哪有瓷砖呐。

时兴中：就是那砖，是吧，砖都挖下去，没看到什么东西。砖都修到这房子上了，那时叫勤俭办社的时候。

张法祥：那啥时候？

时兴中：那是（19）66年、（19）67年的时候吧。

张法祥："文革"开始了吗？

时兴中："文革"开始了，开始了。

张法祥："破四旧"？

时兴中：不叫"破四旧"，反正底下有东西，也没有意识到什么叫"四旧""四新"，反正就是底下有东西就挖了，把砖挖起来队里建猪圈呐、修仓库啊，勤俭办社嘛，就是那个。

张法祥：你说就是有一些泥娃娃、陶俑是吧？

时兴中：哎，像娃儿啊，像那烧的那。

张法祥：还有像……？

时兴中：烧的像那么个意思，是不是？

张法祥：像动物是吧？

时兴中：哎，哎。

张法祥：动物像。

何志汉：土烧的像。

刘刚：哦，烧的像。

张法祥：马，有马吗？

时兴中：马一类的东西，没有什么。

张法祥：那东西呢？那东西有人保存吗？

时兴中：哎，哪个给他保存，那个时候随便给他一弄，给他一甩，哪个给他当个什么东西哝，摆个什么个意思哝，现在什么文物啊，哪有现在有这个（意识）。

张法祥：没这个意识。你读过书的啊？

时兴中：我念过几年的。

张法祥：你今年多大岁数啊？

时兴中：我今年75。

张法祥：我们俩差不多。

刘刚：他说的可能是墓的表面，地面上这块儿挖了。

余建东：对对对。

刘刚：嗯，地下还没挖。

余建东：还挖了啥儿的？你说。

时兴中：就是砖头，还有什么啊。

张法祥：有骨头吗？

时兴中：没得。

时书记：没得，都没挖到底下去啥。

时兴中：没挖到顶底下去。

张法祥：那还可以再挖。

时兴中：挖到什么咪，有一个石头门。

时书记：哎，挖到石头门就没挖了。

时兴中：哎，石头门，那时候有什么办法搞的起来咪，搞不动啊。

时书记：弄不动，重了。

张法祥：还在里边吧？

时兴中：还在底下。

张法祥：哎，这就好办了。

刘刚：石头门就可能是墓门。

张法祥：值得发掘。

时兴中：那时候谁能弄个什么把那个石头门搞起来咪，没得起重机，又没什么东西。

张法祥：很大吗？你觉得，你看到了吗？

时兴中：嗯，门还不小。

张法祥：你就这个村子里人？

时兴中：我就这个村子人。

张法祥：你贵姓啊？

时兴中：我姓时，几点几时的时。我们祖宗不好，丢人，时迁，偷人家的。

何志汉：有的说挖了个鹿角啊是啥？

时兴中：没得。

何志汉：你亲自看的啊？

时兴中：没亲见到，路过。

何志汉：没看到？

时兴中：嗯。

何志汉：有的。我听几个说看到鹿角了，挖到鹿角了，还有一个啥子。

时兴中：是吧，哎，有时候我在场，有时候我不在场。

何志汉：他挖几天。

时兴中：那时候，我已经是大队书记的时候。

张法祥：哦，你还是大队书记啊，找对了人。

时兴中：那个时候我已经是这个村的支部书记的时候，看我（19）65年当大队书记啥，是不是，它是（19）66年才挖啥，（19）66年搞"文化（大）革命"啥，是不是。

张法祥：（19）66年挖的，是（19）67年挖的？

时兴中：（19）66年、（19）67年，是吧。那时候没意识到什么"破四旧"哇。

刘刚：原来那个封土堆有多高？

时兴中：多高！

刘刚：能有这个房子这么高？

时兴中：一个平地讲，总的来讲，如果平面的话，有那个屋高，那个一堆土。

刘刚：有这个房子这么高？

时兴中：哎，多大（特别大）一堆土！冢，过去叫冢是吧？

刘刚：对。

时兴中：就在那后面，是吧？就在这一栋房子背面。

何志汉：有碑吧？

时兴中：碑，那个打了烧石灰了，有人搞了。

何志汉：烧石灰打了？听说有好多碑。

时兴中：好多碑啥，有的，是原来的碑，那我就记不得了，是吧。过去是这个文人墨客走这儿的一个纪念，竖的碑，碑咪，不少。

刘刚：能有多少？十块？二十块？

时兴中：有个十几块吧！

刘刚：十几块？

时兴中：不到二十块。那个啥用也没得，烧石灰了。

何志汉：烧石灰了？

时兴中：嗯。

刘刚：往地下挖，能挖多深？挖几米啊？挖这个砖。

时兴中：到底下的时候，应该挖到有个3米吧。

刘刚：3米？

时兴中：哎，我估计有。

张法祥：你们已经挖到3米了？啊，3米？

时兴中：哎，多大那砖，弄了好多砖呐，什么的。

刘刚：他这也不是组织的，就是老百姓自发的，是吧？那个时候，是组织的吧？

张法祥：他是书记嘛。

时兴中：不是（组织的），那时候……。

张法祥：有人让你挖的吧？

时兴中：没有，没有人。

张法祥：没有人指示你挖？

时兴中：没有，没有。

刘刚：不是组织的。

时兴中：就是那个队（指四队）里的队长，因为我们这个人们，有时候发现过有些小墓有些砖，是吧，那底下估计也有砖。

张法祥：是这样个意思。

时兴中：哎，是那么个意思。哎，他们挖了好多地儿砖，有墓砖是吧。哎，估计这地儿也有砖，这也没有说"四旧"，也没有说，更没有那个意思。不能是说牵强附会去把那些东西拿到面前。

刘刚：那还没挖，那个墓室还没有被破坏，还在。

时兴中：哎，不能牵强附会说那些东西。

张法祥：这个地方有姓宋的吗？

时兴中：哎，我们这个村没得，我们这个组的没得姓宋的。

张法祥：一直没有？

时兴中：一直没有。这我们这个组的没得姓宋的。

张法祥：这附近也没有？

时兴中：没有。

张法祥：这怎么搞的？这一个姓宋的都没有。

时兴中：宋玉是不是？我也是那么个意思，怎么就没得姓宋的。

何志汉：整个腊树园村都没有。

时姓女村民：没得。

时兴中：整个腊树园村都没得姓宋的。

刘刚：这个腊树园村能有多少人呢？

时兴中：四五百户，两千五六百人。

时兴中：这个腊树园村就是说提前搬过来，从地中心挖了好多砖嘛。

余建东：提前搬迁过来的。

时兴中：哎。

张法祥：那现在那些砖能找到吗？

时兴中：哎，那砖呐，那墙高头（上面）都还有些，那号儿的砖。

余建东：他那个碑上写的啥字你还记得吧？

时兴中：记不得记不得，哪记得，记那干啥子，你说咪，我又不像你搞这样工作的。

何志汉：哎，不是的。

余建东：你当初你起码这是宋玉墓，这是古诗，或者这是……

时兴中：那哪有这种意识咪？

何志汉：宋玉墓肯定晓得，有碑啥。

时兴中：宋玉冢，是吧？

余建东：宋玉冢，哦，宋玉冢。

何志汉：你见过点房子了吧？

时兴中：没得。

何志汉：哦，一直没见到。

时兴中：没见到老房子，没得，没得，没得。

刘刚：就那祠堂早就没有了。

时兴中：没得，没得，没得……根本没有老房子什么东西。

余建东：在他那，只看到个墓。

时兴中：嗯，没得老房子，没得古建筑，没得。

刘刚：它那个砖，是像是在这个封土堆，就这个土堆，这一圈砌的砖，这个砖呐。

时兴中：它不是一个圆圈。

刘刚：不是一个圆圈？

时兴中：嗯，嗯。

刘刚：那是什么形的？

时兴中：跟这个门样的，看这样过来，朝这边，都凹出来，椭圆的，像这边一个，是吧。（时兴中蹲下在地上画出了他看到的形状）

刘刚：它后头是圆的，前头是有个长方形。

余建东：对，可能是这个意思。听说还要往下走两步样的。

时兴中：那个长方形才挖到那个东西，有那个，有烧的那那。

刘刚：哦，烧的那些东西。

余建东：你说是往下有将近三四米，还下，下去走两步吧？

时兴中：不走。

余建东：不走，哦。

何志汉：那个砖有好大的那个周长，周长有好大，周围？

时兴中：估计那个直径，得有个三米、四米吧。

余建东：三四米儿吧？

时兴中：哎！不会超过五米。

余建东：那不止，那里面堆恁高，那个墓有那么高。

时兴中：堆完了，它不是，它是往底下堆土啥，堆完了，它不是堆到那个。

余建东：哦，是说埋底下去的，埋地下去有四五米。说的这个意思。

刘刚：什么？

余建东：埋到地平面下面，或者那个直径有五米宽，有三四米，四五米的样子埋到底下，那个直径乘于这些，原先土里的或者是长方形，或者是正方形，然后在这高头乃，在这四周再堆土，他说的就是这个意思。一堆土，露出地平面的只有四、五米的那个直径的样子。

何志汉：对，对，那肯定的。

时兴中：堆土嘛，是不是。

余建东：它高头（上面）在封土的时候，往上堆的过程中，它堆的多大，不然的话，你没得那个面积。

时兴中：对，对，铺的多大，是的。

何志汉：有这么高，肯定有。

时兴中：哎！那铺多大。

（这时大家走到了使用墓砖砌墙的已经坍塌的老房子旁）

何志汉：你也参挖墓了的吧？

女村民甲：我参加挖了的，那时候小，小娃子记不得。像有个槽槽，它是这样来的槽槽，拱出来的是黑末末的土，那个土咪，不像黑咚咚的土样的，面，那个带点木实色的。

何志汉：木实色的？

女村民甲：嗯，拱出来的。

刘刚：不明白，她说的什么意思？

何志汉：那个土啊，跟那个木的颜色一样，木头，沤烂了的那个颜色一样，那个棺材可能沤烂了，那个颜色，变成土了。

女村民甲：变成土了，碎末末的，它是那个色，不是黑色那个土色，是那个带木色的。我清楚我也在那，我也参加挖坟，我有68岁，我生在这，长在这，我参加挖坟那会小，不记材料不记事。

余建东：（19）68年，那个时候有十几岁啊？

刘刚：十六七了。

女村民甲：小学毕业就回来了呗。

余建东：它那个碑上的字你还记得吧？碑啊，一些碑。

女村民乙：碑不是在文化馆里吗？

村民甲：那时候哪儿有那么多碑？

村民乙：挖的时候都没得碑。

女村民乙：人家还树了一个碑的吧。

村民丙：好些碑啊。

女村民甲：是一个青色的碑，光溜溜的碑。

村民丁：多了的时候，打了烧了灰了。

女村民甲：把那碑都打了烧了石灰了。

何志汉：挖出来有啥东西？

女村民甲：记不得，我只想得着鹿角啊是啥子，他拿去了，我们看都没看到。只晓得他拿去了。

何志汉：哪个拿的？

女村民甲：那个人死了，他把砖弄回去，还砌他屋里，那个砖人家正个（现在）别人又盖房子，赶紧又把砖弄跑了。

时书记：砖现在一口都找不到了。

女村民甲：搞不清。

村民甲：盖什么房子？

女村民甲：盖这个房子，看还有没得。在这猪圈这个房子。那儿的看还有没得，你鉴定那个砖。只晓得罗新国（人名）他的那个砖多，人家盖屋了。

村民乙：砖在那个人那儿有。

女村民甲：他的院墙里有，人家盖新屋又弄跑了，哪儿还有啊？

村民乙：那儿院墙还在那儿的。

女村民甲：明儿（人名）他的，明儿他院子里还有？

村民乙：罗新国这个房子都是。

女村民甲：说不准。

村民乙：那个砖？也是在这儿弄的，公家仓库也是在这儿搞的。

女村民甲：开前（人名）他那个砖还有得没得？

时站长：李开前（人名）那个砖说的在。

女村民甲：有小冢有大冢。（边说边指着距宋玉墓遗址很远的地方，约有100米）

时站长：小冢的砖他那肯定有，不是一个年代的，收获得不少。

女村民甲：谁晓得是的不是的，只看开前的砖是的不是的，傅新贵他那我记得，他父亲是在这个弄的。

刘刚：大冢是宋玉，小冢不知道是谁的。

时兴中：不知道是谁的。那儿也没分，没弄个清楚。

刘刚：这个墙上，大冢的小冢的分不清。

时兴中：说不清。两种砖。

（按：村民说的是当地方言，为确保原汁原味，整理时没有用普通话对译。）

三、宋玉墓、宋玉宅的遗址问题

我们调查小组在宜城市宣传部原副部长余建东和宣传部张科长等相关同志的陪同下，参观了宜城市博物馆"楚风汉韵"主题展（图11-7），展室中将宋玉列为一个重要的展出内容，宋玉画像列于首位（图11-8），并以显著的位置展出了毛泽东手书的宋玉《大言赋》中的名句，以凸显一代伟人对宋玉作品的情有独钟。参观中我们详细听取了相关同志的介绍，并对展出的"宋玉部分"进行了现场研讨。其中最为核心的问题是，宋玉墓与宋玉宅遗址的地理方位问题。

博物馆关于宋玉的文字说明写道："宋玉，战国晚期楚国鄢郢（今宜城市）人，据《水经注》卷二八《沔水篇》的记载，宋玉故里应在今楚皇城古城址以南，而清同治间编修的《宜城县志》则据省志的记载，将其向北移至今宜城市区南的腊树园村。"这个说明关于宋玉故里的方位虽没有明确下断语，但还是可以看得清楚，意思是说，宋玉故里应在楚皇城遗址以南，而不是在今宜城市区以南，即根据《水经注》的记载认为同治版《宜城县志》的记述是错误的。然而这段文字说明对于《县志》的纠正，也没有将问题说清楚。我们认为《县志》的错误是将原本不在一处的宋玉宅和宋玉墓捏合在一处说了，即将位于古鄢郢遗址今之楚皇城的宋玉宅和位于今宜城市区南的宋玉墓捏合于一处，都说成在宋玉墓遗址所在地腊树园村。博物馆的说明并没有发现这一错误的症结，也认为宋玉宅和宋玉墓是在一处并统称为"宋玉故里"，所以感觉方位与《水经注》不符，而未能指出错误的根源。

按照先秦楚人的丧葬习俗，都城居民是不会把墓地安置在城中住宅附近，也不会安葬在城市之中。关于这一点，我们可以从已经勘探明确和部分发掘的战国楚都纪南城得到证明。据郭德维《楚都纪南城复原研究》介绍："在纪南城四周约25公里的范围内，埋葬着大量的楚墓，这些楚墓和纪南城有着密切的联系。就地面所见有两种情况，一种地面仍保留有封土，俗称坟包，当地称为冢子。……有封土的大墓是楚国的上、中层贵族墓，多埋在距城5公里以外。一种地面上已毫无痕迹，……无封土的小墓，是楚国下层贵族与平民的墓，他们就近埋葬，故多在距城5公里以内。"[①] 又据该书《纪南

---

① 郭德维：《楚都纪南城复原研究》，文物出版社1999年版，第248页。

城内遗迹分布及干道等复原图》，在纪南城垣范围中发现的东周墓仅有两座，而研究者普遍认为纪南城作为楚都是从战国初开始的，这就是说，纪南城自作为楚都后，城中就再也不允许下葬了。宜城楚皇城一般认为是春秋时期的楚都，最保守的说法也肯定它是楚国的陪都，其葬俗葬制理应与纪南城相同。退一步说，权且将宜城楚皇城看作古楚国的普通城市，按照楚人的葬俗葬制也不会将墓地安置在城中。高介华、刘玉堂《楚国的城市与建筑》一书在概括楚国"地方城邑的建筑特征"时说："再如墓葬区的分布：淅川龙城外附近有八处楚墓群；云梦楚王城南的珍珠坡，是战国早中期的楚人墓地；季家湖古城周围的丘陵地带，分布着红门冢、三界冢、乌龟冢、松毛冢、瓷器冢、鲤鱼冢、高家冢、七里包和科家墩等数十座大型楚墓。凡此，说明墓葬区大多分布在城外。"[①] 这就是我们认为宋玉宅与宋玉墓不当在一处的理由。事实上，宜城地区已发掘的先秦楚人古墓也都在楚皇城以外，宜城市博物馆中展示的古墓葬分布图有力地证明了这一点。郦道元《水经注》只说"城南有宋玉宅"，而未言此处有宋玉墓，也可以佐证我们的推断。此外，我们在腊树园村四组调查时获悉整个村子四五百户人家没有一户姓宋，这也是宋玉不曾生活于腊树园村的证明。

关于宋玉宅，《水经注》在叙述"城故鄢郢之旧都"和城中汉代"秦颉墓"后说："城南有宋玉宅。"明确说明了"宋玉宅"的方位，但所谓"城南"不是"在今楚皇城古城址以南"，以城中"秦颉墓"之表述判断，宋玉宅应当在今楚皇城古城址城垣内的南部区域。关于楚皇城遗址在其文物保护标志背面有着保护范围概括介绍（图11-9），楚皇城城垣遗迹如今仍清晰可见，基本可显示出遗址的范围（图11-10）。又据曲英杰《长江古城址》介绍，宜城楚皇城"城址所在为一高岗东部阶地边沿。据考古资料可知，其四面城垣保存较为完整，除东垣蜿蜒曲折外，其余三面城垣均较平直，平面略呈矩形，方向约为20°，偏于东南。城内面积2.2平方千米，周长6440米，东垣长2000米，南垣长1500米，西垣长1840米，北垣长1080米"。"四面城垣各有两处缺口，自北、东、南、西依次被称为大北门、小北门、小东门、大东门、大南门、小南门、大西门、小西门。""其原东垣北门、南门当与西垣

---

① 高介华、刘玉堂：《楚国的城市与建筑》，湖北教育出版社1996年版，第200—208页。

北门、南门互相对应，由此而形成八座城门两两相对之势，而城门所连通之路呈井字形交叉，中央为宫城所在。与郢都相比，其规模显然小些，而形制更为方正，城内布局则类同。"（图11-11）宋玉宅就应当在这"井"字形城市格局的南城区。清同治五年重修、光绪九年续修的合订本《宜城县志》记述宋玉宅时说："《道志》《省志》俱误云三十里。"看来并非讹误，以明清宜城治所计算，地处今宜城市郑集镇南的楚皇城与明清宜城治所恰恰在"三十里"左右（参见图7-2），这又是我们推测宋玉宅在楚皇城的一个佐证。又据宜城宋玉研究者陈子诚说，宜城市郑集镇楚皇城附近有小宋村，村中旧时多有姓宋的人家。

关于宋玉墓，按照战国以及秦汉的政区地理，当在鄢郢故城城外的北方。这个葬地完全符合先秦楚人的葬俗葬制。晋习凿齿《襄阳耆旧记》说"宜城有宋玉冢"，但未标出其方位，按晋代古宜城的地理位置，当指今楚皇城以北。明、清《宜城县志》均说"在县南"，是因为宜城县治所的地理位置发生了变化。《同治宜城县志》对此已有说明："宜城故城在今县南九里，本古鄢国，秦置鄢县，汉改名宜城，而治西徙（《县志》言"在县西三十里，地名北湖冈，城址尚存"），后复迁此，宋大明元年改宜城曰华山，移治大堤。"①（图11-12）考之唐李吉甫《元和郡县图志》卷二十三《襄州·宜城县》："本汉邔县地也。城东临汉江，古谚曰'邔无东'，言其东逼汉江，其地短促也。宋孝武帝大明元年，以胡人流寓者，立华山郡理之。后魏改为宜城。周改宜城为率道县，属武泉郡。隋开皇三年罢郡，属襄阳。皇朝因之，天宝元年改为宜城县。汉水，在县东九里。故宜城，在县南九里。本楚鄢县，秦昭王使白起伐楚，引蛮水灌鄢城，拔之，遂取鄢，即此城也。至汉惠帝三年，改名宜城。"② 又考之宋乐史《太平寰宇记》卷一百四十五《襄州》："宜城县，南九十五里（指其距襄州治所的距离）。元二乡，本楚之鄢都。在汉为鄢县地；宋大明元年以胡人流寓者立华山郡于大堤村，即今县；后魏改华山郡以宜城郡，分新郡之地，县地因帝率道县，属威宁郡；后周保定四年省宜城郡入率道县，今县南古宜城即旧郡；唐武德四年以此邑属鄀州，贞观

---

① 程启安等：《同治宜城县志》，《中国方志丛书》（华中地方·第三三〇号），台湾成文出版社1975年版，第155、156页。

② 李吉甫撰，贺次君点校：《元和郡县图志》，中华书局1983年版，第531页。

八年废都州，改属襄州，天宝七年改为宜城县，从古郡名。……大堤城，今县地也。其俗相传呼为大堤城，迄今不改。"①综合《县志》与唐宋的两部地理文献所述，问题非常清楚：宜城，战国为楚之鄢郢；秦置鄢县，汉时始名宜城，《寰宇记》说汉属鄢，《元和志》说汉属邓；南北朝南朝宋时于宜城地立华山郡，指定郡治为大堤村（后称大堤城）；北朝魏时又改华山郡为宜城郡。其后虽时有易名，虽或称郡或称县，但治所未变，始终在古之大堤城，亦即今之宜城市区。（图11-13）这就是宋玉墓被《县志》标识在县之南的原因。

据此，博物馆关于宋玉的文字说明应这样表述：宋玉故里在今宜城，宋玉宅坐落在宜城东南郑集镇南的春秋时期之楚故都——楚皇城古城遗址内的南部区域，而宋玉墓在楚皇城古城遗址北，今宜城市南郊腊树园村。

至于《县志》怎么会将宋玉宅与宋玉墓捏合到一处，可能有三个方面的原因：一是，宋玉宅早在战国末秦将白起水灌鄢郢时就已被毁。《水经注》记载："夷水又东注于沔，昔白起攻楚，引西山长谷水，即是水也。旧堨去城百许里，水从城西灌城东，入注为渊，今熨斗陂是也。水溃城东北角，百姓随水流死于城东者数十万。"②可见当时鄢郢是全城被淹，宋玉宅亦难得幸免。二是，因为宜城县治迁徙之后，旧城逐渐被废弃，时日既久，宋玉宅遗址也必将难寻踪迹，更加之"宜城"之地名也因作为新县治名称而旧城仅以"故城"称之，更有甚者五代后梁时梁太祖为避其父名讳"诚"而更其名为"故墙"，明清之际又因音近而讹"墙"为"襄"，复加"城"字称"故襄城"，致使鄢郢在地名沿革变易中，距离其历史称谓愈来愈远，甚或面貌全非。这样一来，人们就将文献中记载的宜城故城南的宋玉宅与宜城新城南的宋玉墓联系起来，错放在以新地名为坐标的遗址方位表述之上。三是，古人对于历史名人或乡贤，一般来讲，在修墓的同时都要建祠堂以用于祭奠。宋玉墓也应如此。这样一来，墓前的祠堂就很容易被误认为是宋玉宅。《县志》说："宋玉宅在县南三里，宋玉墓南。"这个宋玉宅，应当就是宋玉墓前祠堂的误称。

---

① 乐史：《太平寰宇记》，文渊阁《四库全书》，台湾商务印书馆1986年版，第470册，第380页。
② 郦道元著，陈桥驿校证：《水经注校证》，中华书局2007年版，第667页。

第十二章　湖北钟祥市宋玉遗迹传说田野调查与研究

我们宋玉遗迹传说调查小组于 2013 年 5 月 12 日晚抵达钟祥，对钟祥地区有关宋玉遗迹传说，做了为期两天的实地考察与相关资料的调研。先后实地考察了兰台书院、宋玉井和白雪楼、阳春台等遗址；在钟祥市委宣传部采访了当地文化学者市台办的侯主任，在莫愁湖畔的莫愁村与一位当地的退休干部邂逅相遇，并进行了随机采访（图 12-1）；在钟祥市图书馆查阅了 1990 年版的《钟祥县志》（图 12-2），在钟祥市档案局查阅了民国二十六年（1937）版的《钟祥县志》（图 12-3、图 12-4），对现今的宋玉遗址位置进行了古今文献的地理认证；最后参观了新近落成的钟祥市博物馆，寻找保存下来的宋玉遗迹文物。调查小组在钟祥期间，亲身感受到了钟祥厚重的文化积淀与浓郁的文化氛围，以及钟祥人对于钟祥文化的由衷热爱和强烈的传承意识。

一、宋玉遗迹传说调查

钟祥市的宋玉遗迹传说主要可分为两部分：一是与宋玉本人有关的遗迹传说，如宋玉井、宋玉宅；二是与宋玉作品内容有关的遗迹传说，如兰台、白雪楼、阳春台。兹将我们的调查情况报告如下。

（一）宋玉遗迹与相关遗址调查印象

关于钟祥与宋玉本人有关的遗迹，我们有必要重申第七章言及的调查印象：

1. 宋玉井　位于石城中路中段与崇岵街交叉路口东南方约 50 米处，北与钟祥市实验小学隔着石城中路而毗邻相对。我们考察时，宋玉井正在重修。井上原有亭，已被拆除，亭之基址约 3.5 米见方，基址处已下挖至距地面 0.3 米左右的深度，基址周边暴露出六根因拆除井亭而折断的水泥亭柱的基础部分。井在基址的正当中，井口有圆形青石井圈，当为整石凿穿打磨而成。（参见图7-11）清李堂馥《重修宋玉井记》云，清顺治初，署守娄镇远重修此井，"至口则穿石为盘栏"。此青石井圈是为清初遗物。井口被人用一方古建筑遗留的石柱础倒翻过来压盖着（查《走进钟祥》一书的宋玉井照片已然），其所为意在保护古井，防止游人向古井内投放杂物，然而从景观形象的角度说，实在是有伤观瞻，且使人无法探看井之内壁、深度与水质，无法进一步了解古井。据清李堂馥《记》曰："捐俸鸠工，先架水车辘轳以洩其积，凿可四丈许，得泉有四，其一窍出西北，适当井肋，一自东来稍下之，最下二窍，自底上涌，胥清流涓涓，弗克遏也。乃命匠师钉木镇石，纵横围砌，实以鍊土，层累而上，如建浮级于九渊中，至口则穿石为盘栏，有亭覆其上。"此盖清初重修宋玉井时井内、井外之大概。此井是为古井无疑，但是否是战国时的遗物，只凭目测难以断定。虽然我们没有看到重修前宋玉井的旧貌，也没有时间等待一睹重修后的宋玉井新颜，但是我们看到了宋玉井地表下的一部分，也可谓颇有机缘。在此次重修前，1983年钟祥县政府曾重建宋玉井亭，据1990年版《钟祥县志》记载："其形为六角歇山顶建筑，盖以绿色琉璃瓦，斗拱木结构，六柱由水泥混凝土浇灌而成，柱间水泥栏干相连。"此次重修，据工人们介绍，是要建成亭柱与斗拱全木质结构。反映了当代钟祥人"遵史仿古"与"修旧如旧"的文物修缮与保护意识。

2. 宋玉宅　宋玉宅遗址据说在宋玉井的正北面，即石城中路北侧的钟祥市实验小学校园中。据文献记载，宋玉宅遗迹早已不复存在，宋王象之《舆地纪胜》于《郢州·人物》内称：宋玉，郢人；《古迹》内载：宋玉石，凡二，唐李昉守郡日得之榛莽间，今移在白雪楼前；又载：楚贤井，在城东。旧传即宋玉宅，俗名琉璃［井］，亦名宋玉井。可见唐代因"旧传"而被指认的宋玉宅遗址已是一片榛莽，宋玉宅遗物也仅存两方石柱础而已。唐以后这里曾是"郡学宫"所在地，如今更覆盖于现代公路与校园建筑之下。在宋玉井边寻觅宋玉宅遗址，茫茫然唯油然而生怀古之思。

关于钟祥与宋玉作品内容有关的遗迹，其调查印象如下：

3. 兰台　位于几乎平行的石城中路与兰台路之间，现钟祥市第一中学校园之中，东北毗邻宋玉井。兰台为台地地貌，所谓"广逾百丈，高逾百尺，兀立而起",今台顶平坦,在南北两栋教学楼之间,西边是颇低于台顶的学校体育场,东面是与台顶齐平的清代建筑兰台书院,现为学校的教师办公室,东西长近百米,南北宽约 60 米（加入北教学楼的宽度,南教学楼基础低于台顶则不计入）,此间为学校的绿化区,其中间是圆形花坛,并以之为中心铺有十字形甬路连通四方,四角又有弧形甬路与十字形甬路构成"米"字形格局,甬路间植有花草树木之属,是校园中一处幽雅的所在。（图 12-5）若此地为古楚兰台之宫,按宋玉《风赋》所描绘,其上曾有"高城""深宫""玉堂""洞房"等建筑,后世应有地下文物出土,然而未曾听闻有相关的考古发现。虽然学校正门宋玉塑像西（图 12-6）,一段近百米的院墙内侧,既书有宋玉《对楚王问》《风赋》等作品,又记有《兰台的来由》等文字说明,仍然缺少足够的证据说明这里就是古楚的兰台之宫。不过,此兰台上也有稽之可考的、与宋玉相关涉的历史文物。

（1）兰台书院,位于兰台台顶平台之东南隅。清乾隆十五年,安陆府知府张世芳始建,今尚存一完整的四合院建筑,院内门廊檐柱依然。院外北侧尚有与之毗连的两个院子,但没有牌楼式门墙,以其外观判断,也是清代古建筑。（图 12-7）院门左侧墙壁镶嵌一方石碑,题曰"湖北省文物保护单位——兰台书院";右侧墙壁亦镶嵌一方石碑,为清乾隆三十二年觉罗敦福所撰《兰台书院记》,其记曰:"前守张公创兴书院,名曰兰台。盖《史记》:楚顷襄王缚缴兰台,传此为其故迹云。夫楚宫泯灭,自昔为疑矣。而张公以名斯院,且颜其中曰丽泽,岂以滋兰九畹,树蕙百亩,楚泽之相丽,固众芳之所在欤！先是,院之经费捐自属邑,而邑令升迁不常,难为久远计。乾隆丁亥,会予守是郡,武黄司马陈公,来摄天门篆,请将圣寿寺田充膏火,而予复籍各属学租凡若干,详列于后。于是诸生来肄业者,得以无乏绝焉。"是碑于下款括有公元纪年,知非原刻,是为今人修缮时补刻者。这是用宋玉作品中提及的楚离宫故台名称命名的书院。然而从觉罗敦福所撰的《兰台书院记》可以看出,作者对此地是否是古楚兰台之宫已存有怀疑。

（2）孟亭,据《民国钟祥县志》卷四《古迹上》记载:孟亭在郡署东,即司马旧署也。唐王维过郢,画孟浩然像于刺史厅,后因名浩然亭。题云:故人不可见,汉水日东流。借问襄阳老,江山空蔡州。咸通中改孟亭,有皮日休记,久废。明万历壬寅,郡守孙文龙重建,并画像亭中。有清一代叠有补葺,尚未荒圮。惟杜《志》称是亭一曰白雪亭。同治《志》仍之。[①] 此亭今已无存,据《历史文化名城钟祥》一书介绍:"亭址在钟祥城区兰台山西侧的鼓楼坡上,即原郡署东司马署所在地。"[②] 亭与孟浩然刻像碑在20世纪40年代,均毁于日本侵华战争的炮火之中。孟亭亦曰白雪亭,显然虑及宋玉与兰台的关涉以及宋玉作品名句的深远影响。

(3) 白雪亭,本自独立,与孟亭前后分筑,白雪亭位东,孟亭位西。《民国钟祥县志》卷四《古迹上》编者按:白雪亭亦孙文龙所建,《府志》所称,万历壬寅郡守孙文龙于府治侧建白雪亭,前为孟亭是也。清顺治时,娄镇远《重修白雪亭记》谓,去亭数武,有摩诘绘浩然像于石壁,皮日休题曰孟亭。周龙甲记谓孟亭列其西,足证白雪亭自有亭,非孟亭之即为白雪亭也。自康熙初府治火,各亭俱废,官斯土者就浩然遗像所在筑亭其上,考刘余霖《咏雪堂记》,丞署东偏,有岿然于翠岚中者,白雪亭也,壁有浩然踏雪像,相传出摩诘手云云。自是或称白雪亭,或称孟亭,遂混而为一也。[③] 今钟祥市博物馆藏有"阳春白雪"石刻一方(图12-8),长2.2米,宽0.7米,字为欧体楷书,为郢客毛会建题,府学教授叶莲刻于清康熙十一年。据展品说明,原立于郢中白雪亭内。另,钟祥市一中兰台书院旧址前,一雪杉树下排放着八方古建筑遗留下来的石柱础,很可能是康熙初府治火灾后重建之白雪亭或曰孟亭的遗物。

4. 白雪楼　位于石城中路北,承天中路南,莫愁大道东,阳春台街西,钟祥城西绝壁"节节高"上。《舆地纪胜》记曰:"子城三面墉基皆天造,正西绝壁,下临汉江,白雪楼冠其上。"[④] 斯楼建于何时已无从可考,唐白居易有诗曰"白雪楼中一望乡,青山簇簇水茫茫",可证中唐之际此楼已然是文人登临游赏之地。北宋仁宗朝曾重修白雪楼,为"下础二十,上楹十四"的楼台式建筑。清乾隆年间李莲、杜光德各自所修县志皆谓:"楼虽久废,登郡司马黄光寿所筑之巢云亭,犹可仿佛其大概。巢云亭在石城西,俗所称节

---

① 参见赵鹏飞、李权等:《民国钟祥县志》,民国二十六年(1937)刻本,卷四第9页。
② 李祖才主编:《历史文化名城钟祥》,钟祥市历史文化研究会2009年荣誉出品(内部出版物),第172页。
③ 参见赵鹏飞、李权等:《民国钟祥县志》,民国二十六年(1937)刻本,卷四第9、10页。
④ 王象之:《舆地纪胜》,《续修四库全书》,上海古籍出版社2002年版,第584册,第681页。

节高也。"以此知，白雪楼废后，有清一代未曾重建，而是在其遗址附近另建了巢云亭，虽可仿佛其登临之感，但终非古迹旧貌。今又在白雪楼遗址上修建了钟祥市中医院，故其遗址虽在，主体建筑与周边环境也优雅别致，且具文化色彩，却更加面貌全非了。（图12-9）

5. 阳春台　位于白雪楼东，处于城西台地顶端，现为钟祥市气象台所在地。沿阳春台街上行，近台顶处路西有一牌坊，上额题曰"阳春台"，下额题曰"中国气象"。（图12-10）走过牌坊绕台基西行北转，有阶梯可登台顶。台顶为长方形，地势平旷，北端为气象台办公楼，南端为气象勘测场地，南北长百米有余（计办公楼楼基宽度在内），东西宽40米左右，四边为石砌护坡，因台下地势西北高东南低，东与南两面为三级护坡（图12-11），西面为两级护坡（图12-12），护坡最高处约7米有余，而最低处不足3米。台北端办公楼前树有一碑，碑以檐宇覆顶墙体护壁，碑左侧护壁嵌一方小碑，题曰"湖北省文物保护单位——阳春台赋碑"。（图12-13）碑文为明兴献帝《阳春台赋》，台中央为办公楼通向气象勘测场的甬路，路两侧为绿化带，灌木与草坪错落有致，花艳草青，环境幽静而典雅。据《民国钟祥县志》载："旧有亭，明季毁于兵。"今见阳春台地貌，是否是当年旧貌，已不得而知。在钟祥另一古迹元佑宫东南角堆放的古建筑石构件与石碑、石兽中，我们发现了一方残碑，碑刻尚残留"古阳春"三字与"中□大夫知安陆府……"字样的题款，当制于清代，为古阳春台遗物，或因城市建设需要，移存于此。（图12-14）以此推测，今之阳春台地貌与古之阳春台可能有了一定的改变。

（二）文献中记载的与宋玉相关的遗迹

1. 白雪楼　《民国钟祥县志》卷四《古迹上》："白雪楼在石城西。《寰宇记》：白雪楼基在州子城西。《舆地纪胜》：《图经》子城三面墉基皆天造，正西绝壁，下临汉江，白雪楼冠其上。又引李纬序及刘宾诗以纪其概。据是则楼在江上可知。李、杜各《志》均谓，楼虽久废，登郡司马黄光寿所筑之巢云亭犹可仿佛其大概。巢云亭在石城西，俗所称节节高也。乃《府志》于《古迹》内谓，楼有五客堂于公署内。谓宋郢州治有白雪楼，五客堂旁为孟亭，殆因郡治白雪亭而误之，不知亭在治内，楼在江上。楼名最古，亭肇于明季（万历时郡守孙文龙创建），未可混而为一也。考宋人白雪楼记跋，当南渡后已迭有废兴。旧《志》载沈括《笔谈一》：若郢不善歌，不应以白雪名楼者。不知宋玉本郢人，所称'客'者，特假设之词。沈氏妄肆讥评，盖未考其本末也。今取唐以来有关于斯楼兴废及其形胜景致各诗文，择要录之于此，沈氏《笔谈》则削焉。"

宋朱勃《记》云："仆闻郢之白雪楼久矣，日愿登其上，今自洛按襄汉诸郡，望郢而求登楼者，何啻渴之待饮。既至即问，郡守李仲经云：'废已久，惟基存焉，仅有一亭。屋漏庳殊甚，非昔人所赋，乌睹所谓白雪楼者哉！'遂与李侯谋成之，度材计工，至鲜而易成，约以逾月可就，庶以慰郢州共乐之情，且不负前贤难和之曲。是可记也。"

宋李纬《跋朱勃记后》云："白雪楼在石城西，偏当江山胜处。噫！昔人以景物超绝，因取古寡和之曲名，贤士大夫莫不登其楼，咏其景。如唐白居易，本朝王安石，中间名公巨贤之作，所存者无虑百篇，与夫岳阳、黄鹤、浮云皆声称籍甚于世者也。非仁智者性嗜山水，宦游往往违志。昨罢倅金陵，假麾富水，自喜得从容其上也。至则一亭而已，因念名天下者乌可废，鸠工羡材欲一新之，力未能也。会运判朝奉朱公勃行台至止，按部之外，同登故台，周览徘徊，有吊古意，心画经度，材简力易，逾月可就，且为之记，属共成之。十月五日僝工，次月十三日楼成。下础二十，上楹十四，榱桷称是。度旧址之峻、与楼之高，凭栏下瞰，百有十尺，群峰列其前，巨浸奔其下，波光野色，极目千里，云烟飞扬，朝昏万状，足为骚客诗人抒发性情之资。乃采坚珉，刻公之记，以永其传，因笔废兴之序于记之末。"

唐白居易诗云："白雪楼中一望乡，青山簇簇水茫茫。朝来渡口逢京使，说道烟尘近洛阳。"

唐许棠诗云："高情日日闲，多宴雪楼间。洒楹江上雨，当筵天际山。带帆分浪色，驻乐话前班。岂料羁旅者，尊前得解颜。"

宋梅询诗云："楚之襄王问宋玉，玉时对以郢中歌。歌为白雪阳春曲，始唱千人和，再唱百人逐，至此和者才数人，乃知高调难随俗。后来感慨起危楼，足接浮云声出屋。曲中古意世应稀，惆怅鲲鱼孟诸宿。楼倾瓦覆春又春，酒泻琉璃烹锦鳞。青山绕槛看不尽，眼穿荡桨石城人。昔人一去不知处，寒花雨敛自生噷。今闻太守新梁栋，试撰清喉可动尘。"

宋刘攽诗云："汉江东流不复回，郢人唱和安在哉。巴词下曲满天下，刻商流徵成尘埃。但见苍山插霄汉，石城古木高崔巍。城头层楼又清绝，尚有遗音名白雪。三楚矜夸传至今，忽令栋梁有摧折。使君好古情不薄，五马雍容照城郭。指挥能事出余力，整顿景象疑初凿。千岁一修固有期，耆旧几人能赋诗。曲高和寡又何信，瑰意琦行令人悲。"

宋刘宾诗云："江上楼高十二梯，梯梯登尽与云齐。人从别浦经年去，天向平芜尽眼低。寒色不堪长黯黯，秋光无奈更凄凄。栏干曲尽愁难尽，水正东流日正西。"

宋王安石诗云："折杨皇华笑者多，阳春白雪和者少。知音四海无几人，况乃区区郢中小。千载相传始欲慕，一时独唱谁能晓。古心以此分冥冥，俚耳至今徒扰扰。朱楼碧瓦何年有，榱题连空欲惊矫。郢人烂熳醉浮云，郢女参差蹑飞鸟。邱墟遗响难再得，栏槛兹名谁复表。我来欲歌声更吞，石城寒江暮云绕。"

宋滕宗谅诗云："白雪楼危压晴霓，楼下波光数毛发。雕甍刻桷出烟霞，万瓦参差鹏翼截。兰汀蕙浦入平芜，天远孤帆望中灭。屈平宋玉情不尽，千古依然在风月。飘零坐想十年旧，岁月飞驰争列缺。青云交友梦魂断，白首渔樵诚契结。安居环堵袁安老，泣抱荆珍卞和刖。折杨虽俚亦知名，犹欲楼中赓白雪。"

宋张舜民诗云："千里寒江绕槛流，登临能起古今愁。山连巫峡多云雨，路入荆门几去留。千载浪名金马客，一宵沉醉石城楼。郢人休唱阳春曲，白尽湖南刺史头。"

清向兆麟诗云："白雪传遗曲，国中和者寡。危楼冠斯名，畴是问津者。俯看惟长江，一带寒烟泻。留题迥寥寥，高吟振骚雅。"

清刘维桢诗云："寂寂朱楼对碧湍，倦游孤客一凭栏。青山自绕名流宅，白雪犹悬异代看。万井炊烟浮槛外，重城雉堞隔林端。登高亦有怀人思，词赋于今和独难。"

清杜世英诗云："白雪传高调，城西觅旧楼。古今留夕照，天地入清秋。此地须倾耳，何人竟掉头。江湖空满眼，指点一渔舟。"

2. 兰台 《民国钟祥县志》卷四《古迹上》："兰台在县治西府学宫前，眺汉江如带，三尖诸山若画屏。楚襄王与宋玉游于兰台之上，即此。按：

《清一统志》：楚郢都非隋唐以后之郢州，此台殆属附会。但皮日休《宝香亭记》云：在兰台之西。则由来旧矣。"

周宋玉《风赋》云：（正文略）。

唐胡曾诗云："迟迟春日满长空，故国离宫蔓草中。宋玉不忧人事变，从游那赋大王风。"

明吕隆诗云："古人卜筑得山情，汉水当轩日日生。宝塔插云仙掌持，渔舟弄月蓼花轻。尊开北海乘秋兴，曲纵清讴任斗横。最是雄风饶胜概，红尘未许落檐楹。"

明曾发祥诗云："雄风振古敞兰台，上有孤亭抱户开。怪石封窗供韵笔，夭花堆径佐浮杯。楠山欲补墙头缺，汉水知随槛膝回。一笑放开双眼孔，俯收蜩蚁望中猜。"

清毛会建诗云："百尺兰台气象雄，披襟况有大王风。诗人亦自分余劲，白雪歌声遍国中。"

清卫良佐诗云："炎天惯上古兰台，天外雄风动地来。雪浪千条掀汉水，火云万点落城隈。襄王无复披襟日，宋玉犹传作赋才。遥指高唐真是梦，空山朝暮费人猜。"

清向兆麟诗云："遗宫不复见，岿然余此台。天风有时噫，飒飒吹寒灰。放眼看寥廓，披襟怀抱开。谁许辨雄雌，应待宋玉来。"

清魏继宗诗云："风来蘋末动罗帏，善也冷然信可怡。只是虞弦成响日，薰风原不辨雄雌。"

清李苏诗云："居人蔽压古离宫，每欲登临路未通。宋大夫真骚后霸，楚君王是梦中雄。当年一赋余文藻，谁是多金买快风。莫更披襟伤往迹，后来桑海复何穷。"

清吴省钦诗云："南纪雄风霸业开，如何郊郢有兰台。武关西去怀骚怨，巫峡东来起赋才。文藻可师悲未解，庙堂不竞听难回。分明伍举章华感，赢得游人说快哉。"

清张开东诗云："召公游卷阿，宋玉登兰台。临风一讽咏，婉妙何多才。秋色从天下，群籁生悲哀。城郭今如昔，楚王安在哉。披襟独惆怅，悠悠千里来。"

又云："楠山迤东南，汉水经西北。楚野云漭漭，高天望无极。美人隔秋波，采兰荡桂楫。惜兹时不遇，含愁泪霑臆。伫立一流盼，怆然念故国。"

清李兆钰诗云："楚王台上阳春树，楚王台下汉江渡。郢里争传歌白雪，汉皋孰为解佩处。飒飒西风吼北窗，层层白浪排寒江。梦断高唐云已散，冤沉汨水士无双。今日登临破冷眼，伊谁凭吊焚热腔。热腔冷眼交愁思，残山剩水俱堪悲。绝塞鸿来万里疾，荒台月上三竿迟。昔人风流属儒雅，响逸调高和亦寡。且尽一尊助狂吟，兴来投笔望空写。胡为飘举玉堂前，胡为勃郁穷巷边。雌雄徒劳大夫辨，兴废都付劫火烟。阳春树晚叶尽脱，汉江东去空潺湲。"

清李治运诗云："落落高台俯大荒，登临正好际重阳。何妨野客披襟立，况有疏花插帽香。远近秋光浮澹沱，古今人事吊苍茫。凭谁与结持螯会，尚欲临风舞一场。"

清黄本敏诗云："楚王台畔几经秋，此日登临景最幽。野色芊眠凭目送，岚光窈窕逗心游。耸身直上青云路，瞥眼回看白雪楼。湘水孤帆悬屋角，横山老木接墙头。花花草草随荣落，古古今今任去留。也向三闾寻故址，还从九辩溯前修。霸才只想当风赋，王气都教梦雨收。欲效阳春歌一曲，惜无屈宋导源流。"

清樊昌运诗云："高台卓立郢城中，霸业千秋孰与同。竟日两臣偕宋景，当风一赋辨雌雄。歌传白雪知难和，梦绕巫山兴未穷。往事不堪频瞩目，读骚拟欲问天公。"

3. 阳春台 《民国钟祥县志》卷四《古迹上》："阳春台在县治西北，高耸平衍，烟云竹树，阴晴异状，城中伟观。明兴献常率持臣登之，作《北望赋》，继作《阳春台赋》以自儆，遂罢观游。旧有亭，明季毁于兵，林木亦荡然无存。清康熙中，郡守王兴元与同知郑润中植树千百余本，及四十八年郡守杨绿绶创建书院，七属士子皆负笈擔簦而来游，牧之场遂化为弦歌之所。无何书院他徙，树木亦被土人剪伐。嘉道以后，仍鞠为茂草矣。"

明兴献《阳春台赋》（并序）："序曰：宋大儒朱晦庵先生疏《毛诗·葛覃》云，赋者，敷陈其事而直言之者也。夫事寓乎情，情溢于言，事之直而情之婉，虽不求其赋之工而自工矣。屈宋《离骚》千百年无有讥之者，直以事与情之兼至。尔下逮相如、子云之伦，《上林》《甘泉》等篇，非不宏且丽，然多斫于词、踬欲事而不足于情焉，虽然亦岂易及哉。予荷皇上恩封安陆，距国之西数十步许而有山兀然，乃旧阳春台址，尝率官僚登之，见其山川献秀，云物纡青，诚可乐也。而或乐从心侈，恶乎殿治，以图报哉，因赋其事以自儆，而情之婉否，虽予亦不之知焉。

赋曰：赫皇祖之贻谋兮，树磐石之长策。雷大造之地基兮，蕃螽斯之蛰蛰。咸明显以康乂兮，递世王之相袭。匪轨度之式遵兮，曷山川之国邑。予仰皇考之丕烈兮，膺金册其辉煌。受赤社之介封兮，宅楚壤以恢疆。聿司空之告成兮，秉玉节而辞天王。浮大江以戾止兮，抚形势而镇定乎一方。复贤哲之多遗址兮，伟阳春台之佳丽。嗟鄢客之歌阳春兮，曲窈渺其谁继。虽伊人之不作兮，岂无来者之风致。睹斯台之凌跨宇内兮，萃群秀其无际。近日月之耿光兮，延照临以开霁。焕云霞之精彩兮，灿锦绮之相缀。献峰峦于天外兮，翠盘叠如群髻。朝汉水于沃间兮，奏万里而迢递。卉木林林而翁蔚兮，排筼筜与松桂。驯鸟兽以翔鸣兮，曷禁弋人之媒翳。慨崇台物色之舒变兮，振古初以迄今。纷智愚之异趋兮，杳不知其何心。或遭逸贼而弗已兮，欲回君意而自沉。或赋神女而匪诞兮，款规君于荒淫。或奔吴报楚而惨及黄垆兮，宁忠贞之不卒。或倚秦墙乞师兮，竟免宗国于倾覆。或强谏惧兵兮，柔从君而自刵。或指方城而盟绥德兮，挫齐威之矜伐。要之霸不足以恃兮，纯王道斯无阙。混王霸之莫辨兮，间诚伪之不容发。并是非以烟消兮，惟兹台之存。控古今奇胜兮，何人事之足云。惟国之有台兮，观察灾祲。而兹台之遗兮，恐盘游而莫之禁。噫！非朝廷之所封兮，予亦何得而有之。凛皇训之可畏兮，寅夙夜以守之。侈姑苏之殚力兮，荒麋鹿之可悲。美章华之集怨兮，攘众心之悉离。止九层之危殆兮，喜晋灵之纳谏。贮铜雀之歌舞兮，憯曹瞒之倾患。窃谨独以自鉴兮，懔惴惴其匪康。慎刑德以协中兮，敢违汩乎天常。泯怨悱之不作兮，惠人心于矫揉。屏宵人而弗迩兮，亲方正之贤良。惩台榭之荡心兮，息广夏而讲虞唐。鼓南风之弦兮，赓阳春以超轶。歌湛露之章兮，感旷泽以怡悦。思对扬之莫既兮，罄予心之惓惓。勉保障之无怠兮，庶几慰九重之恩。怜巩皇图于不拔兮，屹然如山之不震焉。流天潢之滚滚兮，光玉牒之绵绵。匹皇麻于亿千万载兮，岂直一台之可传。诼曰：皇恩霡霂享封国兮，台观奇丽乐无极兮，盘游弗制基祸慝兮，居今鉴古勉辅翼兮，恪度殚心酬圣德兮。"

明唐志淳诗云："晚登阳春台，骋望极千里。长风六月寒，落日众山紫。

上有白衣苍狗之浮云，下有蒲桃泼醅之汉水。水流为我驶，云浮为我旋。楚曲一去三千年，秦丝羌管鸣秋蝉。我有小梅唱，时时操越音。调短不及古，岂堪郢人心。安得招谪仙，挥手凌紫烟。大呼江水变春酒，醉引明月来青天。颇怀鹿门隐，欲耕云梦田。便从此地作农夫，登台为奏豳风篇。"

清金德嘉诗云："阳春台上气氤氲，极目苍苍七泽云。蔓草已芳钩盾路，斜阳曾照羽林军。千山积翠城头拥，万壑飞涛树杪分。有客登临询往事，歌残白雪几人闻。"

清魏继宗诗云："绝爱谯楼近，岿然卓一亭。槛前觇学圃，天际见扬舲。有景皆呈座，无风不响棂。钲发城外起，侧耳正堪听。旧宫何处是，弥望草菲菲。丰石存余址，颓垣散落辉。瓦稜霜正滑，蔬甲雨添肥。想像龙旂色，千官护跸归。"

清卫良佐诗云："山临北郭最巃嵷，补树平分造物功。嫩柳千条初过雨，粒松三尺已含风。人弹古调春城上，官筑闲亭碧草中。绿字摩碑留父老，前朝此地是新丰。"

清高云路诗云："石城不复旧氤氲，荒草空台只断云。小院俱堆裡殿瓦，两山曾驻羽林军。细询野老松杉暗，尽见清江鸥鹭群。竹里晚炊烟雾起，人家砧杵最相闻。"

清蒋伫昌《晚眺》，用"斜阳映水红"作五绝句。云："薄醉发游兴，依城山路斜。深林含返景，不尽是残霞。　冬阳易夕阳，及此晚晴光。风过不知冷，披襟不可当。　西窗高可凭，须眉相掩映。久之淡忘归，同具此情性。　柱杖光在山，隔城光在水。飞禽入其中，艳艳长空绮。　景气如奔赴，诗人玩爱中。朱轮无可疑，野烧欲争红。"

清李峦同蒋作五绝句。云："醉眼登亭末，寒城一径斜。残阳明水面，错认泛桃花。　好景怜日暮，狂吟爱夕阳。漫言双鬓白，差觉一身强。　林木何萧疏，残霞长掩映。山窗高且敞，飞鸟悦心性。　城隅道路长，车马何时止。游子日纷纷，东流叹汉水。　辇路全无禁，石碑今尚丰。细看前代记，落日照颜红。"

清杜世英诗云："怀古一登眺，阳春意豁然。荒城连野色，老屋动晴烟。天外三山出，云中一水还。曲高人不见，惆怅楚台边。"

清王建诗云："登临何处不留情，望入高台恨转生。一片野花荒辇路，几家蔬圃占王城。莫愁村冷夕阳色,解佩亭空江水声。多少凄凉归未得,遥遥牧笛晚风横。"

清胡之泰诗云:"携侣登台眺郢城,江天烟柳与云平。迷离草色环宫碧,剥蚀碑文映日明。议礼诸臣徒聚讼,招魂弟子自多情。风流儒雅遗词藻,仿佛高歌感慨生。"

清张开东诗云:"朝望郢城郭,暮上阳春台。阳春曲已散,台下空草莱。楚山互绵渺,汉水自潆洄。晚日耀林麓,秋色伤我怀。"又云:"大雅不复作,众响争繁丝。岂不倾人听,古调空尔为。所操欣独得,与物翻成悲。天长人远岫,江清澹夕晖。好风从西来,飘飘吹我衣。飕飕翠柏树,余韵何希微。"

清聂联开诗云:"一望高台百感倾,山自悠悠水自清。大王去也风安在,神女来兮雨未成。汉上谁为原弟子,江头尽是宋先生。销魂每到无声处,几费骚人索品评。"

又聂联开诗云:"多年曲调冷江城,漠漠荒台尚寄名。一向才人推寡和,何妨乌有索遗行。诙谐端不比方朔,忠欸依然是屈平。试问巫山云雨后,伊谁还继楚歌声。"

清黄如柏诗云:"俯仰冬情见,荒台坐籍裾。夕阳留淡薄,松色动吹嘘。"

清樊昌运诗云:"高台西傍石城斜,信步乘春览物华。白石碑镌天子赋,黄金朵铸地丁花。风帆上下长江接,烟树迷离古殿遮。剩有当年弦诵处,闲庭昼掩静无哗。"

4. 白雪亭 《民国钟祥县志》卷四《古迹上》:"孟亭在郡署东,即司马旧署也。唐王维过郢,画孟浩然像于刺史厅,后因名浩然亭。题云:故人不可见,汉水日东流。借问襄阳老,江山空蔡州。咸通中改孟亭,有皮日休记,久废。明万历壬寅,郡守孙文龙重建,并画像亭中。有清一代叠有补葺,尚未荒圮。惟杜《志》称是亭一曰白雪亭。同治《志》仍之。按:白雪亭亦孙文龙所建,《府志》所称,万历壬寅郡守孙文龙于府治侧建白雪亭,前为孟亭是也。清顺治时,娄镇远《重修白雪亭记》谓,去亭数武,有摩诘绘浩然像于石壁,皮日休题曰孟亭。周龙甲记谓孟亭列其西,足证白雪亭自有亭,非孟亭之即为白雪亭也。自康熙初府治火,各亭俱废,官斯土者就浩然遗像所在筑亭其上,考刘余霖《咏雪堂记》,丞署东偏,有岿然于翠岚中者,白雪亭也,壁有浩然踏雪像,相传出摩诘手云云。自是或称白雪亭,或称孟亭，遂混而为一也。"（按：《县志》原引诗文涉及孟亭、白雪亭两端，此只摘关涉白雪亭者。）

清许琪标《白雪亭寻梅诗》云："零乱寒宵树，来游觅故丛。神清偏耐月，致渺独临风。空碧堆春苑，浮香散蕊宫。椒兰如何语，湘瑟思何穷。"

清郑润中《白雪亭诗》云："逶迤高阜自城东，列峙兰台护梵宫。亭榭易名宾主美，山川大势古今同。六龙驻处枌榆在，五马来时桴柚空。幸有仙郎歌白雪，频邀佳客挹清风。"

又云："词赋登坛宋大夫，当年唐景共歌呼。阳台不记何方是，郊郢曾标此地无。只为风雅推绝调，故令骞鸟倚云孤。经营自运陶公甓，还拟东坡觅酒徒。"

又云："微官落拓滞他乡，欲访鹿门鬓已苍。壁上犹摩知己像，床头那得荐贤章。三都赋就惊伧父，百里心劳愧漫郎。调月吟风惟夙好，偷闲源自不因忙。"

又云："焉能俯仰每随人，独立高亭倍爽神。帝阙星辰瞻自近，公门桃李植方新。山连璠冢津通汉，地接商於岭入秦。控制由来鄢郢重，胼胝老我逐江滨。"

又云："荆山叠嶂在眉端，缭绕烟霞秀可餐。丹井自通温峡暖，绿梅堪伴老松寒。晴窗阁上多飞罩，神武门前少挂冠。浣得肝肠能似雪，便将轩冕等闲看。"

又云："读罢离骚欲问天，灵氛司命总茫然。江篱历历犹香露，岸柳萧萧只暮烟。追迹古初人已朽，远名身后酒当前。空疏谬续残碑句，易代春秋重纪年。"

清涂始《白雪亭和郑司马润中韵》云："寻梅一老骨清癯，画向山亭势可呼。妙墨能如摩诘否，奇情得似浩然无。见从花里人烟静，来自云边客路孤。烂醉空亭扶再拜，先生莫漫笑狂徒。"

又云："兰台独峙大江东，极目何曾见楚宫。鱼鸟升沉天地迥，帝朝兴废古今同。歌推白雪羞巴下，赋就巫山岂梦中。凭吊最伤登望处，大王风是落花风。"

又云："王气消沉叹楚乡，残山剩水色苍凉。冤魂夜哭潇湘雨，战骨朝屯赤壁霜。飞尽劫灰存皓月，挽回春梦问黄粱。淫狐窟宅仙人墓，百岁浮生有底忙。"

又云:"有水绕吴天原自楚,山蟠巴蜀本从秦。(句余不录)"

清曾明《赠郑司马重修白雪亭》诗云:"白雪亭踞山之麓,纷纷和者逞月露。贰守风流作主人,日对亭雪抒情愫。忆昔孟老号狂客,□□□□不肯顾。疲驴呵冻冲寒风,鹤氅宽衣踏世路。汉上父老犹能言,齿颊今挂寻梅句。梅花雪花共徜徉,郢客襄老俱可作。我家门巷常萧然,趾距梅亭三百步。廿年饥虎饲高廛,健儿趋厮走如鹜。茂草残烟断碣中,遗响至今弃欲吐。维公五马来山斗,揽胜披榛为涂垩。层轩晴捲三湘云,高栋阴垂七泽雨。司马才名三十年,灞桥诗癖已成痼。挥毫赠我锦绣函,词源倾倒如东注。空中玉屑霏霏落,兰台歌声复四布。前贤后贤道岂殊,予亦立雪沾异数。愿植梅花十万株,香绕阳春满庭树。"

5. 阳春亭　《民国钟祥县志》卷四《古迹上》:"阳春亭,《舆地纪胜》在通判厅内,与白雪楼相望,旧废。按:明郡守孙文龙修白雪亭或即因其遗址与?"

清胡作相诗云:"胜地萧然迹已陈,荒亭犹忆旧阳春。吐吞柳信和风袅,历乱莺翻丽曲新。海内至今倾绝调,梁间何处觅清尘。岂知吾郢当年客,赓唱由来什伯人。"

清李莲和韵诗云:"遏云雅曲向谁陈,残鸟残花空复春。亭榭经年兴更废,江山到眼故犹新。相传胜地缘佳客,纵袭前芳亦后尘。君起作歌予属和,只愁笑杀郢中人。"

6. 宋玉井　《民国钟祥县志》卷四《古迹上》:"宋玉井,一名楚贤井。在郡学泮池侧,相传学宫即玉故宅。泉味甘冽,异于他水,上有亭。清顺治初,荆西道石凤台略为修葺,逮十年署郡守娄镇远始重建之,康熙时张崇德、杨绿绶先后复修,今废。"

清李堂馥记云:"郢学宫为楚大夫宋玉故第,去泮水数武,有泉冷然,相传为宋玉井云。玉盖古词赋祖,地以人传,匪诬评也。顾井以养为义,假令源浅以涸,用弗及于养民。昔杜牧方且作废井文以塞其窦,安在兴复递举。明有刘、孙二公修于前,近有翥云石公修于后哉尔,复崩有年,会署守娄君过而心恻,毅然思复之。捐俸鸠工,先架水车辘轳以洩其积,凿可四丈许,得泉有四,其一窍出西北,适当井肋,一自东来稍下之,最下二窍,自底上涌，胥清流涓涓，弗克遏也。乃命匠师钉木镇石，纵横围砌，实以鍊土，层累而上，如建浮级于九渊中，至口则穿石为盘栏，有亭覆其上。予与诸君子登临其侧，汲而饮之，形神俱爽，不啻偕宋大夫共歌《阳春》《白雪》于兰台焉，闻之《瑞应图》曰'王者清明则醴泉出'。昔李玉兰作荆南节度使，值楚俗佻薄，不穿井饮，下令合钱开井，民咸便之。房豹迁乐陵太守，风教修理，甘泉感之而通。李容嗣令寿安，划翳除径，凿井与民共，今尚留喷玉泉之名。勿谓修井微事也，养也，而教在其中。《易》曰可用汲王明井受其福，是井有焉，或亦可以仰质昔贤矣。是役自经始至告成，仅期月，费百五十缗有奇，皆不取之民间，娄君代庖。数月百废俱举，兹特其一端云耳。"

明孙文龙诗云："大夫遗井尚幽深，迢递悲伤国士心。泮池清波相映曜，不知何处有兼金。"

又云："汉江纡目怅秋空，何事垂情一故宫。泗水涓涓流欲断，令人犹自忆雄风。"

清石凤台诗云："大雅擅鄢郢，文心喷紫渊。小天升润气，高月映寒泉。用汲源头活，观澜风味鲜。澄禁歌楚曲，相对意悠然。"

清陈瑚诗云："宋玉空遗井，清泉万古饶。谁为白雪调，和者正寥寥。"

清郑直诗云："言寻宋玉井，因上楚王台。雪入阳春调，云随暮雨回。韵人今邈矣，遗址尚幽哉。一览寒光碧，孤怀若为开。"

清向兆麟诗云："吾楚不列风，屈宋扬遐武。后起多词人，斯为不祧祖。九辩续九歌，复哉迈千古。缅然想琦行，一泓清如许。"

清高云路诗云："惟闻宋玉荆州宅，甃井谁开郢上泉。曾共雄风吹飒飒，自应白雪注涓涓。哀些九辩灵均后，儒雅千秋泮水边。用汲不须行道恻，绮栏空禁亦荒烟。"

清张开东诗云："爱仙不在山，怀人因及境。我行郡学宫，中有宋玉井。流风驱俗尘，寒光鉴云影。芹藻媚华滋，庭阶生寂静。昔贤亦有言，汲古得修绠。寥寥乎多士，同来吸清冷。"

清杜官德诗云："忆余发未束，戏钓临泮池。日上袅竿影，蘋末生涟漪。旁有宋玉井，汲饮或迟迟。青草被砌石，莹莹露方滋。童子亦慕古，低回吟楚词。吾祖郡博士，弦诵习在兹。忽忽三十载，宦海飘西陲。古井空注想，渴口亦奚为。今幸家再徙，颇近兰台基。泽宫旧游地，咫尺应不移。掘泉仍甘冽，受福若雨施。因之怀祖德，培润及当时。"

7. 屈原祠　《民国钟祥县志》卷四《古迹上》："屈原祠在汉江岸，久废。"

8. 郢中八景　《民国钟祥县志》卷四《古迹上》："阳春烟树、白雪晴岚、石城春雨、兰台午风、莫愁古渡、汉皋别意、龙山晓钟、仙桥夜月。

"又相沿古歌一首，词甚俚，然传播已久，不可删也。

"龙山松柏翠光浮，利涉桥边水倒流。玄妙观中仙乐奏，石城高压汉江楼。阳春曲调人难和，白雪楼前月一钩。姨娘井阙流泉滴，龟鹤池清去复留。古墓叔敖云绕绕，坛台境步漫悠悠。烟索莫愁村外草，舟横涮马伴眠鸥。朱门谁识寥天月，楠木山头守节侯。鞭尸滩际鸳鸯戏，恸父含冤子报仇。梅福炼丹升仙去，青泥池旁仙子游。云雨未来因宋玉，楚王余恨几千秋。"

9. 宋玉宅　《民国钟祥县志》卷四《古迹上》："宋玉宅在兰台之左。相传郡学宫即其遗址。（按：此本有按语，为篇幅计而略，其文见下文所引。）"

10. 宋玉石　《民国钟祥县志》卷十四《艺文上·金石》："宋玉石二。唐郢州刺史李昉守郡日从宋玉故宅得之榛莽间，移置白雪楼前。"[①]

二、关于"宋玉与钟祥"的讨论

近当代钟祥本土学者力主"宋玉为钟祥人"之说，其论辩主要见于《民国钟祥县志》和1990年版《钟祥县志》，兹录如下。

《民国钟祥县志》卷四《古迹上·序》："古迹必有事实可稽，足供后人凭吊，而又确在封域之内者，始足与山川并寿。旧《县志》于春秋战国时代，大半泥于'郢'之一字，取《渚宫故事》过事铺陈，其汉以来，又往往阑入安州境内，沿革不明，舛误滋多。本编既量为删削，然关于宋玉遗迹独备载之，说者或疑借重名贤，不无傅附之词，不知兰台为玉赋《风》之处，今固巍然在望，而《阳春》《白雪》本玉歌曲，都人士取以名楼名亭者，亦千余年，于兹观于宋建郢州学，当时指为宋玉故宅，宅内有井有石。王之望

---

① 此部分文献参见赵鹏飞、李权等：《民国钟祥县志》，民国二十六年（1937）刻本；钟祥县县志编纂委员会编：《钟祥县志》，湖北人民出版社1990年版。

《舆地纪胜》、石才儒（按：《湖广通志》作孺）《郢州土风考古记》皆详著于篇。由斯以论玉所生地，虽不敢确定所在，《水经注》以为宜城县南人，较为可据。宜城县南即今钟祥，说详篇内'宋玉宅'条下，无容赘述。"

《民国钟祥县志》卷五《古迹下·宋玉宅》："按《史记·屈原列传》但称宋玉楚人，王逸《楚辞注》亦同。楚地广，玉所居属荆属归，迄未能详，惟郦道元《水经注·沔水》篇宜城县南有宋玉宅。玉，邑人，隽才辩给，善属文而识音云云。据是，则玉所居之地在后魏时为宜城县南。然石才儒《郢州土风考古记》有云：宋玉之宅，两石竞秀；王象之《舆地纪胜》于《长寿县·人物》（按：考之是书，作《郢州·人物》，此引擅改）内称：宋玉，郢人；《古迹》内载：宋玉石二，唐李昉守郡日得之榛莽间，今移在白雪楼前；又载：楚贤井在城东，旧传即宋玉宅，俗名琉璃井，亦名宋玉井；又载：兰台在州城龙兴寺西北，旧传即玉侍楚襄当风处，又有阳春楼诸名胜。据是，则玉所居之地，在宋时为长寿，而后魏时之宜城县南，宋时之长寿在今则钟祥也。窃尝考之钟祥，北接宜城，在西汉为郢县，自东汉郢省县，无专称，逮宋明帝泰始六年始立苌寿，中经四百余年并入何县，虽无明文，然以《陈志·马良传》考之，殆以一大部分划入宜城。按马良所居地，今称马良山，在县境西南，《志》称良为宜城人，实东汉并郢入宜城之确证。《水经注》谓宜城县南有宋玉宅，既称'县南'，故决其在今钟祥也。当道元时苌寿甫立，其名未著，道元北人，未及深悉，故仍以宜城称之。前《志》谓郡学宫即玉故宅，盖沿唐宋以来之旧说，其由来固已久矣。"

《民国钟祥县志》卷十九《先民传》："宋玉，楚郊郢人。师事屈原。原弟子著籍者，有唐勒、景差之属，而玉之词赋独工，至以屈宋并称于后世。当怀王时，原遭谗被放，玉作《九辩》以述其志，赋《招魂》以致其爱。后因其友见于顷襄王，王无以异也。玉让其友，友曰：'薑桂因地而生，不因地而辛；女因媒而嫁，不因媒而亲也。'玉曰：'不然，昔者齐有良兔曰东郭䨲，盖一旦而走五百里。于是齐有良狗曰韩卢，亦一旦而走五百里，使之遥见而指属，虽卢不及䨲，若蹑迹而纵緤，䨲亦不及卢也。'他日其友又曰：'先生何计画之疑也？'玉曰：'君不见夫玄蝯乎！当其居桂林峻叶之上，从容游戏，超腾往来，悲啸长吟，龙兴鸟集，及其在枳棘之中，恐惧而悼慓，危势而迹行，处势不便也。夫处势不便，岂可量功效能哉！'玉尝侍襄王游兰台，作《风赋》；游云梦，作《高唐》《神女》二赋。唐勒及登徒子妒其能，短于王。王问玉曰：'先生其有遗行与？何士民众庶不誉之甚也？'玉对曰：'唯，然，有之。愿大王宽其罪，使得毕其词。客有歌于郢中者，其始曰《下里》《巴人》，国中属而和者数千人；其为《阳阿》《薤露》，国中和者数百人；其为《阳春》《白雪》，国中和者不过数十人；引商刻羽，杂以流徵，则和者数人而已。是其曲弥高，其和弥寡。故凤鸟绝云霓，负苍天，翱翔乎杳冥之上，夫蕃篱之鷃岂能与之料天地之高哉！鲲鱼朝发昆仑之墟，暴鬐于碣石，暮宿于孟诸，夫尺泽之鲵岂能与之量江海之大哉！非独鸟鱼为然，圣人瑰意琦行，超然独处，世俗之民又安知臣之所为哉！'一日，同唐勒、景差，从襄王于阳云之台，王曰：'能为寡人大言者，上座。'唐勒曰：'壮士愤兮绝天维，北斗戾兮泰山夷。'景差曰：'校士猛毅皋陶嘻，大笑至兮摧罘罳。'玉曰：'方地为车，圆天为盖，长剑耿耿倚天外。'王曰：'未也，有能小言者，赐以云梦之田。'景差曰：'载氛埃兮乘飘尘。'唐勒曰：'馆蝇须兮宴毫端。'玉曰：'超于太虚之域，出于未兆之庭，视之渺渺，望之冥冥。'王曰：'善，赐之以田。'玉休归以著述自见，后世哀录所作有集三卷。"①

1990年版《钟祥县志·考证》六《宋玉生平考》："宋玉是战国末期著名文学家。宋玉是哪里人？这是史学界争论已久的问题。《史记》说宋玉与唐勒、景差同时，是屈原以后的辞赋家，没说他是哪里人。《汉书·艺文志》只说他是楚人，《襄阳耆旧记》说他是鄢人，《太平寰宇记》说他是郢人。只有《水经注·沔水篇》记载较详：'宜城县南有宋玉宅。玉，邑人，隽才辩给，善属文而识音。'明正德年间，宜城县给宋玉修了墓，据说有3个墓冢，清朝嘉庆年间还树了墓碑。《太平寰宇记》说宋玉墓在河南唐河东北泌阳县。我们认为不能以墓来定其生平，比如屈原是湖北秭归人，却死在湖南汨罗江；王昭君也是秭归人，却葬于内蒙古。

"宋玉当为钟祥县郢中镇人。其主要依据如下：

"其一，自东汉初至南朝刘宋泰始六年止，长达400多年的时间，钟祥

---

① 赵鹏飞、李权等：《民国钟祥县志》，民国二十六年（1937）刻本，卷四第1页，卷五第2页，卷十九第1、2页。

没有设县。《水经注》的作者郦道元是北魏人，在他那个时代，钟祥北部地区属鄀县（今宜城）南境地。所谓'宜城县南有宋玉宅'，具体当指今钟祥。钟祥有没有宋玉宅呢？有的，据清康熙《陆安府志》记载，明代唐志淳作有《安陆州儒学记》，安陆州儒学即'宋大夫之居'。民国《钟祥县志·古迹》载：'宋玉宅在兰台之左，相传鄀学宫即其遗址。'（鄀学宫今为县实验小学）。宋玉宅门前还有宋玉井，今保存完好。《安陆府志》所载清李棠馥《重修宋玉井碑记》云：'鄀学宫为楚大夫宋玉故第。去泮水数武，有泉冷然，相传为宋玉井云。'

"其二，宋玉生前的政治活动在郊鄀。据《中国诗史》记载，'宋玉生于顷襄王九年（公元前290年）'，照这个纪年推算，顷襄王二十一年（公元前278年）时，宋玉年仅13岁，不可能参加政治活动，可能是从屈原习辞赋。宋玉任过楚大夫，随顷襄王到过郊鄀兰台之宫（详宋玉《风赋》）。宋玉的老师屈原任过三闾大夫，屈宋二人是师徒关系，共事顷襄王。屈原以犯颜直谏，终于被顷襄王放逐江南。蒋天枢的《楚辞论文集》说屈原被逐江南是在顷襄王三十年（公元前269年），投汨罗江自沉是在考烈王元年（公元前262年）。《中国诗史》说是在顷襄王二十一年（公元前278年）自沉。宋玉曾经受到顷襄王的器重，赐给他云梦之田。到考烈王时，宋玉便不得意了。至于宋玉的政治活动则主要是在郊鄀。

"其三，宋玉的文学创作高峰在郊鄀。他的作品富有想象力，善于用夸张的手法描写事物，其著名作品《风赋》《对楚王问》《登徒子好色赋》等，对后世辞赋影响很大。顷襄王驻跸郊鄀时，宋玉曾随侍在侧，每作赋，唐勒、景差都不及。宋代沈括的《梦溪笔谈》载：世称善歌者皆曰郢人，郢州至今有白雪楼，此乃因宋玉《对楚王问》有客有歌于郢中者，……遂谓郢人善歌。这一记述，涉及了宋玉作品与家乡郊鄀的密切关系。"①

以上的论述，明显地带有"借重名贤"的主观意识，因为其只选用有利于自己论点的证据，而回避不利的证据，甚或不顾学术规范与诚信，篡改相关资料，这就使其结论很难令人信服。概括上述论证，可以归纳为两个方面：（1）以北魏郦道元《水经注》、宋石才孺《郢州土风考古记》和王象

---

① 钟祥县志编纂委员会编：《钟祥县志》，湖北人民出版社1990年版，第975—976页。

之《舆地纪胜》等文献与宋玉宅、宋玉井等文物遗存论证"宋玉为钟祥人";(2)以兰台遗址与宋玉《风赋》和钟祥故称鄢与宋玉《对楚王问》论证"宋玉行迹到过钟祥"。下面,我们就来讨论一下这些问题。

(一)宋玉当不是钟祥人

在古代文献的记载中,宋玉为宜城人,在宋代以前并无歧说,晋习凿齿《襄阳耆旧记》载:"宋玉者,楚之鄢人也。故宜城有宋玉冢。"北魏郦道元《水经注》载:"(宜城)城南有宋玉宅。玉,邑人。"习凿齿襄阳人,其先祖襄阳侯习郁(一说为习凿齿兄)在宜城别筑宅院,其对宜城当特别熟悉,其说最为可信。郦道元之说当本于习凿齿,又在习说"宜城有宋玉冢"的前提上补记了宋玉之宅,可见亦作过精心的考证。迄至宋代方出现不同的说法,北宋乐史《太平寰宇记·郢州》:"宋玉,郢人。"又《太平寰宇记·襄州》:"宋玉,宜城人。"① 南宋王象之《舆地纪胜·襄阳府》载:"宋玉,宜城人。"又《舆地纪胜·郢州》载:"宋玉,郢人。始事屈原。原既放逐,因与景差事楚襄王焉。"② 南宋祝穆《方舆胜览·襄阳府》:"宋玉,宜城人,有宅在城南。"又《方舆胜览·郢州》:"宋玉,郢人。"③ 显然,宋人"宜城人"说是承习凿齿、郦道元之说,而"郢人"说为后起。凡难决断,则两说并存,是史家存疑的通常做法,体现了史家客观记史的传统精神,是无可厚非的。问题是,这后起之说从何而来,且所据为何?乐史、王象之、祝穆三人均未交待。我们认为,很可能是因为唐时在今钟祥设郢州后,其称谓被固定下来并沿至两宋,在此地又有旧传的宋玉宅、宋玉井以及兰台等与宋玉有关的遗址和遗物,从而推测宋玉为郢人。其实这种推测并不可靠,因为其所依据的仅仅是传闻。王象之《舆地纪胜》的记述透露了这方面的消息,如其所记:"楚贤井,在城东。旧传即宋玉宅。俗名琉璃[井],亦名宋玉井。""兰台,在州城龙兴寺西北。旧传楚襄王与宋玉游于兰台之上,清风飒然而至,王披襟当之。即其地。""宋玉石,凡二。唐李昉守郡日得之榛莽间,今移在白雪

---

① 乐史:《太平寰宇记》,文渊阁《四库全书》,台湾商务印书馆1986年版,第470册,第372、376页。
② 王象之:《舆地纪胜》,《续修四库全书》,上海古籍出版社2002年版,第584册,第665、683页。
③ 祝穆:《方舆胜览》,文渊阁《四库全书》,台湾商务印书馆1986年版,第471册,第816、820页。

楼前。"我们在上文第七章已经论及，钟祥的宋玉宅遗址是根据"旧传"立言；兰台遗址也是根据"旧传"为说；而宋玉石只是唐人在榛莽中的发现，作为佐证也缺乏公信力，因为此石本身是无法证明发现者为其命名的可靠性的。若那片榛莽即是"旧传"的宋玉宅遗址，那么，又是以"旧传"来确认石之身份。这一切均来源于"旧传"，终难以将问题证实。因此，《大清一统志》在"兰台"条下指出："按楚郢都非隋唐以后之郢州，此台殆属附会。"①且在《陆安府·人物》中不列宋玉之名，而只在《襄阳府·人物》中首举宋玉，并明确说明："宋玉，楚宜城人。"果断地消除了不足征信的说法，消解了两说并存可能造成的歧义。这是《大清一统志》作者在清人重考据学风影响下，经过翔实的考证得出的结论。这一结论是正确的。

民国版与1990年版《钟祥县志》重提"宋玉郢人"之说，然而所举例证，均无法支持其论点。例如，在论说中，将《水经注》"城南有宋玉宅"改写成"宜城县南有宋玉宅"，企图使其说得以立足。这便犯了偷换概念的常识性错误。郦道元是在叙说秦将白起水灌故宜城的语境中提到宋玉宅的，句前说"其水自新陂入城"，句后说"其水又东出城东注臭池"，因此，其所说的"城"指的是汉代宜城县治所在的宜城故城（即古楚之鄢郢），按郦道元标出的方位，宋玉宅当在宜城故城内南部某个地方，退一步说也应在城外南部近处。若将原文的"城"改成"宜城县"，的确可指其县辖区的南部，假若当时古之钟祥隶属古之宜城，那么也可以指距宜城治所近100千米之遥的钟祥；但是这样篡改原著实在太不严肃了，如果说得严重些，则是跨出了考据学的学术底线，若不是不懂考据原理与基本方法，那只能是"别有用心"而为之。又如，《民国钟祥县志》辩称："当道元时苌寿甫立，其名未著，道元北人，未及深悉，故仍以宜城称之。"此辩完全是不顾事实的狡辩之词。郦道元虽未用"苌寿"的地名，但使用了"石城"的名称，石城、苌寿均是今钟祥的古称。郦道元按照沔水的流经，在叙说宜城、鄀县而后便说到了石城，"沔水又南经石城西，城因山为固，晋太傅羊祜镇荆州立。晋惠帝元康九年，分江夏西部置竟陵郡，治此"②。按《水经注》的体例，"凡一

---

① 穆彰阿、潘锡恩等：《大清一统志》，文渊阁《四库全书》，台湾商务印书馆1986年版，第480册，第164页。
② 郦道元著，陈桥驿校证：《水经注校证》，中华书局2007年版，第669页。

水之名,《经》则首句标明,后不重举,《注》则文多旁涉,必重举其名以更端;凡书内郡县,《经》则但举当时之名,《注》则兼考故城之迹"。① 若宋玉为刘宋之苌寿或晋之竟陵即今之钟祥人,郦道元必定要像记述"羊祜""晋惠帝"一样在"石城"下言之。这与郦道元是否"深悉""苌寿甫立"毫无关系。更何况郦道元所举今钟祥的古代行政隶属是西晋元康九年(299),比《民国钟祥县志》追溯的刘宋泰始六年(470)还要早171年,岂可妄言"道元北人,未及深悉"。要之,郦道元确认宋玉为宜城人,则不可能在"石城"下提及宋玉事。再如,1990年版《钟祥县志》引用宋代沈括的《梦溪笔谈》并据之说:"这一记述,涉及了宋玉作品与家乡郊郢的密切关系。"其引证,实为断章取义,任意歪曲。《梦溪笔谈》原文为:"世称善歌者皆曰'郢人',郢州至今有白雪楼,此乃因宋玉问曰:'客有歌于郢中者,其始曰《下里》《巴人》,次为《阳阿》《薤露》,又为《阳春》《白雪》,引商刻羽,杂以流徵',遂谓郢人善歌。"这明明是沈括援引世俗人的说法,以用来供自己批判,因此下文批判说:"以楚之故都人物猥盛,而和者止于数人,则为不知歌甚矣,故玉以此自况。《阳春》《白雪》皆郢人所不能也,以其所不能者名其俗,岂非大误也?""今郢州本谓之'北郢',亦非古之楚都。""今江陵北十二里有纪南城,即古之郢都也,又谓之'南郢'。"以此知,沈括的看法是,郢州不当以"白雪"为楼台命名,理由是:(1)郢人"不知歌甚矣";(2)沈括时代即宋代之郢州,不是宋玉作品提及的古楚都之"郢中"。沈括对郢州白雪楼现象的批判,如何能说明"宋玉作品与家乡郊郢的密切关系"呢!若一定要以此来证明,那么就沦落为沈括所批判的世俗人的浅陋和无知。

据此,问题是非常清楚的,宋玉是宜城人,而不是钟祥人。

(二)宋玉当未到过钟祥

宋玉到未到过钟祥呢?讨论这个问题的前提是要先搞清楚钟祥在先秦时期的称谓。《郢州土风考古记》说:"(郢州)谓之郢,实郊郢焉。"②《方舆胜览·郢州·建置沿革》说:"春秋属楚,为郊郢。"③《湖广通志·安陆府·沿

---

① 郦道元著,陈桥驿校证:《水经注校证》之《校上案语》,中华书局2007年版,第2页。
② 《全宋文》,上海辞书出版社、安徽教育出版社2006年版,第212册。
③ 祝穆:《方舆胜览》,文渊阁《四库全书》,台湾商务印书馆1986年版,第471册,第819页。

革表附考》说:"元志云郧城在安陆州,乃古之郊郢。"① 而杜预、孔颖达注《左传》仅说郊郢为楚地②,并未坐实其所在何处。所以楚史专家张正明先生认为:"这个郊郢,无疑在楚与郧之间,旧说在今钟祥县境,但也可能在今宜城县境。所谓'郊郢',看来是个复合的地名,郢是邑名,郊指邑外。"③ 今人谭其骧《中国历史地图集》对于今钟祥在春秋时期标为郊郢,在战国时期标为竟陵。④ 高介华、刘玉堂《楚国的城市与建筑》又认为"竟陵为春秋楚邑,其地在今湖北钟祥县"⑤。而唐张守节《史记正义》说:"(竟陵)故城在郢州长寿县(今钟祥)南百五十里。"⑥ 从所引的古今各家之说看,问题比较复杂,尚无定论,但大致情况还是清楚的。今之钟祥,在先秦或称为郊郢,或称为竟陵;而郊郢或竟陵所在的具体地点,或在今钟祥市区,或在今钟祥辖区之内。

有了这个前提,接下来就可以考察在宋玉生活的时代,在秦楚战争中,钟祥地区隶属的变化,从而来判断宋玉到钟祥有无可能。《史记·楚世家》:"(楚襄王)十九年,秦伐楚,楚军败,割上庸、汉北地予秦。二十年,秦将白起拔我西陵。二十一年,秦将白起遂拔我郢,烧先王墓夷陵。楚襄王兵散,遂不复战,东北保于陈城。二十二年,秦复拔我巫、黔中郡。二十三年,襄王乃收东地兵,得十余万,复西取秦所拔我江旁十五邑以为郡,距秦。"《史记·白起传》:"后七年,白起攻楚,拔鄢、邓五城。其明年,攻楚,拔郢,烧夷陵,遂东至竟陵。楚王亡去郢,东走徙陈。秦以郢为南郡。"⑦《睡虎地秦墓竹简·编年记》:"(秦昭王)廿七年,攻邓。廿八年,攻(鄢)。廿九年,攻安陆。"⑧《战国策·秦一》:"秦与荆人战,大破荆,袭郢,

---

① 迈柱、夏力恕等:《湖广通志》,文渊阁《四库全书》,台湾商务印书馆1986年版,第531册,第122页。
② 参见杜预注,孔颖达疏:《春秋左传正义》,阮元校刻:《十三经注疏》,中华书局2009年版,第3811页。
③ 张正明:《楚史》,湖北教育出版社1995年版,第75页。
④ 谭其骧主编:《中国历史地图集》,中国地图出版社1982年版,第1册,第29、45页。
⑤ 高介华、刘玉堂:《楚国的城市与建筑》,湖北教育出版社1996年版,第185页。
⑥ 司马迁:《史记》,中华书局1959年版,第2332页。
⑦ 司马迁:《史记》,中华书局1959年版,第1735、2331页。
⑧ 睡虎地秦墓竹简整理小组编:《睡虎地秦墓竹简·编年记释文注释》,文物出版社1990年版,第5页。

取洞庭、五渚、江南，荆王君臣亡走，东伏于陈。"①综合上面的引文并参考相关之文献，楚与秦的战争得失是：楚襄王二十一年（前278），秦攻取了楚国的都城郢（今湖北荆州北纪南城），在夷陵（今湖北宜昌西）烧毁了楚先王的陵墓，又向东攻取了竟陵（今湖北钟祥南）、安陆（今湖北安陆），又向南攻取了洞庭、五渚等江南地区（指位于江南的洞庭湖及其周边小湖泊的沿岸地区）。楚襄王只好向东北退守陈城（今河南淮阳）。楚襄王二十二年（前277），在楚国节节退败的形势下，楚襄王不得已与秦王会于襄陵，割让了青阳（今湖南长沙）及其以西的大片国土，才获得了喘息之机。楚襄王二十三年（前276），楚襄王才重整旗鼓收复了"淮北之地十二诸侯"和"江旁十五邑"，所谓的"江旁十五邑"，当指汉江下游潜江至武汉段与长江大致平行的江、汉两岸的楚国城邑。此后，楚与秦在军事上对峙了四年，公元前273年，用春申君计"复与秦平"，又于公元前272年，"入太子为质于秦"，才稳定住了局面，得以与秦在江汉平原一东一西隔云梦而治。公元前262年，楚襄王去世，考烈王即位，"纳州（今湖北仙桃）于秦以平"，秦便全部占领了江汉平原，版图拓展至云梦的东部。这就是说，钟祥地区（即古之竟陵、郊郢地区）在公元前278年已被秦攻占。《史记》说秦将白起"遂东至竟陵"，指的就是楚收复"江旁十五邑"后，楚与秦对峙的疆界，亦即秦设南郡的东部边界。

  在公元前278年，今之钟祥古之竟陵或郊郢被秦人占领之时，宋玉的情况如何呢？前辈学者游国恩认为宋玉生于公元前296年，陆侃如认为生于290年。按游说，此时宋玉年龄18岁；按陆说，此时宋玉年龄12岁。假定宋玉是钟祥人，在这个年龄之前，宋玉入仕作为文学侍从随王伴驾几乎是不可能的；在今之钟祥古之竟陵或郊郢被秦人占领之后，宋玉侍于襄王之侧，在游赏中作赋助兴，那就更不可能了。就算有这种可能，那还要满足另一个条件，就是古之郊郢或竟陵亦即今之钟祥是否有兰台之宫，这是宋玉《风赋》中明确交代的，也是楚王驻跸游赏的必要条件。若有，则宋玉随王伴驾于古之钟祥尚可能获得一个佐证；若无，则宋玉到古之钟祥就没有了考据学的学理支持。

---

① 刘向集录，范祥雍笺证：《战国策笺证》，上海古籍出版社2006年版，第173页。

关于兰台之所在，《史记·楚世家》有"綪缴兰台"句，唐张守节《正义》曰："兰台，桓（恒）山之别名。"①明董斯张《广博物志》曰："北岳有五名，一名兰台……。"②此非兰台之正解。唐张九龄《阳台山》诗曰："楚国兹故都，兰台有余址。"认为兰台在楚都城附近的阳台山。宋石才孺《郢州土风考古记》有"兰台避暑之宫"句，认为兰台在宋之郢州今之钟祥。明董说《七国考·楚宫室》曰："兰台之宫:《风赋》:'楚襄王游于兰台之宫。'《楚世家》:'楚有人谓顷襄王曰："王綪缴兰台，饮马西河。"'兰台一名'南台'，时所谓楚台者也。《湖广志》:'楚台山在归州城中，旧存。楚襄王建台于此，因名。'又《杜诗注》作'云台之宫'。"③认为兰台在归州城中楚台山。今人高介华、刘玉堂《楚国的城市与建筑》取《七国考》的说法，认为："兰台即是楚台，楚台在归州（今湖北秭归县）城中，盖山以台为名。"④由此可见，问题也颇为复杂，由于名为兰台的地方本有多处，所以究竟哪里是楚宫之兰台，各家对其遗址考实不同。这里只说今钟祥之兰台，虽然其地称兰台"由来已久""亦千余年"，但要证明这里是古楚国的兰台之宫，既缺乏文献资料的佐证，也缺乏考古发现的支持，仅凭"旧传"立论终显得太过单薄。既然钟祥兰台是否是古楚兰台之宫不能证实，那么对于宋玉在今之钟祥作《风赋》也就不得不画上一个大大的问号，更何况此时的宋玉还不满18岁，甚至不满12岁。因为在宋玉18岁或12岁之时或之后，今之钟祥古之郊郢或竟陵已经是秦国南郡的属邑了，楚王既然去不得，宋玉也就无法随王伴驾去那里了。

至于"郢中"是楚国都城的别称，《春秋大事表》提到的"长驱入郢中"，指的是春秋时的郢，即今湖北宜城南之楚皇城;《史记》提到的"郢中立王"，指的是战国时的郢，即今湖北荆州北之纪南城;宋玉《对楚王问》提到的"歌于郢中"，当指楚襄王迁都后的陈郢，即今河南淮阳，因为宋玉作赋时荆州北之郢都已沦为秦邑。即便今钟祥在春秋战国时确实名为郊郢，在当时也不能称之为郢中。至于后世人以"郢中"命名此地，那是后世

---

① 司马迁:《史记》，中华书局1959年版，第1732页。
② 董斯张:《广博物志》，文渊阁《四库全书》，台湾商务印书馆1986年版，第980册，第106页。
③ 董说撰:《七国考》，中华书局1956年版，第161—162页。
④ 高介华、刘玉堂:《楚国的城市与建筑》，湖北教育出版社1996年版，第263页。

人的权力，然而进行历史考据，则不能"以今释古"。清高士奇《春秋地名考略·序》说："昔楚丘之纷纷聚讼，郊郢之讹为郢中，历代之沿革变迁所系非细，岂可以圣人之大经漫曰不求甚解耶！"①据此，宋玉记述的唱和《阳春》《白雪》的地方，不可能在古称"郊郢"的今之钟祥。上文在讨论宋沈括《梦溪笔谈》引文问题时，已涉及了这一问题，下面再举一例：明王世贞《弇州四部稿·宛委余编五》说："郢本楚都，在江陵北十二里纪南城，所谓南郢也。《阳春》《白雪》之倡在是矣。今之承天，初为安陆，萧梁、唐、宋为郢州，所谓北郢也。其在楚非都会地，然则郢曲仍当归之江陵，乃为当也。"沈括和王世贞说宋玉提及的"郢中"指江陵，虽与我们的意见不同，但其否定《阳春》《白雪》之唱不当在今之钟祥，则与我们的看法完全相同。退一万步说，今之钟祥古之郊郢可以称为郢中，但在其被秦人占领之前，谁能相信，一个刚满18岁甚或刚满12岁的孩子，会被楚襄王称之为"先生"，会遭来"士民众庶"的"不誉之甚"，会写出被《文选》收录、被《文心雕龙》称颂的好文章——《对楚王问》。

据此，古之郊郢或竟陵即今之钟祥在被秦占领后，宋玉不可能到过那里，也不可能如1990年版《钟祥县志》所言："宋玉生前的政治活动在郊郢"，抑或"宋玉的文学创作高峰在郊郢"。

三、钟祥宋玉遗迹不是历史真实而是文化真实的古迹

宋玉既然不是钟祥人，随王伴驾到过钟祥的几率也非常小，那么钟祥涉及宋玉的遗迹与传说就很值得怀疑了。考查古代的文献资料，我们发现，宋玉宅、宋玉井、兰台等宋玉的遗迹和白雪楼、阳春亭、阳春台等以宋玉文学创作命名的景观，大多肇起于唐代。这当然与今之钟祥在唐代被定名为郢州有直接的关系，同时也与有唐一代崇尚复古的文学思潮和喜好游赏的文化风尚有密切的关系。我们可以这样设想，生活在唐之郢州今之钟祥的骚人墨客，以及宦游到此的文人雅士，因此地唐名郢州而自然联想到先秦的楚国

---

① 高士奇：《春秋地名考略·序》，文渊阁《四库全书》，台湾商务印书馆1986年版，第176册，第483页。

郢都，由此地兰台的地名自然联想到在文学创作中提到过兰台的宋玉，于是相关的一系列遗址与景观就被创造出来了，而并不介意历史的真实，或未加深考。这就像苏轼写《赤壁赋》一样，以一篇文章创造了一个为后人激赏的文化景观——东坡赤壁。但不同的是：今天的人们知道，东坡赤壁不是当年"火烧赤壁"的古战场，因而以"文赤壁"和"武赤壁"加以区分；然而今天的人们全然不知，钟祥涉及宋玉的遗址和景观，也是一些文人雅士依据"旧传"用笔墨创造出来的，却未能加以甄别。尽管这些被创造的宋玉遗迹与景观，对于我们今天研究宋玉的生平事迹及其作品的文化背景没有多大的帮助，甚至会带来些许误导和歧议，但若是从作家作品传播与接受的角度研究宋玉，却蕴藏着不容忽视的文物史料价值。因为就这些遗迹与景观的本身来说，无疑是货真价实的历史文物，比如宋玉井就至少是唐代的古井，阳春台就至少是唐代阳春亭的遗址，虽说兰台不一定是楚之兰台之宫，而在那里兴建的兰台书院却是清代早期的古代建筑，还有那些因被创造的宋玉遗迹与景观而题写的诗词歌赋、金石碑刻，也是一笔珍贵的古代区域文化遗产。这些被创造的宋玉遗迹与景观，承载着自唐代伊始，历代钟祥人对于楚国先贤宋玉的由衷景慕与对于战国文学家宋玉的别样情怀，同时也成了历代宦寓钟祥、赏游钟祥的文人雅士，缅怀宋玉的凭吊场所和观照历史的游览胜地。为此，我们不仅不能轻视这些文物，反而要像对待其他文物一样，珍惜它们，保护它们，从而在当今的时代充分地利用并发挥它们的文化与经济价值。为此，我们也不必刻意在地志上或宣传上作违悖历史真实的文章，非要把宋玉的户籍落到钟祥，而应该换一种思维，将这些被创造的宋玉遗迹与景观，打造成为像东坡赤壁那样"虽非历史真实却是文化真实"的古代文化景观。

第十三章　湖南临澧县宋玉遗迹传说田野调查与研究

我们宋玉遗迹传说调查小组于 2013 年 6 月 18 日午夜抵达湖南临澧县县城，第二天进行了为期一整天的调查，上午参观了临澧县博物馆，并与博物馆和文物局的相关人员进行了随机座谈，而后到临澧县图书馆、档案局查阅了清同治版《安福县志》和 1992 年版《临澧县志》；下午在临澧县望城乡实地考察了宋玉城度假村、宋玉墓、看花山、畲溪河、浴溪河，并采访了宋玉墓守墓人 60 岁的肖老汉，随后在肖老汉的引领下考察了宋玉村、宋玉城遗址和黄洲湖（放舟湖），考察期间一面听肖老汉的现场讲解，一面与当地村民随机访谈，获取了非常可观的临澧地区有关宋玉遗迹传说的宝贵资料以及临澧地方学者的最新研究成果，并且在调查后对获取的相关资料进行了认真的梳理与研究。兹报告如下。

一、宋玉遗迹调查

（一）宋玉遗迹调查印象

在临澧宋玉遗迹有两类，一类是传世文献记载的遗迹，一类是既有文献记载又有考古或文物印证的遗迹。这里先谈传世文献记载的遗迹。

1. 宋玉墓　宋玉墓位于临澧县城东 10 千米左右（以公路里程计算）的望城乡看花山村，公路与村道交叉处的路标称"宋玉陵园"，这大概是当地政府的建设规划，目前尚未完全建成，由看花山村村委会通向墓地的道路还在建设中，"陵园"内仅有修整后的宋玉墓，以及新建的宋玉亭、新立的墓碑和五方记事性碑刻（图 13-1）。据临澧县文物局姓黎的同志介绍，20 世纪 80 年代中期文物普查时经探查证明传说的宋玉墓为自然的小土丘，未发现人工造墓的熟土，此墓非真，真墓可能在看花山上，或九姊妹山一带。据守墓人肖老汉介绍，原墓比现在的要大得多，"墓冢"直径比现在要大7—9米，经过修整形成了现在的样子。据20世纪90年代编撰的《临澧县志》记载："墓冢高约8米，长50米，宽40米。"与肖老汉所说基本吻合。可知所谓宋玉墓的"墓冢"原本有如半个蛋状体覆于地面之上，的确是一个自然土丘的形状。现经整修的墓冢呈圆锥形，墓高有7—8米，墓下部最大直径约30米，环墓修有水泥路面的甬道，四围有稀稀疏疏的几棵自然生长的树木，看样子还没有进行人工绿化。墓西立有题曰"楚大夫宋玉之墓"的墓碑，碑前为水泥铺筑的小广场和简单的祭台。广场的西北角为宋玉亭，亭为六柱重檐式仿古建筑，亭西与亭南挂有木制抱柱联，西面为唐杜甫的诗句，东面为唐李白的诗句。亭北隔一堰塘为守墓人的住房，是典型的临澧现代农村二层楼式建筑，与墓、亭不甚协调。宋玉亭东，宋玉墓北立有五方石碑，按从西至东的顺序，依次为"宋玉传说"被批准列入湖南省非物资文化遗产保护项目纪念碑、重修宋玉墓记、宋玉生平简介、重修宋玉墓功德碑、宋玉《对楚王问》碑刻。（图13-2）守墓人肖老汉回忆旧墓的样子时说，墓之南北各有一座较小的堰塘，墓西即墓前有一较大的堰塘，古时有民谣说："左手一杯茶，右手一杯酒，前边是个洗脸盆。"今只有左面的堰塘还在。考之《安福县志》清同治年间绘制的《县境全图》，宋玉墓作圆形，有一弧形堰塘绕墓大半周（图13-3）[①]，据此肖老汉所说的三个堰塘在早些时候可能连成一片，后来一分为三，因此肖老汉所说的民谣产生的时代，当在清同治之后。面对着这个修整不久的传说中的古墓，我们相信考古普查的结论，此墓非真正的宋玉墓，但也尊重古老的民间传说，据《安福县志》记载，至少自唐代以来，人们就将这里作为缅怀祭奠宋玉的场所，即便非真却也由来已久，也承载着临澧民间对古之名贤宋玉的接受与纪念。

2. 看花山　看花山位于宋玉墓的东南，宋玉城的东北。相传为宋玉赏花之处。山不甚高，目测相对高度不会超过百米，山呈由东北向西南横斜的走势，绵延不足4千米，东北略高略陡峻，西南渐低渐为缓坡。（图13-4）站在宋玉墓远眺，可见山西南缓坡顶端有一座庙宇。守墓人肖老汉说那座庙叫

[①] 褚惟恒、尹龙澍等：《同治安福县志》，《中国地方志集成》（湖南府县志辑79），江苏古籍出版社2002年版，第87页。

看花山庙，我们问庙里供奉的是不是宋玉，他说不是，于是我们也就没有到那庙的所在地去实地考察。不过，我们去宋玉墓和由宋玉墓返回都要环绕看花山西麓的乡村公路走过，未见山上有成片的花木和不同一般的景象，或许是 6 月骄阳似火的季节不是看花的时候，或许是看花山已今非昔比，失去了宋玉时代山花烂漫的景致，但我们宁愿相信看花山曾经呈现过清同治《安福县志》所描述的那种让文人宋玉流连忘返的美丽（图 13-5）。

3. 畲溪河口　畲溪河是道水河的支流，两河的交汇处就在宋玉墓北边 100 米左右，人称畲溪河口，又称之为浴溪河。这里是洞庭湖优良鱼种黄花鱼（其尾为黄色故称）的产卵水域，所以每年 4、5 月份都有大批的黄花鱼到此产卵。古人不了解这种黄花鱼的生态繁衍现象，将其与宋玉墓联系起来，附会出黄花鱼朝拜宋玉墓的传说。这个传说由来已久，据《安福县志》载六朝无名氏《黄花鱼儿歌》曰："年年四月菜花黄，黄花鱼儿朝宋王。花开鱼儿来，花谢鱼儿去。只道朝宋王，谁知朝宋玉。"如今在宋玉墓北道水河畲溪河口段的大堤上，建筑起一座巨型的水泥碑墙，墙上有浅浮雕的宋玉像和描金刻字《黄花鱼儿歌》，意在将此处开辟为"宋玉陵园"的一处文化景观。（图 13-6）然而据专业人士披露，道水河畲溪河口段下游约 3 千米的烽火乡段，在 20 世纪 70 年代修建了拦河水坝，切断了黄花鱼产卵期溯游而上的通道，从此"黄花鱼儿朝宋玉"的奇观便消失了。令人略感安慰的是，如今宋玉墓守墓人住宅旁的堰塘里还人工养殖着黄花鱼，吊古者或可借此悠思遐想。

4. 浴溪河　道水河的畲溪河口段又叫浴溪河，《安福县志》说此处为宋玉"风浴"之地，即宋玉沐浴的水域。此河段河水由西向东流淌，不远处又被山势所阻，折而向北，在我们来此的 6 月时节，水势不大，河床内可见大片的滩涂和星罗棋布的沙洲长满野草，主河道蜿蜒曲折，时宽时窄，而水流平缓，水面如镜，水质尚清。其地山环水绕，水绿草青，景色怡人。（图 13-7）以此推想，在古代确是一个野外沐浴、临风畅怀的好去处。

5. 放舟湖遗址　位于临澧县城东 4 千米左右望城乡宋玉村的西北，亦即宋玉城遗址的西北，相传此湖是宋玉当年荡桨采莲、赏荷消遣的所在。放舟湖，又称泛舟湖，旧志称黄洲湖，而当地的乡民称之为荒洲湖。如今只见一片南北长 2000 米左右、东西最宽处达 200 米左右的湿地，其中从北向南可以望见几处面积不大的水面，尚有些曾经连成一体的情势，北面几处水面很像自然形成的堰塘，南面的几处水面已被改造为方形的鱼塘，其余的湖泊遗址或开辟成稻田，或种上了杨树，形成了如今所见的很长一片带状的林地。（图 13-8）若不是守墓人肖老汉的指点与讲解，我们无论如何也看不出，这里曾经是个水面开阔、波光潋滟的湖泊。询问以往湖水的面积，村民们的说法很不一致，有人说有二三百亩，有人则说湖环村西、北、东三面有五六百亩；问起当年的湖泊为什么变成了如今的模样，村民们则众口一词，说是"大跃进""以粮为纲"时填湖造田的结果。对此，我们面面相觑，唯有感叹风光不再而已。

下面谈既有文献记载又有考古或文物印证的遗迹。这类遗迹我们在第七章第五节《临澧宋玉宅》"调查印象"中已有表述，于此为了全息叙述临澧宋玉遗迹，亦引录如下：

6.宋玉城　宋玉城位于临澧县城东 4 千米左右的望城乡宋玉村。其地表上的遗迹绝大部分被农舍和田地遮蔽或覆盖，可见几处高于地面的台地，是否是城垣遗址因无标识实难确定，而村庄与田地中水塘随处可见，哪里是护城河遗址，也不敢冒然指认。宋玉村的中心是村委会所在地，村委会办公小楼的北侧是望城乡宋玉小学（参见图 7-14），村委会的对面有一方很小很薄却很精致的石碑，是当地文物管理部门树立的文物保护标志，碑正面刻有"省级文物保护单位——宋玉城遗址"等文字，背面刻着"说明"，其内容是强调保护区的范围。据此，我们知道这一带就是宋玉城遗址了。（图 13-9）据 1995 年版《湖南省志·文物志》介绍："（宋玉城）其平面略呈方形，东西长 240 米，南北宽 220 米，夯土墙残存 5 段，残高约 5 米，护城河遗迹尚存。城内出土大量战国时期筒瓦、板瓦、泥质红陶罐、盆等。"这个介绍至少是 18 年前或早至 20 世纪 80 年代中期文物普查时的宋玉城遗址情况，如今夯土墙已难觅旧貌，询问当地年长的村民，也只能指出护城河遗址的大致方位，而哪处水塘是具体的护城河遗址，则不能确定。甚至有的村民说："别找了，什么（指地表遗迹）都没了。"这样的话，可能是对遗址保护不利的怨词，然而却着实让人颇感失望，我们极尽可能依据县博物馆展示的宋玉城遗址地貌图来寻找其踪迹（图 13-10），但依然四望茫然。我们毕竟不是专业的考古人员，于茫然中也只好无奈地作罢。

7. 宋玉庙与九辩书院　据记载宋玉城中曾有宋玉庙和九辩书院等纪念宋玉的建筑，今已荡然无存。在临澧县博物馆参观时，我们曾见到一口铁钟（图13-11），一方宋玉庙碑（图13-12），一个石鼓状的磉礅（柱础）（图13-13），其文字说明介绍，三者均为宋玉庙中的遗物。其中铁钟上铭文有"湖南澧州直隶州安福县观音庵金火匠欧肖，咸丰乙王占李口三娃敬献"字样，宋玉庙碑的落款也有"咸丰四年"的记载，这个纪年，说明了重建宋玉庙与创建九辩书院的时间。宋玉庙，《太平寰宇记》无载，而《舆地纪胜》始记之，据此推断，当始建于北宋太平年间以后。据《安福县志·县境全图》标示，庙原在宋玉城南垣外，后废。清代在宋玉城内建九辩书院，同时重建了宋玉庙并移至城内，与九辩书院连为一体。据当地老人们回忆，在解放前与解放后很长一段时间内，于旧日的宋玉庙与九辩书院中都开办过学校，还一度做过将军乡（解放初此地隶属该乡）乡政府办公的场所，后在20世纪70年代中期被拆毁。临澧县博物馆展有宋玉庙与九辩书院的复原模型和宋玉塑像（图13-14），宋玉城度假村院内也立有宋玉塑像（图13-15），尚可弥补访古者之遗憾。

（二）县志中宋玉遗迹的记载

1. 宋玉城　《安福县志》卷七《城池·古城》："宋玉城，在县东十二里长乐乡，原澧州境，今拨入安福。或称宋王城者，误。详《古迹志》。《舆地纪胜》：宋玉城内有宋玉庙及铜溷堰，皆以铜冶为之，亩收三十种（种一作钟）。《通志》：在州南六十里。按：旧《志》以玉乃词客，所居不应名城，或者古有此城，宋玉尝居之，故后人即以玉名，亦未可定，犹新城有车武子宅，后人遂名车城也。此语近是。"《安福县志》卷二十八《古迹·古景》："楚城夕照，即县东宋玉城（县北申鸣城同），详见《古城》。考雉堞圮毁，仅余土堆。蔓草荒烟，夕阳惨淡，徘徊凭吊，风景萧然。读《贾谊宅》诗云：'秋草独寻人去后，寒林空见日斜时。'同此一番惆怅。"《临澧县志》第五章《文物·古城址》："宋玉城亦名楚城，因宋玉在此城居住而得名。城址在县城东南3.5公里的望城乡宋玉村，面积约6万平方米。四周尚残留城墙，高约4米、宽约5米，城址四周有护城河环绕，水面最宽处达20米，城址临近道水,四周约 10 公里间,有多处大型楚墓群。"

2. 九辩书院 《安福县志》卷十四《学校》:"九辩书院义学,在县东十二里宋大夫庙西。咸丰四年甲寅,邑令薛湘以庙祀周代楚大夫宋玉像,题'九辩书院'四字,揭之于门。会邑中封职蒋明试,因其庙宇久为风雨剥蚀,遂与邑进士张鼎元及生员欧阳青、国学孙[述](按:字原阙,笔者据其他章节校补)湘等定议重修嗣建书院,越同治四年冬蒇事。邑绅道衔蒋徵焘复以其父遗命,偕弟徵杰捐田十石,里人亦共终亩,岁取其田租以供师生膏火。邑绅辛登岸为之记。见《艺文》。"

《安福县志》卷三十二《艺文》:"辛登岸《九辩书院记》:书院何为以'九辩'名也?邑东有宋大夫墓,相传为楚宋玉窆葬处,里人重其风雅,立庙祀之,而书院附焉;薛晓帆邑侯,以大夫生平著作中有《九辩》一篇,名之以志古也。创修者谁?则蒋丹山先生善其始,而孙君述湘、欧君云程,共赞厥事也。踵成者谁?则丹山之嗣君道溪昆仲捐赀,以成其美也。噫!荒城古刹,蓬颗徒存,断碣模糊,沉埋榛莽。之数君子者,乃能追慕高踪,共成盛举。数千年荆棘之乡,一旦槐柳阴森,桃李秋郁,子夜诵读声与松风、水韵杂遝于墨山、道水间,猗欤盛矣。今夫名胜满天下,好事者每搆寺观,结亭榭,以供人之游览凭吊,三五少年,遂复联翩举袂,逐队翱翔,甚则载酒寻花,征歌选舞,昔贤托迹之区,竟为今日游冶之地。即有骚人逸士,抚怀遗徽,寄情吟咏,亦不过托诸空言,以致望古遥集之情,而求其有裨实效者,卒鲜。我圣朝兴贤育士,如紫阳、白鹿、岳麓,皆置书院以教养群才。斯即不敢比拟名区,肄业诸生,苟能慕昔贤之遗风,相与效法古人,远绍骚雅,固亦命名者所厚望,创建者所深幸也。大夫有灵,当不以踵事增华见嗤矣。跂予望之,是为记。"

3. 宋玉庙 《安福县志》卷二十六《祠庙》:"宋玉庙,在县东二十(笔者按:当为"十二"之讹倒)里,厯塑宋玉像祀之。咸丰四年,知县薛湘额题'九辩书院'。是年,邑绅理问衔蒋明试、武进士张鼎元、生员欧阳青,倡捐增建嗣于庙西,创修义学,越同治四年落成。互详《学校》。"

4. 宋玉墓 《安福县志》卷二十八《古迹·古墓》:"楚大夫宋玉墓,在县东二十里浴溪河南岸,即澧长乐乡。向有墓碑,人误称宋王坟,唐李群玉辨之,有'雨蚀玉文旁没点,至今错认宋王坟'之句。"《临澧县志》第五章

《文物·古墓址》:"墓址在县东 10 公里浴溪河南岸,在望城乡看花村境内。墓冢高约 8 米、长 50 米、宽 40 米。唐李群玉和清代许多要人写有怀古诗文,悼念宋玉。进入 80 年代,据省考古专家认定,墓冢系自然土堆,非宋玉真墓,真墓可能在看花山上。"

5. 看花山 《安福县志》卷四《山川》:"看花山,即宋玉看花处,邑八景之一,详古景。"《安福县志》卷二十八《古迹·古景》:"看花芳岭,岭在县东,相传楚大夫宋玉尝看花于此。迄今人往风微,而山上野卉争艳,清芬扑鼻,行人游客来往寻芳,摘翠披红,不胜香草美人之慕。"

6. 黄洲湖 《安福县志》卷五《水利》:"黄洲湖,在县东十五里,原名泛舟湖,与宋玉城相近。传为宋玉采莲处。"

7. 浴溪渡 《安福县志》卷六《津梁》:"浴溪渡,在县东十八里,相传为宋玉风浴之处。"①

(三)关涉宋玉遗迹的文学作品

《安福县志》卷三十三《艺文四》载有吟咏宋玉及其游迹的诗文,兹引录如下。

六朝无名氏《黄花鱼儿歌》:"年年四月菜花黄,黄花鱼儿朝宋王。花开鱼儿来,花谢鱼儿去。只道朝宋王,谁知朝宋玉。"

清曾燠《吊楚大夫宋玉墓文》:"何南土之萧瑟兮,气无时而不秋。山林杳以冥冥兮,郁终古之离忧。采芳馨于澧浦兮,徒榛莽之一邱。与汨罗遥相望兮,魂上下而孰招。眄高堂之云气兮,身憛悷其难求。呜呼夫子兮学于灵均,鸾皇铩羽兮孤鹤叫群。桂直而伐兮膏明而焚,玉固可折兮兰曷为薰。昔仲尼之殂落兮,微言绝而有述。七十二子继亡兮,斯大义之乖失。夫子之于灵均兮,如唱和之应节。自歌停于郢中兮,世讵闻夫白雪。嗟重昏兮楚襄,曾不鉴兮前王。见六双之大鸟兮,弃宝弓而不张。若野麋之在泽兮,蒙虎皮而欲狂。彼齐侯之复雠兮,隔九世而义明。何阖庐之交越兮,杀尔父而可忘。日康娱以淫游兮,但娱娱其笑语。侈大王之雄风兮,慕神女之灵雨。闻

---

① 以上文献参见《同治安福县志》,《中国地方志集成》(湖南府县志辑 79),江苏古籍出版社 2002 年版;临澧县史志编纂委员会编:《临澧县志》,中国社会出版社 1992 年版。

谟言而嗔兮，谀不工而亦拒。匿重痼而避醫兮，虽俞缓其何处。唯夫子察其故兮，叹昌言之风微。批逆鳞其诚难兮，犯菹醢而奚裨。羌文王而谲谏兮，词多风以善入。驱诡怪而夸丽兮，夫诚有所不恤。因大言以蒙赏兮，非夫子怀也。或劝百而讽一兮，亦夫子之哀也。古即重此修辞兮，何所遭之多忌。相灵均已肇端兮，宜夫子之陨涕。乱曰：有神物兮鲲鱼，朝发于昆墟兮，暮宿于孟诸。吾知尺泽之鲲兮，固未足于江湖。"

清张范《外八景·看花芳岭》："人去岭自芳，春来花可玩。有如东邻女，频将宋玉看。"又《外八景·楚城夕照》："落日下荒城，残霞散文绮。行人访遗踪，独立斜阳里。"

清蒋仲《外八景·看花芳岭》："深山访遗踪，策杖香扑鼻。幽迳寂无人，野花开满地。"又《外八景·楚城夕照》："孤城寻胜迹，春近芷兰香。寂寞村头树，寒鸦吊夕阳。"又《宋玉墓怀古》（二首）："大夫埋骨楚江边，字误碑讹不计年。古岭萧条花寂寂，孤城零落草芊芊。荒郊日暮啼山鬼，夜月林深哭杜鹃。遗冢几经遭野火，断肠白雪续遗篇。"又："泽畔徘徊日夕曛，愁人啼鸟隔花闻。香残花国骚中草，地阻高台梦里云。词赋千秋悲过客，江山万古剩孤坟。行吟独洒临风泪，复把招魂一吊君。"

清蒋健《外八景·看花芳岭》："昔人归何处，岭上有余芳。我来花正发，踏遍马蹄香。"又《游宋玉城》："泛月看花楚水东，大夫韵事散清风。不堪吊古荒城外，衰柳寒鸦落照红。"

清蒋定诏《外八景·看花芳岭》："看花人去矣，花落自成蹊。我来寻芳躅，香风送马蹄。"

清张琬《外八景·看花芳岭》："峻岭恣遐瞩，清芳四面收。不闻香草句，只见白雪留。雀唤平林友，花迎逸客游。悲秋人已邈，怅望感前休。"又《外八景·楚城夕照》："雉堞高原回，繁华过眼空。只今余夕照，振古烁荒丛。暮霭兼天翠，残霞掠地红。旷观评晚趣，一曲渺难穷。"

清蕴山《看花芳岭》："不见看花人，惟余看花岭。寻花得来，马足踏秋影。"

清薛湘《楚城吊宋玉》："古墓郁嵯峨，珠光腾地底。前有庙貌新，钦崇遍澧水。后代缅遗型，人人深仰止。公乃大完人，德行俱粹美。谏讽本精诚，微词关要旨。爱国与忠君，出于不自己。风义笃渊深，铭感入骨髓。沆瀣一气传，无惭高弟子。万丈玉虹霓，蟠胸长不死。吐作五色花，篇篇何旖旎。公魂不待招，招公须公比。屈后幸有公，公后谁继轨。即论好才华，岂易摩公垒。可惜宣尼亡，删诗不见此。未必骚人骚，不胜郑卫靡。大雅难再得，元音渺正始。我欲放悲歌，回音西风起。"

清李秉礼《吊宋玉墓》："千古风骚擅澧乡，大夫埋骨墓田荒。长楸翦伐供樵客，断碣模糊误宋王。赖有邑人寻故址，惭无奇句发幽光。萧条我亦悲秋者，一读遗文泪数行。"

清李宗瀚《吊宋玉墓》（二首）："一杯遥酹大夫坟，吊罢灵均又吊君。断碣犹讹宋王字，荒台已没楚天云。花残芳岭藦芜长，日落空城蟋蟀闻。拟问浴溪河畔路，晚枫如雨正纷纷。"又："风骚异代与谁论，欲把遗篇问九原。楚国悲秋人已渺，花山作赋迹空存。荒邱近接车公冢，湘水同招屈子魂。错认宋王堪一笑，长楸萧飒断碣昏。"

清陈遂《吊宋玉墓》（四首）："作赋登高忆此乡，山城祠庙剧荒凉。荆台凤擅才华艳，澧水今余翰墨香。辨伪校书诗可证，诛茅庾信宅皆荒。藤萝满目披文藻，却笑居人误宋王。"又："儒雅风流异代尊，杜陵高咏为招魂。微词何意来诼口，琦行还宜发大言。洒落君臣征问答，朴忠师弟见渊源。汨罗渺渺遥相接，灵爽凭应在墓门。"又："百年胜迹泯无闻，剔石重镌大雅坟。乍辟荆榛占地运，博搜纪述赖人文。霸才南国雄犹昔，臣里东家态不群。想得风流余韵在，一溪兰芷助清芬。"又："珥笔曾陪侍从游，景差唐勒孰能俦。高怀毕竟难谐俗，名士从来易感秋。云雨荒台恣梦幻，江关词客怅淹留。而今指点传疑处，下里都工白雪讴。"

清蒋世恩《宋玉墓》："望汨瞻罗泪洒巾，予生亦只哭灵均。秋坟古木啼山鬼，香草荒江配美人。寂寞东墙谁处子，飘零南国有词臣。萝衣手剪招魂纸，飒飒如来湘上神。"

清蒋徵弼《吊宋玉墓》："荒烟黯淡锁长楸，把酒酬君寄陇头。屈子薪传归大墓，襄王事业咽寒流。湖山剩有生前迹，草木空悲死后秋。读罢残碑无限恨，斜阳影里字沉浮。（自注：世传泛舟湖、看花山皆宋玉游赏处。）"

清蒋徵陶《谒宋玉庙》："雄才自昔擅骚坛，痛我迟来兴欲阑。驻马频瞻新庙貌，入门犹见古衣冠。巫山幻梦空云雨，楚国香魂剩芷兰。俎豆从今无废祀，高吟白雪祝平安。"①

上引诗25篇，除《黄花鱼儿歌》为六朝作品外，余24篇皆清代作品。据《安福县志》编者于《吊宋玉墓》下所作按语云："此题名作如林，美不胜收，今仅录数首，余载在《白雪初唱集》中，多可传者。"这说明临澧吟咏宋玉的诗篇还有很多，此引并非全部，然而我们在调查中，未能访得《白雪初唱集》，或已佚，故只能按《安福县志》所引转录。分析24篇清代的作品，就诗题而论，所述皆以宋玉遗迹为切入的对象，其中涉及宋玉墓的12首，涉及宋玉城的5首，涉及宋玉庙1首，涉及看花山的6首。这些诗可以证明，宋玉曾流寓临澧且留下了诸多遗迹，在清代临澧人的心目中是深信不疑的。从这些诗中反映的宋玉遗迹在清代的情况看，宋玉城久已荒废，所以诗中多有感叹，"不堪吊古荒城外，衰柳寒鸦落照红"，"雉堞高原回，繁华过眼空"，"作赋登高忆此乡，山城祠庙剧荒凉"，情形与我们今天见到的宋玉城遗址似乎相差无几。诗歌在描写宋玉墓时，虽也称"墓田荒"，或直称"荒邱"，但值得注意的是，这些诗常常写到"错认宋王堪一笑，长楸萧飒断碣昏"一类的话，似乎那个"雨蚀玉文旁没点"的古碑还在，此外又有"读罢残碑无限恨，斜阳影里字沉浮"，"百年胜迹泯无闻，剔石重镌大雅坟"等诗句，从中可以窥见，在那个"蚀点"的古碑之外，还有其他的碑，且有碑文，而这些至少是清代的古碑如今已无遗存。《谒宋玉庙》诗当作于清同治间宋玉庙重修之后，所以有"驻马频瞻新庙貌，入门犹见古衣冠"的诗句，以此知重修的宋玉庙中，依"历塑宋玉像祀之"的古制重塑了宋玉像。读写看花山的诗，我们可以获悉，看花山上的花是自然野生的，而非人工培植，赏花的季节是春季。至于放舟湖仅有一首诗提及，可见清人不大看重这处宋玉遗迹。从这些诗中对宋玉的描写看，皆为景仰之词，对宋玉的人品文品均称赞有加，特别是安福知县薛湘的《楚城吊宋玉》可谓达到了极致，"公乃大完人，德行俱粹美。谏讽本精诚，微词关要旨。爱国与忠君，出于不自己。风义笃渊深，铭感入骨髓。沆瀣一气传，无惭高弟子"。一县之长的话，当是一县民人的代表，可见临澧人崇敬宋玉，以宋玉曾流寓临澧为骄傲是有传统的，且由来已久。

---

① 以上引文见《同治安福县志》，《中国地方志集成》（湖南府县志辑79），江苏古籍出版社2002年版。

二、宋玉传说分析

在宋玉墓旁的守墓人小楼内，我们调查小组采访了60岁的守墓人肖老汉，他给我们讲述了许多宋玉的传说，我们一边听讲，一边询问，一边认真地做了现场录音。后来在守墓人那里买到的《华人论坛》中发现，这些传说已经被临澧当地的宋玉研究者整理发表了，而且与守墓人讲述的主体内容大致相同，为尊重他人的研究成果，兹转录如下：

1. 屈原托梦救宋玉

宋玉被贬谪到云梦泽（今临澧县望城乡楚城村、宋玉村、鸣锣村、看花村一带）后，深感怀才不遇，便整天郁闷不乐，以酒浇愁。

一天，宋玉与他新结识的好友一行来到陡壁潭酒馆（道水流经楚城北的一个深潭）饮酒。酒过数巡，大家都有几分醉意，宋玉便吐露要步其师屈原的后尘，投河自尽，追随屈原而去。好友便以言相劝，并扶宋玉踉踉跄跄地回到了住地，好友们忧心而散。

宋玉回到家后，一头栽倒在床上，进入了梦乡。在梦里，一个严肃的面孔出现在宋玉面前。宋玉识出是恩师屈原，慌忙跪倒便拜。屈原对其说："汝有诸事未果，勿效吾样，当继承遗志以劝学、著述、整肃乡风为要正是焉！"屈原说完便不见了。宋玉惊出一身冷汗，朝汨罗方向而拜。

宋玉经过自省，打消了自尽的念头。从此，便与朋友一道，在劝学、著述、整肃乡风等方面作出了重大贡献。

2. 放舟湖的来由

很早以前，道水从宋玉村旁流过，旁边有个大荒滩，中间有个小湖泊，人们叫它荒洲湖。当时，居住在这里的人们喜欢放养牲猪，故此湖又名放猪湖。

无论叫荒洲湖也好，名放猪湖也罢，该湖风景怡人，景色优美，满湖荷莲，如翠微，似泛星，仿如"世上只有天上有，人生那得几回看"。只是周边的放猪，给玉帛点上了垢斑。

宋玉在此经常交友作赋，谈经论道，访贫问苦，与百姓融为一体。宋玉便劝说百姓，圈养牲猪，治理湖泊的周边环境。百姓纷纷响应。经过几番努力，荒洲湖便成了远近闻名的仙境。周边的老百姓和闻名而来的达官显贵纷至沓来，观光旅游，放舟赏景，品莲茶，尝莲藕，食鲜鱼。楚王听奏后，专程来此一游，对宋玉大加赞赏，说："此荒洲湖者，当名为放舟湖也。"此便是放舟湖之来由。

3. 龙家桥的传说

龙家桥位于宋玉庙东一华里许，现属临澧望城乡看花村管辖。

相传宋玉贬谪临澧后，修建了宋玉城，治理了放舟湖，还将卯山（今看花村境内）变成了花山（现名为看花山）。楚王游览了放舟湖后，便携随从和宋玉反转游看花山。

楚襄王一行行至一座小木桥边，看见一条蟒蛇爬行在小桥上，见有众多行人，便溜进草丛中不见了。楚王便问宋玉："此桥甚名？"宋玉答："此乃蛇家桥是也。"楚王道："寡人经此桥，遇此蟒落荒而逃，此桥当名为龙家桥也。"宋玉说："然也。"

从此，蛇家桥更名为龙家桥。后宋玉又将龙家桥修为石桥。清朝末年，龙家桥被洪水冲毁，便由民间绅仕捐款修成木桥。现改修成水泥桥。龙家桥的名字一直沿用至今。

4. 地悯天怜葬宋玉

宋玉被贬谪临澧以后，生活了三十三年，在云梦泽之地，他以超凡的学识和胆略，在劝学、著述、整肃乡风等方面建立了不可磨灭的功勋，他关心和体恤百姓，与老百姓建立了水乳交融的关系。

一天清晨，年迈多病的宋玉召来亲朋好友，交待后事。病榻上虚弱的宋玉对大家说："吾虽有志救民于水火，扶朝于危难，然地不如意，天勿遂愿。今春意盎然，吾将追随恩师去也，望善自保重……"说话未完，魂魄飘然而去。一世英名，给人们留下了无限的怀念和遐想。

宋玉的去世，震动了湘楚大地，前来吊唁者无数。出殡那天，更是人山人海。宋玉出殡那天上午，晴空万里，风和日丽。出殡队伍来到了下葬地的看花山下的道水河与畲溪河汇合的地方（今看花村境内），突然乌云密布，电闪雷鸣，伸手不见五指，大雨倾盆如注，抬棺者和送殡者慌忙而逃。时过三刻，天气恢复原样，宋玉灵柩落棺的地方，耸起了一座高高的坟丘。宋玉去世，惊动了洞庭湖的龙王。是夜，龙王派一种名叫黄花鱼的家族，前来拜祭宋玉，一直到现在也没有停止过朝拜活动。今有六朝无名氏作《黄花鱼儿歌》为证，诗曰："年年四月菜花黄，黄花鱼儿朝宋王。花开鱼儿来，花谢鱼儿去；只道朝宋王，谁知朝宋玉。"后历朝历代，达官贵人来此修葺膜拜。真是："宋玉悲哀，地悯天怜。"

宋玉的墓地原为宋玉后人守护，很多百姓也迁来此地守墓，到全国解放时止，宋玉墓地形成了一个较大的村庄，取名为东方红生产队。现因国土整地，该村落已迁往看花山等地。

5. 宋玉托梦修复庙院

始建于唐朝的宋玉庙（系宋玉城遗址东段100米）和九辩书院（宋玉城遗址中间），对楚文化的形成和发展发挥了重要作用。斗转星移，时值清末道光年间，宋玉庙和九辩书院因年久失修而破乱不堪，失去了往日的风采。百姓怨声载道，统治阶级不闻不问。

介时，华容县的有识之士江岳桥、刘进川，因仰慕宋玉，举家迁往宋玉城旁居住。二人对宋玉庙和九辩书院的破败深感不安。于是，他二人网罗当地的几位穷读书人（称为"八樵"）四方联谊，奔走呼告，为修复宋玉庙和九辩书院筹捐募款，成效甚微。

一天晚上，宋玉分别给"八樵"托梦，说："吾托身之庙宇可不要，也要将书院修复，在此拜托，切记。"第二天，"八樵"汇聚一起，谈及前晚一梦，深感惊诧，也感到修复宋玉庙和九辩书院责任重大。他们八人反复商量，最后编了一个故事，传播宋玉庙里的扶乩（一种古老的占卜方法）相当灵验的消息。

当时的安福县（临澧县）的知县叫薛湘，他有个儿子赴知州考功名，半个月杳无音信，薛湘全家人急得团团转。薛湘的师爷闻听宋玉庙的扶乩相当灵验的传说后，将此消息告诉老爷。于是薛湘赶忙带领师爷等一队人马，鸣锣开道，来到宋玉庙敬香扶乩，乩盘上现出"好鸟枝头报好音"的字形。薛湘大喜。第二天，报子来报，其子果然中了第一名。薛湘当即许下了衙门首先出资，并向财主们募捐修复宋玉庙和九辩书院的愿。

薛湘此举过不了几天，安福巨富蒋明试的父亲归天，薛湘闻讯前去吊唁，其间谈及为其父兴修墓地之事，薛湘便将宋玉庙扶乩灵验之事告诉了蒋明试。蒋明试大喜，便马上带领随从起程到宋玉庙扶乩，乩盘上显示了蒋明试所垂涎的地方的字形。于是蒋明试也当即许下了带头出巨资修复宋玉庙、九辩书院和宋玉墓的宏愿。

江岳桥、刘进川等"八樵"闻听修复宋玉庙、九辩书院和宋玉墓的资金有了着落,心中非常高兴。在他们"八樵"的筹划下,修复工程马上动工,并将九辩书院迁至宋玉庙南边,与宋玉庙形成一体。通过八年的努力,修复工作全面竣工。知县薛湘挥毫题写了宋玉庙和九辩书院的匾额,副贡生辛登岸作《九辩书院记》。自此之后,"八樵"募捐修复宋玉庙、九辩书院和宋玉墓的义举被传为佳话。①

6. 宋玉托梦劝学　农夫庙中教子

宋玉被楚襄王贬谪云梦泽地(今临澧县望城乡宋玉村)后,仍致力于传播他的兴教助学思想,致使这一带兴读书之风,立报国之志的乡风甚浓。

宋玉死后,乡民们为感其恩德,在当地修了座宋玉庙,善男信女顶礼膜拜,四季香火不断,凡是启蒙的娃儿,不分男女,先由父母将其带到宋玉庙里,跪在宋玉像前祭拜,祈求宋夫子保佑娃儿读书有成,然后送孩子入学。

有一年天大旱,眼看遍地庄稼将颗粒无收,农夫们心急如焚,有几个农夫便把自家娃儿从学校里拉回来,说:"肚儿也糊不圆实,还读个屁书,回去给老子挑水浇禾!"

那日晚,孩子们从家里结伴逃跑,为避免爹娘的打骂,他们躲进宋玉庙里,不敢回家。第二天一早,几个农夫跑到宋玉庙里,跪在宋玉像前说:"昨天晚上我梦见宋大夫了,宋大夫说:'娃儿还这么小,你就不让他读书了,这不是造孽么,养儿不读书,好比喂头猪。'"另几个农夫也齐声说:"宋夫子在梦里对我也是这么说的呀!"说完,农夫们在庙里找到自己的娃儿,齐齐跪在宋玉像前说:"孩子,今后你要好好读书,以谢宋大夫的托梦之恩!"

从此,"养儿不读书,好比喂头猪"的俗语流传至今。

7. 穷书生募捐修书院　宋玉显灵助"八樵"

传说清道光年间,从华容来了两位穷书生,在宋玉城里教书,时间一长,他俩便与当地另几位读书人结成好友,号称"楚城八樵"。

因宋玉城一带大兴倡教助学之风,儿童入学读书十分踊跃,原来的学校

---

① 以上第1—5则,转引自丁家明:《宋玉轶事五则》,《华人论坛·宋玉城专刊》,华人论坛杂志社2008年元月号。

的几间破房子根本容纳不了日益增多的学生,"八樵"便发起了修一所以宋玉代表作《九辩》命名的九辩书院。

"八樵"日夜穿行于乡里,挨家挨户募捐,经过一年多的努力,终于筹齐了建院经费,但建院还差八根三丈长的松木立柱,八位教书先生分头寻觅,不久都无功而返。

一日晚,天上雷雨交加,一阵大风将宋玉庙揭去天盖,庙中八根松木大柱齐齐倒下,一根大柱上还赫然写着两行字:"教子责任重,供我有何用,你要建书院,送你八根松。"

八书生知是宋玉显灵相助,一齐跪倒叩拜。不久九辩书院建成,自此,乡里助学之风更甚,只要学校里有什么困难,乡民们都慷慨相助。

8. 乾隆爷戏水放舟湖　宋玉魂惩马美人

宋玉村原有一大湖,方圆数里,连接道河,是宋玉村通往外域的要道。相传宋玉贬谪临澧后,上忧庙堂,下忧百姓,更是怀念师友,无比寂寞,闲暇时向农家借来小船,独自一人将小船泊于湖中,赏荷吟诗,也有几分乐趣。人们便叫此湖为放舟湖。

传说清乾隆爷喜好游山玩水。一年初秋九月,乾隆爷携新欢马美人顺长江而下,又转道澧水到了澧州境内。乾隆对随从说:"听说楚大夫宋玉葬在此地不远,我们何不去拜祭?"随从说:"皇上,我们已经出游多时了,如再耽搁是不是……"马美人在一旁娇滴滴地说:"皇上出游图的是个尽兴,既然皇上想去,那就去呗!"

一日,皇上驾到宋玉城,乾隆爷举目望去,果然是阡陌纵横,湖水荡漾,花红柳绿,景色迷人。马美人游兴大发,拉着乾隆爷就要游放舟湖。不一会儿皇上的小船就在湖中荡漾。放舟湖水清见底,鸟翱碧空,鱼翔浅底,荷叶碧绿,荷花点点,乾隆爷与马美人在船中饮酒作乐,尽享湖中秋色。不觉一晃三日,乾隆爷仍流连忘返。

一日游湖时,马美人在船中伸出纤纤玉手抚弄一朵荷花,她见一片荷叶上有一颗水珠儿随风滚动,觉得有趣,便把乾隆爷脖子上的一串朝珠也取下来放在荷叶上,那朝珠晶莹剔透,价值连城。此时一阵风起,那串朝珠扑咚一声落进湖里,荷叶上的水珠也不见了,只见水珠滑过的荷叶上现出一行字来:"玩物荒朝政,此女是祸根,今日不除汝,宋玉难安心。"

马美人知是宋玉显灵,不觉芳心大怒,伸手去扯那片荷叶。此时小船一晃,马美人扑咚一声落入水中,乾隆爷忙令人救起,不想马美人已香魂西去。乾隆爷望着静静的湖面说:"从此以后此湖就叫放珠湖吧!"

自此,这一带出了不少清正廉洁、执政为民的好官。①

9. 石墨山的传说

石墨山坐落于临澧县望城乡永安村与柏枝乡石墨村、新合村之间。……

有次月假返家,小憩于此,见一客商模样的中年男子指着"石墨山商店"招牌,询问一位须发斑皤的老人:"老伯,这满山上下,南竹密布,为什么不叫南竹山而称石墨山?"

老人望了望四周翁郁的竹林,又对中年男子端详了一番,然后朗声笑着说:"同志,你是外乡人吧,对本地的乡土典故还不清楚。此处的确盛产南竹,但多在山下。"老人起身指了指山前翠竹环绕的村庄,"那个村子就叫南竹湾。至于这山为何冠名石墨?"老人望了望被店屋遮住了的山,略带几分神秘地接着说:"这山虽不高峻,可是一座钟灵毓秀的宝山啊!古代楚国大诗人宋玉,失职被放逐于云梦赐地安福,落居楚城后,不仅时临看花山看花,而且常来石墨山赏景呢!有一次,他偶见山间露出不少像墨一样的黑石,猛然忆起屈子老师说过'石墨飘香'的话,灵性顿生:这不就是石墨吧?这山当然就是石墨山了。于是,他伫立山头,仰天长啸:'我见到石墨了,我登上石墨山了。石墨山是一座风光旖旎的美山,石墨山是一座孕育人才的宝山啊!'自此以后,这山的美名就四处传开了。"

中年男子听罢老人对山名来源生动有趣的解说,会心地笑了笑,说了声"谢谢",便肩着商担匆匆离开了。②

以上9则关于宋玉的传说,是临澧当地人收集整理的,虽然没有按采集规范记录讲述者的相关信息,并且还颇有些力求文学润色的成分,甚或掺入了些许当代临澧宋玉研究的主观看法,已不是原滋原味的民间传说,但是从中尚能够或多或少地感悟出民间传说乡土本色的味道。分析这些传说,从传

---

① 以上第6—8则,转引自姜一焕:《宋玉的传说三则》,《华人论坛·宋玉城专刊》,华人论坛杂志社2008年元月号。

② 第9则,摘引自王季成:《车胤与宋玉、石墨山的传说》,《徜徉宋玉城》,湖南人民出版社2011年版,第313页。

说主体角度说,有关乎宋玉生前的,如1、2、3、9等四则;也有关乎宋玉死后的,如4、5、6、7、8等五则。从传说主体与其他人物关系角度说,关乎宋玉生前的,涉及他与已故的屈原和在位的楚襄王之间的关系,说明这些传说所反映的时间区间,上限为屈原自沉之后,下限为楚襄王驾崩之前,可是,值得注意的是,根据相关资料,在这个时间区间内,宋玉到此地的可能性极小,反映了这一类传说附会历史的色彩;关乎宋玉死后的,除第4则涉及宋玉同时代的人物外,第5、6、7、8则涉及的都是清代的人物,说明这些传说源起比较晚,是有清一代的产物。从传说题材角度说,关乎宋玉生前的,有"志人"的性质,与宋玉在临澧的事迹有关,但仅仅是证明了一些地名与宋玉的关系和宋玉曾到过此地,对于宋玉研究的其他方面帮助不大;而关乎宋玉死后的,有"志怪"的性质,与宋玉的事迹无关,而具有神秘色彩,附会的成分较大,所反映的更多是乡民们借助宋玉文学成就的影响,对兴学、劝学的心理期待,然而这类传说,特别是第4则,都在证明宋玉最终卒于这里。从传说内容角度说,第2、3、9则有关于地名的来由;第5、6、7则表现宋玉的劝学意识;第1则描写宋玉到临澧后的心态,第4则渲染宋玉丧葬的神奇与宋玉墓形成的灵异,第8则讲述宋玉显灵惩治尤物惑君;总体说来,这些传说的中心意思都反映了当地人们对宋玉的由衷景仰与深切缅怀。从传说的史料价值角度说,在学术研究中,民间传说是不能作为实证资料的,但在信史资料缺失的情况下,民间传说是可以作为佐证资料来"填补空白"的。从这一意义上讲,临澧望城乡流传的宋玉传说,尽管存在着与史实抵牾、怪诞猎奇等这样或那样的不可征信因素,但其中也存有可信信息,这就是宋玉传说在此地而不是在其他地方流传的地缘事实,因此,我们认为,这些传说可以在一定程度上佐证,宋玉于临终前可能在临澧生活过一段时间。

此外,1992年版的《临澧县志》第四章《民间传说》也记有一则《宋玉谪居及墓葬的传说》:

> 宋玉是楚国归州的贫士,长于词赋,他在友人的推荐下,得到文学侍从的职位。从此,宋玉、景差、唐勒等,跟随顷襄王左右,襄王出游必令作赋,宋玉总最先完卷,而且写得最好,他的《大言赋》《小言赋》

《风赋》深得襄王的赞赏,并赐田不少,后因景差嫉妒,对楚王讲了坏话,宋玉遂被放逐到现离临澧县城东 12 里的浴溪河南岸。

宋玉放逐后,在看花山曾写过《九辩》。放逐生活虽异常艰苦,宋玉的意志仍很坚定。他在《九辩》中便有"无衣裘以御冬""寒士失职而志不平"的话。宋玉后在兵荒马乱中死去,当地百姓替他办完丧事,午后 2 时出殡,当棺木抬到浴溪河南岸一个山上掩埋时,忽然大雨倾盆,出殡人都躲雨去了,雨止来看,已经堆起一个大坟堆。后代人都很怀念宋玉,为他立碑留念;宋玉住过的地方,遂称宋玉城(又称楚城);观花的山名看花山;放舟的湖名泛舟湖。①

这则所谓的"传说",实际上是对当地民间宋玉传说和旧《县志》中宋玉传闻记载的归纳综合与概括表述,而不是民间传说的本身。但是相对上引临澧作者记述的宋玉传说,则表现出更多的客观态度,对于探讨宋玉传说的民间原始状态和核心内容颇有帮助。故抄录于此,以备参考。

三、关于宋玉在临澧及相关问题的讨论

(一)问题的提出

关于宋玉居住于临澧与终老于临澧的问题,清同治版的《安福县志》卷三十四《外纪·流寓》说的比较肯定,"周宋玉,归州人,屈原弟子。悯其师忠而放逐,作《九辩》五首(笔者按:此据《文选》所载为言,《九辩》最早载于汉王逸《楚辞章句》,本不分段,《文选》选录其中五段,非是《九辩》全文。《县志》说不确),以述其志;又怜师命将落,作《招魂》,以复其精神,延其寿命。辞藻艳丽,有《离骚》遗音。与景差、唐勒并为词客,仕楚,为大夫。尝居于邑,有城与庙,及看花山、放舟湖诸迹,后殁,葬邑之浴溪河南岸"②。而在考古专家认定传说的宋玉墓为自然土堆后,1992 年

---

① 临澧县史志编纂委员会编:《临澧县志》,中国社会出版社 1992 年版,第 767 页。
② 褚惟恒、尹龙澍等:《同治安福县志》,《中国地方志集成》(湖南府县志辑 79),江苏古籍出版社 2002 年版,第 484 页。

版《临澧县志》则以《民间传说》的形式，记述宋玉在临澧的事迹（原文见上），其态度非常严谨，其表述也非常有分寸。而进入21世纪以后，随着临澧地区宋玉研究的不断深入，特别是于2007年临澧宋玉学会成立后，临澧的大部分宋玉研究者又重申《安福县志》的提法，认为宋玉"尝居于邑"，"后殁葬邑之浴溪河南岸"，甚至有人提出"宋玉是临澧人""临澧是宋玉作品创作地"等比《安福县志》更进一步的说法，2008年《华人论坛》刊发了《宋玉城专刊》，该刊在最重要的位置发表了一篇题为《宋玉生平考析》的文章，署名为临澧宋玉学会。这篇文章代表着临澧宋玉研究者公认的学术观点，亦可视为他们对宋玉生平及其在临澧问题研究的总结与综述。兹摘引文章的主要观点如下。

1. 宋玉本生于宋（指先秦之宋国）。

2. 楚襄王十三年，齐湣王（十五年）灭宋，宋康王（四十三年）败死。宋玉随家人流落楚国的鄢（即宜城）。宋国灭后，便以国为姓，姓宋名玉，字子渊，晚年自号鹿溪子。

3. 宋玉23岁，公元前275—前263年之间，秦、楚和平相处，楚国国内较为安定，襄王为了安度欢乐，才会纳宋玉为文学侍从。宋玉的赋，主要创作于这个时期。随着在临澧新安、合口交汇处考古发掘出一座面积达20平方千米的大型楚城，其面积比湖北江陵郢都大一倍多（笔者按：江陵附近称为郢的城邑有二，一是纪南城，在江陵北，面积为16平方千米；一是郢城，位于江陵东北，面积约1.7平方千米。而纪南城是大家公认的战国时楚都城。此言大一倍多，不确），证明此座古城就是襄王的郢都。说明襄王迁陈城只有短短一两年，他主要活动在临澧的澧阳郢城，殁后也葬在九里楚墓群之中。

4. 襄王薨，太子完立为考烈王，复迁都于陈城，宋玉也随文武百官去了陈城。考烈王八年，即公元前255年，宋玉去职，去了襄王赐给他的云梦之田——临澧。

5. 平心而论，宋玉幼年居宋国商丘不到13年，居鄢（宜城）、归州约9年，随襄王居临澧澧阳郢都约14年，随考烈王居河南陈城不到8年，在赐地宋玉城一带居住33年以上。可以说宋玉一生在临澧生活了约47年，且殁后亦安葬于斯地。

6. 宋玉作品多数创作于襄王澧阳郢都时期，《九辩》《招魂》《笛赋》创作于去官后谪居宋玉城时期。

7. 宋玉亲冢不可能在宜城，而理当在临澧。

读了这篇文章，以及佐证这篇文章的相关专题论文，给人的感觉是，"大胆假设"有余，而"小心求证"不足，并且有举证难以证明其结论或对举证资料未能正确理解的失误，因此无论其分论点，还是总论点，都有很大的商榷空间。

（二）问题的讨论

这里先就《宋玉生平考析》一文的推理依据，说一说我们的意见。

1. "宋玉本生于宋"的问题。这个问题最初是罗漫教授根据宋代的文献资料提出的。宋章定《名贤氏族言行类稿》卷四十二"宋"字条："《姓纂》：子姓，殷王帝乙长子微子启，周武王封之于宋，传国三十六代，至君偃为楚所灭，子孙以国为氏。楚有宋玉、宋义、宋昌。"与之同时的宋邵思《姓解》亦有相同的说法，后清周鲁《类书纂要》从其说，而章定所宗之前代文献——唐林宝《元和姓纂》卷八却云："宋，子姓，殷王帝乙长子微子启，周武王封之于宋，传国三十六世，至君偃为楚所灭，子孙以国为氏。楚有宋义、宋昌。"举例未言及宋玉。这说明唐人不认为宋玉是周代宋国之王室后裔，甚或认为宋玉姓宋与微子所封之宋国无关，唐以后的宋代才有宋玉"以国为氏"的说法。其实，宋姓在殷商时代就已出现了，《史记·殷本纪》记载："太史公曰：余以《颂》次契之事，自成汤以来，采于《书》《诗》。契为子姓，其后分封，以国为姓，有殷氏、来氏、宋氏、空桐氏、稚氏、北殷氏、目夷氏。"[①] 宋氏本非仅源于周代所立"微子于宋"之宋国，"宋"之为地名在微子受封之前业已存在，以地为姓也是古姓氏的缘起之一。无论如何，宋玉之姓氏来源，尚有待于进一步研究，而以姓氏推断宋玉的国别与出生地更当谨慎求证，据实证立言。因此，"宋玉本生于宋"的提法值得商榷，若以此下结论则有失学术的严谨。

2. 宋玉字子渊、号鹿溪子的问题。此说当源于清梁绍壬于笔记中的一则记述，其《两般秋雨盦随笔》卷三"宋玉"条说："有客至澧州，见宋氏家

---

① 司马迁：《史记》，中华书局1959年版，第109页。

牒，言宋玉字子渊，号鹿溪子。可补记载之缺。"以宋玉去世近两千年的谱牒资料为说，证据本不够充分，更何况此"宋氏家牒"只是口传耳闻，并未流传于世，其真伪尚无法确定。今临澧宋玉城遗址所在地宋玉村已无姓宋者，毗邻宋玉村的看花村也无姓宋者，据江从镐《宋玉·鹿溪子·临澧人》一文说："宋玉的后人就住在宋玉城附近，当地农民还租种过他们的田地，直到清朝末年才迁往津市，后又从津市迁往湖北。"然而据我们的调查，湖北宜城宋玉墓所在地腊树园村也没有姓宋的人家，这又使"宋氏家牒"无从追踪。我们认为，这则笔记资料只能证明宋玉"字""号"的可能性，而不能因此做出肯定性的判断。又宋玉字子渊、号鹿溪子，亦关乎《诸子汇函》所收《鹿溪子》一书，其书曰："鹿溪子，姓宋名玉，字子渊。"《诸子汇函》旧题明归有光撰，《四库全书提要》疑为后人伪托，清康熙间人陈厚耀《春秋战国异辞》曾引《鹿溪子》一书中一段文字，说明明代或清初已有称宋玉字子渊、号鹿溪子的说法。不知梁绍壬所闻"宋氏家牒"是家谱编者本于《诸子汇函》，还是《诸子汇函》本于先于其书传世的"宋氏家牒"。然而《诸子汇函》一书亦不足征信，《续文献通考》说："《诸子汇函》二十六卷，旧题归有光编，有光见'经类'。臣等按：是书采录自周至明子书，每种数条，多有本非子书而摘取他书数语称以子书者，且改易名目，诡怪不经，当是伪托之作。"[①] 如《诸子汇函》称屈原之作为《玉虚子》，而古今学界并无人遵从而称屈原为"玉虚子"者。因此，对于宋玉之介绍，当回避"字子渊""号鹿溪子"一类根据不足的表述，或可用"后世称宋玉字子渊、号鹿溪子"的表述，以示谨严。说者又以为"鹿溪子"之号源自宋玉墓、宋玉城近处的浴溪河，以"浴""鹿"古音可通为证。据《安福县志·县境全图》，浴溪河当是畲溪河与道水交汇处河段的专名，也就是现今建树碑墙指示"黄花鱼儿朝拜宋玉墓"的地方。《安福县志·津梁》说："浴溪渡，在县东十八里，相传为宋玉风浴之处。"这说明浴溪河的得名，与放舟湖、看花山、宋玉城一样，是后人为纪念宋玉曾游历或居住之处而命名的。所谓"风浴"典出于《论语》"浴乎沂，风乎舞雩"的句子，意为宋玉曾在此处，沐浴于河中，披风于堤岸之上。宋玉如何能够参照他既死而后才有的地名为自己之号呢！事实上，放

[①] 《钦定续文献通考》，文渊阁《四库全书》，台湾商务印书馆1986年版，第630册，第392页。

舟湖、看花山的名称之起源是相当晚的，据临澧博物馆展出的《马氏族谱》"骡带形怀青公茔图"，宋玉城边的放舟湖，还称为"放猪湖"，宋玉城的四周山丘皆标有名称，其中没有"看花山"的名字，说明那时的"看花山"是不叫看花山的。浴溪河的得名时间当与放舟湖、看花山的得名时间大致相同，不会早于《马氏宗谱》的修谱时间。因此，可以肯定地说，即使宋玉真的晚年号为鹿溪子，也与浴溪河没有关系。或曰这一河段本名"鹿溪河"，然而无历史地理地名沿革之实证可据，也只能是主观的推测。

3. 临澧宋玉墓的问题。这个问题在本书第八章已做过讨论，兹复述如下，加以强调。今临澧浴溪河南之宋玉墓，在20世纪80年代文物普查中已被考古专家认定为自然的土丘，而非真墓。1992年版的《临澧县志》也承认了这一考古结论，《县志》说："进入80年代，据省考古专家认定，墓冢系自然土堆，非宋玉真墓，真墓可能在看花山上。"这里有一个问题必须要强调，这就是考古专家和《县志》的编撰者，为什么在现有墓冢被证实为自然土堆的情况下，还要补充说明，"真墓可能在看花山上"呢？其用意十分明显，就是因为宋玉墓在临澧还有着极大的可能性。我们也赞成这一推测，理由有五：一是南北朝无名氏的《黄花鱼儿歌》，可以说明此地古代既相传存有宋玉墓；二是晚唐李群玉"雨蚀玉文旁没点，至今错认宋王坟"的诗句，支持了《黄花鱼儿歌》此地古有宋玉墓的记述；三是临澧地区流传的"地悯天怜葬宋玉"的民间传说，也是《黄花鱼儿歌》之记述的佐证；四是比较文献中记载的存有宋玉墓的四个地方，即湖北宜城、河南唐县、安徽萧县和湖南临澧，宋玉墓在临澧的可能性最大，因为在宋玉辞世之前湖北宜城、河南唐县、安徽萧县均已被秦人占领，归入了秦国的版图，宋玉死后埋葬于那三个地方的可能性非常非常小；五是关于临澧宋玉墓，除"浴溪河南岸"说外，本存有异说，如《同治直隶澧州志》载宋玉墓"一云畲溪河岸，或呼宋王坟"，"畲溪河，县东三十里，入道水。岸有宋玉墓"。不过，推测终究是推测，学术研究是不能根据推测去做肯定性的结论的。因此，在这一前提下，我们根据现有的资料推测，只能说临澧地区可能有宋玉墓的存在。这个推测是否能够被证实，还要等待将来考古发现的实证。

4. 宋玉城的问题。考古调查证明，宋玉城的确是一座先秦的古城遗址。关于宋玉城之得名，本书亦在第七章讨论过，兹再引另一志书为证，以强调清人对此城得名的共识。清《同治直隶澧州志·辨讹》亦有一个推测，以为"且玉词客，所居不应名城。或者古有此城，玉尝居之，故后人以名。犹新城有车武子宅，后人遂名车城"。古人的这一推测得到了现代考古的证实，据1995年版《湖南省志》第二十八卷《文物志》，调查者根据出土文物的时代鉴定认为，宋玉城应为东周时期的城址。据此，在宋玉生活时代之前，这个后人名之为宋玉城的古城早已存在了，这个古城址之所以名为宋玉城，可能是为了纪念宋玉曾居住于此。因此说，有些文章认为，宋玉在得到楚襄王赏赐"云梦之田"后在这里建造了宋玉城的说法，以考古认定的建城时间推算是没有根据的。另则宋玉在《九辩》中自称"贫士"，甚至贫穷到"无衣裘以御冬"的程度，他即便在临澧有"云梦之田"，也不会有宋玉城那么大且可以让他衣食无忧的面积。因此，宋玉城以及其佐证的资料——如宋玉后人曾生活于此等等，只能证明宋玉曾经居住在这里，而不能证明宋玉修建了宋玉城。

5."云梦之田"的问题。宋玉《小言赋》有楚襄王赐宋玉云梦之田的记述，这个云梦之田具体在哪里？史无记载，训诂无注，但毋庸置疑它应在云梦的范围之内，而先秦之云梦范围非常之大，因而云梦之田的具体方位则很难指定。临澧的研究者认为云梦之田在临澧，理由是临澧是云梦腹地，根据是北魏郦道元《水经注》关于"饮茹溪之流"的记述。考《水经注》卷三十七《澧水》曰："充县废省，临澧即其地。县即充县之故治，临侧澧水故为县名。晋太康四年置。澧水又东，茹水注之。水出龙茹山，水色清澈，漏石分沙。《庄辛说楚襄王》所谓'饮茹溪之流'者也。"①又考《战国策·楚四》庄辛所言实指蔡灵侯之事，"蔡圣（鲍本作灵）侯之事因是以。南游乎高陂，北游乎巫山，饮茹溪之流，食湘波之鱼……"②。庄辛"所谓"既非楚襄王之事，又非描写"云梦之中"，何以能证明临澧是云梦腹地？更何以证明云梦之田在临澧！说者当是误读了《水经注》原文，将郦道元用作章节称谓（或可称篇章名）的"庄辛说楚襄王"六字当作了记叙性文字，才出此错误。其实，《水经注》关于云梦泽是有明确记述的，其《夏水》篇说：

---

① 郦道元著，陈桥驿校证：《水经注校证》，中华书局2007年版，第866页。
② 刘向集录，范祥雍笺证：《战国策笺证》，上海古籍出版社2006年版，第559页。

"夏水又东迳监利县南,晋武帝太康五年立。县土卑下,泽多陂池。西南自州陵东界,迳于云杜、沌阳,为云梦之薮矣。"① 这是说云梦泽的西南界在监利(今湖北监利东北)的西南长江沿岸,东南界在州陵(今湖北嘉鱼北)的东面长江沿岸,西北界在云杜(今湖北潜江、仙桃之间)的汉水沿岸,东北界在沌阳(今湖北汉阳东)临近汉水入江口夏浦(今汉口)。这个云梦泽的范围与湖南临澧没有什么关系。再进一步说,先秦文献所说的云梦,绝大多数不是指云梦泽,而是指一个包括丘陵、山林、草泽、湿地、湖泊在内的非常广阔的地区。当代历史地理学家谭其骧《云梦与云梦泽》一文认为:"云梦东部,当指今武汉以东的大别山麓以至江滨一带;西部的涌泉清池,当指沮漳水下游的一些湖泊;北部当指今钟祥、京山一带的大洪山区;南部的平原广泽,当指分布在郢都附近以至江汉之间的平原湖沼地带,平原之西限以广义的巫山即鄂西山地的边缘,广泽之南则缘以下荆江部分的大江,这才是'云梦'中的泽薮部分。"② 临澧既不在云梦泽或云梦范围之内,"云梦之田"也就不可能在临澧了。因此,从地理空间上讲,说宋玉城是因宋玉得到楚襄王赏赐的"云梦之田"而兴建,也是不能成立的。同时这个问题的讨论也说明,宋玉到临澧不是因为在这里有自己的"赐田",而应另有原因。

6.临澧特大楚城的问题。据史新林、杨绪穆《临澧:楚襄王之新郢都,宋玉辞赋创作地》一文介绍:"2004年上半年,在申鸣城外城,发现了一座比申鸣城大出几十倍的特大楚城。从2004年下半年起,湖南省考古专家在这里进行了为期三年的连续勘探发掘,出土大量楚国器物,现在基本探明:这座城池在楚国中晚期达到鼎盛时期,位于湘西北著名的龙凤山下,临澧县新安、合口二镇交汇处,跨17个村,面积20平方公里。这座城城内有城,城内河道纵横,水井多口,比江陵郢都还要大一倍多。""据此,我们有理由推断,这里便是当年楚襄王郢都所在地。"③ 关于这座特大楚城,我们还没有看到相关的考古发掘报告,没有看到考古专家的判断意见。就临澧特大楚城与已认定的战国楚都城比较,楚人自己修建的都城,面积都比较大,如湖北

---

① 郦道元著,陈桥驿校证:《水经注校证》,中华书局2007年版,第754页。
② 谭其骧:《云梦与云梦泽》,《复旦学报》1980年第8期。
③ 史新林、杨绪穆:《临澧:楚襄王之新郢都,宋玉辞赋创作地》,吴广平、史新林主编:《徜徉宋玉城》,湖南人民出版社2011年版,第250页。

江陵纪南城——纪郢16平方千米，安徽寿县——寿郢26平方千米；河南淮阳——陈郢8平方千米，面积较小，是因为借用于陈国都城旧址，受到了客观条件的限制。据此可以说，临澧特大楚城20平方千米的面积，的确具有都城规模。但是临澧特大楚城可不可以称为"楚襄王之新郢都"，还应该得到历史文献的证明。然而，考之历史文献，对于"楚襄王之新郢都"的推断极为不利：一是关于战国时期的楚都城历史文献有明确的记载，而临澧特大楚城则不在其中；并且《史记》在谈到秦白起攻陷郢城（纪南城）后，于《楚世家》《秦本纪》《六国年表》《白起列传》《春申君列传》中，都无一例外地说楚襄王退到了陈城，其中《春申君列传》更明确地说："楚顷襄王东徙治于陈县。"而且从没有楚襄王又从陈城迁都于其他地方的字样。二是综合《战国策》《史记》等历史文献，楚襄王二十二年，秦将白起与蜀守若从北和西两面进攻，攻取了楚国的巫（今重庆市巫山县一带）、黔中（今湖南澧水、沅水流域）地区，以及洞庭、五渚、江南（指洞庭湖及其周边小湖泊的沿岸地区）；同年，楚襄王与秦王会于襄陵，割让了青阳（今湖南长沙市）及其以西地区。临澧地区曾一度沦陷。楚襄王二十三年，楚襄王起用庄辛，先后收复了"淮北之地十二诸侯"和"江旁十五邑"，也就在这一年，江南楚人亦反秦归楚（《史记·秦本纪》有"楚人反我江南"[①]的记载）。临澧地区又回归楚国。然而在这里必须要特别注意的是，从当时军事地理的角度说，地处新安、合口的特大楚城及其周边地区，其南面是楚割让给秦的青阳以西地区，其西面是已被秦人攻取的黔中郡，其北面是已被秦人占领的南郡，它像一座孤岛，孤零零地突出在北起竟陵、南至青阳、中为洞庭的秦楚边界线以西，而与当时尚有半壁江山的楚国本土的联系，只能凭借洞庭湖水域再转入监利至武汉段的长江来沟通，无疑是一个随时都可能遭受秦国三面攻击的险地。以常识推测，"楚襄王之新郢都"是不会设在这里的。尽管我们不敢趋同临澧特大楚城是"楚襄王之新郢都"的推断，但我们推测它很可能是楚国在江南的一座封君城址，或在黔中沦陷前曾是楚国的别都，在楚襄王二十一年（前278）以后，应当是江南地区楚人反秦抗秦的军事中心。我们的理由是：第一，在《包山楚简》中，记载有很多称"郢"的城邑，如栽

---

① 司马迁：《史记》，中华书局1959年版，第213页。

郢、蓝郢、佣郢等。关于这些称"郢"的城邑，研究者目前还不知道它们的所指，以及具体位置，临澧特大楚城有可能是其中之一。第二，凡是楚国的都城都称"郢"，但是称"郢"的城邑不一定是都城，其区别在于，若是都城必须有宗庙社稷，而在有关临澧特大楚城的介绍中，我们没有获悉这方面的信息。第三，历史文献中失载的楚国城邑有很多，如近现代考古发现的河南扶沟县曲洧古城、湖南平江县安定古城、澧县鸡叫城与城头山城、临澧宋玉城、石门古城堤城、常德市索县故城、溆浦县义陵城等等，临澧特大楚城也在其中。研究者不能因为文献失载，且不知道它们当年的地名称谓，而忽视这些古城的存在。事实上，这些古城的发现既已填补了历史文献的空白。第四，湖南考古部门对临澧九里楚墓群的部分发掘与初步推断也可以佐证我们的推测（请参看下一个问题的讨论）。我们认为，临澧特大楚城在宋玉研究中的史料价值在于，它可以证明临澧地区在先秦时曾是楚国的一个重要的行政区域。

7. 九里楚大墓的问题。关于九里楚墓群，据史新林、杨绪穆《临澧：楚襄王之新郢都，宋玉辞赋创作地》一文介绍："九里楚墓群界跨临澧的九里、官亭两乡15个村，东西长15公里，南北宽6公里，总面积90平方公里，位于临澧县西北角，属于武陵山脉的刻木山向澧阳平原延伸的丘岗地带。""约有楚墓10万余座。"① 这个介绍有些夸大。湖南省文物考古研究所《临澧九里双峰包南包大墓发掘简报》的介绍是："调查资料表明，在此地区发现了战国楚墓400座。其中保存有高大封土堆的大型墓葬24座。"② 尽管如此，这一事实也有力地证明了先秦楚人在这里的存在。关于九里楚墓群中大型墓葬的规格，史、杨二位推测说："九里楚墓群99个大封包都是诸侯级以上的大墓，40多座大如山阜的大墓应该是楚国王室墓葬，其中直径60多米的特大墓应该是天子大墓。"③ 如此推测又未免有些过于大胆了。湖南省考古部门在九里地区于1980年发掘了青合黄家包大墓，于1981年发掘了24座

---

① 史新林、杨绪穆：《临澧：楚襄王之新郢都，宋玉辞赋创作地》，吴广平、史新林主编：《倘佯宋玉城》，湖南人民出版社2011年版，第247、248页。
② 湖南省文物考古研究所：《临澧九里双峰包南包大墓发掘简报》，《湖南考古辑刊》1994年第6集。
③ 史新林、杨绪穆：《临澧：楚襄王之新郢都，宋玉辞赋创作地》，吴广平、史新林主编：《倘佯宋玉城》，湖南人民出版社2011年版，第251页。

第十三章 湖南临澧县宋玉遗迹传说田野调查与研究

中、小型墓葬，于1987年发掘了双峰包南包大墓，他们的考古结论是："九里墓葬从规模和内涵来看，这是楚人在长江以南的一个封君墓地。"①那么，史新林、杨绪穆的文章为什么要夸大九里楚墓群的墓葬数量与规格呢？想来是为了证明这里是楚襄王的墓地。因而，他们进一步推测说："楚襄王饮茹溪之水足以说明他的后半生是在临澧度过的，九里楚墓群那直径60多米的特大坟墓，可能是他的归宿之地。"②这种推测因为依据虚夸且引文有误，当然难以让人信服。"饮茹溪之水"的问题上文已经讨论过了，这里不再重复。而湖南省考古研究所《临澧九里双峰包南包大墓发掘简报》认为，双峰包南包"墓葬时代定为战国中期为宜"③，与楚襄王卒于战国晚期也不能相吻合。据悉楚襄王之墓，当在河南淮阳（古楚国之陈郢），即当地人俗称的马鞍冢。兹将《河南淮阳马鞍冢楚墓发掘简报》摘其要点引录如下："马鞍冢位于河南省淮阳县城东南5公里。""因两冢相联，形状很像马鞍子，故群众呼之为'马鞍冢'。""马鞍冢是一座合葬墓，分南冢和北冢，每个冢下均有大型土坑竖穴墓，每座冢的西边均有一座车马陪葬坑。"从马鞍冢出土陶器与相关楚墓的器形比对来看，马鞍冢"应当是楚都陈时期的墓葬"。"淮阳原名陈，春秋时陈国都于此，公元前278年陈城成为楚国的都城，又称陈郢，楚国在此建都历时三十八年。因此，在淮阳城附近发现楚国大墓是不奇怪的。""马鞍冢南冢是平面为'中'字形的墓葬，仅次于殷王'亞'字形墓的墓葬规格，多系诸侯国的国君。结合车马坑（随葬二十三辆车、二十多匹泥塑马和六面旗帜）的情况来看，马鞍冢南冢的墓主人应当是楚王。北冢是平面为'甲'字形的墓葬，车马坑随葬车八辆，马二十四匹。从形制及随葬车数看，北冢墓主人身份当低于南冢墓主人，北冢当为南冢的陪葬墓。"④这篇《简报》虽然只说"南冢的墓主人应当是楚王"，没有说明是哪一位楚王，但是根据楚史记载，死于淮阳（陈郢）的楚王只有楚襄王一人，马鞍冢南冢按理说应当是楚襄王的墓葬。而九里楚墓群中，无论是黄家包大墓，还是双峰包南包大

---

① 湖南省文物考古研究所：《临澧九里双峰包南包大墓发掘简报》，《湖南考古辑刊》1994年第6集。
② 史新林、杨绪穆：《临澧：楚襄王之新郢都，宋玉辞赋创作地》，吴广平、史新林主编：《徜徉宋玉城》，湖南人民出版社2011年版，第251页。
③ 湖南省文物考古研究所：《临澧九里双峰包南包大墓发掘简报》，《湖南考古辑刊》1994年第6集。
④ 河南省文物研究所、周口地区文化局文物科：《河南淮阳马鞍冢楚墓发掘简报》，《文物》1984年第10期。

墓，其墓葬、陪葬、文物的规格或形制都没有达到楚国君王丧葬的礼法要求。因此，临澧九里楚大墓是楚襄王墓的推断实难成立。然而，临澧九里楚大墓及其墓葬群却可以说明此地在先秦是楚国人口比较密集的栖居地。

下面再就《宋玉生平考析》一文的结论，说一说我们的看法。

8."宋玉一生在临澧生活了约47年"的问题。文章得出宋玉在临澧生活约47年的结论，是将宋玉在临澧生活的两个时间段相加得出的，即在楚襄王朝任职中"随襄王居临澧澧阳鄀都约14年"与在考烈王朝失职后"在赐地宋玉城一带居住33年"的相加。首先来谈宋玉"随襄王居临澧澧阳鄀都约14年"的问题。这个结论的提出，是以临澧特大楚城是当年楚襄王鄀都所在地和九里楚大墓为楚襄王墓两个推断为依据的。对于这两个推断，上文于"6.临澧特大楚城的问题"和"7.九里楚大墓的问题"的讨论中已经说明：临澧特大楚城不是楚襄王的鄀都，而是楚国在江南的一个封君城址；九里楚大墓也不是楚襄王的墓葬，而是楚人在长江以南的一个封君墓地。因此，宋玉在楚襄王朝任职中"随襄王居临澧澧阳鄀都约14年"的推断是不能成立的。接下再来谈宋玉在考烈王朝失职后"在赐地宋玉城一带居住33年"的问题。这又涉及了三个问题：一是宋玉什么时候失职，二是宋玉失职后是不是立即到了临澧，三是宋玉为什么要到临澧。关于宋玉失职的时间，《宋玉生平考析》认为："考烈王8年，即前255年，荀况至楚任兰陵令。宋玉去职，作《九辩》。"[①]所据当从许渊冲的说法。许渊冲认为宋玉生于楚襄王元年[②]，即公元前298年，按此计算，宋玉于公元前255年失职时43岁，与《九辩》所言"老冉冉而愈弛""老嶙廓而无处"的老年境遇描写不合。所以还是从游国恩的说法比较稳妥，宋玉生于公元前296年，《九辩》作于楚幽王三年，即公元前235年，这时宋玉61岁。如果说宋玉失职后便去了临澧，那么到宋玉辞世的公元前222年（依陆侃如说），他在临澧不过13年，而非33年。关于宋玉失职后是不是立即到了临澧，冀凡《关于临澧宋玉城与宋玉墓之思考》认为："宋玉是否随从考烈王而至于寿春？至少，到目前为止，还没有发现宋玉曾留足于此的资料和遗迹，这证明宋玉从未随考烈王而

---

① 临澧宋玉学会：《宋玉生平考析》，《华人论坛·宋玉城专刊》，华人论坛杂志社2008年元月号。
② 许渊冲：《楚辞》（中英对照版）序，五洲传播出版社2012年版，第4页。

至巨阳、寿春。"① 这种说法未免武断。《汉书·地理志》云："粤既并吴，后六世为楚所灭。后秦又击楚，(楚)徙寿春，至子为秦所灭。寿春、合肥受南北湖皮革、鲍、木之输，亦一都会也。始楚贤臣屈原被逸放流，作《离骚》诸赋以自伤悼。后有宋玉、唐勒之属慕而述之，皆以显名。汉兴，高祖王兄子濞于吴，招致天下之娱游子弟，枚乘、邹阳、严夫子之徒兴于文、景之际。而淮南王安亦都寿春，招宾客著书。而吴有严助、朱买臣，贵显于朝，文辞并发，故世传《楚辞》。其失巧而少信。初淮南王异国中民家有女者，以待游士而妻之，故至今多女而少男。本吴粤与楚接比，数相并兼，故民俗略同。"② 这里叙述了寿春、合肥地区的隶属沿革、地理经济、区域文化和风土民俗，在区域文化介绍中提到了屈原、宋玉、唐勒、枚乘、邹阳、严夫子、严助、朱买臣等一系列历史知名文士，按《地理志》的体例，凡在介绍某地区情况中提及的人物都在这一地区生活过并卓有成就。这便是宋玉曾到过且留足于寿春的证明。考之考烈王二十二年（前241），楚为纵长，合纵诸侯伐秦失败，不得已再次迁都于寿春。宋玉到寿春即在此时，当时宋玉55岁。据游国恩说，宋玉61岁作《九辩》时尚在寿春，他至少在寿春居住了6年。又据《九辩》文本之叙述："纷纯纯之愿忠兮，妒被离而障之；愿赐不肖之躯而别离兮，放游志乎云中。"宋玉作《九辩》时虽已"失职"但确实仍在寿春，一则是，宋玉自己仍有"愿忠"之志，仍希望"事亹亹而觊进兮"，所以才"塞淹留而踌躇"；二则是，宋玉并没有获得君王允许其"别离"的谕旨，可能宋玉虽被免职，但楚幽王却不许他离开都城，以备征用。据此可知，宋玉失职后并没有立即离开寿春，而应当又滞留了较长的一段时间。考楚幽王于公元前237年至公元前228年在位，在幽王在位的九年中，宋玉当没有离开寿郢。关于宋玉为什么要到临澧的问题，上文于"4. 宋玉城的问题"和"5.'云梦之田'的问题"中已然说明，其城非宋玉所筑，其田不可能在临澧，说者以为宋玉在临澧有城、有田、有宅，所以势必返归于此，不过是因为对所据资料误断误用而导致的推理失误。因此，这些绝不是宋玉去临澧的原因。其实，宋玉失职后滞留寿郢期间，对于自己的去留，一

---

① 冀凡：《关于临澧宋玉城与宋玉墓之思考》，吴广平编：《宋玉与临澧》，湖南人民出版社2016年版，第26页。

② 班固：《汉书》，中华书局1962年版，第1668页。

直心存矛盾；对于自己的归宿，本来非常迷茫。他在《九辩》中说："以为君独服此蕙兮，羌无以异于众芳。闵奇思之不通兮，将去君而高翔。心闵怜之惨凄兮，愿一见而有明。重无怨而生离兮，中结轸而增伤。岂不郁陶而思君兮，君之门以九重。"这里所表现的"去君"与"思君"的情感纠结，一直贯穿于《九辩》抒情的始终。其在《九辩》中又说："坎廪兮，贫士失职而志不平；廓落兮，羁旅而无友生。""去乡离家兮来远客，超逍遥兮今焉薄？""莽洋洋而无极兮，忽翱翔之焉薄？"这里所表现的羁旅廓落孤独无依、去乡离家不知焉薄的心底忧伤，也在《九辩》的抒情中不止一次地出现。那么宋玉究竟为什么要去临澧呢？说起来当是一个别无选择的选择。宋玉的家乡鄢郢（今湖北宜城）早在楚襄王二十一年（前278）就已经沦为秦国的属邑；宋玉的"云梦之田"也在考烈王元年（前262），由于考烈王"纳州（今湖北洪湖市东北）于秦以平"，致使秦国占领了云梦全境而纳入秦国的版图。"愿慕先圣之遗教""窃慕诗人之遗风"的宋玉是不可能去秦人占领区的。然而宋玉"纯纯之愿忠"的退守于寿郢的楚国，在楚幽王死后，楚朝廷发生了内讧，国势益弱。据《史记》载，公元前228年，楚幽王薨，其弟哀王立，即位仅两个月，被其庶兄负刍弑杀，负刍自立为王。公元前224年，楚将项燕立昌平君（按云梦睡虎地秦简《大事记》当为昌文君）为荆王，与负刍分庭抗礼。再加之秦于公元前230年灭韩，公元前226年克燕下都，燕王逃往辽东，公元前225年灭魏，楚国失去了邻国在楚与秦之间正面与侧翼的屏蔽，完全孤立，形势危急。于是秦国加紧了对楚国的进攻，公元前226年，秦将王贲伐楚，取十余城；公元前225年，秦将李信攻平舆（今河南平舆县北），蒙恬攻寝（今河南沈丘县东南），大破楚军；公元前224年，秦将王翦率60万大军与楚决战，先西进取陈（今河南淮阳），再南下取平舆、蕲（今安徽宿县东南），最后于公元前223年取寿郢（今安徽寿春县东），虏楚王负刍，于楚地置楚郡。楚至此覆灭。公元前222年至公元前221年，秦先后平定了楚国残余的疆土——江南和江东，至是楚全境为秦所占领。宋玉离开寿郢，当在公元前226年或公元前224年，即秦开始进攻楚国或即将与楚国决战之际。按游国恩的说法，这时的宋玉已是古稀之年[①]，

---

① 游国恩：《楚辞概论》，北京学述社1926年版，第274页。

既报国无门，又报国无力，既不能回归故里，也不能迎着兵锋北上，只能先南下而后溯长江西行，经洞庭水域而至尚在楚人控制下的临澧一带。（秦与楚决战倾全国之力发兵 60 万，其战略目的是消灭楚军主力和夺取楚都寿郢，当时还无暇顾及远离楚权力中心而地处江南的临澧地区。）因此说，宋玉去临澧并没有任何亲缘、地缘、田宅资产等方面的原因，仅是一个为形势所迫的别无选择的选择。如果以上的论证合乎逻辑的推理，那么宋玉离开寿郢（今安徽寿县）当在公元前 226 年或公元前 224 年，至其公元前 222 年死去（采陆侃如说）①，宋玉在临澧仅仅生活了 2 至 4 年。退一步说，即便宋玉失职后立即去了临澧，那么宋玉在临澧生活的最长年限也不会超过 13 年。

9. 关于"宋玉作品多数创作于襄王澧阳郢都时期，《九辩》《招魂》《笛赋》创作于去官后谪居宋玉城时期"的问题。在上节的讨论中，我们已经做出了基本的推断，宋玉只是在临终之前的 2 至 4 年到的临澧，而最大限度的估计也不会超过 13 年，因而宋玉的绝大多数作品的创作不可能在临澧完成，在宋玉的作品中，只有寓含着抗秦复国思想的《笛赋》有可能创作于临澧。

（三）问题的结论

总结以上的讨论，根据宋玉城的考古简报、宋玉墓在《县志》中的记载与在民间的传说，以及"宋氏家牒"的传闻与特大楚城和众多楚墓群在临澧的发现，我们认为宋玉的确有到过临澧的可能和选择临澧为晚年栖身之地的条件，同时对于宋玉终老于临澧的问题也不能因为现存的宋玉墓是自然土丘而轻易地否定。然而，根据我们掌握的资料分析，宋玉在临澧生活的时间不会太长，只是其临终前的 2 至 4 年而已，至于宋玉在临澧的辞赋创作，具有可能性的也仅有《笛赋》一篇而已。

---

① 陆侃如：《宋玉评传》，《小说月报》第 17 卷号外，1927 年 6 月。

第十四章　重庆巫山县宋玉遗迹传说田野调查与研究

宋玉《高唐赋》《神女赋》二赋问世以来，就广为传颂，尤其是赋中对高唐之胜景、巫山神女之美貌的精彩描写，令后人赞叹不绝。宋玉赋中所涉及的高唐观、神女庙究竟在何地也自然成为后人想知道的一个问题，北魏郦道元在《水经注》中首倡巫峡之巫山即宋玉所赋之巫山，历来多从其说，因此高唐观、神女庙遗迹自然被认为在重庆之巫山。然唐代裴敬提出宋玉赋之巫山为今湖北省汉川市的仙女山，近代学者闻一多及当代学者刘刚亦从此说。另有近代学者钱穆据《战国策·楚策》以为，巫山疑在今大洪山脉中，当代学者赵逵夫、鲁瑞菁亦从此说。鉴于三说各具理据，莫衷一是，2013年10月24日至26日，我们宋玉遗迹传说调查小组对巫山县高唐观和神女庙遗迹进行了实地考察，并结合相关文献资料做了进一步研究，兹将研究结果报告如下。

一、高唐观、神女庙调查印象

（一）高唐观调查印象

据文献资料记载，高唐观在巫山县有两处遗址，一处位于古城西的高峰之上，另一处位于古城北的高台之上。文献中的"城"指巫山县旧县城，现因修建三峡水库而被上涨的江水所淹没。现存高唐观遗址在巫山县巫峡镇神女居委会高塘街56号，是一座坐北朝南的两层阁楼式古典建筑，长约20米，宽约14米，檐高约13米，脊高约15米。观的正面为漆色紫红的古式板墙，有四根方形石柱将其分为五间隔断，每块板墙现有玻璃亮格，其中正门两旁的石柱上有一幅对联，上联是"金阙向南陵九天闻阊开宫殿"，下联是"琼楼依北斗万国衣冠拜冕旒"，上款题曰"光绪十一年春乙酉岁良旦"，下款题曰"文生任显甲敬书"。由此可知该观应建或重建于清朝光绪十一年（1885）。当时观门已锁，我们只能透过玻璃门窗向内观看，观内有两排和外面排列一致的石柱，每排中间两根石柱上亦刻有对联，两边的则刻有浅浮雕图案，但因距离较远，光线较暗，不能清楚的看出柱上所刻的字迹。观内东北角和西北角均有木制楼梯通向二楼，在东北角楼梯处有一块长方形的玻璃罩着的未被粉刷的墙体，可以直接看到青砖，想是文物部门留下来以证明此观古墙体的建筑材料。观的东、西、北三面墙体均已刷白，西墙中间并排有四个窗户，东墙也有相对应的四个窗户。楼观东、西两侧砌有水泥院墙，当不是古时的院墙。观前有一块30多平方米的平地，然而由于民房遮住视线，尽管南临长江，此时也见不到宋玉赋中的那般胜景。（参见图3-9）观西南角立有一块不大的方形石碑，上刻有"巫山县文物重点保护单位高唐观，巫山县人民政府一九九〇年五月十八日批准，巫山县人民政府二〇〇六年十月一日立"。（参见图3-8）《光绪巫山县志》卷首《图考》所绘高唐观位于城北的阳台山上，为一座坐北朝南的四合院式建筑。据裴建副馆长介绍，巫山县文物主管部门现在正在对该观进行整修，暂时还没有对外开放，里面也还没有摆放展品，现在的高唐观位于原来老城区的北门对着的高台上。他还展示了高唐观在整修前的照片，这些照片有民国时的老照片，也有新中国成立后此观维修前的照片，弥足珍贵。我们从博物馆下方的沿江大道向高唐观的方位观察，因为楼房的遮挡，不能直接看到高唐观，但是可以看到它在一处陡坡上，陡坡的东、南、西三面为防止滑坡筑有水泥格状的护坡，从路面看去观所在平台有六七十米高，北依江北大山南麓，颇有巍峨之感。围绕高唐观遗址，还有一些现代建造的有关宋玉赋神女的文化景观：在遗址南沿江大道上，建有雕塑一条街，其中刻有宋玉的雕像，雕像的基座上还刻有《神女赋》的选段。在遗址的东面，有从南至北贯通城区的宏伟壮观的石阶大路——神女大道，大道的起点，于巨大高台上有巨大的题字"神女大道"，在该墙体的两侧分别刻有宋玉的"高唐赋序"和"神女赋序"。在遗址的西北有神女广场，东北有高唐广场，两个广场四围的石栏上镌刻着历代吟咏高唐与神女的诗词。此外，临近高唐观遗址的街道也被命名为"神女街""高唐街"。从这里可以看出巫山县已经将宋玉赋神女融入到了城市文化建设之中。

（二）神女庙调查印象

据裴副馆长介绍，以前的神女庙在江东嘴村象山的山脚上，后因修建三峡水库，将其向北面山岗上迁移，现在正在重建中，而象山山脚的遗址已经被淹没了。通往神女庙的道路曲折崎岖，正在修建当中，应该是与神女庙的重建有关。神女庙的新址，据村民说是云华夫人祠旧址。建设中的神女庙，除对旧庙建筑进行整体移建外，还增修了一些新的建筑，形成一个规模宏大的寺庙建筑群。新建筑总体上由四个部分构成，按自上而下的顺序，第一部分西边是一座城墙式圆拱门，其上方有一块刻有"无伐"两字的旧石碑，题款为"光绪庚寅季春，汪鑑题"九字，在拱门的西侧有一条公路通向神女庙，这里临时建有一个木栅门；东边是方形建筑，尚不知其用途。第二部分西侧是主庙，也就是神女庙；东边是一座吊脚楼式建筑，可能是预作修行者的住处。第一部分、第二部分均在新建之中。第三部分也是一座城墙式圆拱门，门前是一处较为开阔的平台，台中间立有一座神女授书雕像，其上塑有四人，站立者为两女子，左边当为云华夫人，右边手捧天书者应为其侍女陵容华；下方两人当为治水之人，前面男子应该是禹，他抬头仰望神女，右手持工具，左手伸向神女接天书，后面一男子为半蹲的姿势，怀抱石头，当是助禹治水的六神之一。（图14-1）雕像下的台基前面刻有"授书台"三个大字，后面镌有碑文，上面是授书台简介，共分为三段，第一段主要是节选《集仙录》上云华夫人向夏禹授天书助其治水的事迹；第二段是对该雕塑的基本介绍；第三段记述工程开工与竣工的时间，即"神女授书台于一九九四年十一月十八日破土动工，一九九五年元月十八日落成"，其左下方落款为"巫山县文物局 一九九五年十月一日"。由此可知，此雕塑当为纪念云华夫人助禹治水而立，建造时间至今不过仅仅19年。自授书台以下为第四部分，是一条七级的水泥台阶。顺着台阶往下走到第六级可看到一个青铜铸造的方鼎，第四级台阶上有一个三足状的圆香炉，里面满是燃尽的香灰，可以看出此庙的香火很旺。香炉的两旁有两堆很整齐的镂空长方体水泥砖，应是神女庙所建之需。庙的山门也在此处，共有三个门，正门是由两根两米高的石柱和两扇铁门组成。两旁的侧门为单扇，在两侧门旁分别建有两层的小角楼。在第一级台阶上有一个石刻的大门，门顶正上方正反面都刻有"瑶台"两个大字;正门两侧石柱上雕有两只"钦原",据《山海经》卷二《西山经》记载"有鸟焉,其状如蜂,大如鸳鸯,名曰钦原";门顶上面雕有两只土蝼,拱起钦原的头部,据《山海经》卷二《西山经》记载"有兽焉,其状如羊而四角,名曰土蝼";两旁的侧门上也各有一只"开明兽",《山海经》卷二《西山经》记载"其神状虎而身九尾"[①];大门的两侧各有一座象首蛇身的雕塑。(参见图3-12)第三部分、第四部分当是三峡水库修建前原云华夫人祠旧有的建筑。由此下行是一片民居区,村民告知以前的神女庙就在下面的山嘴上,现在剩下一小部分台基,呈半圆形,上面的建筑均已被拆除,以前在这上面还有几根石条,但是现在不知道有没有被搬走,剩下的这一部分是以前神女庙的后殿基址,庙的前殿和二殿基址均已被江水淹没。紧靠着后殿的是呈方形的地势较低的寺田,现在也已废弃。在寺田的旁边有一条公路,路旁有台阶通向神女庙旧址,在台阶的上方有一个圆形的鼓状石墩,现在仍旧在那里放着。由于时间有限加之没有找到下去的路,就没有下去细看,但是站在民房前方的台基上,可以很清楚的看出神女庙的遗址残存部分与居民所说相符。《光绪巫山县志》卷首《图考》所绘的神女庙位于宁河注入长江的渡口旁的山脚上,也是一座坐北朝南的四合院式建筑,现被江水所淹没,而我们所看到的神女庙则是当代建筑。

二、文献中高唐观、神女庙及相关资料分析

北魏郦道元《水经注》卷三十四《江水》载:"郭景纯云:丹山在丹阳,属巴。丹山西即巫山者也。又帝女居焉,宋玉所谓天帝之季女,名曰瑶姬,未行而亡,封于巫山之阳,精魂为草,实为灵芝。所谓巫山之女,高唐之阻,旦为行云,暮为行雨,朝朝暮暮,阳台之下。旦早视之,果如其言,故为立庙,号朝云焉。"

宋《太平寰宇记》卷一百四十八《夔州》载:"阳云台:高一百二十丈,南枕长江。楚宋玉赋云'游阳云之台,望高唐之观',即此。"

宋《方舆胜览》卷五十七《夔州》载:"阳云台:在巫山县西北五十

[①] 袁珂:《山海经校注》,上海古籍出版社1980年版,第56页。

步。《寰宇记》：'南枕大江。'宋玉赋云'楚王游于阳云之台，望高唐之观'，即此。"

明《天中记》卷十五《台》载："阳云：襄王与唐勒、景差、宋玉游于阳云之台，玉作《大言赋》。(《古文苑》)《子虚赋》：'楚王乃登阳云之台。'孟康云：云梦中高唐之台，宋玉所赋者。言其高出云之阳也。(《汉书》)《文选》作'昭阳'。时所谓阳台者。"

明《蜀中广记》卷二十二《夔州府·巫山县》载："（巫城）西北五十步有阳云台，高一百二十丈，南枕长江。楚宋玉赋云：游阳云之台，望高唐之观。晋孟康注曰：言其高出云之阳也。"

清《大清一统志》卷三百三《夔州府·古迹》载"阳云台：在巫山县西北。《寰宇记》：台高一百二十丈，南枕长江。宋玉赋云'游阳云之台，望高唐之观'，即此也。《方舆胜览》：在县西北五十步。又高唐观在县西北二百五十步。《吴船录》：所谓阳台、高唐观，今在巫山来鹤峰上。旧志按：司马相如《子虚赋》，前言楚王猎于云梦，后言登阳云之台。孟康注云：云梦中高唐之台。据此当在今荆州及汉阳境。然宋赋言：神女在巫山之阳，高丘之岨，朝朝暮暮，阳台之下。则阳台之巫山，理亦有之；若高唐则实在云梦，不在巫山也。"

清《雍正巫山县志·山川》："阳台山：按古阳台山在治西里许最高处，常有云气，而北城内亦名阳台山，俱有阳台旧址存焉。又《古迹》载，阳台在北城内。按：旧《志》复载，有古阳台，在城西里许高山之上，南枕大江，每阴雨，云雾先起。即宋玉所谓楚王游于云阳之台也。"

清《光绪巫山县志》卷首《十二峰诗》载："阳台暮雨：城西北半里许，山名高都，为阳台故址。旧有古高唐观，殿宇苍凉，松桧七檐，绿竹苍松，四围环绕，日暮则烟霏雾结，落雨数点，真奇景也。"[①]

又卷四《城池》载："明正德二年，知县唐书正其方位，东带宁河，南瞰大江，西倚高唐观，北包阳台山，筑修石城，为门四，曰丛秀、巫山、会仙、阳台。"

又卷六《山川》载："阳台山：城内北隅有山名阳台，旧址存焉。按：

---

① 连山、白曾熙等：《光绪巫山县志》，巫山县志编纂委员会校注本（未出版）。下引同此版。

城北倚山为城，雉堞环列，林木葱茏，台踞其上，足资眺望。今垦为田，土阜今存，旧址并废。又旧《志》：古阳台在县西里许，最高之处，常有云气，居民以为雨验。《李白诗文注》：阳台在县西北，高邱山亦在其间。《类书》：南枕大江。宋玉赋'朝朝暮暮，阳台之下'，杜甫诗'神女峰娟妙'，即此处也。"

又卷六《山川》："高邱山：县西北里许，宋玉赋高邱之岨即此。《李白文集注》：高邱山在巫山之阳。陈子昂《感遇》诗：巫山彩云没，高邱正微茫。一名高都山。《寰宇记》：巫山县有高都山，山上有观曰古高唐。《渔阳诗话》云其西即高唐观也指此。"

又卷六《山川》："象鼻山：县东里许，形若象鼻，故名。又名象山，山麓名江东嘴，山上有瑶华夫人祠，即今神女庙。"

又卷三十《古迹》载："阳云台：在县西北，一云在北城内。《寰宇记》：台高一百二十丈，南枕大江，每阴雨，云雾先起。即宋玉赋所谓楚王游于阳云之台也。《方舆胜览》：在县西北五十步。又高唐观在县西北二百五十步。《吴船录》：阳台、高唐，今在巫山来鹤峰上。"

又卷三十《古迹》载："神女庙碑：在巫山，《集古录》唐李吉甫诗一首，以贞元十四年刻；邱元素一首，无刻石年月；李贻孙三首，会昌五年刻；敬骞一首，元和五年刻；沈幼真书，其他皆无名氏。"

又卷三十《古迹》载："神女庙岣嵝碑：《县志》夏后自题七十七字于衡山岣嵝峰，为岣嵝碑。明国子监沈镒为竖碑于神女庙，其文与夔府白帝庙同（今高唐观重刻有碑）。"

又卷三十《古迹》载："高唐观石刻：高唐观在县城外西山顶，宋玉赋高唐即此。王渔洋《蜀道驿程记》：高唐观在城西，上山三里许。自乾隆乙亥年重建，殿宇三层。山有明人缪宗周石刻诗碑。"

又卷三十《古迹》载："神禹受符坛：祝史云，每八月十五夜月出时，有丝竹之音往来集仙峰顶上，猿鸣达旦方止。凝真观后山半有石坛平旷，传云夏禹见神女授符书于此。坛上观十二峰，宛如屏障。"

又卷三十《古迹》载："神女庙题诗：沈佺期、王无竞、李端、皇甫冉四诗为绝唱，见《艺文》。"

又卷三十一《寺观》载："神女庙，即凝真观，在县东四十里十二峰南飞凤峰之麓。《元统志》唐仪凤元年置，宋宣和四年改曰凝真观，绍兴二十年封妙用真人。又此条下引李一鳌《记》，余舫而东也，偕马君、曹君，历数巘障，千峭竞秀，径抵飞凤，攀跻直上，有坪兀突。土人指点，原峰飞凤，此古阳台也。……说者谓宋玉赋云雨祠神女也，又谓治水有功，祠云华夫人。"

又卷三十一《寺观》载："神女庙，县东宁河上。"

又卷三十一《寺观》载："高唐观，城外西山上。"

又卷三十一《寺观》载："仙释：神女瑶姬……因佐禹治水，肖像庙中祀之，是神女实有功之正神也。宋玉之言实不足信。"

综合分析上述文献，基本可以得出以下三个信息：其一，郦道元首倡宋玉所赋的巫山为今重庆市的巫山，但没有交代高唐观与神女庙的具体地点。其后的各种文献对此交代则不一致，与高唐观、神女庙有关的阳台、阳云台、阳台山、高都山、高邱山等名称的解释使人觉得混乱，实际上阳云台即阳台，而阳台山则是阳台所在地。其二，对于阳台的方位或言在西，或言在北，一时难以确定。据《光绪巫山县志》载："巫县故城在县东，即汉南郡巫子城。"又载："故东阳府，在县东一里。《唐志》夔州有府，一曰东阳。《元统志》隋置，唐贞观三年废。"巫山县治在唐贞观以前在清县治东，以汉南郡巫子城或唐东阳府治所而言，阳台山在城西；就唐贞观三年后亦即清之治所来说，阳台山在城北。由此可知"治西里许"之古阳台山与"城北"之阳台山实为一山。据此，对于高唐观的方位有城西和城北两种解释，也就不难理解了。其三，神女庙与云华夫人祠两者的关系，"《元统志》唐仪凤元年置，宋宣和四年改曰凝真观，绍兴二十年封妙用真人"。《雍正巫山县志》载："云华夫人祠：昔在飞凤峰，万历年间始移建于治东里许象山之上。一名神女庙。"《光绪巫山县志》卷六《山川》载："象鼻山：县东里许，形若象鼻，故名。又名象山，山麓名江东嘴，山上有瑶华夫人祠，即今神女庙。"据此，飞凤峰之神女庙迁移线索十分清楚，神女庙亦即云华夫人祠。其四，关于神女庙所祭祀之神主问题，考《光绪巫山县志》卷三十二《艺文》中碑记、赋汇、诗汇等作品，可知在北宋之前，凡吟咏巫山山水与文化时几乎均与楚襄王和宋玉有关。宋代《太平广记》中言巫山神女庙的神主为助禹治水的云华夫人，南宋年间的马永卿作《神女庙记》进一步强化神女庙的神主是云华夫人，并刻碑立于庙前，昭示天下。明代李一鳌《神女庙记》："余舫而东也,偕马君、曹君,历数巉障,千峭竞秀,径抵飞凤,攀跻直上,有坪兀突。土人指点,原峰飞凤,此古阳台也。……说者谓宋玉赋云雨祠神女也,又谓治水有功,祠云华夫人。"又《光绪巫山县志》载:"神禹受符坛:祝史云,每八月十五夜月出时,有丝竹之音往来集仙峰顶上,猿鸣达旦方止。凝真观后山半有石坛平旷,传云夏禹见神女授符书于此。坛上观十二峰,宛如屏障。"由此造成了对神女庙神主的转换,以至于到明清时期形成了宋玉赋神女与云华夫人并列的局面,于是神女庙和云华夫人祠也就合二为一了。

三、关于宋玉赋巫山与高唐地望问题的讨论

要想确定高唐观和神女庙之所在,当综合两篇赋中所涉及的具体地名。由文本可知,宋玉赋中提到的地名有"云梦之台""高唐之观""巫山""阳台""高丘之岨"等,而且这些地名所标识的地理位置应当在一个相互毗邻的地理范围之内。

(一)古人的释说

关于宋玉赋之巫山,按文本所述当在云梦之中,而古人多以为在三峡之中。北魏郦道元在《水经注》中首倡巫峡之巫山说,以为其山"帝女居焉",宋玉所赋即此。《高唐赋》《神女赋》全文最早见于南北朝时期梁朝萧统所编的《文选》中。关于宋玉赋中之巫山的注释,就现存的文献资料来看,最早的是《文选》李善注:"巫山在南郡巫县。"[①] 此注"南郡"一语出自于《汉书》注本,汉代南郡大致相当于今湖北省的西部地区,巫县即现在的重庆市巫山县。而据刘刚《巫山考——宋玉辞赋地名考之三》一文统计,在先秦两汉的文献中,同名巫山有六处之多。[②] 这也就造成后世注释宋玉赋之巫山的依据不一,如果选择的角度不同,自然会造成分歧。这些同名的巫山在地名沿革的变势中,除重庆巫山以外,其他的在西汉以后都改变了它们的名称,以致北魏郦道元与他之后的注家只知重庆之巫山,于是误注宋玉赋巫山

---

① 萧统编,李善注:《文选》,上海古籍出版社1986年版,第876页。
② 刘刚:《巫山考——宋玉辞赋地名考之三》,《宋玉辞赋考论》,辽海出版社2006年版,第281页。

在三峡之中。

关于宋玉赋高唐、朝云与阳台,由于对于巫山地望的各有所执,意见截然不同,而最为突出的是三峡巫山与汉川巫山的对立。《文选》李善注:"高唐,观名。"《文选》五臣注:"济曰:高唐,观名。怀王时游云梦,梦见神女自称巫山神女,乃于山下置此观焉。"① 又《文选》李善注:"《襄阳耆旧传》曰:赤帝女曰姚姬,未行而卒,葬于巫山之阳,故曰巫山之女。楚怀王游于高唐,昼寝,梦见与神遇,自称是巫山之女。王因幸之。遂为置观于巫山之南,号为朝云。后至襄王时复游高唐。"② 从这两种注本中可以看出,五臣注以为高唐观是楚怀王时修建,李善以为怀王游云梦时所造的是朝云观。按文本"昔者先王尝游高唐:故为立庙,号为朝云",怀王游高唐时所置者为朝云庙,而高唐观早已存在。但是这两种注本都认为观在巫山,然而在云梦能望见者,绝非长江三峡中的巫山。《文选》五臣注:"阳台,神自言之,实无有也。"③ 该注不足以令人信服。《舆地纪胜》卷七十九云:"阳台山在汉川县……阳台庙在汉川县南三十五里阳台山上,即宋玉为《高唐赋》处。今误传在巫峡,今裴敬碑证其事。又有阳台院,在汉川。"④《方舆胜览》卷二十七载:"阳台山在汉川县三十五里。或言宋玉作《高唐赋》处,有裴敬碑载其事,当考。"后两种文献记载一致,且都表明云梦中确实有阳台,而且均与宋玉赋有关。然而以郦道元为代表的巫峡巫山说在古代一直为释说宋玉赋巫山的主流,而以裴敬为代表的汉川巫山说多不被人采信,只是作为"一说"以备参考。

(二)今人的释说

20世纪钱穆先生在《史记地名考》中,对于晋人郭璞"巫山今在建平县也"一说提出"晋建平,今巫山县,与云梦不涉。后人多以此处巫山说《楚辞》巫山,其实非也。《楚策》:'秦举鄢郢、巫、上蔡、陈之地。'又曰:

---

① 萧统编,李善等注:《六臣注文选》,文渊阁《四库全书》,台湾商务印书馆1986年版,第1330册,第421页。
② 萧统编,李善注:《文选》,上海古籍出版社1986年版,第875页。
③ 萧统编,李善等注:《六臣注文选》,文渊阁《四库全书》,台湾商务印书馆1986年版,第1330册,第422页。
④ 王象之:《舆地纪胜》,《续修四库全书》,上海古籍出版社2002年版,第584册,第644、655页。

'蔡圣侯南游乎高陂，北陵乎巫山，食湘波之鱼，驰骋高蔡之中。'高蔡即上蔡。巫山当在鄢郢与上蔡间，而当云梦之北，疑在今大洪山脉中"。① 闻一多先生在《高唐神女传说分析》中认为"楚高唐神女所在的巫山是在云梦中"②。当代学者赵逵夫先生在《屈原与他的时代》中说："先秦时楚人所说巫山，非今日长江三峡中的巫山。当时的楚王不可能到长江三峡中去游玩，也不可能在那里立朝云之庙，高唐之观。……显然，战国时楚人所说巫山在云梦一带，故登云梦之台，可以望见在巫山的高唐观。故《高唐赋》说'先王尝游云梦'，梦神女言'妾巫山之女也，为高唐之客'。……据谭其骧先生考证，长江以南并无云梦（后人或以洞庭为云梦，误）。云梦之南部，在汉江以南，长江以北。"③ 当代宋玉研究者刘刚在《宋玉辞赋考论》一书中说："《高唐赋》所述的巫山当为云梦中的阳台山，高唐观、阳云庙均当在阳台山上，根据古史记载，阳台山在今湖北省汉川县南，与汉川县城中隔汉水南北对峙，而这座阳台山，东临湖北武汉市，北邻湖北云梦县，位于古云梦泽的东北区域。"④

（三）调查的结论

我们认为今巫山县高唐观、神女庙当为后人因郦道元等古人附会之说而建，并不是宋玉赋中描写的高唐与巫山。

从楚襄王在位的年代来说，楚顷襄王于公元前298年至公元前262年在位，共36年。据《史记·秦本纪》载："（昭襄王）二十七年（前280），错攻楚。赦罪人迁之南阳。"又"二十八年（前279），大良造白起攻楚，取鄢、邓，赦罪人迁之"。又"二十九年（前278），大良造白起攻楚，取郢为南郡，楚王走"。又"三十年（前277），蜀守若伐楚取巫郡，及江南为黔中郡"。又《史记·楚世家》载："（楚襄王）十九年（前280），秦伐楚，楚军败，割上庸、汉北（今湖北竹山、郧县一带）等地予秦。二十年（前279），

---

① 钱穆：《史记地名考》，商务印书馆2001年版，第566页。
② 闻一多：《高唐神女传说之分析》，《闻一多全集》，生活·读书·新知三联书店1982年版，第1册，第97页。
③ 赵逵夫：《屈原与他的时代》，人民文学出版社1996年版，第302页。
④ 刘刚：《宋玉辞赋考论》，辽海出版社2006年版，第291页。

秦将白起拔我西陵。二十一年（前278），秦将白起遂拔我郢（今湖北荆州北），烧我先王墓夷陵。楚襄王兵散，遂不复战，东北保于陈城。二十二年（前277），秦复拔我巫（今重庆巫山县）、黔中郡。"楚顷襄王在公元前278年白起攻取了鄢、邓等地后，迁都于陈郢（今河南淮阳）。据《史记·屈原贾生列传》载："屈原既死之后，楚有宋玉、唐勒、景差之徒者，皆好辞而以赋见称；然皆祖屈原之从容辞令，终莫敢直谏。"由此可以看出宋玉事襄王当在屈原死后，而现在公认的屈原当卒于公元前277年（一说公元前278年）。假定襄王在迁都前，即公元前278年之前有可能去三峡之巫山，宋玉尚未入仕，也不可能随从襄王去游巫山的，从史书等资料可以看出这一时期今重庆市巫山县处于秦楚交战的前线，襄王也是不会去的。而在楚迁都之后，巫山已经属于秦国的势力范围，宋玉更不可能随襄王去三峡之巫山了。据此宋玉赋之事便与重庆的巫山无关。

从宋玉本身来说，关于宋玉的生卒年，历来有很多种说法，总的来看大致归为以下两种。其一，游国恩先生在《楚辞概论·宋玉传略及其作品》中说："依《史记》，假定他生于顷襄王三年（前296），是年怀王死于秦——至顷襄王末年（前263），便已三十四岁，正当出仕的时候；所以诸书说他仕楚襄王，决非尽诬。"① 其二，陆侃如先生在《宋玉评传》中推测宋玉约生于顷襄王九年，即公元前290年，约卒于负刍五年，即公元前222年。② 当代宋玉研究者刘刚在前两位先生的基础上做出了更为详尽的考论，他在《宋玉辞赋考论》一书中认为宋玉"大约生于楚襄王三年（前296），青少年时师从受业，秦白起破鄢城时（前279），离乡逃难，辗转至陈郢（今河南淮阳），约在楚襄王二十七年（前272）初入仕，历襄王、考烈王两朝，先为小臣，后晋升为大夫。在襄王二十七年（前272）至襄王卒（前263）9年间作《大言赋》《小言赋》《高唐赋》《神女赋》《舞赋》《风赋》《讽赋》《钓赋》《对楚王问》，在考烈王迁都寿春（前241）后作《招魂》。约在楚幽王元年失职，幽王三年（前235）前后作《九辩》。自失职以来，赋闲在寿春一带十余年。楚王负刍四年（前224），秦将王翦率兵60万伐楚，逼近寿春，宋

---

① 游国恩：《楚辞概论》，北京学述社1926年版，第272、273页。
② 陆侃如：《宋玉评传》，《小说月报》第17卷号外，1927年6月。

玉避兵乱躲入今安徽境内之古衡山，后涉江辗转至今湖南临澧境内，作《笛赋》，约在公元前222年卒老于临澧"[①]。若以公元前277年为界，依游国恩和刘刚教授的说法宋玉此时19岁，按陆侃如说法宋玉13岁，在这个年龄他不可能写出《高唐赋》《神女赋》这样具有代表性的赋。

就上文所列举的文献资料来看，巫山的高唐观和神女庙遗址因古代时有移建而有多处，而我们所看到的神女庙实际上是当代建造的瑶姬与云华夫人祠，而建筑中的庙堂神主是云华夫人还是巫山神女，因尚未完工，实难以下断语，但是以当今巫山人对宋玉所赋高唐与神女的关注与热衷，可能是宋玉所赋之巫山神女。在历史上，高唐观、神女庙的神主是宋玉赋神女还是云华夫人，也曾有过变化。例如：南北朝和唐代诗人在作诗中多将重庆之巫山与宋玉赋中的巫山相联系，就导致了宋玉赋之事在今重庆巫山之说广泛流传；而宋代理学大盛，宋玉所写之神女被视为礼法之罪人，于是宋玉赋神女便遭到了扬弃，取而代之的是助禹治水的云华夫人；到了明清时期，由于淡化甚至否定理学，人们开始重新审视宋玉赋神女，以致产生了神女有二的说法，即宋玉赋神女与云华夫人都被视为巫山神女；从现存的神女庙来看，则是继承了明清人的看法，但更加注重宋玉赋神女。现在巫山花大气力将宋玉赋神女融入到城市建设当中，与之相关的历史遗迹也得到了保护，使宋玉赋神女之描述成为城市建筑文化的重中之重。从地方文化和经济发展上来说，这也无可厚非。但是从学术的角度看重庆的巫山与宋玉赋之事的关联，实为古人的附会所致。

综上所述，我们认为重庆市巫山县的高唐观和神女庙，不是宋玉《高唐赋》和《神女赋》中所写的巫山神女故事之源发地。

[①] 刘刚：《宋玉辞赋考论》，辽海出版社2006年版，第223页。

第十五章　湖南汨罗市宋玉遗迹传说田野调查与研究

据《光绪湘阴县图志》记载，古湘阴县屈子祠有招屈亭，屈原墓有招魂台，二者是为宋玉招魂处的纪念性建筑，是寻找宋玉招魂处的最重要线索。而古之湘阴县在新中国建立后调整了其行政区的划分，1966年于原湘阴县东部设立了汨罗县，汨罗县又于1987年撤县改为市，因而屈子祠之招屈亭和屈原墓之招魂台所在地随之归入汨罗市管辖，其行政归属虽发生变化，然所在依旧。我们宋玉遗迹传说调查小组于2014年4月26日实地考察了屈子祠招屈亭和屈原墓招魂台，访问了屈子祠——屈原纪念馆原馆长72岁的刘石林先生与现任馆长徐蔚明先生，并于考察后依据有关资料进行了认真的研究，兹报告如下。

一、招屈亭、招魂台调查印象

招屈亭，是全国文物保护单位屈子祠保护区中的建筑之一。（图 15-1）屈子祠保护区位于东南距汨罗市区10千米的玉笥山上，山之南麓紧邻汨罗江，民间传说这里是屈原创作《九歌》的地方。玉笥山虽称作山，其实只是并不太高的小丘，海拔仅有50多米。屈子祠旧称屈原庙，本在汨罗山，因年久失修，又距屈原沉江处汨罗江较远，清乾隆二十年由知县陈钟理决定并主持移建于玉笥山西山顶。原建于汨罗山的招屈亭亦随之移迁至此。屈子祠坐北朝南略偏于东，主体建筑分前、中、后三进，前墙正面为"凹"字形牌楼式山门（图15-2），东西回廊环绕，串通前、中、后三进和两侧厢房。山门独特而宏伟，门前有宽阔的花岗岩石坪和与之相接的199级石阶，直通汨罗江边。于阶下瞻仰，壮观气派。招屈亭即位于屈子祠西南约百余米处，与独醒亭毗邻。据悉，原亭清末已毁，今亭为1990年按原制于原址重建。亭为正方形，边长3.5米，高约5米，全石结构，石色若玉，石基高约0.6米，南面与北面各有三级登亭石阶，东面与西面有石围栏与角柱接连，四角各一石柱，柱亦为方形，四柱支擎单檐攒尖顶，檐四角高翘如飞鸟展翅。亭南与北外侧柱面皆镌有联语，北柱曰"万顷重湖悲去国；一江千古属斯人"，为清李元度撰，李锐书；南柱曰"浩浩沅湘，志沉菀而莫达；滔滔孟夏，心踊跃其若汤"，为今人姜书阁集《九章》句并书。登亭临风，树影摇曳，俯瞰汨罗，波光粼粼。拜谒者至此，招忠魂、祭英灵之情志不禁油然而生。屈子祠周围尚有独醒亭、骚坛、濯缨桥、桃花洞、藏骚阁、饮马塘等古迹，以及1993年落成的屈原碑林，与招屈亭共同构成了缅怀伟大爱国主义诗人屈原的园林景观。

招魂台，在全国重点文物保护单位汨罗山屈原十二疑冢保护区内。汨罗山南距汨罗市区4千米，西距玉笥山屈子祠10千米。汨罗山又称徽山、烈女岭、黑鱼岭，也同玉笥山一样是个海拔50多米的小丘。汨罗山上约2平方千米的范围内，分布有大大小小百余座古墓，据专家考证，这里是先秦古罗国的墓地。其中有12座较大的墓葬，清代当地人称之为"屈原十二疑冢"。20世纪80年代文物普查证实，"十二疑冢"皆为春秋至战国晚期的墓葬，据此可知，"疑冢"的传说虽不足为信，但屈原墓在其中之说则不无根据。据古今地志，宋玉、景差（一说唐勒）招屈原之魂处，即在此地，民间称为招魂台。由于招魂处的古代标志性建筑——屈原塔在清代已毁，招屈亭又于清乾隆年间迁至玉笥山，所以招魂台的具体遗址失去相关参照，已难以考知。然而按照古代楚人的葬俗与祭礼，招魂引魂的终结处和祭祀的最重要祭奠处，皆应在墓葬之前。按照这个思路，我们调查小组在屈原纪念馆徐蔚明馆长的陪同下考察了"屈原十二疑冢"。当我们登上汨罗山时，阴云暗淡，细雨淅沥，微风习习，草树萋萋，似伴着我们每个考察成员凄然凭吊、凝重缅怀的心境。据清黄世崇同治六年作《重立楚三闾大夫墓碑记》所载，当时人认为冲里赵家后之大墓（现代考古编为汨罗山4号墓）为屈原墓。而据屈原纪念馆原馆长刘石林先生考证，认为汨罗山11号墓最有可能是屈原墓。[①] 两种看法到底孰是孰非，实难决断，只有等待将来考古发掘的证实。由于两处墓葬都有可

---

① 参见刘石林、刘蔚：《屈原墓十二疑冢的形成及其文化价值》，《岳阳职业技术学院学报》2010年第1期。

能是屈原墓,而传说之招魂处又当在两处之墓前,所以我们对两处墓葬都进行了重点考察。4号墓已为台胞陈之迈先生出资修缮为屈原墓园,位于冲里赵家后山岗最高处,整体建筑坐北朝南,庄重典雅。站在水泥乡路可仰视墓园,入园墓道是高3米有余、倾斜约45度的宽敞石阶,迎对石阶的是一座高大的石牌坊,牌坊正额镌有"屈子墓"三个鎏金大字;于牌坊下望去,墓前有接连三级开阔的石板铺地的祭台;其一级祭台呈倒"凹"字形,凹处即是石阶墓道,墓道之顶端即是牌坊;二级祭台为长方形,与牌坊相对的南北向中轴线上依次立有石祭案、石香炉、石墓碑与石质屈原雕像(图15-3);三级祭台也为长方形,但与二级祭台相比长和宽的比例要小许多,可谓台中之台,其中轴线上依次是立在高台上的铜鼎与清同治六年所立的古墓碑,清碑后即是屈原墓(图15-4);此古碑与二级祭台上的新碑均刻着"故楚三闾大夫之墓"的铭文;与三级祭台相连的是环墓甬道,墓呈半球状,直径约30米,高约6.5米,墓脚砌有矮墙围护;三个广场式祭台外侧边缘均建有石栏,环墓及祭台又砌有墙垣,圈护着整个墓园(图15-5),墓园内饰以亭榭,植以草木,又立有镌刻着屈原作品的碑墙,文化氛围极为浓重。11号墓在4号墓的北方偏西约五六百米的山岗上(图15-6),此墓未经修缮,显得颇为古老而原始,墓之体貌大小与4号墓略同;墓碑亦立于墓之正南,亦题曰"故楚三闾大夫之墓",据记载为清光绪年间所立(图15-7);墓之四周皆是10度左右的缓坡,较为开阔。墓旁也立有重点文物保护标志,但题写的文字是"湖南省省级文物保护单位"(图15-8)。墓前散存着一些纸扎的花束、灯笼等祭品,其色尚艳,说明不久前曾有人来此祭拜。不过两座墓墓碑树立在南,似乎不符合古楚的葬俗,据考古证明,湖北、湖南等地区已发掘的古楚墓墓室绝大多数特别是贵族墓都为东向。因此按照汉代以来为墓树碑的葬俗,为屈原墓立碑,当遵从古楚墓室东向的礼制,将墓碑立于正东一侧为妥。由此推测,假如宋玉等屈子之后学真的曾在此为屈原招魂,那么其招魂处则当在墓之东侧。而所谓的招魂台,可能并非人工建造,而是自然形成的缓坡台地。

二、相关文献资料与民间传说分析

关于屈子祠之招屈亭、屈原墓之屈原塔、招魂处的记载，多见于明清两代的地志。而宋玉等为屈原招魂与扫墓等民间传说均未被史志家所采录，即便有所关涉也是拿来作批驳的对象，然而那些传说一直在民间口耳相传，直至如今。这里为了方便问题的讨论与说明，一并引录如下。

明潘镒等《嘉靖长沙府志》卷五《名胜纪·湘阴县汨罗庙·唐蒋防志记》（节录）："邑宰马搏谓予曰：'三闾之坟，有碑无文，岂前贤缺欤？'又曰：'俗以三闾投汨水而殒，所葬者招魂也，常所惑也。'按《图经》汨冬水二尺，夏九尺则为大水也。古之与今其汨不甚异也。又楚人惜三闾之才，闻三闾之死，舟驰楫聚，至今为俗，安有寻常之水而失其遗骸哉！安有不睹其骸而知其怀沙哉？但以《楚辞》有小、大《招魂》，后人凭而穿凿，不足征也。愚则以为三闾魂归于泉，尸归于坟，灵归于祠，为其实。"①

清吕肃高等《乾隆长沙府志》卷十二《古迹·湘阴》："宋玉招魂处：原沉渊后，玉伤而招之。乡人垒石以志其处。"②

《大清一统志》卷二百七十六《长沙府》："屈原塔：在湘阴县北汨罗江边，相传宋玉、景差招屈子魂处，后人于此建塔。"③

清郭嵩焘《光绪湘阴县图志》卷四《舆图·县北十二局分图》："招屈亭，旧《志》：宋玉、景差招屈原魂于此。刘禹锡《竞渡曲》'曲终人散空愁暮，招屈亭前水东注'，是唐时已有此亭。亭旧在汨罗山，乾隆二十二年徙建玉笥山。明洪武二年，知县黄思让建濯缨桥、独醒亭于汨罗山，至是并徙建。见邑人王立槐《骚坛记》。""屈原塔，《一统志》：宋玉、景差招屈原魂汨罗江，后人即其地立塔。"④

清郭嵩焘《光绪湘阴县图志》卷三十《艺文志》："《重修汨罗三闾大夫

---

① 潘镒等：《嘉靖长沙府志》，日本上野图书馆藏本，卷五第11、12页。
② 吕肃高等：《乾隆长沙府志》，《中国地方志集成》（湖南府县志辑1），江苏古籍出版社2002年版，第258页。
③ 穆彰阿、潘锡恩等：《大清一统志》，文渊阁《四库全书》，台湾商务印书馆1986年版，第480册，第390页。
④ 郭嵩焘：《光绪湘阴县图志》，《中国地方志集成》（湖南府县志辑10），江苏古籍出版社2002年版，第67、68页。下引该书均为此版，依次为第451、452、454页。

祠记》，乾隆二十一年知县陈钟理撰。记曰：……余咨嗟久之，爰与诸生登玉笥四山，啾啾犹闻啼鹈声。多士告余曰：'此当年作《九歌》地也，盍迁庙而祀于此。'遂属周生富榜、黄生齐植、高生峻、杨生茂根等董其役，鸠金一千有奇，饬工庀材，徙三闾祠而新之，宏而甚丽也。其前为骚坛，又其前为独醒亭、招屈亭，又其前为濯缨桥。经始乾隆甲戌八月，竣工乾隆乙亥九月。……"

清郭嵩焘《光绪湘阴县图志》卷三十《艺文志》："《骚坛记》，乾隆二十一年万年县知县王立槐撰。记云：乾隆二十一年湘人士撤三闾庙，而新于玉笥山。余办香谒。所为新庙者，临水濯缨，濯缨有桥，循桥登山，两亭岿然，一曰招屈，一曰独醒。直前有坛，额曰骚坛，坛高而宏，吾乡黄公所建也。余讶，若桥若亭，自昔有之，骚坛毋乃嫌于创乎？黄君曰：'惟楚无风，郁极必发，三闾睠怀宗国，作《离骚》二十五篇，雄博瓌丽，称词赋宗。其徒宋玉、景差，抒情写志，感慨伤怀。三湘七泽间为采风所不及者，骎骎乎大倡宗风矣。于是贾谊、刘安、东方朔、严忌、王褒、刘向、扬雄、王逸之徒相继，则其绮丽，抒其哀怨，鸿裁艳辞，乞灵争长。吾建骚坛于此，欲悬三闾为词赋不祧之祖。彼摛华竞秀与二十五篇同原者，吾进之坛中；与二十五篇异流者，吾斥之坛外。先生其为我志之。'余曰：'玉笥为三闾作《九歌》地，《史记》云："原赋《怀沙》沈汨罗以死。"其他《离骚》《天问》《远游》《卜居》《渔父》等篇，不传作于何地。是天下之骚系于全楚，而全楚之骚系于湘阴。兹坛其所以志乎！夫别裁伪体，转益多师者，词坛之统论也。俯视千载，截断众流者，艺苑之大衡也。则且以三闾为牛耳主盟，宋玉、景差而下，历阶而升，树帜北面，其余词赋诗歌之徒，悉逡巡庑下，奔走而驰骤之。昆仑元圃，赤水流沙，皆骚坛丘壑；鸾鸟凤皇，文狸赤豹，皆骚坛物产；杜蘅兰芷，揭车流夷，皆骚坛纫佩；一切雷填雨冥、风飒木萧、猿悲狖愁之声，皆骚坛鼓吹。非是者厉色登坛举袂而麾之。自古迁客游人，皆尝经此，投吊三闾，异时有贾谊、史迁其人过焉，吾知不踟蹰江干以垂涕，而徘徊堂庑以歔欷也。'黄公名德然，字达山，邑高士，年八十，捐金百两成坛。其孙齐铨董其役。并书之，以贞诸石。"

清郭嵩焘《光绪湘阴县图志》卷三十《艺文志》："《重立楚三闾大夫墓碑记》，同治六年黄世崇撰。按《通典》屈原冢有石碑，曰楚放臣屈大夫之墓，乾隆二十二年，邑人王邦翊建立墓碑，题曰楚左徒三闾屈大夫之墓。至是世崇仍复唐碑之旧。而记文特辨证疑冢之误，以俗传屈原疑冢二十四、或曰十有二，又沿招魂而葬之说，谓冢旁有宋玉、唐勒招魂台，盖多出土人之附会。《通志》及《明一统志》记载甚详。汨罗山为今烈女岭，亦非僻地，历二千余年并无疑冢之说，不足辨也。"

清李元度撰、胡锡龙书屈子祠中西厅门柱联："江上峰青，九歌遥和湘灵曲；湖南草绿，三叠频招宋玉魂。"①

刘石林搜辑整理的民间传说《弟子扫墓招魂》：传说屈原投江后的第二年清明节，他的学生宋玉和景差，来到汨罗山上给屈原扫墓。他们在坟前摆好猪、牛、羊头和酒等祭品，点上香烛，便跪下祭拜，高声呼唤着屈原。良久，不知从哪里来了个穿白衣白服的中年男子，从怀里取出一件里衣，宋玉和景差一看，认得这是屈原生前穿过的里衣，他们也不细问，伸手接过里衣挂在竹篙上，把竹竿插在坟前，二人又高声呼唤起屈原来。说也奇怪，呼唤几声，忽然从江面上传来了"呼呼""呼呼"的风声。霎时，这风声又变成了"呜呜""呜呜"的哭泣声。这哭声越来越近，越来越近，惊疑间，宋玉和景差抬头一看，只见天上乌云渐渐散开，屈原从云间来到眼前。他穿着荷叶裁成的上衣，莲花缝成的下装，戴着高高的帽子，系着长长的佩带，腰间依然佩着他那把心爱的陆离长剑，长长的胡须飘在胸前，消瘦的脸上挂着两行泪珠。见屈原这般模样，他们不禁失声痛哭起来。过了一会儿，宋玉筛了满满一杯酒，双手举过头顶，捧到屈原跟前，只觉得酒杯倾斜了一下，杯子就见底了。一连敬了三杯，屈原就连饮了三杯。宋玉、景差哭诉着对屈原的思念。这时，东方开始露白。宋玉担心屈原的灵魂离去，就一手拉住他的袖袍，问屈原有何事情要交待。屈原告诉他们，他写的《离骚》《九歌》和《怀沙》等诗作的竹简，都藏在玉笥山上，要他们妥善保存，传给后世。宋玉和景差还想说什么，忽然又刮起一阵清风，宋玉不觉一松手，屈原的灵魂就不见了。一直站在旁边的白衣中年男子也化作一股白烟，跟着屈原的灵魂走了。到了江心，白衣男子化作一匹白马，屈原骑上白马，踏着波涛，向着西方奔去。不一会儿，太阳爬上了山坡。他们在屈原坟前烧了些纸钱，往坟

---

① 汨罗市志编纂委员会编：《汨罗市志》，方志出版社 1995 年版，第 523—524 页。

上培了些新土，他们想起先生还没有尝到祭品，心里十分不安。景差拆了腰带，系在三牲身上，带到江边把它们抛到白浪滔滔的汨罗江里。来到玉笥山，见屈原居住的茅屋已由乡人翻修一新，摆设一如屈原在世时一样，只是在堂屋塑了尊屈原像。原来乡人将屈原住过的茅屋，作为专门祭祀的祠堂，供人们祭拜。宋玉、景差拜过屈原像，找到屈原留下的诗稿，登上木船，顺流直下。（《汨罗江记忆》所收，宋克顺整理的《招魂》，与此内容大致相同，故不赘录）①

《汨罗江记忆》所录《招屈亭的传说》：传说屈原投江殉国以后，他的弟子宋玉、景差曾专程到玉笥山，按楚地风俗，为他举行了规模宏大的招魂仪式。仪式上宋玉、景差声泪俱下，悲壮地吟诵着屈原当年为楚怀王写的千古名篇《招魂》辞，为自己崇仰的宗师招魂。后人在他们举行招魂仪式处修建了招屈亭，以志纪念。②

综合分析上述的文献资料与民间传说，我们可以获得如下信息：1. 招屈亭、屈原塔，是为后人在宋玉等招屈原魂处修建的纪念性建筑。2. 招屈亭的建筑时间，史志未有明文记载。清郭嵩焘《光绪湘阴县图志》据唐刘禹锡诗《竞渡曲》认为"是唐时已有此亭"。亭本建于屈原墓所在地——汨罗山，清乾隆二十年至二十二年间移建于玉笥山今招屈亭所在地，于是汨罗山之招屈亭日渐损毁，今已无踪迹可寻。3. 关于屈原塔，清吕肃高等《乾隆长沙府志》只说"宋玉招魂处"，"乡人垒石以志其处"，而《大清一统志》言："屈原塔：在湘阴县北汨罗江边，相传宋玉、景差招屈子魂处，后人于此建塔。"二志编撰时间相近，而说法不同，不知孰是。或所谓"塔"者，极为简陋，仅以石垒成。故清乾隆二十年移建汨罗山屈原祠及周边古迹时未移建此塔，《光绪湘阴县图志》言及此塔也未有增述，仅承《一统志》旧说。此塔既不为时人所重，又因汨罗山纪念屈原之建筑统统移迁而此地被人为冷落，塔毁迹灭，在所难免。4. 明《嘉靖长沙府志》引唐蒋防《汨罗庙志记》，认为相传屈原墓为招魂葬之说不可征信，而认为其墓为屈原真身墓，虽没有直接否认宋玉等招屈子魂的传说，但对宋玉招魂处的可信度产生了负面影响。5. 清

---

① 详见刘石林：《汨罗的屈原传说》，《岳阳职业技术学院学报》2005年第4期；宋克顺：《招魂》，《汨罗江记忆》，湖南人民出版社2009年版，第110—113页。

② 《屈子祠遗址传说》，《汨罗江记忆》，湖南人民出版社2009年版，第127页。

同治六年黄世崇撰《重立楚三闾大夫墓碑记》,以为女媭造疑冢与宋玉等为屈原招魂等传说皆为"士人之附会",否定了宋玉招魂处即招魂台的真实性。

6. 关于为屈原招魂的传说有几种说法。(1)屈原投江后尸体失踪,乡人招其魂而葬。(见上引《嘉靖长沙府志》)(2)宋玉、景差在屈原死后,到汨罗山屈原墓地扫墓招魂。(3)宋玉、景差祭吊屈原时,在招魂台上诵读屈原的作品以寄托哀思。

三、关于宋玉等为屈原招魂问题的讨论

关于汨罗山宋玉等招屈原魂的遗迹与相关宋玉等祭吊屈原、招屈原之魂的传说,自唐以来,历代都存有不同的看法,或提出质疑,或表示否定。

唐蒋防以汨罗四季水情和汨罗乡民对屈原的情感为据,认为屈原墓是真身墓,而非招魂葬,极具见地。现代考古普查已经证明,所谓的"屈原十二疑冢"均为真实的先秦古墓,如果屈原真的葬于"十二疑冢"之中,那么定然是真身墓无疑。关于招魂葬说法的缘由,蒋防认为:"但以《楚辞》有小、大《招魂》,后人凭而穿凿,不足征也。"蒋氏的推测,有着一定的合理性,因为自明清乃至现代,《楚辞》研究者认为,《招魂》与《大招》并非如汉王逸所言是招屈原之魂或屈原自招,而是招楚之怀王、襄王等某位楚王之魂。然而,蒋氏的推断也有以偏概全的嫌疑,即便《招魂》和《大招》与招屈原之魂无关,也无法证明宋玉、景差(或者还有唐勒)未曾到汨罗祭吊过屈原,甚或为屈原举办过招魂仪式,因为《史记·屈原贾生列传》明确记载,宋玉等是屈原的崇拜者与追随者,他们祭吊屈原、为屈原招魂,乃是极为合情合理的事情,如果没有特殊原因,他们不去汨罗拜谒,反倒是不合情理的。当年蒋防作记对于宋玉等招魂事及其遗迹招魂台,未作是非可否的直接判断,似乎也考虑到我们的上述分析而谨慎其言。

清黄世崇继承了唐蒋防的观点,并在其基础上推而广之,他说:"俗传屈原疑冢二十四、或曰十有二,又沿招魂而葬之说,谓冢旁有宋玉、唐勒招魂台,盖多出士人之附会。"黄氏的断言与蒋氏相比较不仅不够谨慎,而且显得轻率,甚至可以说违犯了三段论演绎推理的基本规则。因为虽然屈原墓不是招魂而葬的衣冠冢,但无论是按周礼葬礼,还是按古楚民间葬俗,真身

葬也要有招魂仪式，即先将逸出体魄之外的游魂招回来，而后还要引导死者的灵魂飞升去天界。① 因此否定了屈原墓是招魂葬，尚不能以之为前提否定屈原墓侧有招魂台。同时也不能否定屈原安葬以后，以至若干年、甚或千百年以后的招魂活动。因为祭祀祖先或前贤，最重要的程序就是"降神"，即招唤祖先或前贤之神灵降临祭祀地享受祭礼与祭品，这也是一种招魂。因此宋玉等招屈原之魂的传说，尽管有着诸多的虚构、各种的演绎，甚至神话怪异的夸诞成分，但也有着合于世理、情理与源生于现实生活的合理内核，实不可轻易否定。同理，承载着宋玉等招魂传说的屈原墓地招魂台（或曰招魂处），也不能轻易予以否定。

我们认为，宋玉等招魂传说与汨罗屈原墓招魂台是否可信，关键在于宋玉等人是否有可能到过汨罗。在这里，且不计景差与唐勒，仅以宋玉为说，来讨论这个问题。

第一，宋玉到汨罗祭奠屈原有着不同于常人的情缘基础。《史记·屈原贾生列传》载："屈原既死之后，楚有宋玉、唐勒、景差之徒者，皆好辞而以赋见称；然皆祖屈原从容辞令，终莫敢直谏。"司马迁的这一段记述，虽然批评宋玉等"终莫敢直谏"，但也切实地记录了宋玉等"皆祖屈原从容辞令"的事实，"祖屈原"三字，说明宋玉等是屈原的崇拜者与追随者，在文学创作上学习屈原的"从容辞令"。虽现代宋玉研究认为，宋玉并不像王逸所言为"屈原弟子"，但一致认为他是屈原辞赋最优秀的继承者。从传世的宋玉作品中，我们也可以清晰地看到，宋玉辞赋创作模仿屈原、学习屈原的各种迹象，并且取得了接近于屈原的文学成就，致使南朝梁刘勰《文心雕龙》将屈原与宋玉并称，并得到了古往今来文学史家的一致认同。晋习凿齿《襄阳耆旧记》记载："玉识音而善文，襄王好乐爱赋，既美其才，而憎之似屈原也。"② 这里的"似屈原"意在说明宋玉与屈原性格和精神方面的相似。因此我们可以说，宋玉不仅在文学创作上追随屈原，而且在人格精神方面也追随屈原。由此推论，宋玉对屈原的崇拜之情是深切的，由始至终的，全方位的。更何况宋玉失职后，其遭遇又与屈原被疏被放逐相似，从宋玉所作

---

① 参见宋公文、张君：《楚国风俗志》十《巫觋篇》，武汉教育出版社1995年版，第408、423页。
② 习凿齿：《襄阳耆旧记》，《续修四库全书》，上海古籍出版社2002年版，第548册，第349页。

的《九辩》就可以看出，其与屈原《离骚》所抒发的情感非常接近，这说明宋玉在很多方面，特别是在对楚国之命运、楚政之昏暗方面产生了共鸣。同时，屈原殉国而后，事实证明了屈原以"美政"思想来拯救宗国的正确性，这就更坚定了宋玉对屈原的崇拜与追随。宋玉对于屈原既有如此深厚的情结，在屈原为国殉难而后，岂能不想方设法寻找机会亲自到汨罗屈原墓前祭奠拜谒！以表达自己的悼念与缅怀。

第二，宋玉到汨罗祭奠屈原有特意前往或路途经由的地缘条件。宋玉的人生行迹，历史文献几乎没有记载，但也不是没有踪迹可寻。据我们的研究，宋玉至少有三次机会可以到汨罗祭奠屈原。（1）在楚都为秦所迫迁至陈郢（今河南淮阳）后，宋玉出仕为楚襄王文学侍从，曾作《小言赋》受到襄王赏识，被"赐以云梦之田"。这个"赐田"，据唐李白《安州应城玉女汤作》"散下楚王国，分浇宋玉田"①的诗句，当在唐之安州应城、先秦之蒲骚、今之湖北应城市。此地距陈郢颇远，是宋玉应得"禄田"以外的受赏之田。又汉刘向《列士传》记有宋玉在蒲骚与景差相会事，证明宋玉曾到过古之蒲骚、今之应城，这又与《讽赋》记述的"楚襄王时，宋玉休归"事相吻合，宋玉到蒲骚应当是处理其赐田的相关事宜。古之蒲骚、今之湖北应城，距离湖南之汨罗并不太远，直线距离不过 200 千米左右，而且交通非常方便，如果乘船，经古富水入汉水，再经长江入洞庭，即可直抵汨罗。如果此间，宋玉去汨罗祭奠屈原，距屈原投江的时间不远，大致在屈原死后 6 至 16 年之间。（2）宋玉作《九辩》的时间，游国恩、陆侃如二位先生都认为在楚幽王初年。幽王在楚之最后的都城寿郢（今安徽寿县）即位，宋玉当时应随楚之迁都到了寿郢，失职后亦应有一段时间赋闲在寿郢。《汉书·地理志》在记述寿春（即楚都寿郢）、合肥地理时，提到了屈原、宋玉、唐勒辞赋创作情况②，按《地理志》体例，凡在某地提及某人，其人即在其地生活过。这就是宋玉失职后在今之安徽寿县的佐证。宋玉后来于楚王负刍时（或更早些），因秦兵逼近寿郢，为躲避秦兵由今之寿春经衡山（今安徽天柱山）抵达长江

---

① 李白：《安州应城玉女汤作》，彭定求等：《御定全唐诗》卷六《李白二十一》，上海同文书局石印光绪丁亥年（1887）本，第 79 页。
② 班固：《汉书》，中华书局 1962 年版，第 1668 页。

之滨，又乘船沿江西上转入洞庭，最终在洞庭湖西岸今之湖南临澧落脚。①今临澧有宋玉城、宋玉墓等宋玉遗迹。在此次避难的行程中，在途径洞庭时，宋玉有条件在汨罗停船登岸祭奠屈原。此时距屈原殉国大约已过去了50余年。（3）前已提及，宋玉躲避秦兵最终落脚于湖南临澧。临澧位于洞庭湖西岸，汨罗位于洞庭湖东岸，两地仅一湖之隔，驾舟来去极为便利。因而宋玉落脚湖南临澧后，虽人已老迈，如果身体允许，也有条件去汨罗祭奠屈原。综合上述的几种可能，我们认为宋玉在失职后去祭奠屈原的可能性最大，这不仅是因为，楚襄王在世时对屈原怀有忌恨，甚或对宋玉"似屈原"也表示"憎之"，以宋玉"终不敢直谏"的为臣之道推测，他当不会不顾及襄王的态度去冒然祭奠屈原；而且更因为，在屈原殉国以后，事实证明了屈原生前诤谏楚王、施政楚国的政治远见，从而深化了宋玉对屈原的认知，坚定了宋玉对屈原的崇拜。

第三，宋玉到汨罗祭奠屈原具有熟知招魂礼俗的司仪条件。汉王逸《楚辞章句》说《招魂》为宋玉所作，当代宋玉研究认为是可信的。而宋玉之《招魂》是最早记录先秦招魂礼俗的文献资料之一，作品不仅详尽地记述了古楚民族的招魂程序与招魂的方法，而且于招辞之中反映了古楚先民招辞的内容，是研究先秦招魂礼制的不可多得的重要文献资料。因此可以说，宋玉对于古楚招魂礼俗是非常熟悉的。这又为宋玉为屈原招魂提供了知识与技能层面的支持。

第四，湖南常德招屈亭可作为宋玉到汨罗祭奠屈原的佐证。湖南常德市有与汨罗名称相同的招屈亭。宋祝穆《方舆胜览》卷三十《常德府》："招屈亭，在城南，相传三闾大夫以五月五日由黔中投汨罗，土人以舟救之，为《何由得渡湖》之歌，其名咸呼云何在。"②宋王象之《舆地纪胜》卷六八《常德府·碑记》："招屈亭碑，唐龙朔中县令蔡朝英重修，且刻石以记其事。"③为此，我们调查小组于2014年5月16日实地考察了常德招屈亭。今亭为2000年在原址上重建，位于常德市区内诗墙公园东部，西南毗邻沅水，西北毗邻古柱水入沅之河口（今人将其水流经常德市区一段称之为"屈原港"，

---

① 刘刚：《宋玉年世行迹考》，《宋玉辞赋考论》，辽海出版社2006年版，第223页。
② 祝穆：《方舆胜览》，文渊阁《四库全书》，台湾商务印书馆1986年版，第471册，第800页。
③ 王象之：《舆地纪胜》，《续修四库全书》，上海古籍出版社2002年版，第584册，第580页。

图 15-9）。其亭为西北朝向，建于一座土丘之上，为八柱、八角、重檐攒顶式建筑。(图 15-10) 西北与东南两层檐间均有匾额，皆题写"招屈亭"三字，乃今人颜家龙所题。(图 15-11) 西北两柱外侧有联曰"名重亭高浊世几人能独醒；时清楚盛忠魂此日应长留"，题款为"祝欢坡撰联，癸巳夏王鳌书"。东南两柱外侧有联曰"亭复江边毅魂归来欣盛世；诗刊墙上时人求索效先贤"，题款为"杨保撰并书，时年八十又六"。于亭上放眼眺望，右可迎沅水西来，左可送沅水东去，而面前则可见沅水波光粼粼，浩浩汤汤，是为观赏龙舟竞渡的佳处。清郭嵩焘《光绪湘阴县图志》曾用唐刘禹锡《竞渡曲》"曲终人散空愁暮，招屈亭前水东注"之诗句，证明汨罗"唐时已有此亭"，其实刘禹锡的这首诗是写常德招屈亭的，其诗有刘禹锡自序，序曰："《竞渡曲》始于武陵，至今举楫而相和之，其音咸呼云'何在'，斯招屈原之义。事见《图经》。"① 刘禹锡之诗虽不能直接证明汨罗招屈亭的建造时间，但却为我们提供了考证宋玉尝去汨罗祭奠屈原的线索。常德的招屈亭，历史悠久，刘禹锡《武陵抒怀五十韵》之《引》中，援引三国人常林《义陵记》说："初项籍杀义帝于郴，武陵人曰：'天下怜楚而兴，今吾王何罪？乃见杀。'郡民缟素，哭于招屈亭。高祖闻而义之，故亦曰义陵。今郡东南亭舍，其所也。"② 又宋祝穆《方舆胜览》所记义陵名称缘由与《义陵记》同，而宋欧阳忞《舆地广记》说"汉高祖二年改为义陵"，与项羽于汉高祖元年杀义帝的时间正相吻合。如果以《义陵记》作者时代为据，此亭建造年代至少可以追溯到汉末；如果按《义陵记》所记"哭于招屈亭"是汉高祖时事，那么常德招屈亭的建造年代还可以上溯到西汉初年。然而有关常德招屈亭的记事颇让人多有疑惑：(1) 明陈洪谟《嘉靖常德府志》卷十七《寓贤》说："史称（屈）原行吟泽畔，遇渔父歌《沧浪》。今龙阳有沧浪水，郡中有屈原巷、招屈亭，盖尝侨寓于此云。"又卷二十《拾遗》说："屈原，旧志为武陵人，然于史传无据，或因相传有屈原巷、屈原祠，故云。又长沙（指古长沙府属县湘阴）亦有祠有墓，盖原往来于湘沅间，吾郡称为'寓贤'为宜。又《一

---

① 刘禹锡：《竞渡曲》，彭定求等：《御定全唐诗》卷一三《刘禹锡三》，上海同文书局石印光绪丁亥年（1887）本，第41页。
② 刘禹锡：《武陵咏怀五十韵》，彭定求等：《御定全唐诗》卷一三《刘禹锡九》，上海同文书局石印光绪丁亥年（1887）本，第64页。

统志》归州有屈原故宅,旁有女媭祠,盖原之姊也。观此则非武陵产明矣。"这是说屈原在常德只不过是"侨寓"而已,而屈原行经之处多矣,为何在汨罗之外独此处在汉时既早有"招屈"之亭之事？(2)《史记》明言屈原"怀石沉汨罗而死"①,汨罗人救之寻之是为常理,为何百公里之外的常德"土人以舟救之"？且古汨罗水先入湘水,后随湘水流入洞庭,而流经常德者是为洞庭支流沅水,于沅水寻救投入汨罗水的屈原,可谓风马牛不相及也。宋祝穆《方舆胜览》试图以"由黔中投汨罗"来解释,虽然说明了屈原在汨罗投江前曾在常德,但仍然不能解释常德土人在殉难地百公里以外营救殉难者的荒唐之举。(3)常德"土人以舟救之"与汨罗人不同,常德土人似乎并非出于自愿。因为文献所记"土人以舟救之,为何由得渡湖之歌,其音咸呼云'何在'"也颇费解,唐刘禹锡《竞渡曲序》与宋祝穆《方舆胜览》及《明一统志》《大清一统志》均记有此事,记事中常德土人所歌"何由得渡湖"当为此古曲之名,或曲中最有代表性的歌词,如果此曲是常德土人在屈原沉于汨罗时所唱,品味其义,似乎表达了常德土人的一种疑问,"屈原沉于汨罗,为什么其尸身能够渡过洞庭湖漂浮到我们常德呢？"记事中"何在"当为曲中的和声,这个和声也颇有味道,"何在"即在哪里,亦即询问屈原的尸体在哪里,如此唱和,是不是也流露着土人心中的疑问和不解。(4)关于招屈之亭之事,还有另一种说法,《隋书》卷三十一《地理志下》言:"屈原以五月望日赴汨罗,土人追至洞庭不见,湖大船小,莫得济者,乃歌曰'何由得渡湖',因尔鼓枻争归,竞会亭上。习以相传为竞渡之戏。其迅楫齐驰,櫂歌乱响,喧振水陆,观者如云。诸郡率然,而南郡、襄阳尤甚。"②此实记南郡、夷陵、沔阳、沅陵、清江、襄阳、春陵、汉东、安陆、永安、义阳、九江、江夏诸郡端午风俗,而所述事情原由与常德招屈之亭之事有关,然而常德土人既与屈原感情深厚,驾舟追之,欲挽留之、拯救之,则不当因"莫得济"而轻易返还,"鼓枻争归,竞会亭上",怨而歌"何由得渡湖"。可见此说亦大不合于情理。

对于上述种种疑惑,最为合理的解释就是:常德土人"以舟救之"并非

---

① 司马迁:《史记》,中华书局1959年版,第2490页。
② 魏徵等:《隋书》,中华书局1973年版,第897页。

真正意义上的营救，只不过是他们纪念屈原的一种方式。所谓"何由得渡湖"之歌，实际上应当是为招屈原之魂而唱，"何由得渡湖"的正确理解应该是说，"屈大夫啊，你为什么从我们这里渡湖到汨罗自沉呢？"而"何在"的和声，是问屈原的魂魄何在，且呼唤而招之。《嘉靖常德府志》明确地承认了这一点，其卷三《风俗》说：端午"各坊市刳木为舟，长十余丈，染五色，选善桡者相竞中流，旧时名为吊屈。"而这种方式一定是在汨罗人营救屈原的方式被定型并形成民俗之后，方才传到常德的。考《乾隆长沙府志》卷十四《风俗》与《嘉靖常德府志》卷三《风俗》，两地的端午风俗几乎完全一致。这种纪念屈原的方式，即是我们现在所说的"端午节赛龙舟"的先声。大概常德是除汨罗之外最早接受这种纪念方式的地方，但从常德特有而不见于汨罗的"何由得渡湖之歌"分析，起初常德土人对屈原离开常德于汨罗自沉并不理解，并且存有些许不满，对悼念屈原的"以舟救之"方式的接受并不那么十分情愿，这说明对于这种纪念方式在常德的推行，一定有一个隐形的推手在着力推动。上文已经提及，常德招屈亭在汉代初年就已经存在了，这也就意味着"以舟救之"的纪念方式业已传到了这里，进而可以推测，"以舟救之"的纪念方式在汉代以前就已在常德有所流行。那么，在汉代以前在常德地区推行这种纪念方式的隐形推手是谁呢？我们认为很可能是在屈原沉江 50 年后来到这一带的宋玉。宋玉晚年的最终落脚之地，现在还留存着宋玉墓、宋玉城遗址的湖南临澧，距常德仅有 50 千米左右，排查汉代以前在常德一带有崇拜屈原情结的历史人物，则非宋玉而莫属。如果我们的推测属实，那么宋玉就一定到汨罗亲自祭奠过屈原，并熟悉在汨罗已形成风俗的划龙舟、包粽子等一系列纪念屈原的方式。因而我们说，常德招屈亭是宋玉曾去汨罗祭奠屈原的一个佐证。

综上所述，我们认为即便《招魂》并非为招屈原之魂而作，宋玉为屈原招魂之事也不可轻易否定，古文献中记载的"宋玉招魂处"与民间的宋玉等为屈原招魂的传说也并非是望风捕影，而有着相对的可信性。

图 版

第一章 附图

图1-1 商水县扶苏墓文物保护标志

图1-2 商水县扶苏雕像与扶苏墓

图1-3
商水县阳城遗址标识

图1-4
商水县阳城遗址东城垣遗址

图1-5
"扶苏司工"戳印（左.拓本，右.摹本）

图1-6
商水县阳城遗址出土的
　　人面纹砖

图1-7
寿县冯小庙苍陵城遗址

图1-8
分断"牛尾岗"的寿春
　　南路（图右）

图1-9
"牛尾岗"城垣遗址上的土路

图1-10
"牛尾岗"城垣遗址远眺

图1-11
淮河中硖山城遗址远眺

图1-12 凤台县硖山口文物保护标志

图1-13 寿县冯小庙遗址出土的青铜器

图1-14 寿县柏家台寿春城遗址文物保护标志

第二章 附图

图2-1 芜湖市青弋江入长江的江口

图2-2 芜湖市漳河入江口上鲁港大桥远眺

图2-3 襄阳市渭水下游潼口桥下河道

图2-4 襄阳市渭水水库大坝

图2-5
南漳县卢戎国都城遗址文物保护标志

图2-6
舒城县杭埠河中游的龙河口水库

图2-7
舒城县七门堰水闸汉羹颉侯刘信雕像与文物保护标志

图2-8
舒城县周瑜城遗址

图2-9
舒城县龙津古桥

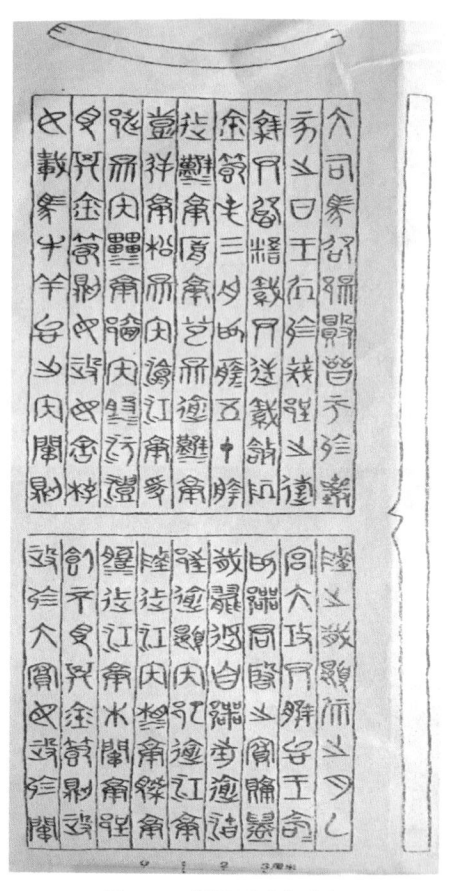

图2-10 《鄂君启节》摹本　　　　图2-11 《鄂君启节》释文

第三章 附图

图3-1 随州市大洪山山门

图3-2 随州市大洪山金顶

图3-3
随州市大洪山山顶黄龙池

图3-4
随州市大洪山宝珠峰远眺

图3-5
随州市大洪山白龙池

图3-6
巫山县神女大道

图3-7
巫山县高唐观所在之
阳台山远眺

图3-8
巫山县高唐观文物保护
标志

图3-9
巫山县 2013 年新修缮的高唐观

图3-10
三峡大坝蓄水后象山神女庙淹没处

图3-11
巫山县象山 2013 年移建后的神女庙

图3-12 巫山县象山原云华夫人祠山门

图3-13 巫峡象山、飞凤峰远眺

图3-14 汉川县汉江古渡阳台渡

图3-15　汉川县仙女山公园神女雕像

图3-16　汉川县仙女山公园南门

第四章 附图

图4-1 霍山县小南岳山远眺

图4-2 霍山县南岳庙重修碑记

图4-3 霍山县南岳庙山门

图4-4
霍山县南岳庙正殿殿门题字

图4-5
霍山县南岳庙西门题字

图4-6
潜山县天柱山之天柱峰

图4-7
潜山县天柱山旧山门
背面题字

图4-8
潜山县天柱山之南岳亭

图4-9
潜山县天柱山之炼丹湖

图4-10
潜山县天柱山之青龙潭

图4-11
天柱山晴雪岭上远眺
飞来峰、天池峰

图4-12
天柱山丹砂亭上远眺
飞来峰、天池峰

图4-13
潜山县天柱山之六月雪地貌处石碑

图4-14
潜山县天柱山之甘露泉

图4-15
潜山县天柱山山腰竹林

图4-16
衡阳市衡山祝融峰远眺

图4-17
衡阳市衡山祝融峰西侧石壁

图4-18
衡阳市衡山天柱峰石壁远眺

图4-19
衡山南台寺后瑞应峰上舍利塔

图4-20
衡阳市衡山天柱峰远眺

图4-21
衡阳县岣嵝峰远眺

图4-22
衡阳县岣嵝峰山门

图4-23
衡阳县岣嵝峰下禹碑
与禹王殿

第五章 附图

图5-1 潜江市龙湾遗址文物保护标志

图5-2 潜江市章华台遗址外湖泊景观

图5-3 潜江市章华台基址展示馆标志

图5-4 潜江市章华台基址展示馆远眺

图5-5 潜江市章华台基址展示馆顶部鸟瞰

图5-6
潜江市章华台基址展示馆内宫殿柱础遗迹

图5-7
潜江市章华台基址展示馆贝壳甬路遗迹

图5-8
沙市区章华寺内古楚梅

图5-9
沙市区章华寺内唐银杏树

图5-10
沙市区章华寺内古井

图5-11
监利县旧县治周老嘴镇老正街

图5-12
周老嘴镇北天竺山章华台遗址

图5-13
天竺山章华台遗址上
北洲寺山门

图5-14
北洲寺山门东侧所嵌碑文

图5-15
北洲寺山门西侧所嵌碑文

图5-16
北洲寺后远眺可见台地相对高度

图5-17
古长林县治今荆门市
仙居乡象河村

图5-18
荆门市古火炉山今黑山
一带远眺

图5-19
华容县章华台遗址远眺

图5-20 华容县章华台遗址上的树木

图5-21 华容县章华台遗址顶部景象

图5-22 华容县章华台遗址的二级台地

图5-23
亳州市城父镇刘庄村章华台遗址

图5-24
城父镇刘庄村章华台遗址文物保护标志

图5-25
刘庄村章华台遗址上的两棵标志性树木

图5-26
访问刘庄村村民

图5-27
刘庄村章华台遗址前之乾溪

图5-28
商水县县城内章华台遗址文物保护标志

图5-29 商水县章华台遗址处正在修建的民宅

图5-30 访问当地老年居民

第六章 附图

图6-1 荆州市博物馆展示的纪郢复原模型

图6-2 楚都纪郢遗址文物保护标志

图6-3 楚都纪郢南城垣遗址

图6-4 楚都纪郢南垣烽火台遗址

图6-5 楚都纪郢南垣外护城河与城垣遗址

图6-6
楚都陈郢遗址文物保护标志

图6-7
淮阳县陈楚故城城垣遗迹

图6-8
淮阳县陈楚故城北垣遗址上民宅与街道

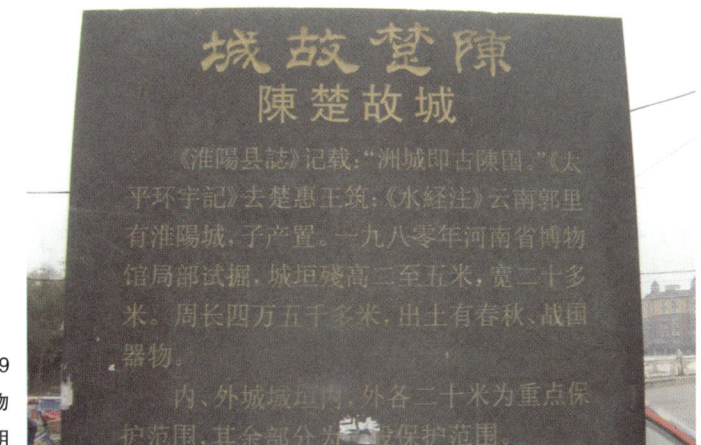

图6-9
淮阳县陈楚故城文物
保护范围说明

图6-10
寿县古城东门内碑刻之
南宋古城示意图

图6-11
寿县古城东垣与城楼外观

第七章 附图

图7-1 调查小组在宜城市南郊腊树园村宋玉墓遗址处考察

图7-2 宜城市东南郑集镇楚皇城遗址文物保护标志

图7-3
荆州古城北宋家湾之
三闾古祠

图7-4
荆州古城北宋家湾之
三闾古祠台地

图7-5
宋家湾三闾古祠供奉的
三尊神像

图7-6
荆州古城内后湖公园湖心二岛远眺

图7-7
荆州古城鼓楼宴酒店处当为承天寺遗址

图7-8
秭归县向家坪1982年移建的屈原祠遗址

图7-9
秭归县向家坪屈原祠
碑廊遗址

图7-10
秭归县清代屈原祠、
宋玉宅已没于江中

图7-11
钟祥市石城中路边的
宋玉井正在重修井亭

图7-12
钟祥市钟祥一中校园内兰台遗址

图7-13
临澧县望城乡宋玉村村委会

图7-14
临澧县望城乡宋玉村宋玉小学

图7-15 临澧县宋玉城遗址文物保护标志

图7-16 秭归新县城茅坪镇之屈原祠正门

图7-17 访问秭归县屈原文化研究会会长

图7-18
秭归新县城茅坪镇之屈原祠东的屈原墓

图7-19
移建于茅坪镇凤凰山的屈原故里牌坊

图7-20
秭归县屈原镇乐平里屈原庙屈原塑像

图7-21
屈原镇乐平里屈原庙山门

图7-22
访问屈原镇乐平里屈原庙守庙老人

图7-23
屈原镇乐平里"乐平里"牌坊

图7-24
屈原镇乐平里"屈原故里"等碑刻

图7-25
屈原镇乐平里伏虎山之照面井

图7-26
屈原镇乐平里伏虎山之读书洞

图 7-27
屈原镇乐平里伏虎山之响鼓岩

图 7-28
屈原镇乐平里伏虎山中之响水溪

图 7-29
屈原镇乐平里香炉坪之屈原宅、屈原田远眺

第八章 附图

图8-1 访问宜城市腊树园村村民

图8-2 腊树园村废弃库房残留的宋玉墓砖

图8-3
宜城市博物馆门房后的
宋玉墓碑刻

图8-4
临澧县望城乡公路边的
宋玉墓指示牌

图8-5
看花山村北浴溪河南岸
宋玉墓

图8-6
临澧县宋玉墓西北角之宋玉亭

图8-7
墓北侧重修宋玉墓碑刻与远处看花山

图8-8
唐河县古城镇大樊庄东北之九冢华严寺

第八章 附图 423

图8-9
唐河县九冢华严寺后之宋玉墓远眺

图8-10
华严寺南稍偏东之古墓冢

图8-11
华严寺东北之古墓冢

图8-12
华严寺东南小樊庄北之古墓冢

图8-13
在萧县博物馆寻找宋玉墓线索

图8-14
萧县西南三十里瓦子口村

图8-15
萧县瓦子口村鸟瞰

图8-16
采访瓦子口村原村采石
场厂长张先生

图8-17
采访瓦子口村原村支书
高先生

第九章 附图

图9-1 在应城市访问朱木森先生

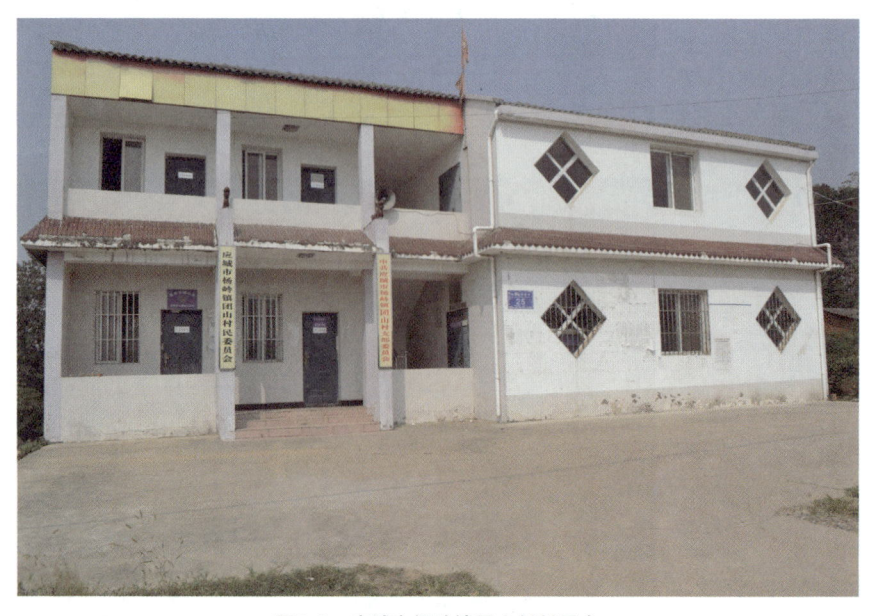

图9-2 应城市杨岭镇团山村村委会

图9-3　团山因山形如弹丸团团而得名

图9-4　远眺中的团山村地形地貌

第十章 附图

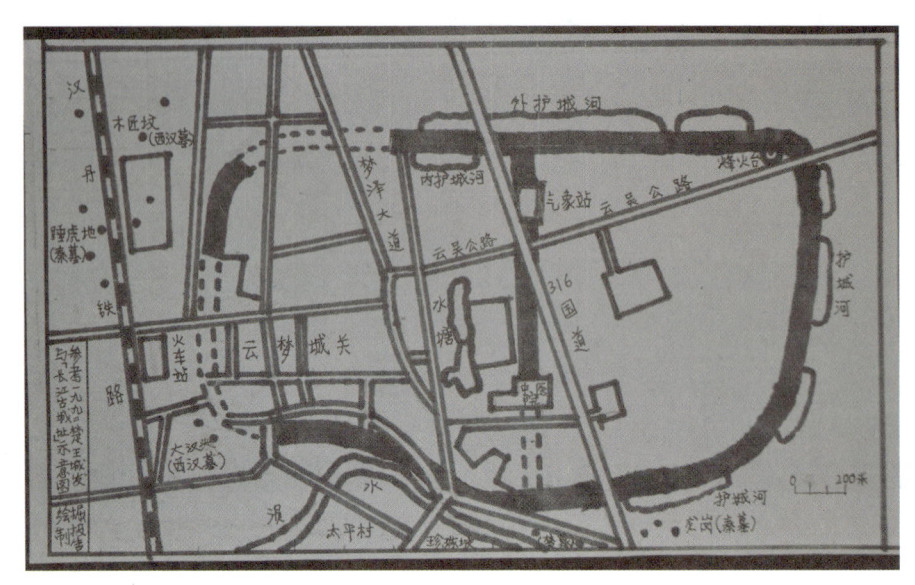

图10-1 云梦县城区现代平面布局示意图

图10-2 云梦县东西向横穿城址的建设东路

图10-3 云梦县楚王城城址东北上丁字口村

图10-4 云梦县楚王城城址西南下丁字口村

图10-5 云梦县楚王城东垣南段残存墙体遗址

图10-6
云梦县楚王城东垣遗址北段截面

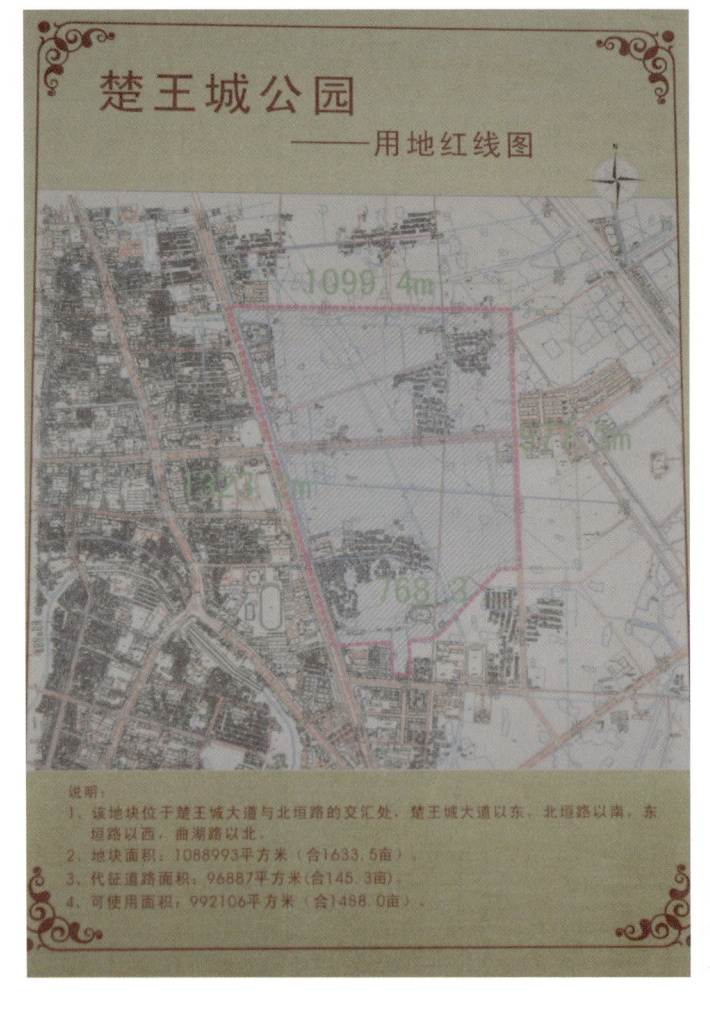

图10-7
云梦县图书馆所挂楚王城公园规划图

图10-8
云梦县楚王城东南角墙垣遗址

图10-9
云梦县楚王城东垣外护城河遗址

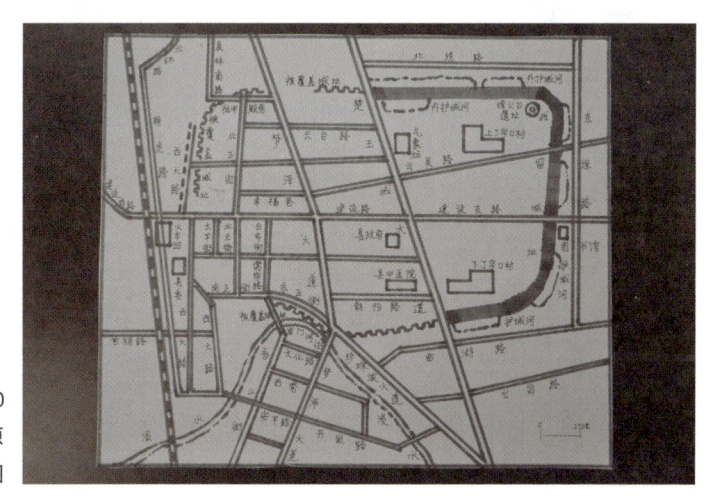

图10-10
云梦县楚王城遗址复原平面示意图

第十一章　附图

图11-1　参加宜城市召开的宋玉研究座谈会

图11-2　在宜城市档案局查阅相关资料

图11-3
宜城市博物馆展出的
宋玉故里挂图

图11-4
访问宜城市腊树园村村民

图11-5
腊树园村废弃库房内铺地的宋玉墓砖

图11-6
宜城市博物馆展出的宋玉碑刻拓片

图11-7
宜城市博物馆展出的
宋玉塑像

图11-8
宜城市博物馆展出的
宋玉画像

图11-9
宜城市郑集楚皇城遗址
文物保护说明

图11-10
宜城市郑集楚皇城北垣
遗址

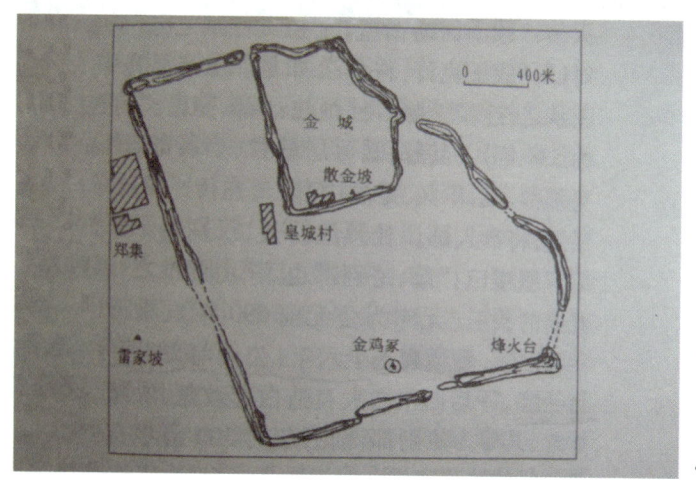

图11-11
宜城市郑集楚皇城遗址
平面示意图（选自曲英杰
《长江古城址》一书）

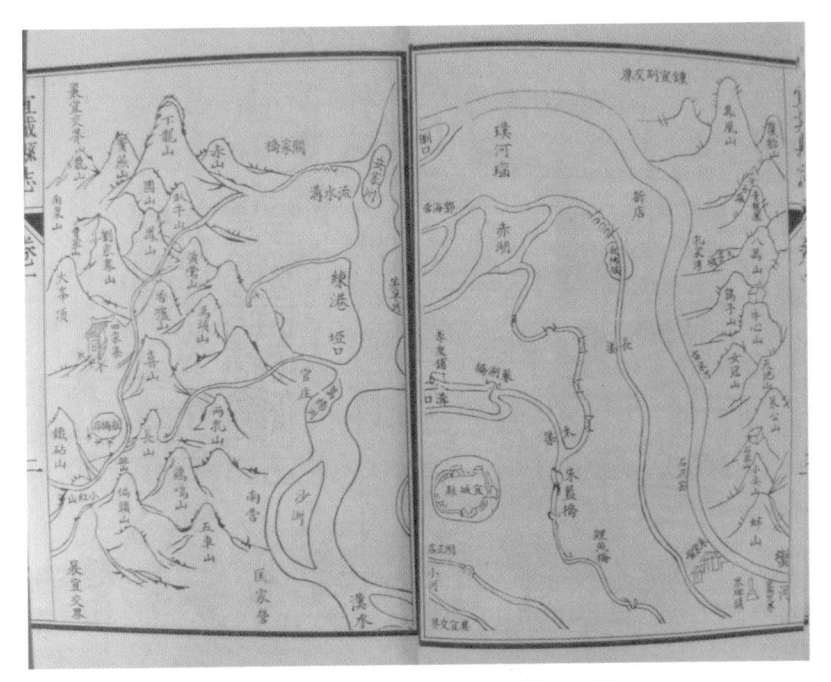

图11-12　同治版《宜城县志》县辖区全图

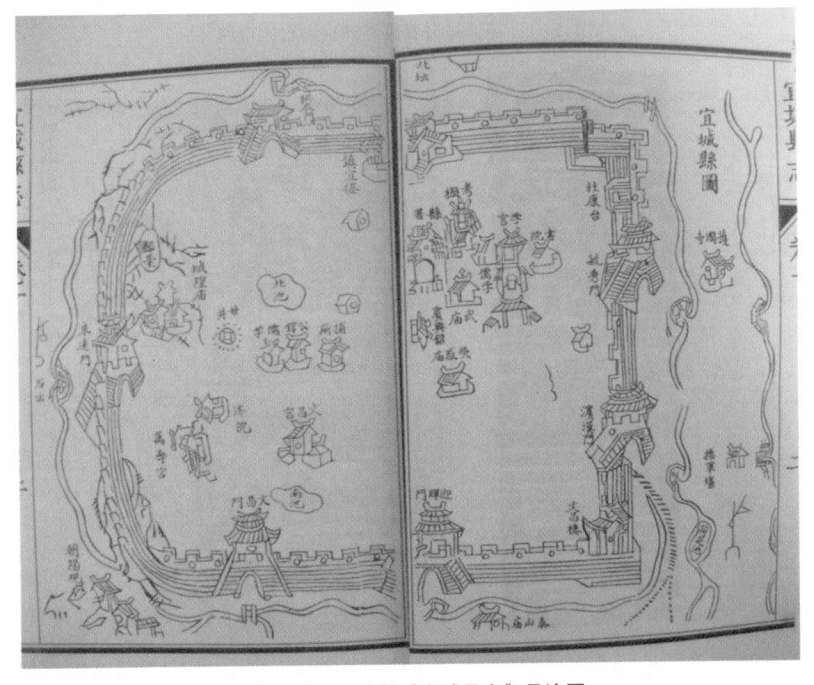

图11-13　同治版《宜城县志》县治图

第十二章　附图

图12-1　在钟祥市莫愁湖畔采访当地市民

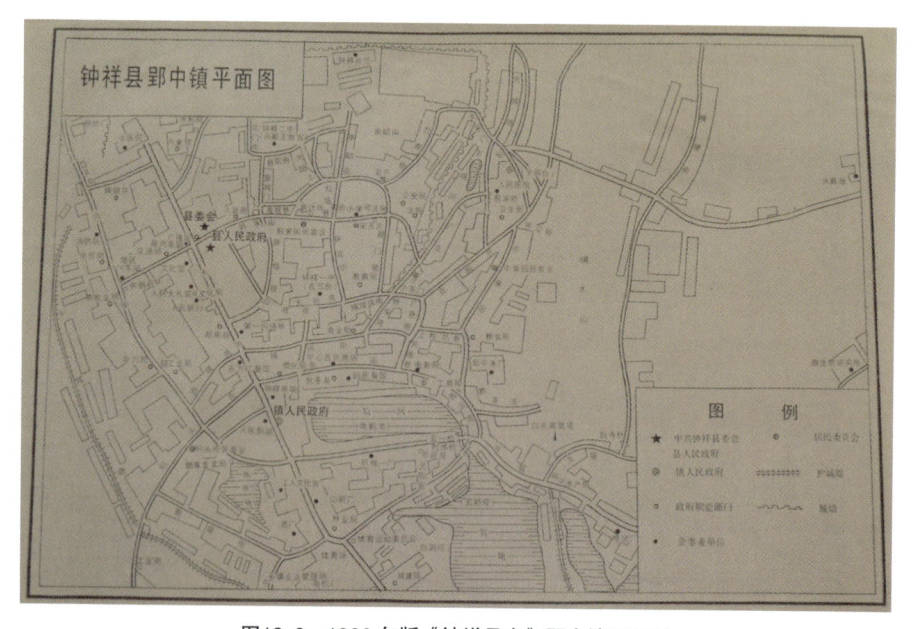

图12-2　1990年版《钟祥县志》郢中镇平面图

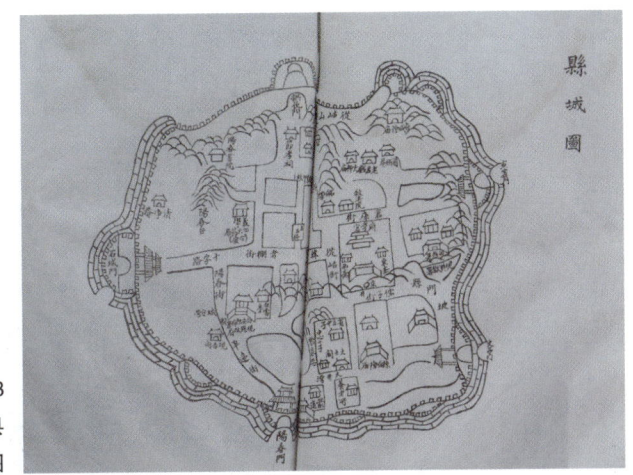

图12-3 民国版《钟祥县志》县治平面图

图12-4 民国版《钟祥县志》旧安陆州图

图12-5 钟祥一中校园内的兰台遗址

图12-6
钟祥一中正门内宋玉塑像

图12-7
钟祥一中校园内兰台书院

图12-8
钟祥市博物馆藏古"阳春白雪"匾额

图12-9 钟祥市中医院院内古白雪楼遗址

图12-10 钟祥市气象台（古阳春台）大门牌楼

图12-11 钟祥市古阳春台东南两面之三级护坡

图12-12
钟祥市古阳春台西面之两级护坡

图12-13
钟祥市气象台内古阳春台文物保护标志

图12-14
钟祥市元佑宫存放的"古阳春"残碑

第十三章　附图

图13-1　临澧县望城乡看花山村北之宋玉墓

图13-2　临澧县宋玉墓北之宋玉亭与文化介绍碑刻

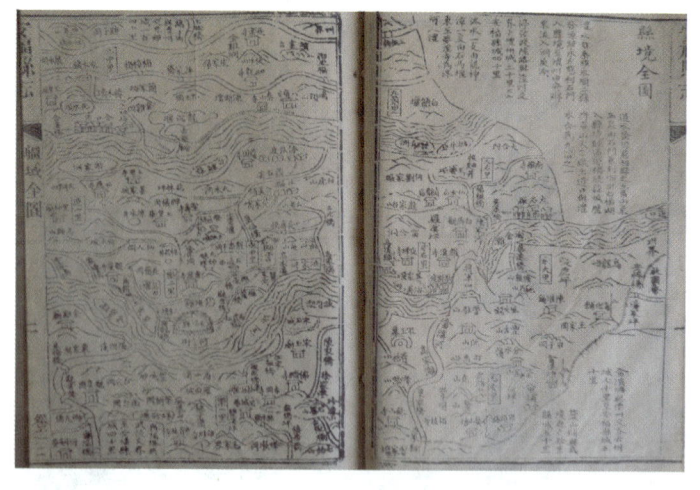

图13-3
同治版《安福县志》县境全图

图13-4
临澧县看花山村宋玉墓东南之看花山

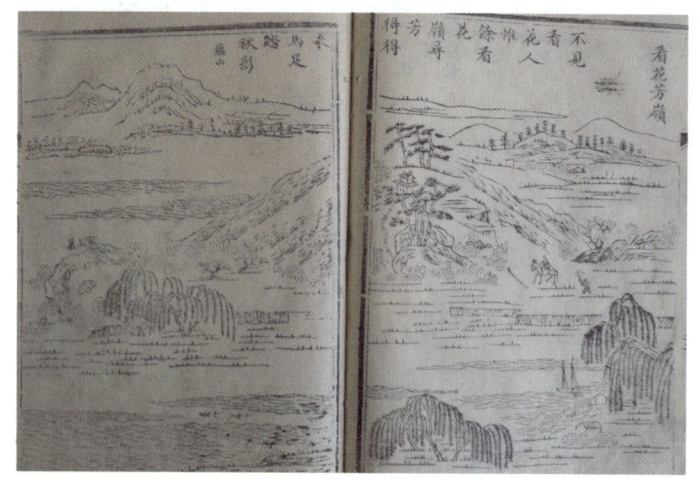

图13-5
同治版《安福县志》"看花芳岭"图

图13-6
道水与畚溪交汇处之
　浴溪河口水泥碑墙

图13-7
宋玉墓北道水与畚溪
　交汇处称浴溪河

图13-8
临澧县望城乡宋玉村
　放舟湖故址

图13-9
临澧县宋玉村宋玉城
文物保护范围说明

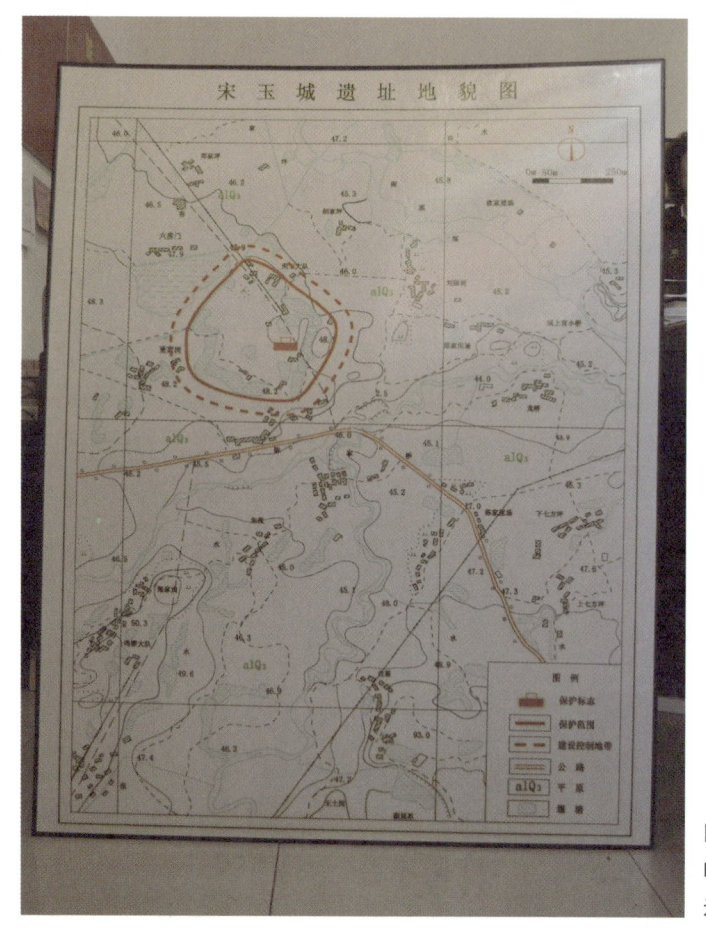

图13-10
临澧县博物馆"宋玉城
遗址地貌图"

图13-11
临澧县博物馆藏咸丰间
铸宋玉庙铁钟

图13-12
临澧县博物馆藏咸丰间
重修宋玉庙碑

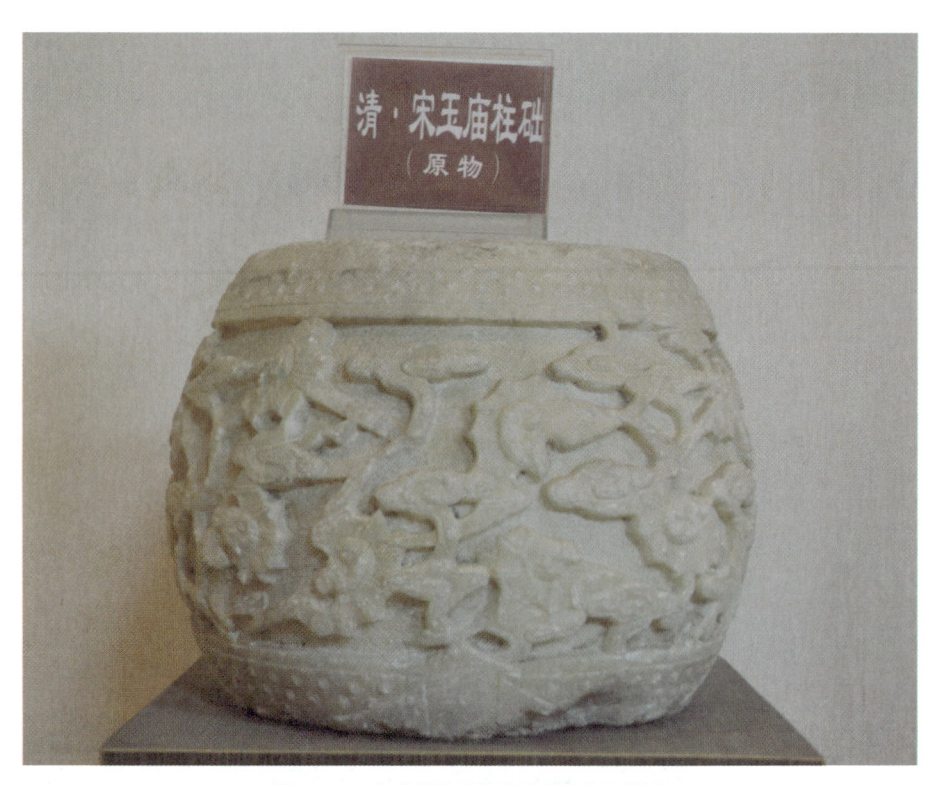

图13-13　临澧县博物馆藏清宋玉庙石柱础

图13-14　临澧县博物馆宋玉塑像

图13-15 临澧县宋玉城度假村宋玉塑像

第十四章　附图

图14-1　巫山县象山原云华夫人祠授书台塑像

第十五章 附图

图15-1 20世纪90年代重建于屈原祠西南的招屈亭

图15-2 清代移建于汨罗市玉笥山的屈子祠山门

图15-3
汨罗山4号墓之屈原墓与三级祭台

图15-4
汨罗山4号墓之屈原墓前古墓碑

图15-5
汨罗山4号墓之屈原墓文物保护标志

图15-6
汨罗山 11 号墓之屈原墓墓号标志

图15-7
汨罗山 11 号墓之屈原墓与墓前缓坡

图15-8
汨罗山 11 号墓屈原墓文物保护标志

图15-9
常德古枉水入沅之河口
俗称"屈原港"

图15-10
沅水北岸古枉水入沅口
东招屈亭远眺

图15-11
沅水北岸古枉水入沅口
东招屈亭特写

后 记

  这本《宋玉赋地理、宋玉遗迹传说田野调查与研究》，是湖北省重点特色学科——湖北文理学院文学与传媒学院中国语言文学学科的科研成果。自课题的立项、结项到成果的出版，自始至终得到了学科学术带头人李定清教授的悉心指导与大力支持。记得2012年在湖北文理学院宋玉研究中心成立之际，时任文传学院院长的李定清教授（现为学院书记）主持召开了宋玉研究高端学术研讨峰会，我在会议发言时提出了关于宋玉赋地理、宋玉遗迹传说田野调查与研究的设想，李院长以一位学者的学术敏感和学科带头人的学科建设意识，当即认定我的设想是一个非常有意义的有利于学科与襄阳地方文化建设的动议，果断拍板将我的设想确定为特色学科建设课题。会后李院长与方成慧书记（现为学校工会主席）又多次找到我，研究讨论课题实施的具体事宜。为了更好地开展调查与研究工作，学科特意引进了李骛博士做我的助手，并挑选优秀的学生王梦、关杰、蒋梦婷、吴龙宪辅助我进行田野调查，还同意让我的夫人、曾经做过财会工作的焦丽女士负责调查小组的后勤管理，于是"宋玉赋地理、宋玉遗迹传说调查小组"建立起来了，调查研究工作也随即顺利展开。在2013年至2017年的田野调查与研究过程中，李院长、方书记，还有当时的副院长刘群教授（现为院长）、秦军荣教授（现为科研处副处长），始终关注着调查小组的田野调查与研究工作，指导我们如何选择最佳的调查路线，帮助我们解决工作中遇到的各种困难，对于一些交通极不方便的考察地点，还特意指派我们特色学科中的王芸辉老师开私家车参加我们的调查小组，为田野调查创造了更为方便有利的条件，这一切着实让我们调查小组因为有这样敬业的学科带头人、这么多办实事的领导而感动不已。历时五年，通过调查小组所有成员的共同努力，"宋玉赋地理、宋玉遗迹传说田野调查与研究"课题终于圆满地完成了，在联系出版的过程中又得到了重点特色学科的资金支持，这又一次让我感动。面对湖北文理学院文学与传媒学院对于我工作和科研的支持，我真的不知如何表达我的感激之情，这里权且让我借用抒情圣手女词人李清照《声声慢》的结句，反其意而用之，道一句"怎一个谢字了得"！

最后，我要特别说一说我们调查小组中的四位学生，因为在他们身上寄托着我的殷切希望。如今他们都已经研究生毕业，王梦考取了首都师范大学的文学博士，成果《中编》第七章后的附录《湖北秭归县屈原故里田野调查与研究》，是我根据她的本科毕业论文改写的；关杰目前在商务印书馆做编辑，成果《下编》第十四章《重庆巫山县宋玉遗迹传说田野调查与研究》，是我根据他的本科毕业论文改写的，机缘巧合，如今他又成为本书的责编，仍然在帮助我工作；蒋梦婷去年受聘到湖北武汉从事教学工作；吴龙宪今年受聘到贵州赤水做行政工作。我谢谢这些聪明、勤奋、可爱的孩子们，谢谢他们在田野调查中对我的工作帮助与生活照顾。愿他们未来在希望的田野上收获他们的美好希望。

刘刚

2020年4月9日于六情书屋